Programmierung von verteilten Systemen und Webanwendungen mit Java EE

Frank Müller-Hofmann • Martin Hiller
Gerhard Wanner

Programmierung von verteilten Systemen und Webanwendungen mit Java EE

Erste Schritte in der Java Enterprise Edition

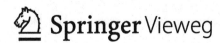 Springer Vieweg

Frank Müller-Hofmann
Uhingen, Deutschland

Martin Hiller
Ostfildern, Deutschland

Gerhard Wanner
Leinfelden-Echterdingen, Deutschland

ISBN 978-3-658-10511-2   ISBN 978-3-658-10512-9   (eBook)
DOI 10.1007/978-3-658-10512-9

Die Deutsche Nationalbibliothek verzeichnet diese Publikation in der Deutschen Nationalbibliografie;
detaillierte bibliografische Daten sind im Internet über http://dnb.d-nb.de abrufbar.

Springer Vieweg

Springer Fachmedien Wiesbaden GmbH ist Teil der Fachverlagsgruppe Springer Science+Business Media
(www.springer.com)

Vorwort

Dieses Buch behandelt die Programmierung verteilter Systeme in Java. Besonderer Wert wird auf die Realisierung serverseitiger Anwendungen im Rahmen der Architektur von Java EE 7 gelegt.

Nach der Einführung in die Architektur von Java EE 7 von Oracle in Kapitel 1 werden wichtige Mechanismen der Interprozesskommunikation vorgestellt. Kapitel 2 behandelt hierbei die Netzwerkprogrammierung via Sockets und Kapitel 3 erläutert die Java-spezifische Remote Method Invocation als ein Mittel zur synchronen Kommunikation zwischen verteilten Betriebssystemprozessen. Diese beiden Kapitel über die Interprozesskommunikation gehören jedoch nicht zur Java EE-Architektur.

Anschließend wird die Realisierung von Webanwendungen mit Hilfe von Servlets, JavaServer Pages und JavaServer Faces in den Kapiteln 4 bis 6 erläutert.

Kapitel 7 beschreibt die persistente Speicherung von Daten anhand der low-level Technologie Java Database Connectivity.

In Kapitel 8 wird mit den Enterprise JavaBeans das serverseitige Komponentenmodell der Architektur von Java EE 7 besprochen.

In Kapitel 9 wird die im Gegensatz zu JDBC abstraktere high-level Technologie Java Persistence API zur persistenten Speicherung von Daten vorgestellt.

Zahlreiche Beispiele sowie Übungsaufgaben runden das Buch ab, sodass der Leser nach der Lektüre des Buches in der Lage ist, komponentenbasierte Webanwendungen auf Basis der Java Enterprise Architektur zu erstellen.

Danksagung

Wir bedanken uns sehr herzlich bei Prof. Dr. Joachim Goll, Marcel Kilian, Markus Schuler und Karin Weiß für ihre wertvollen Hinweise und Korrekturen. Herrn Steffen Wahl danken wir für die sorgfältige Durchführung des Konfigurationsmanagements.

Inhaltsverzeichnis

Kapitel 1

Einführung in die Architektur von Java EE 7

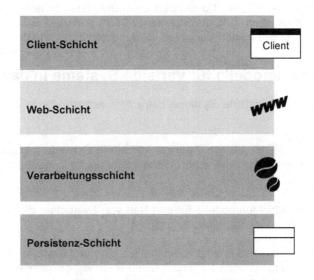

1 Einführung in die Architektur von Java EE 7

Mit der Java Standard Edition (JSE) kann man Java-Anwendungen sowohl für Desktop-Rechner als auch für Server-Rechner programmieren. Wird zusätzlich die Java Enterprise Edition (Java EE) eingesetzt, so kann man auch deren Erweiterungen und ihr Komponentenmodell für **Server-Rechner** nutzen. Dieses Kapitel gibt eine Übersicht über die Java Enterprise Edition der Version 7.

Java EE-Applikationen sind immer verteilte Applikationen.

Kapitel 1.1 befasst sich mit Schichtenmodellen für verteilte Systeme, die in der Programmiersprache Java programmiert werden. Kapitel 1.2 erklärt, was ein Java EE Application Server ist. Kapitel 1.3 skizziert die historische Entwicklung von Java EE. Kapitel 1.4 stellt die Web- und die Business-Schicht von Java EE 7 vor und Kapitel 1.5 erklärt die in diesen beiden Schichten verwendeten Komponententechnologien.

1.1 Schichtenmodelle für verteilte Systeme in Java

Im Folgenden sollen verteilte Systeme betrachtet werden, die in Java geschrieben werden.

In Java programmierte verteilte Systeme können in Systeme mit und ohne Web-Frontend[1], das über einen Webbrowser bedient wird, unterschieden werden.

Zunächst sollen Schichtenmodelle für den Bau von Systemen, die nicht über einen Webbrowser bedient werden, diskutiert werden.

Bei Systemen ohne Web-Frontend handelt es sich um Systeme mit eigenständigen Applikationen auf einem Client-Rechner, die mit einem Server-Rechner kommunizieren. Eine solche eigenständige Applikation auf dem Client-Rechner wird **Application Client** genannt.

Ein Application Client[2] führt die Ablaufsteuerung der Anwendung selbst durch und stellt die Mensch-Maschine-Schnittstelle[3] dem Anwender zur Verfügung.

Systeme mit einem Web-Frontend können eine Web-Schicht haben.

Das Hauptaugenmerk dieses Buchs liegt auf der Programmierung verteilter Systeme mit Web-Schicht.

---

[1] Als Web-Frontend wird die Benutzerschnittstelle einer Internet-Anwendung bezeichnet, die in einem Webbrowser dargestellt wird.

[2] Ein Application Client ist z. B. eine Anwendung (Applikation), die auf einem Desktop-Rechner läuft und in Swing oder JavaFX erstellt wurde.

[3] Auch Man-Machine Interface (MMI) oder Human Machine Interface (HMI) genannt.

Java EE-Anwendungen lassen sich ganz allgemein in vier Schichten einteilen:

- eine **Client-Schicht** für die Interaktion mit dem Benutzer,
- eine **Web-Schicht** oder alternativ eine **Kommunikationsschicht** zur Kommunikation zwischen Client-Schicht und Verarbeitungsschicht,
- eine **Verarbeitungsschicht** (**Business-Schicht**) für die Geschäftslogik und die transiente Datenhaltung sowie
- eine **Persistenz-Schicht** zum persistenten Speichern von Daten.

1.1.1 Schichtenmodelle für Application Clients

Ein in Java geschriebener Application Client kann beispielsweise über RMI oder Web Services[4] auf die **Verarbeitungsschicht** (**Business-Schicht**) zugreifen.

Es besteht auch die Möglichkeit, RMI über HTTP zu nutzen bzw. Sockets einzusetzen. Das folgende Bild zeigt ein Schichtenmodell einer Architektur mit einem Application Client, der über eine Kommunikationsschicht mit der Business-Schicht kommuniziert:

Application Client
Kommunikationsschicht
Verarbeitungsschicht (Business-Schicht)
Persistenz-Schicht

Bild 1-1 Schichtenmodell mit einer Kommunikationsschicht

Hier können in der Kommunikationsschicht z. B. Sockets eingesetzt werden.

Die andere Möglichkeit für das Schichtenmodell einer Architektur mit einem Application Client ist im Folgenden zu sehen. Dabei kommuniziert der Application Client über eine Web-Schicht unter Verwendung von HTTP mit der Business-Schicht:

Application Client
Web-Schicht
Verarbeitungsschicht (Business-Schicht)
Persistenz-Schicht

Bild 1-2 Schichtenmodell mit einer Web-Schicht

---

4   Im Falle der Verwendung von HTTP(S) und Web Services benötigt man die Web-Schicht.

1.1.2 Schichtenmodell mit einem Web-Frontend

Da dieses Buch Web-basierte Systeme behandelt, wird in diesem Kapitel das Schichtenmodell einer Webanwendung näher betrachtet.

Eine **Webanwendung** hat vier Schichten:

- Client-Schicht,
- Web-Schicht,
- Verarbeitungsschicht und
- Persistenz-Schicht.

Die genannten vier Schichten für eine Webanwendung werden im folgenden Bild detailliert dargestellt, wobei der Fluss der Nachrichten eingetragen ist:

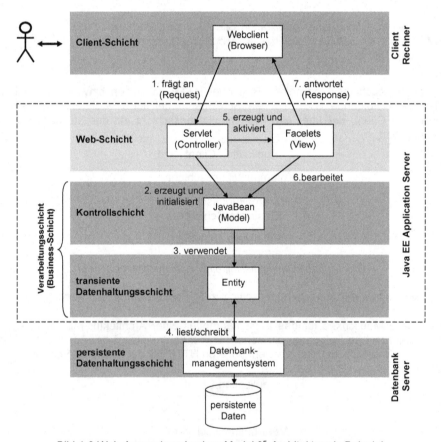

Bild 1-3 Web-Anwendung in einer Model 2[5]-Architektur als Beispiel

In Bild 1-3 ist der Application Server gestrichelt dargestellt.

---

[5] Model 2 ist ein Entwurfsmuster zur Trennung der Darstellung und Logik bei Java-Webanwendungen. Model 2 passt das Muster MVC (Model-View-Controller) auf eine Web-Anwendung an.

Die vier Schichten einer **Web-Anwendung** in einer Model 2-Architektur werden im Folgenden kurz beschrieben:

- Die Programme der **Client-Schicht** interagieren mit dem Benutzer. Liegt eine Web-Anwendung vor, so ist der Webbrowser der Client.
- Die **Web-Schicht steuert den Ablauf einer Anfrage** des Bedieners und die **dynamische Erzeugung von Webseiten**. Die Web-Schicht verknüpft die Client-Schicht mit der Verarbeitungsschicht (Business-Schicht). Indirekt kann damit der Bediener auf die Verarbeitungsschicht (Business-Schicht) zugreifen.
- Die **Verarbeitungsschicht** (**Business-Schicht**) enthält die Programmteile der Geschäftslogik. Die Geschäftslogik wird in Java EE-Anwendungen auf sogenannte Enterprise JavaBeans abgebildet.
- Die Daten der Business-Schicht werden dauerhaft durch die **Persistenz-Schicht** auf der Platte gespeichert. Zur Erzeugung persistenter Daten werden in der Regel Datenbankmanagementsysteme verwendet.

1.2 Der Java EE Application Server

Java EE-Anwendungen werden mithilfe eines sogenannten **Java EE Application Servers**[6] verwaltet und bereitgestellt. Ein Java EE Application Server verwaltet im Falle von Java-Enterprise-Anwendungen mit einem Web-Frontend:

- die Web-Schicht sowie
- die Business-Schicht.

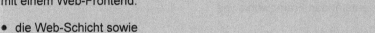

Ein Java EE Application Server stellt

- einen sogenannten **Servlet-** und einen **EJB-Container** als Laufzeitumgebung für die Komponenten der Web- und Business-Schicht sowie
- eine ganze Reihe von **querschnittlichen Diensten**, die von Anwendungen genutzt werden können,

zur Verfügung.

So umfassen die **querschnittlichen Dienste eines Java EE Application Servers** u. a.:

- Namens- und Verzeichnisdienste,
- die Steuerung von Transaktionen[7],

---

[6] Als Java EE Application Server wird eine Server-Software bezeichnet, die bestimmte Dienste zur Verfügung stellt.

[7] Bei Transaktionen werden mehrere Datenbank- oder auch Warteschlangenzugriffe als eine unteilbare Einheit zusammengefasst. Dabei sollen entweder alle Anweisungen einer Transaktion ausge-

- einen standardisierten Zugriff auf Datenbanken,
- die Sicherstellung der Sicherheitsanforderungen von Komponenten.

Das folgende Bild zeigt die Struktur eines Java EE Application Server:

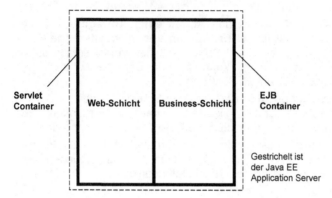

Bild 1-4 Java EE Application Server mit Containern

Über die Web-Schicht kann man auf die Business-Schicht zugreifen.

1.3 Historische Entwicklung von Java EE

Da die Java Enterprise Edition anfänglich zwar gut gedacht, aber nicht wirklich praktikabel war, entstanden Frameworks wie

- Spring,
- Hibernate oder
- Struts

als Konkurrenz bzw. als Ergänzung zum Standard.

Java EE war bei den Enterprise-Anwendungen zunächst weg von normalen Java-Objekten gegangen und setzte dabei auf Komponentenmodelle mit besonderen technischen Konstrukten.

Erst mit der Version Java EE 5 wurde das Arbeiten mit der Java Enterprise Edition signifikant vereinfacht und die Tätigkeit des Entwicklers nach dem Motto: „Ease of Development" wieder in den Mittelpunkt gestellt.

Mit der Java Enterprise Edition 6 und 7 wurden bewährte Ideen der existierenden und konkurrierenden Frameworks in den Standard übernommen und der Standard dadurch „wieder flott gemacht".

---

führt oder – falls es technische Schwierigkeiten gibt – alle Anweisungen gemeinsam verworfen werden. Man sagt, dass Transaktionen atomar sind, d. h. sie finden entweder als Ganzes statt oder gar nicht.

1.4 Die Web- und die Verarbeitungsschicht in Java EE

Im Gegensatz zu normalen Java-Programmen orientiert sich eine Java Enterprise-Anwendung an einem vom Standard geforderten Komponentenmodell.

Es gibt im Standard drei Technologien für die Realisierung der Komponenten der **Web-Schicht**:

- **Java Servlets,**
- **JavaServer Pages (JSP)** und
- **JavaServer Faces (JSF)**.

Zur Erzeugung von Webseiten wurden früher Servlets verwendet. Heutzutage werden Servlets in der Regel nur noch als Vermittler zwischen einem nach einer dynamischen Seite anfragenden Webclient und dem Erzeuger der Seite (früher JSP, heute JSF) verwendet.

Für die **Business-Schicht** gibt es die Komponententechnologie **Enterprise JavaBeans (EJB)**. Enterprise JavaBeans sind Komponenten, die innerhalb eines Java EE Application Servers laufen und die Geschäftslogik unter Einschluss von Transaktionen und der erforderlichen Sicherheit realisieren.

Mit **Context and Dependency Injection** (CDI), einer neueren Komponententechnologie, wird die Konstruktion einer flexiblen Anwendungsarchitektur erleichtert. CDI erlaubt es, Abhängigkeiten zwischen den einzelnen Komponenten der Schichten Web-Schicht und Business-Schicht von einer CDI-Komponente aus zu setzen (Dependency Injection).

CDI ist ein Ansatz, zur Laufzeit alle Arten von Beans zu verknüpfen. Man erzeugt die Beans nicht mehr selbst, sondern fordert sie unter der Verwendung sogenannter Annotationen[8] an.

Eine **Komponente** gemäß der Java Enterprise Edition kann verschiedene technische Konstrukte umfassen wie z. B.

- Schnittstellen,
- Klassen oder
- XML-Dateien.

Anzumerken ist, dass alle Komponenten in Containern laufen, die durch den verwendeten Java EE Application Server bereitgestellt werden. Ein Container überwacht den Lebenszyklus von Komponenten und stellt entsprechende Dienste zur Verfügung.

---

[8]   Mit Annotationen lassen sich Meta-Daten in den Programmcode einbinden. Annotationen haben keinen direkten Einfluss auf den annotierten Programmcode.

1.5 Komponenten von Java EE

Im Folgenden werden die Komponenten der Web-Schicht und der Business-Schicht vorgestellt. Auf CDI wird hierbei nur stark verkürzt eingegangen.

1.5.1 Komponenten der Web-Schicht

In der Web-Schicht befinden sich Servlets und JSP- bzw. JSF-Komponenten.

> Ein Servlet ist eine Java-Klasse, die das Interface `javax.serv-let.http.HttpServlet` implementiert und im Java EE Application Server Abfrage-Antwort-Protokolle – vor allem HTTP – unterstützt.

Heutzutage werden Webseiten nicht mehr durch Servlets, sondern durch separate Komponenten auf der Basis von JSF (ehemals JSP) unterstützt.

> Im Gegensatz zu Java-Servlets bestehen JSP- und JSF-Komponenten aus:
>
> - einer textbasierten Seitenbeschreibung für die View, die im Webbrowser angezeigt wird und mit Hilfe einer **Seitenbeschreibungssprache** auf der Basis von HTML (JSP) bzw. XHTML (JSF) erstellt wird sowie
> - aus Klassen.

1.5.2 Komponenten der Business-Schicht

> Für die Business-Schicht werden Enterprise JavaBeans zur Realisierung der Geschäftslogik eingesetzt. Über den Container können EJBs für eine Geschäftsanwendung wichtige Dienste wie z. B. eine Steuerung von Transaktionen nutzen.

Transaktionen werden beim Ausführen von Methoden in Enterprise JavaBeans durch den **EJB-Container** verwaltet. Je nach Konfiguration einer EJB erfolgt das Starten und Beenden einer Transaktion automatisch. Auch bei den sogenannten Message-Driven Beans[9] werden die Transaktionen beim Empfangen und Verarbeiten von Nachrichten durch den EJB-Container automatisch gesteuert. Der Entwickler der Geschäftslogik muss sich also nicht selbst darum kümmern.

---

[9] Message-Driven Beans erlauben eine asynchrone Verarbeitung von Nachrichten unter Verwendung des sogenannten Java Message Service (JMS).

Zu Beginn von Java EE gab es zwei Typen von EJBs:

- Session Beans[10] und
- Entity-Beans.

Message Driven Beans kamen erst in der Version 1.3 von Java EE hinzu. **Heutzutage** gibt es als Enterprise JavaBeans:

- Session Beans und
- Message-Driven Beans.

Die ursprünglichen Entity-Beans, die Speicher-Komponenten der Anwendung waren, wurden inzwischen wieder abgeschafft. An ihre Stelle traten mit EJB 3.0 Entities als POJOs[11] gemäß der **Java Persistence API (JPA)**.

1.5.3 CDI-Komponenten

Mit CDI werden Beans als Komponenten verwaltet. Dabei handelt es sich um einfache Java-Klassen, die mittels Annotationen als Beans erzeugt und miteinander verknüpft werden können.

Im Unterschied zu Enterprise JavaBeans werden die von CDI erzeugten Beans nicht direkt von einem Container, sondern von der Anwendung selbst verwaltet. Bei EJB macht das der EJB-Container. Er ist für den Lebenszyklus verantwortlich.

---

[10] In Java EE 3.1 kamen Singleton Beans als besondere Ausprägung von Session Beans hinzu.
[11] Ein POJO ist ein Plain Old Java Object, ein einfaches Objekt in der Programmiersprache Java, das keine besonderen Konventionen einhält wie z. B. das Implementieren gewisser vorgegebener Schnittstellen.

Kapitel 2

Netzwerkprogrammierung mit Sockets

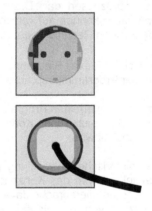

2 Netzwerkprogrammierung mit Sockets

Ein verteiltes System besteht aus einer Menge von Rechnern, die über Nachrichten miteinander kommunizieren. Das weltweit größte und wohl auch wichtigste verteilte System ist das Internet. Es ermöglicht seinen Nutzern, weltweit Daten abzurufen oder Informationen mit anderen Nutzern auszutauschen.

Die bidirektionale Kommunikation zwischen Betriebssystemprozessen auf einem einzigen Rechner oder zwischen Betriebssystemprozessen auf verschiedenen Rechnern kann auf unterschiedliche Arten realisiert werden. Eine Möglichkeit hierzu ist die Verwendung von Sockets[12], deren Programmierung im Folgenden erläutert wird.

Sockets stellen eine Art **Kanal** zur Kommunikation zwischen zwei nebenläufigen Betriebssystemprozessen dar. Die beiden kommunizierenden Betriebssystemprozesse können auf verschiedenen Rechnern, aber auch auf ein und demselben Rechner liegen.

Sockets sind nicht spezifisch für Java. Sie können nicht nur in Java, sondern beispielsweise auch mit Hilfe der Programmiersprache C realisiert werden.

Für die Kommunikation zwischen verteilten Programmen stellt Java mit **RMI** (**Remote Method Invocation**) einen Java-spezifischen Kommunikationsmechanismus zur Verfügung, der in Kapitel 3 vorgestellt wird.

Kapitel 2.1 behandelt die historische Entwicklung von monolithischen zu verteilten Rechnersystemen. In Kapitel 2.2 wird das Konzept der Sockets vorgestellt und gezeigt, wie Sockets in der Programmiersprache Java realisiert werden können. Kapitel 2.3 geht auf die für die Nutzung von Sockets erforderliche Definition von Protokollen ein.

2.1 Von monolithischen zu verteilten Rechnersystemen

Oftmals werden Programme aus einem „Guss" geschrieben. Das heißt, die verschiedenen Module[13] einer solchen Anwendung sind eng miteinander verzahnt und lassen sich deshalb nicht auf verschiedene Rechner verteilen. Ein solches Programm wird auch als „monolithisch"[14] bezeichnet.

Ein Anwendungsprogramm besteht meist aus drei elementaren Schichten:

- Die erste Schicht wird durch die **Benutzerschnittstelle** gebildet, die dem Benutzer die Interaktion mit der Anwendung z. B. über eine grafische Oberfläche oder eine Tastatur ermöglicht.
- Die zweite Schicht ist die **Verarbeitungsschicht**, welche die Verarbeitung der Anwendung enthält. Hier werden Berechnungen durchgeführt und Daten zur Präsentation vorbereitet.

---

[12] Socket (engl.) bedeutet „Steckdose" beziehungsweise „Fassung".
[13] Module sind Teile eines Programms.
[14] Ein Monolith ist eine Säule aus einem einzigen Steinblock.

- Die dritte Schicht sorgt für die **Bereitstellung und persistente (dauerhafte) Speicherung der Daten einer Anwendung.** Diese Daten sind zum Beispiel in einer Datei oder in einer Datenbank persistent gespeichert.

Damit bei Bedarf in einer Anwendung einzelne Schichten der Anwendung unter Beibehaltung der anderen Schichten ausgetauscht werden können, sind definierte Schnittstellen zwischen diesen Schichten unabdingbar.

Gibt es definierte Schnittstellen zwischen den Schichten, so kann beispielsweise das DBMS[15] oder die Ein-/Ausgabe-Schicht ausgetauscht werden, ohne dass dabei die anderen Schichten modifiziert werden müssen.

Im folgenden Bild wird die historische Entwicklung der Architektur von Informationssystemen vorgestellt:

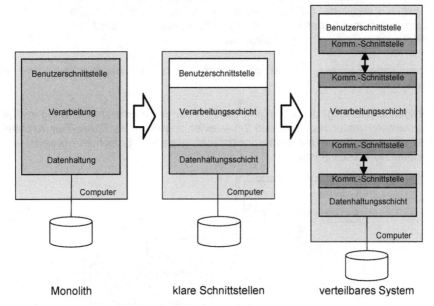

Bild 2-1 Evolution der Systemarchitektur von Informationssystemen

Dieses Bild soll nun von links nach rechts betrachtet werden:

- Ganz am Anfang dieser Entwicklung stehen **monolithische Systeme**. Ein solches System vereint die Module aller drei Schichten in einem einzigen, alles umfassenden Programm. Zwischen den einzelnen Schichten sind keine Schnittstellen definiert – der Programmcode der einzelnen Schichten ist eng mit dem Programmcode der anderen Schichten verwoben, was den Austausch einer Schicht fast unmöglich macht.
- Danach folgt eine Architektur – in obigem Bild in der Mitte dargestellt –, bei der drei Schichten mit **klaren Schnittstellen** erkennbar sind. Diese Schichten sind in-

---

[15] DBMS = Data Base Management System (dt. Datenbankverwaltungssystem)

nerhalb eines Programms voneinander sauber getrennt, wobei die Kommunikation zwischen den Schichten Benutzerschnittstelle, Verarbeitungsschicht und Datenhaltungsschicht ausschließlich über die als Linie dargestellten Schnittstellen erfolgt. Dadurch kann eine Implementierung einer Schicht gegen eine andere ausgetauscht werden, solange die Verträge der Schnittstellen eingehalten werden.

- Der nächste Schritt in der Systemarchitektur wird durch die Trennung der einzelnen Schichten in selbstständig ablauffähige Programme, die durch Protokolle (siehe Kapitel 2.3) miteinander kommunizieren, erbracht – in obigem Bild rechts symbolisiert. Wenn die Schnittstellen netzwerkfähig sind, also Kommunikationsschnittstellen in Form von Kanälen besitzen, so bedeutet das, dass eine physische Trennung der verschiedenen Schichten ermöglicht wird – z. B. eine Verteilung der verschiedenen Schichten auf durch ein Netzwerk verbundene, heterogene Rechner, in anderen Worten auf ein verteiltes System.

Eine Anwendung auf einem Rechner kann mit einer Anwendung auf einem anderen Rechner nur dann kommunizieren, wenn beide Rechner keine standalone Rechner – also einzelne Rechner – sind, sondern mit einem sogenannten **Kommunikationssystem** als Kommunikationsschnittstelle ausgestattet sind.

Ein standalone Rechner, welcher nicht kommunizieren will, benötigt kein Kommunikationssystem.

Das folgende Bild zeigt die Verteilung der Komponenten einer Anwendung im Falle der Systemarchitektur rechts in Bild 2-1 – einer sogenannten **Three-Tier Architektur**, da sie durch Kommunikationsschnittstellen getrennte Schichten aufweist, – auf drei kommunizierende Rechner:

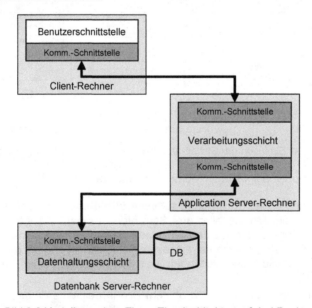

Bild 2-2 Verteilung einer Three-Tier-Architektur auf drei Rechner

Das soeben behandelte Schichtenmodell für Anwendungsprogramme war ein erstes Beispiel für die Strukturierung eines großen Softwaresystems in netzwerkfähige Schichten.

Ein **Kommunikationssystem** ist das Verbindungsstück zwischen einem Anwendungsprogramm und dem „Draht", über den eine Anwendung mit einer anderen Anwendung kommunizieren soll. Das **Kommunikationssystem** ermöglicht einer Anwendung den Versand und den Empfang von Nachrichten über ein Netz.

Ein Kommunikationssystem kann nur dann problemlos mit einem anderen Kommunikationssystem reden, wenn beide Kommunikationssysteme gleichartig sind. Eine direkte Kommunikation von Rechner zu Rechner in inhomogenen Rechnersystemen erfordert eine **Standardisierung** der Kommunikationsschnittstellen zwischen den Programmen, da ansonsten Übersetzungen vorgenommen werden müssen. Eine solche Standardisierung hat bereits stattgefunden[16].

Der Standard im Internet für das Kommunikationssystem ist die **TCP/IP-Architektur**.

2.1.1 Die TCP/IP-Architektur

Das Ergebnis der Architekturuntersuchungen für die Strukturierung von Kommunikationssystemen waren ebenfalls **Schichtenmodelle**. Das Schichtenmodell der TCP/IP-Architektur ist in folgendem Bild dargestellt:

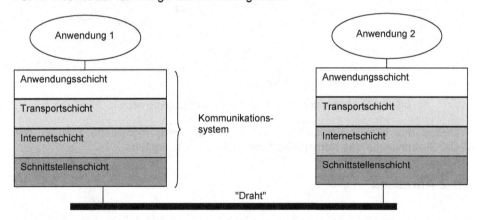

Bild 2-3 Schichtenmodell für Kommunikationssysteme nach der TCP/IP-Architektur

Zu beachten ist, dass sich die eigentliche Anwendung über dem Kommunikationssystem befindet.

---

[16] Während in den Arbeitskreisen der „International Standard Organisation" (ISO) der ISO/OSI-Standard jahrelang diskutiert wurde, setzte sich in der Praxis die TCP/IP-Architektur durch. TCP/IP steht für Transmission Control Protocol/Internet Protocol.

Das Kommunikationssystem der TCP/IP-Architektur enthält die folgenden 4 Schichten:

- Die **Schnittstellenschicht** stellt die physische Verbindung eines Rechners zum Netz her. Die **Schnittstellenschicht** dient zur Ankopplung an den „Draht".
- Die **Internetschicht** dient zum Aufbau und Betreiben einer Kommunikation zwischen Rechnern in einem Netzwerk. Die **Internetschicht** enthält das **Internet-Protocol (IP)**.
- Die **Transportschicht** stellt den Programmen auf einem Rechner Transportdienste einer bestimmten Güte zur Verfügung. **Je nach Kommunikationsdienst** kommt in der **Transportschicht** das **Protokoll TCP**[17] oder **UDP**[18] zum Einsatz.
- Die **Anwendungsschicht** stellt die Kopplung des Kommunikationssystems zum Anwendungsprogramm, das sich oberhalb des Kommunikationssystems befindet, zur Verfügung. Diese Schicht enthält ferner spezielle Dienstprogramme wie HTTP oder FTP[19]. Auf diese Protokolle wird im weiteren Verlauf noch eingegangen.

Zum Vergleich die Architektur nach dem ISO/OSI-Modell:

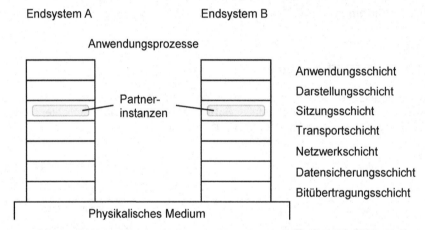

Bild 2-4 Schichtenmodell für Kommunikationssysteme nach ISO/OSI

Während die TCP/IP-Architektur 4 Schichten aufweist, modellierte man in der ISO/OSI-Architektur das Kommunikationssystem in 7 Schichten.

2.1.2 Adressen

Ein Rechner kann verschiedene Adressen aufweisen, je nachdem auf welcher Schicht des Kommunikationssystems man sich befindet.

---

[17] TCP = Transmission Control Protocol
[18] UDP = User Datagram Protocol
[19] FTP = File Transfer Protocol. Protokoll zum Austausch von Dateien zwischen Rechnern

Mit einer **Internet-Protokoll-Adresse** (**IP-Adresse**) wird ein **Rechner als Ganzes** in einem Netz adressiert. Ein Rechner, der direkt im Internet ansprechbar sein soll, benötigt eine weltweit eindeutige IP-Adresse.

Ein Rechner bekommt seine IP-Adresse auf Software-Ebene[20] zugewiesen. Diese Adresse kann fest zugewiesen sein oder sie wird dynamisch beim Start des Rechners[21] zugewiesen.

Ein Port eines Socket adressiert einen spezifischen Dienst der Anwendungsschicht.

Ports sind die Endstücke eines Sockets. Sie werden in Kapitel 2.2.2 vorgestellt.

Zu erwähnen ist noch, dass ein Rechner auf der Schicht 2a nach ISO/OSI eine MAC-Adresse hat. MAC steht für Media Access Control. Ein Rechner, der an verschiedene Teilnetze angekoppelt ist, kann natürlich für jedes Teilnetz eine eigene Adresse und somit mehrere MAC-Adressen aufweisen.

2.1.3 Logische Namen und physische Adressen

Eine **physische IP-Adresse** ist eine Zahl, die aus vier Oktetten, d. h. Gruppen von jeweils 8 Bits, besteht, welche die Nummer des entsprechenden Teilnetzes und die Nummer des eigentlichen Rechners innerhalb dieses Teilnetzes enthalten. Die IP-Adresse wird üblicherweise als eine Kombination aus vier Zahlen – getrennt durch einen Punkt – dargestellt wie z. B. 192.168.101.3.

Diese Art der Adressierung wird IPv4 (Internet Protocol Version 4) genannt. Sie wurde bereits im Jahr 1981 definiert. Die neuere Variante ist IPv6 aus dem Jahr 1998. IPv6-Adressen sind 128 Bit lang und werden für gewöhnlich hexadezimal notiert. Eine IPv6-Adresse besteht aus 8 Blöcken zu je 16 Bit, getrennt durch einen Doppelpunkt, wie z. B. 3002:0ed4:67bc:16e5:a3dc:3d4a:1324:e32c. IPv6 soll in den nächsten Jahren IPv4 ablösen. Da momentan aber noch überwiegend IPv4 verwendet wird, werden in den folgenden Beispielen IPv4-Adressen verwendet.

Da der Mensch sich solche langen Ziffernkombinationen nur schwer merken kann, wurde ein zusätzlicher Dienst eingerichtet, der es ermöglicht, dass ein Rechner über einen **logischen Namen** angesprochen werden kann, der dann über diesen Dienst zu physischen Adressen aufgelöst wird. Dieser Dienst wird **Domain Name Service** (**DNS**) genannt und gehört mit zu den wichtigsten Diensten des Internets.

---

[20] Wird eine Adresse auf Software-Ebene zugewiesen, so bedeutet dies, dass diese Adresse nicht fest in einer Hardware-Komponente kodiert ist, sondern ausgetauscht und verändert werden kann. Im Gegensatz dazu gibt es Adressen, die auf Hardware-Ebene fest mit der Komponente „verdrahtet" sind, wie die in der Netzwerkkarte einkodierte MAC-Adresse.

[21] Zur dynamischen Adresszuteilung dient das **Dynamic Host Configuration Protocol** (**DHCP**). Einem Rechner wird hierbei beim Start dynamisch eine IP-Adresse durch einen sogenannten DHCP-Server zugewiesen.

Ein **Domain Name Service** führt die Namensübersetzung von logischen Namen für Rechner in physische Adressen durch.

Eine Adresse als logischer Namen setzt sich aus dem Namen der Domäne (z. B. `hs-esslingen.de`) und dem eigentlichen Rechnernamen (z. B. `www`, dem Namen des Webservers einer Domäne) zusammen und ist weltweit eindeutig.

Damit ein Rechner über den logischen Namen eines anderen Rechners dessen physische IP-Adresse ermitteln kann, muss er zuerst eine Anfrage an den ihm zugewiesenen **Name Server** (**DNS**[22]**-Server**) stellen.

Der Name Server sucht daraufhin in seiner Datenbank nach dem logischen Namen. Kann er diesen nicht finden, muss die gestellte Anfrage an den in der Hierarchie nächst höher stehenden Name Server weitergeleitet werden. Wird ein Name Server fündig, so gibt er die IP-Adresse zurück. Der aufrufende Rechner kann nun mit Hilfe der IP-Adresse eine Verbindung aufbauen.

Wird einem Programm wie z. B. einem Webbrowser zum Abruf einer Internetseite die Adresse eines Servers in Form eines logischen Namens übergeben – z. B. `www.hs-esslingen.de` – so muss das Programm immer zuerst aus der logischen Adresse die physische IP-Adresse des Servers mit Hilfe eines Name Servers ermitteln, damit die Kommunikation aufgebaut werden kann.

Ist der Dienst eines Name Servers nicht verfügbar, so ist eine Kommunikation über den logischen Namen nicht möglich.

Konzeptionelles Bild

Das folgende Bild symbolisiert das Ermitteln einer IP-Adresse über DNS. In folgendem Bild werden beispielhaft die Schritte gezeigt, die eine Anwendung auf einem System `Computer1` vollziehen muss, um mit einem System `Computer2` zu kommunizieren:

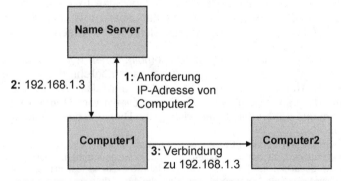

Bild 2-5 Ermitteln einer IP-Adresse über DNS (ohne Fehlerfälle)

---

[22] DNS = Domain Name Service

Voraussetzung für eine Kommunikation zwischen dem System `Computer1` und dem System `Computer2` ist, dass das System `Computer1` die IP-Adresse seines für ihn zuständigen Name Servers kennt, damit das System `Computer1` eine ihm unbekannte IP-Adresse eines anderen Systems – hier des Systems mit dem logischen Namen `Computer2` – erfragen kann. Als Erstes stellt nun das System `Computer1` beim Name Server die Anfrage „Gib mir die IP-Adresse zu dem Namen `Computer2`". Der Name Server sucht daraufhin in seiner Datenbank nach der erfragten IP-Adresse und liefert diese im zweiten Schritt an das System `Computer1` zurück. Im dritten Schritt schließlich kann das System `Computer1` zu dem System `Computer2` eine Verbindung mit Hilfe dieser IP-Adresse aufbauen.

2.1.4 Die Klasse InetAddress

Um anhand eines logischen Rechnernamens die zugehörige IP-Adresse zu ermitteln, wird in Java die Klasse `InetAddress` verwendet.

Die Klasse `InetAddress` kapselt die Namensauflösung. Sie befindet sich im Paket `java.net`. Um eine Instanz dieser Klasse zu erzeugen, wird eine der drei folgenden Klassenmethoden der Klasse `InetAddress` verwendet:

● Die Klassenmethode

```
static InetAddress getByName (String host)
```

gibt eine Instanz der Klasse `InetAddress` zurück, in der die Adresse des Rechners verpackt ist, dessen Name der Methode übergeben wurde.

● Der Rückgabewert der Klassenmethode

```
static InetAddress[] getAllByName (String host)
```

ist ein Array aller zugewiesenen Adressen des Rechners, dessen Name der Methode übergeben wurde.

● Die Klassenmethode

```
static InetAddress getLocalHost()
```

gibt die Adresse des lokalen Rechners zurück.

Alle Klassenmethoden können eine **Checked Exception** vom Typ `java.net.Un-knownHostException` werfen. Eine solche Ausnahme wird dann ausgelöst, wenn die IP-Adresse des Hosts nicht ermittelbar ist.

Mit Hilfe der zurückgelieferten Referenzen auf Objekte der Klasse `InetAddress` können dann Instanzmethoden der Klasse `InetAddress` aufgerufen werden. Beispielsweise liefert die Instanzmethode

```
public String getHostAddress()
```

die IP-Adresse als Zeichenkette und die Instanzmethode

```
public String getHostName()
```

den Rechnernamen – ebenfalls als Zeichenkette – zurück. Mit der Instanzmethode

```
public boolean isMulticastAddress()
```

kann festgestellt werden, ob es sich um eine Multicast-Adresse handelt, also eine Adresse, die zum Versenden von Daten an eine Gruppe von Rechnern dient. Das Konzept eines Multicast wird in Kapitel 2.2.7 näher beschrieben.

Beispielprogramm für die Verwendung der Klasse InetAddress

Das folgende Beispielprogramm zeigt, wie IP-Adressen von Rechnernamen aufgelöst werden können:

```java
// Datei: NameServerTest.java
import java.net.*;

public class NameServerTest
{
    public static void main (String[] args)
    {
        try
        {
            String host = "www.hs-esslingen.de";
            // Erfragen der IP-Adresse der Hochschule Esslingen
            InetAddress adresse = InetAddress.getByName (host);
            System.out.println (host + " hat die IP-Adresse " +
                                adresse.getHostAddress());

            host = "www.google.de";
            // Alle IP-Adressen erfragen, unter denen der
            // Server www.google.de erreichbar ist
            InetAddress[] alleAdressen =
                InetAddress.getAllByName (host);
            System.out.println (host + " ist unter folgenden " +
                                "IP-Adressen erreichbar:");
            for (InetAddress a : alleAdressen)
            {
                System.out.println ("\t" + a.getHostAddress());
            }

            // Die lokale Adresse nachfragen:
            InetAddress lokaleAdresse = InetAddress.getLocalHost();
            System.out.println (
                "Die IP-Adresse dieses Rechners lautet " +
                lokaleAdresse.getHostAddress());
        }
        catch (UnknownHostException e)
        {
            System.out.print ("Adresse ist nicht ermittelbar: ");
            System.out.println (e.getMessage());
            System.exit (1);
        }
    }
}
```

Eine mögliche Ausgabe des Programms ist:

```
www.hs-esslingen.de hat die IP-Adresse 134.108.34.3
www.google.de ist unter folgenden IP-Adressen erreichbar:
                173.194.39.31
                173.194.39.23
                173.194.39.24
Die IP-Adresse dieses Rechners lautet 192.168.0.161
```

2.1.5 URL

Um Ressourcen eines fremden Rechners aufzurufen – so wie eine Webseite, einen Webservice oder eine Datei – wird ein **Uniform Resource Locator** (**URL**) verwendet.

Eine URL[23] besteht aus mehreren Bestandteilen:

```
Protokoll://[Login[:Passwort]@]Rechnername.Domäne[:Port]/Verzeichnis
                                                          /Ressource
```

Das Protokoll `Protokoll` regelt, wie der Zugriff auf die angeforderte Ressource erfolgt. Das Protokoll gibt hierbei die Ablaufsequenzen und die Struktur der Nachrichten an. Als Protokoll kommen beispielsweise HTTP[24] oder FTP[25] in Frage. Rechnername und `Domäne` spezifizieren den Rechner. Der Name des Accounts `Login` und das Passwort `Passwort` können optional angegeben werden. Account und Passwort werden zum Beispiel zur Anmeldung eines Client-Rechners an einem FTP-Server[26] verwendet. Der Port `Port` als die Adresse der Anwendungsschicht (siehe Kapitel 2.2.2) ist ebenfalls optional und wird nur angegeben, falls nicht der für das entsprechende Protokoll bekannte Default-Port verwendet wird. Am Ende einer URL werden das Verzeichnis `Verzeichnis` und der Name der Ressource `Ressource` angegeben.

Konzeptionelles Beispiel für den Aufbau einer URL

Im Folgenden wird der Aufbau einer URL am Beispiel

```
http://docs.oracle.com/javase/7/docs/api/index.html
```

erklärt. Als Protokoll wird hier das **Hypertext Transfer Protokoll** (**HTTP**) verwendet. Der Name des Computers, auf den hier zugegriffen wird, trägt den Namen `docs` und befindet sich in der Domäne `oracle.com`. Aus dem Verzeichnis

```
/javase/7/docs/api/
```

des Webservers wird die Datei `index.html` angefordert. Da der Zugriff über den HTTP-Standard-Port 80 erfolgt, wird in der URL kein Port angegeben. Außerdem ist

---

[23] Die ausgeschriebene Form ist maskulin. Die Abkürzung wird in der Regel in femininer Form verwendet.

[24] HTTP = Hypertext Transfer Protocol. Das ist ein Protokoll zum Zugriff auf Daten im World Wide Web.

[25] FTP = File Transfer Protocol. Das ist ein Protokoll zum Austausch von Dateien zwischen Rechnern.

[26] FTP-Server = Anwendungsprogramm, das Dateien per FTP bereitstellt oder entgegennimmt.

der Bereich nicht mit einem Password geschützt, weshalb auch kein Account-Name und kein Passwort angegeben werden muss.

Zum Einsatz von URLs können in Java zwei Bibliotheksklassen verwendet werden. Die erste Klasse ist die Klasse URL, die als Wrapper-Klasse für eine URL fungiert. Die zweite Klasse ist die Klasse URLConnection, welche im folgenden Kapitel noch näher betrachtet wird. Beide Klassen befinden sich im Paket java.net.

Programmbeispiel für die Verwendung der Klasse URL

Im Folgenden wird die Verwendung der Klasse URL gezeigt:

```java
// Datei: URLTest.java

import java.net.*;

public class URLTest
{
    public static void main (String[] args)
    {
        try
        {
            String urlString =
            "http://docs.oracle.com/javase/7/docs/api/index.html";

            // Erzeugen der URL
            URL url = new URL (urlString);
            // Ausgabe der Bestandteile
            System.out.println ("Protokoll: " + url.getProtocol());
            System.out.println ("Rechner:   " + url.getHost());
            System.out.println ("Datei:     " + url.getFile());
        }
        catch (MalformedURLException e)
        {
            // Der Aufruf des Konstruktors wirft eine Exception,
            // wenn der übergebene String keine gültige
            // URL darstellt.
            System.out.println (e.getMessage());
        }
    }
}
```

Die Ausgabe des Programms ist:

```
Protokoll: http
Rechner:   docs.oracle.com
Datei:     /javase/7/docs/api/index.html
```

Beispiel zum Laden einer Datei

Die Klasse URL ermöglicht nicht nur den komfortablen Zugriff auf Teile der URL, sondern auch auf die hinter der URL stehende Ressource. So kann eine Datei durch Angabe der entsprechenden URL auch direkt geladen werden. Der Zugriff auf eine Ressource erfolgt über einen Datenstrom.

Das folgende Beispiel `URLTest2` zeigt, wie mit Hilfe der Klasse `URL` die Datei `index.html` vom Server `docs.oracle.com` geladen werden kann:

```java
// Datei: URLTest2.java
import java.net.*;
import java.io.*;

public class URLTest2
{
    public static void main (String[] args)
    {
        try
        {
            // Anlegen eines Puffers
            byte[] b = new byte [1024];
            String urlString = "http://docs.oracle.com/index.html";

            // Verbinden mit der Ressource
            URL url = new URL (urlString);

            // Öffnen eines Datenstroms zum Lesen der Daten
            try (InputStream stream = url.openStream())
            {
                // Solange vom Stream lesen, bis -1 zurück geliefert
                // wird
                while (stream.read (b) != -1)
                {
                    System.out.println (new String (b));
                }
            }
            catch (IOException e)
            {
                // Die Methoden openURLStream() und read() werfen
                // beide eine Exception vom Typ IOException
                System.out.println (e.getMessage());
            }
        }
        catch (MalformedURLException e)
        {
            // Der Aufruf des Konstruktors wirft eine Exception, wenn
            // der übergebene String keine gültige URL darstellt
            System.out.println (e.getMessage());
        }
    }
}
```

Die Ausgabe des Programms ist:

```
<!DOCTYPE html PUBLIC "-//W3C//DTD XHTML 1.0
Transitional//EN"
"http://www.w3.org/TR/xhtml1/DTD/xhtml1-
transitional.dtd">
<html><head><base
href="http://www.oracle.com/technetwork/documentation
/index.html"><meta http-equiv="Content-Type" . . .
```

2.1.6 URLConnection

Die abstrakte Klasse URLConnection ist die Basisklasse aller Klassen, die eine Verbindung zu einer Ressource über eine URL aufbauen.

Instanzen dieser Klasse können sowohl lesend als auch schreibend auf eine Ressource zugreifen. Zuerst wird auf einem Objekt der Klasse URL die Methode openConnection() aufgerufen. Dieser Aufruf liefert eine Referenz auf ein Objekt zurück, dessen Klasse die abstrakte Klasse URLConnection erweitert. Beispielsweise wird

- beim Öffnen einer Verbindung zur URL http://www.hs-esslingen.de ein Objekt der Klasse HttpURLConnection aus dem Paket sun.net.www.protocol.http und
- beim Zugriff auf den FTP-Server der Hochschule in Esslingen ftp://ftp.hs-esslingen.de ein Objekt der Klasse FtpURLConnection aus dem Paket sun.net.www.protocol.ftp

zurückgeliefert.

Über die Referenz auf ein Objekt vom Typ URLConnection können durch Aufrufe von Instanzmethoden noch weitere Eigenschaften einer Verbindung eingestellt werden.

Beispiele sind:

- der Timeout[27] für den Verbindungsaufbau oder
- der Timeout für einen Lesevorgang.

Schließlich wird die Verbindung mit der Methode connect() für das Objekt der Klasse URLConnection hergestellt.

Der Aufruf dieser Methode bewirkt, dass zu dem Server, der über die URL spezifiziert wird, eine TCP-Verbindung aufgebaut wird.

Beispielprogramm zur Verwendung der Klasse URLConnection

Das folgende Beispiel zeigt, wie die Klasse URLConnection benutzt werden kann. Es wird zuerst erfragt, von welchem Typ das zurückgelieferte Objekt connection ist (1). Danach wird aus den Kopf-Informationen[28] der HTTP-Verbindung ausgelesen,

---

[27] Mit einem Timeout wird die Zeitspanne beschrieben, innerhalb derer ein Prozess eine bestimmte Aktion durchgeführt haben muss. Wird die Aktion nicht innerhalb dieser Zeitspanne zum Abschluss gebracht – der Timeout ist also abgelaufen –, so wird der Vorgang mit einem Fehler abgebrochen. Bei der Programmierung von Sockets kann beispielsweise ein Timeout für den Verbindungsaufbau zu einem anderen Rechner eingestellt werden.

[28] Bei HTTP besteht die Nachricht aus einem Kopf, der das Format der Daten beschreibt, und den eigentlichen Daten.

welche Version des HTTP-Protokolls verwendet wird und ob die Anfrage an den HTTP-Server erfolgreich war[29] (2). Schließlich wird überprüft, welchen Typ die abrufbaren Daten besitzen, die über die URL erreichbar sind (3). Hier das bereits erwähnte Beispiel:

```java
// Datei: URLConnectionTest.java

import java.net.*;
import java.io.*;

public class URLConnectionTest
{
    public static void main (String[] args)
    {
        try
        {
            // Erzeugen einer URL
            URL url = new URL ("http://java.oracle.com");
            // Verbindung zur Ressource bereitstellen
            URLConnection connection = url.openConnection();
            // (1) Typ der Verbindung erfragen
            System.out.println ("Typ des URLConnection-Objektes:");
            System.out.println (connection.getClass());
            // Verbindung herstellen
            connection.connect();
            // (2) Lesen der HTTP-Version
            System.out.print ("\nVersion des HTTP-Protokolls: ");
            System.out.println (connection.getHeaderField(0));
            // (3) Typ der abrufbaren Daten erfragen
            System.out.print ("\nTyp der Daten: ");
            System.out.println (connection.getContentType());
        }
        catch (MalformedURLException e)
        {
            // Der Konstruktor wirft eine Exception, wenn der über-
            // gebene String keine gültige URL darstellt.
            System.out.println (e.getMessage());
        }
        catch (IOException e)
        {
            // Die Methoden openURLConnection() und connect()
            // werfen beide Exceptions vom Typ IOException
            System.out.println (e.getMessage());
        }
    }
}
```

Eine mögliche Ausgabe des Programms ist:

```
Typ des URLConnection-Objektes:
class sun.net.www.protocol.http.HttpURLConnection

Version des HTTP-Protokolls: HTTP/1.1 200 OK

Typ der Daten: text/html; charset=utf-8
```

---

[29] Die Anfrage war erfolgreich, wenn der HTTP-Code 200 zurückgeliefert wird.

2.2 Das Konzept der Sockets

Sockets stellen die **Endpunkte** einer Kommunikationsverbindung zwischen zwei Programmen dar. Eine Socket-Verbindung kann man sich als Schlauch oder Kanal vorstellen. Ein Socket verbindet zwei Partner auf Ebene der Anwendungsschicht.

Alles, was an der einen Seite in eine Socket-Verbindung geschoben wird, kommt auf der anderen Seite dieser Socket-Verbindung in derselben Reihenfolge wieder aus dem Kanal heraus (FIFO[30]-Prinzip). Betrachtet man die Übertragung in einem Netzwerk, so ist es nicht selbstverständlich, dass die Reihenfolge der ankommenden Daten gleich der Reihenfolge der gesendeten Daten ist. Denn die Daten eines Servers – beispielsweise eine vom Browser angeforderte Internetseite – werden beim Versenden in kleine Datenpakete verpackt, und diese Datenpakete treten dann einzeln und unabhängig voneinander auf oft verschiedenen Wegen die Reise durch das Netz zum Client an.

Es kann passieren, dass Datenpakete in einem Netzwerk über unterschiedliche „Strecken" (Routen) zum Client geleitet werden. Daher können sich Pakete auch überholen.

2.2.1 Beispielprogramm eines Servers mit einem Client

Bild 2-6 zeigt ein allgemeines Beispiel auf der Ebene der Vermittlungs- bzw. Internetschicht, bei dem ein Server einem Client Daten zusendet, die in drei Pakete A, B und C verpackt wurden:

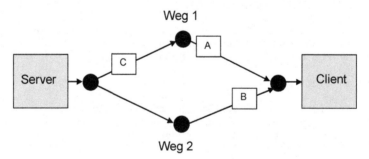

Bild 2-6 Kommunikation zwischen Client und Server über verschiedene Wege

Die Pakete A, B und C verlassen den Server in dieser Reihenfolge, d. h. der Server sendet zuerst das Paket A, dann das Paket B und schließlich das Paket C. Die Pakete A und C nehmen den Weg 1, das Paket B den Weg 2 zum Client[31]. Aufgrund von Überlastungen auf dem Weg 1 – was zu Verzögerungen in der Weiterleitung von

---

[30] FIFO = First In – First out (dt. der Reihe nach)
[31] Warum ein Paket einen anderen Weg nimmt als die übrigen Pakete, kann viele Gründe haben. Beispielsweise kann eine Verbindung unterbrochen sein oder es wird ein Stau gemeldet und angezeigt, dass nachfolgende Pakete einen anderen Weg wählen sollen.

Paketen führt – soll nun jedoch der Fall eintreten, dass das Paket B vor dem Paket A beim Client ankommt, also eigentlich in der falschen Reihenfolge. Dieser Umstand ist jedoch nicht weiter tragisch, denn die Reihenfolge der Pakete wird durch das im Socket des Clients implementierte TCP-Protokoll[32] automatisch wiederhergestellt[33].

Auf einem Rechner können mehrere Sockets gleichzeitig verwendet werden. Nur so ist es möglich, mehrere Programme auf einem Rechner auszuführen, die Sockets zur Kommunikation verwenden. Dabei kann auch ein einzelnes Programm mehrere Sockets verwenden.

2.2.2 Visualisierung von Sockets und Ports

Das folgende Bild visualisiert Sockets und Ports:

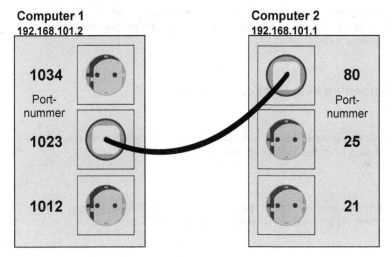

Bild 2-7 Socket und Port

Wie in diesem Bild zu sehen ist, kann die Nummer der Ports auf beiden Seiten einer Socket-Verbindung verschieden sein.

Die Unterscheidung der Sockets der einzelnen Programme geschieht über die Zuweisung von Nummern, den sogenannten Ports (Anschlüssen) auf dem jeweiligen Rechner. Ein Port ist dabei die Adresse des entsprechenden Kommunikationsdienstes auf dem jeweiligen Rechner wie z. B. FTP in der Anwendungsschicht. Ein Port kann Nummern zwischen 1 und 65535 haben.

---

[32] TCP ist verbindungsorientiert. Die Reihenfolge der Pakete innerhalb einer Nachricht wird eingehalten, kein Paket einer Nachricht geht verloren.
[33] Wenn ein Socket hingegen UDP verwendet, ist erstens nicht garantiert, dass alle Pakete ankommen, und zweitens ist die richtige Reihenfolge der Pakete innerhalb einer Nachricht nicht garantiert.

Ein Dienst auf einem Rechner wird eindeutig durch die IP-Adresse und den Port des entsprechenden Dienstes der Anwendungsschicht bestimmt. Das folgende Bild gibt einige Beispiele:

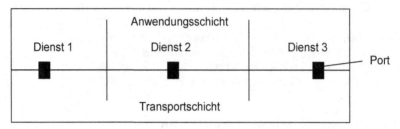

Bild 2-8 Ports der Anwendungsschicht

Eine Socket-Verbindung hat zwei Ports, jeweils als Ende der Verbindung. Die Ports müssen auf beiden Seiten der Verbindung nicht dieselbe Nummer haben.

2.2.3 Binden an eine Socket-Verbindung

Ein **Server-Programm** bindet sich an eine Socket-Verbindung, die mit einem lokalen Port des Server-Rechners verbunden ist.

Ein **Client-Programm** bindet sich an eine Socket-Verbindung, die eine Verbindung zu einem Port des Server-Rechners aufbaut.

2.2.4 TCP und UDP

Je nach Anforderung an die Netzwerkkommunikation können unterschiedliche Arten von Sockets verwendet werden.

Zum einen gibt es **verbindungsorientierte TCP-Sockets**, welche zuverlässig einen Strom von Daten von einer Seite einer Verbindung zur anderen befördern. Zum anderen gibt es **verbindungslose UDP-Sockets**, die einzelne Nachrichten von einem Endpunkt zum anderen bringen, jedoch ohne die Übertragungssicherheit zu garantieren.

Mit anderen Worten, es ist möglich, dass bei UDP-Sockets Nachrichten verloren gehen. Ist eine sichere Übertragung erwünscht, so ist das Protokoll TCP zu verwenden.

Mit Hilfe von TCP-Sockets kann eine Verbindung zwischen zwei Programmen – das heißt zwischen zwei voneinander unabhängigen Betriebssystemprozessen – hergestellt werden. Eine Verbindung auf der Transportschicht kann in mehrere Verbindungen auf der Internetschicht aufgespalten werden. Die Programme können auf ein und demselben Rechner ausgeführt werden oder aber die Programme befinden sich auf zwei unterschiedlichen Computern. Die Ausführung von Programmen ist ortstransparent.

TCP-Sockets sind verbindungsorientiert.

Verbindungsorientierte Protokolle haben stets **drei Phasen**:

- Verbindungsaufbau,
- Datenübertragungsphase und
- Verbindungsabbau.

Es muss also zuerst eine Verbindung zwischen den Programmen hergestellt werden, bevor Daten ausgetauscht werden können.

Der Datenaustausch erfolgt im Falle von TCP zuverlässig, da TCP verbindungsorientiert ist. Deshalb können Datenpakete in der Regel nicht verloren gehen und sich auch nicht überholen[34]. Pakete, die von einem Transportdienst über verschiedene Verbindungen der Internetschicht übermittelt werden und sich dabei überholen, werden auf der Transportschicht wieder in die richtige Reihenfolge gebracht.

Da die Daten für die Übertragung in **Datenpakete** aufgeteilt werden, besteht keine Begrenzung für die Menge der zu übertragenden Daten. Wird beispielsweise eine Datei mit einer Größe von 10 MB übertragen, so werden aus dem einen großen Datenpaket viele kleinere Datenpakete erstellt, z. B. Fragmente mit einer Größe von 1 KB. Diese kleinen Fragmente werden dann einzeln vom Server an den Client geschickt, wobei der TCP-Socket des Clients die einzelnen Teile wieder zu einem Ganzen zusammensetzt.

Um mit Hilfe von Sockets eine **Kommunikationsverbindung aufzubauen**, müssen verschiedene Schritte durchlaufen werden:

- Zuerst erzeugt die Server-Anwendung einen Socket, den sogenannten **Server-Socket**.
- Dieser Server-Socket wird dann an einen bestimmten **Port auf dem Server-Rechner** gebunden.
- Die **Client-Anwendung**, die nun eine Verbindung zu der Server-Anwendung aufbauen will, **erzeugt** ebenfalls einen **Socket**. Dafür muss sie bei der Erzeugung ihres Sockets die **Adresse des Server-Rechners** und den **Port der Server-Anwendung** angeben.
- Nun stellt der Client eine **Verbindungsanfrage** an die Server-Anwendung. Erst wenn der Server die Verbindung akzeptiert hat, können Server und Client gleichberechtigt Daten austauschen.

---

[34] Im Fehlerfall erfolgt eine Fehlermeldung.

Damit sich die Anwendungen verstehen, muss ein Protokoll verwendet werden, das beiden Kommunikationsparteien bekannt ist (siehe Kapitel 2.3). Durch das gemeinsame Protokoll für die Kommunikation „reden Client und Server in derselben Sprache".

Das folgende Bild zeigt den Ablauf einer TCP-Socket-Kommunikation in Java:

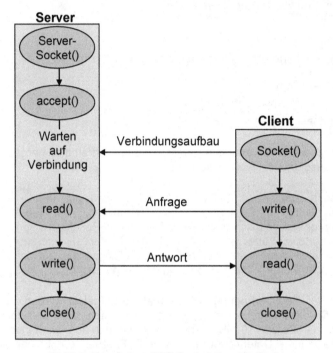

Bild 2-9 Ablauf einer TCP-Socket-Kommunikation

Im Gegensatz zum Transmission Control Protocol (TCP) bietet das User Datagram Protocol (UDP) keinen zuverlässigen Austausch von Informationen[35].

Die Daten werden bei UDP in einzelnen Paketen verbindungslos versendet. Es können einerseits Nachrichten verloren gehen, andererseits können sich Nachrichten auf verschiedenen Wegen überholen. Eine Quittierung der Nachrichten erfolgt nicht. Da UDP ein verbindungsloses Protokoll ist, muss vor dem Senden von Daten keine Verbindung durch den Client angefordert werden.

Der Client versendet seine Daten und hat im Falle von UDP keine Kontrolle darüber, ob die Daten vom Server empfangen wurden. Dies bedeutet, dass Daten verloren gehen können oder dass Datenblöcke sich gegenseitig überholen können.

---

[35] Dies ist beabsichtigt. Dafür ist UDP sehr schnell. Ein sinnvolles Anwendungsbeispiel für UDP ist die Kommunikation zu einem Time-Server.

Der Vorteil von UDP gegenüber TCP liegt in der Einfachheit der Implementierung und in der damit verbundenen hohen Geschwindigkeit des Datenaustausches.

Da keine Verbindung zum Server aufgebaut wird und somit die Socket-Kommunikation zum Senden von Daten an beliebige Rechner verwendet werden kann, muss jedes **Datenpaket** zusätzlich **mit der Adresse und dem Port der Empfängeranwendung** ausgestattet werden.

Bild 2-10 zeigt den Ablauf der Kommunikation über UDP-Sockets in Java:

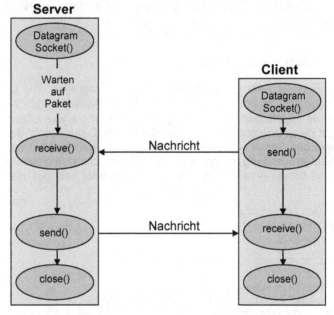

Bild 2-10 Ablauf einer UDP-Socket-Kommunikation

Bei Verwendung von UDP-Sockets wird nicht der Socket-Endpunkt selbst, sondern jedes Datenpaket mit der IP-Adresse und dem Port der Empfängeranwendung ausgestattet, da es keine Verbindung gibt. Das Protokoll ist – wie bereits erwähnt – verbindungslos.

2.2.5 TCP in Java

In Java werden zur Verwendung von TCP-Sockets zwei Klassen angeboten:

- **die Klasse** `ServerSocket`

  Eine **Server-Anwendung** benutzt für die Erzeugung ihres Sockets die Klasse `ServerSocket`, die alle notwendigen Kommunikationsfunktionen eines Servers beinhaltet. Beim Durchlaufen des Konstruktors der Klasse `ServerSocket` wird die Socket-Verbindung erzeugt, an den übergebenen, freien Port auf dem Server-Rechner gebunden und auf „Warten" gesetzt. Es muss lediglich die Methode `accept()` aufgerufen werden, um ankommende Verbindungsanforderungen von Clients zu akzeptieren.

- **die Klasse** `Socket`

  Eine **Client-Anwendung** verwendet die Klasse `Socket`, die beim Instanziieren ebenfalls eine Socket-Verbindung erzeugt und im Konstruktor die Verbindung zum Server aufbaut. Die Verbindungsdaten – also Server-Adresse und Port – müssen dazu bekannt sein.

> Bei der Verwendung der TCP-Sockets der Klassen `ServerSocket` und `Socket` erfolgt der Austausch von Daten über Datenströme. Beide Klassen befinden sich im Paket `java.net`.

Beispiel für ein Netzwerkprogramm

Das folgende Beispiel zeigt ein einfaches Netzwerk-Programm. Die Client-Anwendung `TCPClient` schickt eine Nachricht an die Server-Anwendung `TCPServer`. Der Server nimmt die angeforderte Verbindung an, empfängt die vom Client gesendeten Daten und gibt diese anschließend am Bildschirm aus. Danach wird die Verbindung zwischen Client und Server wieder geschlossen. Im Folgenden wird der Programm-code der Client-Anwendung dargestellt. Der Client schickt lediglich eine einzige Nachricht an die Server-Anwendung und wird dann wieder beendet. Hier das Client-Programm:

```java
// Datei: TCPClient.java
import java.net.*;
import java.io.*;

public class TCPClient
{
   // Port der Serveranwendung
   public static final int SERVER_PORT = 10001;
   // Rechnername des Servers
   public static final String SERVER_HOSTNAME = "localhost";

   public static void main (String[] args)
   {
      try
      {
         // Erzeugen des Socket und Aufbau der Verbindung
         Socket socket = new Socket (
            SERVER_HOSTNAME, SERVER_PORT);

         System.out.println ("Verbunden mit Server: " +
            socket.getRemoteSocketAddress());
         String nachricht = "Hallo Server";
         System.out.println ("Sende Nachricht \"" +
                             nachricht + "\" mit Laenge " +
                             nachricht.length());
```

```java
        // Senden der Nachricht über einen Stream
        socket.getOutputStream().write (nachricht.getBytes());
        // Beenden der Kommunikationsverbindung
        socket.close();
    }
    catch (UnknownHostException e)
    {
        // Wenn Rechnername nicht bekannt ist ...
        System.out.println ("Rechnername unbekannt:\n" +
                            e.getMessage());
    }
    catch (IOException e)
    {
        // Wenn die Kommunikation fehlschlägt
        System.out.println ("Fehler während der Kommunikation:\n" +
                            e.getMessage());
    }
    }
}
```

Eine mögliche Ausgabe des Programms ist:

```
Verbunden mit Server: localhost/127.0.0.1:10001
Sende Nachricht "Hallo Server" mit Laenge 12
```

Der folgende Quellcode zeigt die Server-Anwendung:

```java
// Datei: TCPServer.java
import java.net.*;
import java.io.*;

public class TCPServer
{
    // Port der Serveranwendung
    public static final int SERVER_PORT = 10001;

    public static void main (String[] args)
    {
        try
        {
            // Erzeugen des Socket/binden an Port/Wartestellung
            ServerSocket socket = new ServerSocket (SERVER_PORT);

            // Ab hier ist der Server "scharf" geschaltet
            // und wartet auf Verbindungen von Clients
            System.out.println ("Warten auf Verbindungen ...");

            // im Aufruf der Methode accept() verharrt die
            // Server-Anwendung solange, bis eine Verbindungs-
            // anforderung eines Client eingegangen ist.
            // Ist dies der Fall, so wird die Anforderung akzeptiert
            Socket client = socket.accept();

            // Ausgabe der Informationen über den Client
            System.out.println ("\nVerbunden mit Rechner: " +
                                client.getInetAddress().getHostName()
                                + " Port: " + client.getPort());
```

```
        // Erzeugen eines Puffers
        byte[] b = new byte [128];
        // Datenstrom zum Lesen verwenden
        InputStream stream = client.getInputStream();

        // Sind Daten verfügbar?
        while (stream.available() == 0)
        {}

        // Ankommende Daten lesen und ausgeben
        while (stream.read (b) != -1)
        {
            System.out.println (
                "Nachricht empfangen: " + new String (b));
        }

        // Verbindung beenden
        client.close();
        // Server-Socket schließen
        socket.close();
        System.out.println ("Der Client wurde bedient und " +
                            "die Server-Anwendung ist beendet");
    }
    catch (UnknownHostException e)
    {
        // Wenn Rechnername nicht bekannt ist ...
        System.out.println ("Rechnername unbekannt:\n" +
                            e.getMessage());
    }
    catch (IOException e)
    {
        // Wenn Kommunikation fehlschlägt ...
        System.out.println ("Fehler während der Kommunikation:\n" +
                            e.getMessage());
    }
  }
}
```

Eine mögliche Ausgabe der Server-Anwendung ist:

```
Warten auf Verbindungen ...

Verbunden mit Rechner: 127.0.0.1 Port: 1366
Nachricht empfangen: Hallo Server

Der Client wurde bedient und die
Server-Anwendung ist beendet
```

2.2.5.1 Iterativer Server

Wie man an der Ausgabe der Server-Anwendung aus dem vorigen Beispiel erkennen kann, beendet ein Server seine Tätigkeit, nachdem sich ein Client mit ihm verbunden hat und vom Server bedient wurde. Wenn mehrere Clients gleichzeitig eine Anfrage stellen, wird somit nur der erste Client bedient und alle nachfolgenden abgewiesen, bis die Server-Anwendung wieder die Methode `accept()` aufruft. Dafür muss aber der Server jedes Mal neu gestartet werden, was sehr unpraktisch ist.

Beim Instanziieren der Klasse `ServerSocket` kann zusätzlich die Länge der Warteschlange für ankommende Verbindungsanforderungen angegeben werden. Ohne eine Angabe ist der Wert für die Länge der Warteschlange auf 50 Verbindungsanforderungen voreingestellt. Damit der Server nicht nach jeder Anfrage beendet wird, muss der Server-Code für die Annahme von Verbindungen und das Lesen der von den Clients gesendeten Daten als Endlosschleife formuliert werden. Dadurch werden die nachfolgenden Clients nicht mehr abgewiesen. Verbindungsanfragen verschiedener Clients werden in der Warteschlange gepuffert, wodurch der Server die Möglichkeit hat, nach einem `accept()`, d. h. nach dem Akzeptieren der Verbindung, die einzelnen Verbindungsanfragen der Clients in einer Schleife der Reihe nach abzuarbeiten und die gesendeten Daten zu lesen. Der Server ist dann ein iterativer Server.

Ein **iterativer Server** arbeitet in einer Schleife alle Verbindungsanfragen sequenziell ab.

Die Datenübertragung über TCP erfolgt **synchron**, dabei wird jedes übertragene Paket jeweils bestätigt. Der aufrufende Java-Thread des Clients ruft die Methode zum Senden der Daten aber asynchron auf, d. h. diese Methode wartet nicht auf die Antwort der Serverapplikation. Das gegebene Beispiel ist demnach auf Anwendungsebene asynchron, obwohl die Daten über TCP synchron übertragen werden.

Um der Anwendung ebenfalls ein synchrones Verhalten zu verleihen, müsste die Client-Applikation blockierend auf die Antwort des Servers warten. Zur einfachen Darstellung einer Socketverbindung wird im folgenden Beispiel jedoch darauf verzichtet.

Beispiel für einen iterativen Server

Das folgende Beispiel zeigt den Code eines iterativen Servers:

```java
// Datei: IterativerTCPServer.java
import java.net.*;
import java.io.*;

public class IterativerTCPServer
{
   // Port der Serveranwendung
   public static final int SERVER_PORT = 10001;

   public static void main (String[] args)
   {
      try
      {
         // Erzeugen des Socket/Binden an Port/Wartestellung
         // Der Server akzeptiert nun 10 gleichzeitige
         // Verbindungsanfragen
         ServerSocket socket = new ServerSocket (SERVER_PORT, 10);
```

```
while (true)
{
    // Ab hier ist der Server "scharf" geschaltet
    // und wartet auf Verbindungen von Clients
    System.out.println ("Warten auf Verbindungen ...");

    // im Aufruf der Methode accept() verharrt die
    // Server-Anwendung solange, bis eine Verbindungs-
    // anforderung eines Client eingegangen ist.
    // Ist dies der Fall, so wird die Anforderung akzeptiert
    Socket client = socket.accept();

    // Ausgabe der Informationen über den Client
    System.out.println (
        "\nVerbunden mit Rechner: " +
        client.getInetAddress().getHostName()+ " Port: " +
        client.getPort());

    // Erzeugen eines Puffers
    byte[] b = new byte [128];
    // Datenstrom zum Lesen verwenden
    InputStream stream = client.getInputStream();

    // Sind Daten verfügbar?
    while (stream.available() == 0)
        ;

    // Ankommende Daten lesen und ausgeben
    while (stream.read (b) != -1)
    {
        System.out.println (
            "Nachricht empfangen: " + new String (b));
    }
    // Verbindung zum Client beenden
    client.close();
    System.out.println ("Der Client wurde bedient ...");
    }
}
catch (UnknownHostException e)
{
    // Wenn Rechnername nicht bekannt ist ...
    System.out.println ("Rechnername unbekannt:\n" +
                        e.getMessage());
}
catch (IOException e)
{
    // Wenn Kommunikation fehlschlägt ...
    System.out.println ("Fehler während der Kommunikation:\n" +
                        e.getMessage());
    }
  }
}
```

Eine mögliche Ausgabe der Server-Anwendung ist:

```
Warten auf Verbindungen ...

Verbunden mit Rechner: 127.0.0.1 Port: 1387
Nachricht empfangen: Hallo Server, hier Client1

Der Client wurde bedient ...
Warten auf Verbindungen ...

Verbunden mit Rechner: 127.0.0.1 Port: 1388
Nachricht empfangen: Hallo Server, hier Client2

Der Client wurde bedient ...
Warten auf Verbindungen ...
```

Wie an der Ausgabe zu erkennen ist, muss die Server-Anwendung nicht neu gestartet werden, nachdem ein Client bedient wurde. Der Server geht nach der Bedienung des Clients wieder in Wartestellung und nimmt sofort die nächste Verbindungsanfrage entgegen. Alle Verbindungsanfragen werden in eine Warteschlange gestellt, solange der Server mit der Bedienung eines Clients beschäftigt ist. Dies kann unter Umständen sehr lästig für einen wartenden Client sein. Die Vorstellung, beispielsweise der 1000. Client in der Warteschlange zu sein, ist nicht gerade ermunternd.

2.2.5.2 Paralleler Server

Eine mögliche Lösung der Performance-Probleme eines iterativen Servers ist der Einsatz von Threads, um einen **parallelen Server** (**Multithreading**) zu erhalten. Sobald eine neue Verbindung angefordert wird, kann diese Verbindung an einen neu geschaffenen Thread weitergeleitet werden, – einen sogenannten **WorkerThread** – der sie dann bearbeitet. Das nachfolgende Beispiel zeigt dieses Vorgehen. Nach dem Akzeptieren der Verbindung wird vom Server ein Objekt der Klasse Worker-Thread erzeugt. Dieses Objekt ist dann für die Kommunikation mit der Client-Anwendung zuständig und bearbeitet deren Anfragen. Der Server kann direkt nach der Instanziierung der Klasse WorkerThread erneut auf Verbindungsanfragen von Clients warten. Für die nächste Anfrage wird dann wieder ein eigener Thread erzeugt etc.

> Ein **paralleler Server** wartet in einer Schleife auf Verbindungen. Zur Bearbeitung der Anfragen startet er für jede Verbindung einen eigenen Thread.

Beispiel für einen parallelen Server

Um in diesem Beispiel unterschiedliche Antwortzeiten eines WorkerThread zu simulieren, werden durch einen Zufallsgenerator unterschiedliche Wartezeiten erzeugt, bevor der Server – also der WorkerThread – dem Client eine Antwort sendet. Im Folgenden wird der Code des Clients TCPClient2 dargestellt:

```java
// Datei: TCPClient2.java

import java.net.*;
import java.io.*;

public class TCPClient2
{
    // Port der Serveranwendung
    public static final int SERVER_PORT = 10001;

    // Rechnername des Servers
    public static final String SERVER_HOSTNAME = "localhost";

    public static void main (String[] args)
    {
        if (args.length != 1)
        {
            System.out.println (
                "Aufruf: java TCPClient2 <Client-Name>");

            System.exit (1);
        }

        try
        {
            // Erzeugen des Socket und Aufbau der Verbindung
            Socket socket = new Socket (SERVER_HOSTNAME, SERVER_PORT);

            System.out.println ("Verbunden mit Server: " +
                socket.getRemoteSocketAddress());

            System.out.println ("Client \"" + args [0] +
                                "\" meldet sich am Server an.");

            // Senden der Nachricht über einen Stream
            socket.getOutputStream().write (args [0].getBytes());

            // Puffer erzeugen und auf Begrüßung warten
            byte[] b = new byte [128];

            InputStream stream = socket.getInputStream();

            while (stream.available() == 0);

            // Begrüßung lesen und ausgeben
            stream.read (b);
            System.out.println (
                "Nachricht vom Server ist: " + new String (b));

            // Beenden der Kommunikationsverbindung
            socket.close();
        }
        catch (UnknownHostException e)
        {
            // Wenn Rechnername nicht bekannt ist ...
            System.out.println ("Rechnername unbekannt:\n" +
                                e.getMessage());
        }
```

```
      catch (IOException e)
      {
         // Wenn die Kommunikation fehlschlägt
         System.out.println ("Fehler während der Kommunikation:\n" +
                              e.getMessage());
      }
   }
}
```

Der Aufruf der Client-Anwendung erfolgt nun folgendermaßen:

```
java TCPClient2 <Client-Name>
```

Es wird somit der Methode `main()` der Klasse `TCPClient2` über das `String`-Array `args` der Name des Clients mitgeteilt. Startet man nun parallel zwei Clients in jeweils einer eigenen Konsole, können die Ausgaben folgendermaßen aussehen:

```
Verbunden mit Server: localhost/127.0.0.1:10001
Client "Peter" meldet sich am Server an.
Nachricht vom Server ist: Hallo Peter
```

bzw.:

```
Verbunden mit Server: localhost/127.0.0.1:10001
Client "Batman" meldet sich am Server an.
Nachricht vom Server ist: Hallo Batman
```

Im Folgenden wird der Code der Server-Anwendung der Klasse `MultiThread-Server` vorgestellt:

```
// Datei: MultiThreadServer.java
import java.net.*;
import java.io.*;

public class MultiThreadServer
{
   // Port der Serveranwendung
   public static final int SERVER_PORT = 10001;
   // Name dieses Threads. Es wird dadurch markiert, welche
   // Ausgaben auf der Konsole von diesem Thread stammen.
   private static final String name = "MainThread";

   public static void main (String[] args)
   {
      try
      {
         // Erzeugen des Socket/Binden an Port/Wartestellung
         ServerSocket socket = new ServerSocket (SERVER_PORT);

         while (true)
         {
            // Ab hier ist der Server "scharf" geschaltet
            // und wartet auf Verbindungen von Clients
            print (name + ":\tWarten auf Verbindungen ...");
```

```java
            // im Aufruf der Methode accept() verharrt die
            // Server-Anwendung solange, bis eine Verbindungs-
            // anforderung eines Client eingegangen ist.
            // Ist dies der Fall, so wird die Anforderung akzeptiert
            Socket client = socket.accept();
            print (name + ":\tVerbunden mit: " +
                client.getInetAddress().getHostName() +
                " Port: " + client.getPort());

            // Thread erzeugen, der Kommunikation
            // mit Client übernimmt
            new WorkerThread (client).start();
        }
    }
    catch (Exception e)
    {
        e.printStackTrace();
    }
}

// Diese Methode print() dient dazu, dass die beiden Threads
// MainThread und WorkerThread beim konkurrierenden Zugriff auf
// die Konsole mit System.out.println() synchronisiert werden.
public static synchronized void print (String nachricht)
{
    System.out.println (nachricht);
}
}

class WorkerThread extends Thread
{
    private Socket client;
    // Name dieses Threads
    private final String name = "WorkerThread";

    public WorkerThread (Socket client)
    {
        this.client = client;
    }

    public void run()
    {
        try
        {
            // Erzeugen eines Puffers und Einlesen des Namens
            byte[] b = new byte[128];
            InputStream input = client.getInputStream();

            // Warten auf Daten
            while (input.available() == 0);

            // Nachricht auslesen
            input.read (b);
            String clientName = new String (b);
            MultiThreadServer.print (
                name + ":\tName empfangen: " + clientName);
```

```
                // Zufällige Zeit warten (0-5 sec.)
                sleep ((long) (Math.random() * 5000));

                // Begrüßung senden
                OutputStream output = client.getOutputStream();
                MultiThreadServer.print (
                    name + ":\tSende Antwort an Client " +
                    clientName);

                byte[] antwort = ("Hallo " + clientName).getBytes();
                output.write (antwort);

                // Verbindung beenden
                client.close();
                MultiThreadServer.print (
                    name + ":\tClient erfolgreich bedient ...");
            }
            catch (Exception e)
            {
                // Wenn ein Fehler auftritt ...
                e.printStackTrace();
            }
        }
    }
}
```

Intern wird die Klasse WorkerThread zur parallelen Bearbeitung von Client-Anfragen verwendet.

Eine mögliche Ausgabe des Programms ist:

```
MainThread:      Warten auf Verbindungen ...
MainThread:      Verbunden mit: 127.0.0.1 Port: 1521
MainThread:      Warten auf Verbindungen ...
WorkerThread:    Name empfangen: Batman

WorkerThread:    Sende Antwort an Client Batman

WorkerThread:    Client erfolgreich bedient ...
MainThread:      Verbunden mit: 127.0.0.1 Port: 1522
MainThread:      Warten auf Verbindungen ...
WorkerThread:    Name empfangen: Peter

WorkerThread:    Sende Antwort an Client Peter

WorkerThread:    Client erfolgreich bedient ...
```

2.2.6 UDP in Java

Um in Java über UDP-Sockets zu kommunizieren, wird eine Instanz der Klasse DatagramSocket erzeugt. Sowohl die Server- als auch die Client-Anwendung verwenden die Klasse DatagramSocket. Der Server muss zusätzlich im Konstruktor den Port angeben, der für die Anwendung verwendet wird. Um Daten zu senden, werden diese in einer Instanz der Klasse DatagramPacket verpackt.

Beispielprogramm für Sockets

Das folgende Beispiel zeigt die Programmierung von UDP-Sockets unter Verwendung der Klasse `DatagramSocket`. Der Server erzeugt einen UDP-Socket und bindet diesen an den von ihm verwendeten Port. Um eine empfangene Nachricht abspeichern zu können, muss die Anwendung zuerst einen Puffer erzeugen. Dies geschieht durch die Instanziierung eines Byte-Arrays, das als Speicherplatz für ankommende Daten dient. Dieses Array wird anschließend in einem Objekt der Klasse `DatagramPacket` verpackt und an die Methode `receive()` übergeben, die dann solange wartet, bis eine Nachricht eintrifft (blocking receive). Die erhaltenen Daten werden aus dem Paket extrahiert und zur Anzeige gebracht. Es ist darauf zu achten, dass die Anzahl der empfangenen Bytes durch Aufruf der Methode `getLength()` der Klasse `DatagramPacket` ermittelt wird. Der Server generiert daraufhin die Antwort. Im folgenden Beispiel legt er die Daten in einem einzigen Paket ab. Im allgemeinen Fall erzeugt der Server aus den zu übertragenden Daten mehrere Pakete. Da im Beispiel dieses Paket wieder an die Client-Anwendung zurückgeschickt werden soll, muss es mit der Adresse und dem Port des Clients versehen werden. Diese Informationen können aus dem zuvor erhaltenen Paket mit den Methoden `getAddress()` bzw. `getPort()` gelesen werden. Im Folgenden ist der Quellcode des Servers aufgelistet:

```java
// Datei: UDPServer.java

import java.net.*;
import java.io.*;

public class UDPServer
{
    // Port des Servers
    static final int SERVER_PORT = 10001;

    public static void main (String[] args)
    {
        try
        {
            // Erzeugen des Socket
            DatagramSocket socket = new DatagramSocket (SERVER_PORT);

            while (true)
            {
                // Erzeugen eines Puffers
                byte[] b = new byte [128];
                DatagramPacket packet =
                    new DatagramPacket (b, b.length);
                System.out.println ("Warten auf Daten ...");

                // Der Server verharrt in der Methode receive() solange,
                // bis er ein Paket zugesendet bekommt
                socket.receive (packet);

                // Daten aus Paket extrahieren und ausgeben
                String message = new String (packet.getData(),
                                        0, packet.getLength());
                System.out.println ("Nachricht empfangen: " + message);
```

```
            // Begrüßungsnachricht in Paket verpacken
            b = ("Hallo " + message).getBytes();
            System.out.println ("Sende Antwort: " + new String(b));
            // DatagramPaket erzeugen und darin die Antwort an den
            // Sender verpacken. Zudem muss in dem Paket die
            // IP-Adresse und der Port des Empfängers enthalten sein
            DatagramPacket response =
                new DatagramPacket (b, b.length,
                    packet.getAddress(),
                    packet.getPort());

            // Paket an Client senden
            socket.send (response);
        }
    }
    catch (Exception e)
    {
        e.printStackTrace();
    }
  }
}
```

Eine mögliche Ausgabe des Programms ist:

```
Warten auf Daten ...
Nachricht empfangen: Kerstin Morgen
Sende Antwort: Hallo Kerstin Morgen
Warten auf Daten ...
```

Die Client-Anwendung erzeugt ebenfalls eine Instanz der Klasse `DatagramSocket` und sendet dann einen Text, der in einem Objekt der Klasse `DatagramPacket` verpackt wird, an den Server. Daraufhin wartet der Client, bis die Server-Anwendung die Antwort schickt. Falls das Antwortpaket verloren geht, verharrt der Client in der Methode `receive()` der Klasse `DatagramSocket` und muss manuell beendet werden. Wird jedoch vor dem Aufruf der Methode `receive()` mit der Methode `setSoTimeout()` der Klasse `DatagramSocket` ein Timeout gesetzt, so wird von der Methode `receive()` nach Ablauf des Timeouts eine Exception vom Typ `SocketTimeoutException` geworfen.

Im Folgenden wird der Quellcode des Clients dargestellt:

```
// Datei: UDPClient.java

import java.net.*;
import java.io.*;
public class UDPClient
{
    // Rechnername des Servers
    static final String SERVER_NAME = "localhost";
    // Port des Servers
    static final int SERVER_PORT = 10001;

    public static void main (String[] args)
    {
```

```java
try
{
    // Erzeugen eines Socket
    DatagramSocket socket = new DatagramSocket();

    // Name in Paket verpacken
    byte[] name = "Kerstin Morgen".getBytes();
    DatagramPacket packet =
        new DatagramPacket (name, name.length,
            InetAddress.getByName (SERVER_NAME), SERVER_PORT);

    // Paket an Server senden
    socket.send (packet);

    // Puffer für Begrüßungsnachricht erzeugen
    byte[] b = new byte [128];
    packet.setData (b);
    packet.setLength (128);

    // Timeout auf 5 Sekunden setzen
    socket.setSoTimeout (5000);


    System.out.println
        ("Warten auf eine Antwort vom Server ...");

    // Paket empfangen
    socket.receive (packet);

    // Begrüßung extrahieren und anzeigen
    String message = new String (packet.getData (),
                                 0, packet.getLength ());
    System.out.println ("Nachricht empfangen: " + message);

    // Socket schliessen
    socket.close();
}
catch (SocketTimeoutException e)
{
    // SocketTimeoutException wird von der Methode
    // receive() geworfen, nachdem mit der Methode
    // setSoTimeout() ein Timeout gesetzt wurde
    System.out.println (e.getMessage());
}
catch (Exception e)
{
    e.printStackTrace();
}
}
}
```

Eine mögliche Ausgabe des Programms ist:

```
Warten auf eine Antwort vom Server ...
Nachricht empfangen: Hallo Kerstin Morgen
```

2.2.7 Multicast in Java

Eine Kommunikation via Sockets wird auch als **Unicast** bezeichnet.

Einen Unicast symbolisiert das folgende Bild:

Bild 2-11 Unicast

Normalerweise wird diese Art der Kommunikation verwendet, um Daten zwischen Client und Server – also zwischen genau zwei Programmen – auszutauschen. In einzelnen Fällen kann es aber auch nützlich sein, Daten bzw. Anfragen an mehrere Rechner gleichzeitig senden zu können. Hierzu wird ein **Broadcast** bzw. ein **Multicast** benötigt. Das folgende Bild symbolisiert einen Multicast:

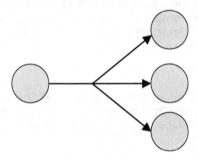

Bild 2-12 Multicast

Broadcast bedeutet, dass das gesendete Datenpaket **von allen Rechnern empfangen** wird, **Multicast** hingegen beschränkt sich auf eine **Gruppe von Empfängern**.

Eine Gruppe von Empfängern wird durch eine spezielle IP-Adresse spezifiziert. Es handelt sich hierbei um eine sogenannte Klasse-D-Adresse. **IP-Netze** werden in verschiedene **Netzklassen** unterteilt. Subnetze des Internets werden in Klassen von IP-Adressen namens A, B und C aufgeteilt. Im Folgenden ein Überblick:

- **Klasse-A-Netz**

  Ein Klasse-A-Netz kann bis zu 16,7 Millionen Rechner enthalten. IP-Adressen des Klasse-A-Netzes umfassen den Bereich 0.x.x.x bis 127.x.x.x.

- **Klasse-B-Netz**

  Ein Klasse-B-Netz kann bis zu 65.534 Rechner umfassen. IP-Adressen des Klasse-B-Netzes umfassen den Bereich 128.0.x.x bis 191.255.x.x

- **Klasse-C-Netz**

  Ein Klasse-C-Netz kann bis zu 254 Rechner umfassen. IP-Adressen des Klasse-C-Netzes umfassen den Bereich 192.0.0.x bis 223.255.255.x.

Das x in den oben abgedruckten IP-Adressbereichen kann dabei einen Wert zwischen 0 und 255 annehmen. Eine Ausnahme bildet das jeweils letzte x, bei dem die Werte 0 (reserviert für das Netz selbst) und 255 (für Broadcast reserviert) nicht zulässig sind. Das ist auch der Grund, warum in einem Netz der Klasse C nur 254 und keine 256 Rechner möglich sind. Meistens werden Netze der Klassen A und B in weitere Subnetze unterteilt.

Klasse D-Adressen liegen im Bereich 224.0.0.0 bis 239.255.255.255 und sind für einen **Multicast** reserviert. Der Bereich 224.0.0.0 bis 224.255.255.255 ist reserviert für den Austausch von Routing-Informationen. Multicast funktioniert auch über die Grenzen eines Teilnetzes hinweg, soweit die Router diesen Mechanismus unterstützen.

Verwendet wird ein Multicast zum Beispiel für firmenweite Updates oder zum Auffinden von Server-Anwendungen im Netzwerk (Look-up). Ein Multicast basiert auf UDP, was die schon zuvor erwähnten Vor- und Nachteile mit sich bringt. Um einen Multicast zu verwenden, müssen verschiedene Schritte durchlaufen werden. Wie bei UDP-Sockets wird die Klasse `DatagramPacket` zum Versenden der Daten verwendet.

> Der einzige Unterschied eines Multicasts zu UDP-Sockets besteht darin, dass der Server zusätzlich der Multicast-Gruppe beitreten muss, was durch den Aufruf der Methode `joinGroup()` erfolgt.

2.2.8 Look-up Mechanismus

Im Folgenden soll ein einfacher **„Look-up"-Mechanismus** beschrieben werden:

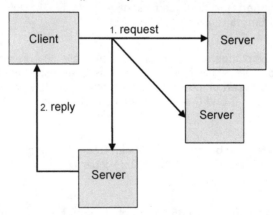

Bild 2-13 „Look-up"-Mechanismus zum Auffinden eines Servers im Netz

Ein Client, der einen Dienst sucht, schickt hierzu ein Paket via Multicast ins Netz. Die Server-Anwendung, die als erste auf dieses Paket antwortet, wird daraufhin zur weiteren Kommunikation verwendet.

Die Server-Anwendung instanziiert die Klasse `MulticastSocket`, tritt einer Multicast-Gruppe bei (im folgenden Beispiel ist das die Gruppe mit der Adresse 244.5.6.7) und wartet dann, bis eine Nachricht an diese Gruppe geschickt wird. Aus dem von einem Client gesendeten Paket erhält der Server die Adresse des Clients, an welche er dann eine Antwort schickt. Im Folgenden ist der Quellcode des Servers aufgelistet:

```java
// Datei: MulticastServer.java

import java.net.*;
import java.io.*;
public class MulticastServer
{
    // IP-Adresse der Gruppe
    public static final String GRUPPEN_ADRESSE = "244.5.6.7";
    // Port der Gruppe
    public static final int GRUPPEN_PORT = 6789;

    public static void main (String[] args)
    {
        try
        {
            // Erzeugen eines Puffers zum Empfang von Anfragen
            byte[] buffer = new byte[128];
            DatagramPacket packet =
                new DatagramPacket (buffer, buffer.length);

            InetAddress address =
                InetAddress.getByName (GRUPPEN_ADRESSE);

            // Erzeugen eines Socket
            MulticastSocket socket =
                new MulticastSocket (GRUPPEN_PORT);
            System.out.println ("MulticastSocket erzeugt ...");

            // Beitritt zur Multicast-Gruppe
            socket.joinGroup (address);
            System.out.println ("Der Gruppe beigetreten: " +
                GRUPPEN_ADRESSE + "/" + GRUPPEN_PORT);

            while (true)
            {
                System.out.println ("Warten auf Daten ...");

                // Empfang einer Anfrage
                socket.receive (packet);

                // Extraktion und Ausgabe der Anfrage
                String message = new String (packet.getData(),
                                    0, packet.getLength());
                System.out.println ("Nachricht empfangen: " +
                                    message + " von " +
                                    packet.getAddress ());
```

```
            // Beantworten der Anfrage
            message = "Hallo Client!";
            DatagramPacket response = new DatagramPacket (
                message.getBytes(), message.length(),
                packet.getAddress(), packet.getPort());

            System.out.println ("Sende Antwort an Client ...");
            socket.send (response);
        }
    }
    catch (Exception e)
    {
        e.printStackTrace();
    }
}
}
```

Eine mögliche Ausgabe des Programms ist:

```
MulticastSocket erzeugt ...
Der Gruppe beigetreten: 224.5.6.7/6789
Warten auf Daten ...
Nachricht empfangen: Hallo Server! von /192.168.0.141
Sende Antwort an Client ...
Warten auf Daten ...
```

Die Client-Anwendung schickt eine Anfrage an die Server-Gruppe und wartet daraufhin auf eine Antwort. Aus dem von einem der Server gesendeten Paket erhält der Client die Adresse des entsprechenden Servers, die dann für eine weitere Kommunikation verwendet werden kann. Im Folgenden wird der Quellcode des Clients dargestellt:

```
// Datei: MulticastClient.java

import java.net.*;
import java.io.*;

public class MulticastClient
{
    // IP-Adresse der Gruppe
    public static final String GRUPPEN_ADRESSE = "224.5.6.7";
    // Port der Gruppe
    public static final int GRUPPEN_PORT = 6789;

    public static void main (String[] args)
    {
        try
        {
            SocketAddress adresse =
                new InetSocketAddress (GRUPPEN_ADRESSE, GRUPPEN_PORT);
            byte[] message = ("Hallo Server!").getBytes();

            // Verpacken der Anfrage in ein Paket
            DatagramPacket packet =
                new DatagramPacket (message, message.length, adresse);
```

```
        // Erzeugen eines Socket und Senden der Anfrage
        MulticastSocket socket = new MulticastSocket();
        socket.send (packet);

        // Erzeugen eines Puffers
        byte[] b = new byte [128];
        packet.setData (b);
        packet.setLength (b.length);

        // Empfang der Antwort
        socket.receive (packet);

        // Extrahieren der Antwort und Ausgabe der Informationen
        String response = new String (packet.getData(),
                                0, packet.getLength());

        System.out.println ("Antwort empfangen: " +
                            response + " von " +
                            packet.getAddress());
        // Schliessen der Socket
        socket.close();
    }
    catch (Exception e)
    {
        e.printStackTrace();
    }
    }
}
```

Eine mögliche Ausgabe des Programms ist:

```
Antwort empfangen: Hallo Client! von /192.168.0.141
```

Im Gegensatz zur Server-Anwendung muss ein Client zum Senden eines Paketes an eine Multicast-Gruppe nicht dieser Gruppe beitreten. Multicast-Gruppen werden deshalb auch **offene Gruppen** genannt.

2.3 Protokolle

Ein bestimmtes Protokoll ist ein Satz von Regeln für die Kommunikation. Protokolle beschreiben sowohl das zu verwendende Nachrichtenformat als auch die Reihenfolge, in der Nachrichten bestimmter Typen zwischen Computern ausgetauscht werden.

Wenn eine Client-Anwendung eine größere Menge an Daten sendet, kann die Server-Anwendung nicht voraussagen, wie viele Bytes ankommen werden. Um zu garantieren, dass die Server-Anwendung alle Daten liest, die der Client ihr zusendet, muss dafür ein Protokoll definiert werden. Eine Möglichkeit besteht darin, das Ende der Daten einer Übertragung durch ein bestimmtes Zeichen anzuzeigen, das sogenannte **Ende-Zeichen** oder Escape-Zeichen, welches vom Client dann an den Server gesendet wird, wenn der Client alle Nutzdaten übertragen hat.

Beim Hypertext Transfer Protocol (HTTP) wird beispielsweise im Kopf der Daten die Anzahl der nachfolgenden Bytes angegeben. Zusätzlich legt HTTP fest, dass die Client-Anwendung eine Verbindung aufbaut, eine Anfrage schickt und die Server-Anwendung, nachdem sie die angeforderten Daten geschickt hat, die Verbindung auch wieder beendet.

2.4 Übungen

Aufgabe 2.1: Analyse einer Host-Adresse

In dieser Übung schreiben Sie eine Java-Anwendung, die eine Host-Adresse auf unterschiedliche Arten analysiert.

a) Erstellen Sie die Klasse `HostTest` mit der Klassenmethode `main()`. Das Programm soll beim Start auf der Konsole einen Parameter übergeben bekommen, der in der lokalen Variablen `host` vom Typ `String` gespeichert werden soll. Dieser Parameter soll den Hostnamen enthalten. Legen Sie im Hauptprogramm ein Array für Objekte der Klasse `InetAddress` an und befüllen Sie es mit den IP-Adressen des Hosts. Geben Sie die Elemente des Arrays auf der Konsole aus.

b) Erweitern Sie die Methode `main()`, um eine Analyse der Bestandteile der Adresse zu ermöglichen. Ergänzen Sie dazu die lokale Variable `host` so, dass der Wert dieser Variablen eine URL für das HTTP-Protokoll bildet. Legen Sie die lokale Variable `url` vom Typ `URL` an. Verwenden Sie zum Erzeugen eines neuen Objektes vom Typ `URL` die zuvor veränderte Variable `host` als Konstruktorparameter. Geben Sie mit Hilfe der Methoden, die für Objekte vom Typ `URL` definiert sind, das Protokoll, den Rechner und die Datei auf der Konsole aus, auf die die URL verweist.

c) Die Methode `main()` soll anhand der lokalen Variablen `connection` vom Typ `URLConnection` erweitert werden. Die Variable `connection` soll auf ein Verbindungsobjekt verweisen, das eine Verbindung zu der in der Variable `url` gespeicherten URL herstellt. Die Variable `connection` soll dann genutzt werden, um den Typ des Objektes, den die Variable `connection` referenziert, die Version des HTTP-Protokolls und den Typ der Daten auszugeben.

Aufgabe 2.2: Ping Pong

Erstellen Sie eine Anwendung, bei der zwei Clients miteinander über Sockets kommunizieren und Tischtennis spielen. Der Ball wird von den zwei Clients nacheinander geschlagen und dabei von einem Client der Klasse `ClientPing` und vom anderen Client der Klasse `ClientPong` auf der Konsole ausgegeben. Im zweiten Aufgabenteil sollen die beiden Meldungen nicht mehr von den Clients ausgegeben werden, sondern zu einem Server über Sockets übertragen und dort ausgegeben werden

2.2.1 ClientPing programmieren

Legen Sie das Paket `clients` und darin die Klasse `ClientPing` an. Folgende konstante Klassenvariablen soll die Klasse `ClientPing` haben:

- `EIGENER_PORT` gibt den Port des Clients an und hat den Wert `10000` vom Typ `int`,
- `GEGENSPIELER_PORT` gibt den Port des Gegenspielers an, der den Port `10001` verwendet,
- `SERVER_HOSTNAME` gibt den Hostnamen zum Server vom Typ `String` an und hat den Wert `localhost`.

Das Objekt der Klasse `ClientPing` muss den Aufschlag im Spiel machen, weshalb beim Starten des Ping-Clients die Ausgabe "Das Spiel beginnt mit dem Aufschlag" erfolgen soll. Innerhalb einer Endlosschleife soll ein Socket für die Verbindung zum Gegenspieler erzeugt werden. Daraufhin soll der Thread des Hauptprogramms für eine Sekunde schlafen gelegt und auf der Konsole der String "Ping" ausgegeben werden. Um dem Gegenspieler zu signalisieren, dass der String "Ping" ausgegeben wurde, kann man eine beliebige Nachricht an ihn schicken und die Socket-Verbindung wieder schließen. Wurde der Gegenspieler benachrichtigt, so muss man darauf warten, dass dieser eine Nachricht zurückschickt, um einen "Pong" zu signalisieren. Um die Nachricht zu empfangen, muss ein Objekt vom Typ `ServerSocket` erzeugt werden. Dieser Socket muss dann auf eine beliebige Nachricht des Gegenspielers warten. Der Socket kann geschlossen werden, sobald Daten eingetroffen sind. Die Endlosschleife kann dann von vorne beginnen.

2.2.2   ClientPong programmieren

Legen Sie im Paket `clients` die Klasse `ClientPong` mit folgenden konstanten Klassenvariablen an:

- `EIGENER_PORT` gibt den Port des Clients an und hat den Wert `10001` vom Typ `int`,
- `GEGENSPIELER_PORT` gibt den Port des Gegenspielers an, der den Port `10000` verwendet,
- `SERVER_HOSTNAME` gibt den Hostnamen zum Server vom Typ `String` an und hat den Wert `localhost`.

Das Objekt der Klasse `ClientPong` wartet auf den Aufschlag des Gegenspielers, weshalb beim Starten des Clients die Ausgabe "Warte auf den Aufschlag" erfolgen soll. Innerhalb einer Endlosschleife wird ein Objekt vom Typ `Server-Socket` erzeugt, das auf beliebige Daten vom Gegenspieler wartet und bei einkommenden Daten geschlossen werden kann. Der Client soll sich darauf zum Gegenspieler verbinden. Legen Sie den Thread für eine Sekunde schlafen und geben Sie in der Konsole den String "Pong" aus. Senden Sie dem Gegenspieler eine beliebige Nachricht und schließen Sie die Socket-Verbindung, woraufhin die Endlosschleife von vorne beginnen kann.

Starten Sie die Programme `ClientPing` und `ClientPong` in eigenen Konsolenfenstern und beobachten Sie ihren Verlauf der Ausgaben. Um einen korrekten Spielstart zu gewährleisten, muss das Programm `ClientPong` zuerst gestartet werden und danach das Programm `ClientPing`.

2.2.3   Gemeinsamer Ausgabeserver

Ergänzen Sie das vorherige Programm um einen Server, auf dem die Ausgabe der Ballgeräusche "Ping" und "Pong" stattfindet.

a) Legen Sie das Paket `server` und darin die Klasse `PingPongServer` an. Die Klasse soll die Klassenvariablen `SERVER_PORT` vom Typ `int` mit dem Wert `10002` und `SERVER_HOSTNAME` vom Typ `String` mit dem Wert `localhost` besitzen. Das Teilprogramm soll ein Objekt der Klasse `ServerSocket` verwenden, das zwei gleichzeitige Verbindungsanfragen erlaubt. Ankommende Daten sollen entgegengenommen und ausgegeben werden.

b) Passen Sie die Clients an, damit diese für die Ausgabe von "Ping" und "Pong" den Server der Klasse PingPongServer nutzen.

c) Führen Sie im Programm aus Teilaufgabe b) die Klasse WorkerThread ein, die von der Klasse Thread ableitet. Die Klasse WorkerThread soll im Konstruktor eine Referenz auf ein Objekt vom Typ Socket bekommen. Diese Referenz soll in der Instanzvariablen client gespeichert werden. Innerhalb der Methode run() sollen die vom Client ankommenden Daten gelesen und ausgegeben werden. Daraufhin kann die Verbindung zum Client beendet werden.

In der Klasse PingPongServer muss das Objekt vom Typ ServerSocket außerhalb der Endlosschleife initialisiert werden und innerhalb der Endlosschleife wird nur noch der Socket angenommen und an eine neue Instanz der Klasse WorkerThread übergeben. Erstellen Sie eine statische und synchronisierte Methode print(), die einen String als Parameter annimmt und diesen auf der Konsole ausgibt. Die Ausgabe in der Klasse WorkerThread soll die Methode print() der Klasse PingPongServer nutzen, um den konkurrierenden Zugriff auf die Konsole zu synchronisieren.

Aufgabe 2.3: Datenablage auf mehreren Servern

Es soll eine Anwendung mit zwei Servern erstellt werden, die über Sockets Suchanfragen beantworten können. Der jeweilige Client verbindet sich zu den Servern und versendet über UDP Suchanfragen. Bei vorhandenen Dateien antwortet der Server dem Client.

2.3.1 Unterschiedliche Datenablagen

Legen Sie das Paket datenablage und darin die Klassen Abteilung und Unternehmen an. In diesen Klassen wird die konstante Klassenvariable SERVER_PORT vom Typ int und die Klassenvariable daten vom Typ ArrayList<String> benötigt. Setzten Sie dabei die beiden Klassen folgendermaßen um:

a) In der Klasse Abteilung muss die Klassenvariable SERVER_PORT mit 10002 initialisiert werden. Die Klasse muss die Liste, auf welche die Klassenvariable daten zeigt, in der Methode main() mit unterschiedlichen Werten befüllen. Innerhalb einer Endlosschleife muss ein Socket vom Typ DatagramSocket mit dem Parameter SERVER_PORT angelegt werden. Erzeugen Sie einen Puffer für eingehende Daten, indem Sie ein byte-Array anlegen und es einem Objekt vom Typ DatagramPacket übergeben. Lassen Sie die Server an den angelegten Sockets – mit der Methode receive() – auf ein Paket warten. Der Inhalt eines ankommenden Paketes muss mit den vorhandenen Daten in der Klassenvariable daten verglichen und bei Übereinstimmung eine Nachricht an den anfragenden Client abgesendet werden. Die Klasse Abteilung antwortet mit "Datei auf dem Server der Abteilung". Wenn keine passenden Daten vorhanden sind, soll der Server nicht antworten.

b) In der Klasse Unternehmen muss die Klassenvariable SERVER_PORT mit 10001 initialisiert werden. Diese Klasse soll die Liste, auf welche die Klassenvariable daten zeigt, in der Methode main() mit Datensätzen befüllen, die sich von den Datensätzen der Klasse Abteilung teilweise unterscheiden. Innerhalb einer Endlosschleife wird das gleiche Verhalten wie in der Klasse Abteilung realisiert. Die Klasse Unternehmen antwortet mit "Datei auf dem Server des Unternehmens". Wenn keine passenden Daten vorhanden sind, soll der Server nicht antworten.

2.3.2 Client zur Suchabfrage

Die Klasse Client wird für Suchanfragen angelegt. Sie soll die folgenden konstanten Klassenvariablen besitzen:

- SERVER_NAMES vom Typ String[]. Diese Klassenvariable soll mit Hilfe einer Initialisierungsliste mit den Hostnamen der Server initialisiert werden (in diesem Fall ist es beide Male der String localhost).
- SERVER_PORTS vom Typ int[]. Diese Klassenvariable soll mit den Portnummern der Server (also 10001 und 10002) initialisiert werden.
- SUCHE vom Typ String. Die Klassenvariable SUCHE soll mit einem beliebigen Suchbegriff initialisiert werden.

Da die Einträge in den Arrays SERVER_NAMES und SERVER_PORTS sich vom Index her einander entsprechen, kann anhand einer Schleife für jeden Server im Array SERVER_NAMES der entsprechende Port ermittelt werden. Für diesen Zweck soll eine Schleife mit einer Laufvariablen eingesetzt werden. In dieser Schleife sollen zunächst Objekte der Typen DatagramSocket – für eine UDP-Verbindung – und Datagram-Packet – für UDP-Pakete – verwendet werden. Das Objekt vom Typ Datagram-Packet wird instanziiert, indem sein Konstruktor als Parameter den Suchbegriff, die Länge des Suchbegriffs, die Adresse des Servers und die Portnummer annimmt. Dabei können die Adresse des Servers und der Port ermittelt werden, indem die Laufvariable der umgebenden Schleife als Index für die zuvor erwähnten Arrays verwendet wird. Das Paket muss dann über den Socket an den Server gesendet und die Anwendung auf eine Antwort vorbereitet werden. Dazu muss dem Objekt vom Typ DatagramPacket über die Methode setData() ein Byte-Array für die Antwort und über setLength() die Länge des Byte-Arrays übergeben werden. Setzen Sie den Timeout des Sockets DatagramSocket mit der Methode setSoTimeout() auf eine Sekunde. Lassen Sie die Anwendung das Paket mit der Antwort empfangen und geben Sie den Inhalt aus. Für den Fall, dass ein Timeout eintreffen sollte, muss eine Exception vom Typ SocketTimeoutException abgefangen und eine einfache Beschreibung auf der Konsole ausgegeben werden.

2.3.3 Suche über Multicasting

In dieser Teilaufgabe sollen für die beiden Server-Klassen Multicast-Sockets verwendet und im Client die Suchabfrage über Multicast versendet werden.

a) Innerhalb der Endlosschleife in beiden Server-Klassen Abteilung und Unternehmen muss der zuvor verwendete Socket vom Typ DatagramSocket durch den Socket vom Typ MulticastSocket ersetzt werden. Dieser muss weiterhin mit dem Parameter `SERVER_PORT` angelegt werden. Die Klassenvariable `SERVER_PORT` wird nun in beiden Server-Klassen mit der Zahl `10000` initialisiert. Dazu kommt, dass die Server mit Hilfe der Methode `joinGroup()` der neuen Socket-Klasse einer Multicast-Gruppe beitreten müssen. Die für diese Aufgabe verwendete Multicast-Gruppe soll die Adresse `225.6.7.8` haben. Es soll zusätzlich eine weitere konstante Klassenvariable `MULTICAST_GROUP` vom Typ `String` in beiden Klassen definiert und mit der Zeichenkette `225.6.7.8` initialisiert werden. Nach dem Anlegen des Sockets soll diese Variable der Klassenmethode `getByName()` der Klasse `InetAddress` übergeben werden, um den Namen der Multicast-Gruppe aufzulösen. Die aufgelöste Adresse der Multicast-Gruppe soll anschließend der Methode `joinGroup()` der Klasse `MulticastSocket` übergeben werden.

b) Durch die Verwendung von Multicast wird die Schleife in der Client-Anwendung unnötig und beide Server hören auf dieselbe Portnummer. Dazu soll die Klasse `Client` um die konstanten Klassenvariablen `SERVER_PORT` vom Typ `int` und `SERVER_NAME` vom Typ `String` ergänzt und mit jeweils den Werten `10000` und `225.6.7.8` initialisiert werden. Die Klassenvariablen `SERVER_PORTS` und `SERVER_NAMES` werden nicht mehr benötigt und können daher entfernt werden. Entfernen Sie die Schleife, die das Array `SERVER_NAMES` durchläuft. Die Suchanfrage soll nur zu der Multicast-Adresse `SERVER_NAME`, sowie dem Port `SERVER_PORT` erfolgen. Durch die entfallene Schleife wird nur die als Erstes ankommende Nachricht entgegengenommen. Dieses Verhalten ist in dieser Übung gewünscht und soll daher nicht geändert werden.

Kapitel 3

Remote Method Invocation

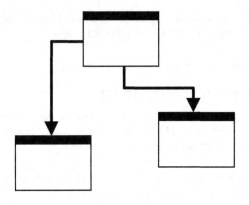

3 Remote Method Invocation

Wie in Kapitel 2 gezeigt wurde, kann die Kommunikation zwischen Programmen auf verschiedenen Rechnern mit Hilfe von Sockets erfolgen. Für größere Anwendungen kann diese Art des Nachrichtenaustauschs einen relativ großen Implementierungsaufwand bedeuten. Ein weiterer Nachteil besteht darin, dass der Compiler eine Überprüfung der Aufruf-Schnittstelle nicht durchführen kann, da nur ein Strom von Bytes übertragen wird. Eine Abhilfe schafft **RMI (Remote Method Invocation)**, das unter Java eine **synchrone Kommunikationsmöglichkeit** zwischen nebenläufigen Programmen zur Verfügung stellt.

RMI ist die Java-Variante eines sogenannten Remote Procedure Calls, der in der Informationstechnik bereits gut eingeführt war.

RMI weist die folgenden wesentlichen Eigenschaften auf:

- **Methodenaufrufe auch über Rechnergrenzen**

  Methoden von Objekten können auch aufgerufen werden, wenn sich ein Objekt in einer anderen Java-Virtuellen Maschine befindet. Die andere virtuelle Maschine kann dabei auch auf einem anderen Rechner liegen.

Mit RMI können Methoden in Objekten aufgerufen werden, die sich in anderen Java-Virtuellen Maschinen befinden.

- **Ortstransparenz von Objekten**

  Bei der Entwicklung eines Systems, das RMI zur Kommunikation verwendet, muss während der Implementierung keine Rücksicht auf die Verteilung genommen werden. Ein Programmierer sieht keinen wesentlichen Unterschied zwischen einem direkten Methodenaufruf oder einem Aufruf über RMI.

Ein RMI-Aufruf sieht für den Programmierer wie ein lokaler Aufruf aus, allerdings müssen spezielle Exceptions wie ein Verbindungsabbruch abgefangen werden.

Beachten Sie, dass **RMI** eine **Java-spezifische Lösung** ist, die nicht zur Kommunikation mit Programmen verwendet werden kann, die in anderen Programmiersprachen – wie zum Beispiel in C – geschrieben wurden.

Die folgenden Kapitel behandeln zunächst in Kapitel 3.1 die grundsätzliche Funktionsweise von RMI und in Kapitel 3.2 dessen Architektur. In Kapitel 3.3 wird die Vorgehensweise zur Entwicklung einer RMI-Anwendung in Java beschrieben. Kapitel 3.4 zeigt hierfür ein einfaches Beispiel. Es gibt bei der Verwendung von RMI unterschiedliche Arten, Objekte an den Kommunikationspartner zu übergeben, nämlich Object by Value und Object by Reference. Dies wird in Kapitel 3.5 beschrieben. RMI dient der Kommunikation zwischen verschiedenen Teilen einer verteilten Anwendung. Das bedeutet, dass nicht nur aus der Entwicklung des Programms resultierende Fehler auftreten können, sondern dass Fehler auch in der Kommunikationsschicht vorkommen können.

3.1 Die Funktionsweise von RMI

Java ermöglicht es, Methoden von Objekten aufzurufen, die in derselben Java-Virtuellen Maschine erzeugt wurden. Zum Aufruf einer solchen Methode wird nur die Referenz auf ein solches Objekt benötigt. Das folgende Bild zeigt einen solchen lokalen Methodenaufruf innerhalb derselben Java-Virtuellen Maschine:

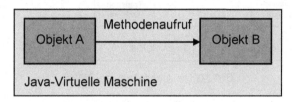

Bild 3-1 Lokaler Methodenaufruf

RMI erweitert den lokalen Methodenaufruf dahingehend, dass ein Methodenaufruf über die Grenze einer Java-Virtuellen Maschine bzw. über eine Rechnergrenze hinweg erfolgen kann. Das folgende Bild visualisiert diese Situation:

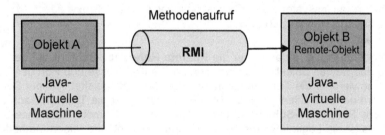

Bild 3-2 Entfernter Methodenaufruf

Ein Objekt, auf welchem über RMI Methoden ausgeführt werden, wird **Server-Objekt** bzw. **Remote-Objekt** genannt.

3.2 Die Architektur von RMI

Wie in anderen Fällen der Netzwerk-Kommunikation ist auch die Architektur von RMI in einem Schichtenmodell aufgebaut. Das folgende Bild zeigt die Architektur von RMI:

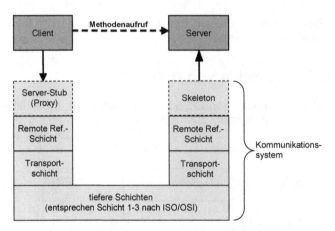

Bild 3-3 Die Architektur von RMI

Beim Aufruf einer Methode eines Remote-Objektes werden mehrere Schichten durchlaufen. Der Client ruft die Methode, die im Server-Objekt ausgeführt werden soll, nicht direkt auf diesem Objekt auf, sondern die Methode wird zuerst auf einem **Stellvertreter-Objekt** (**Proxy**) im Kommunikationssystem des Clients, dem sogenannten **Server-Stub,** aufgerufen.

Im Kommunikationssystem des Clients befindet sich ein Proxy des Servers, der sogenannte Server-Stub.

Der Methodenaufruf wird dann über die **Remote Reference-Schicht** auf der Client-Seite, wo das Server-Objekt adressiert wird, mittels IP-Adresse und Port des Server-Objektes, sowie über die **Transportschicht** über das Netz geleitet. Auf der Seite des Servers wird der vom Client getätigte Methodenaufruf über die **Transportschicht** an die **Remote Reference-Schicht** weitergegeben. In der Remote Reference-Schicht des Servers ist die Logik implementiert, die dafür benötigt wird, einen Methodenaufruf eines Clients an das Server-Objekt weiterzuleiten.

In der Remote Reference-Schicht des Kommunikationssystems des Clients ist eine Referenz auf das Server-Objekt hinterlegt und es können von dort aus direkt Aufrufe dieses Server-Objekts durchgeführt werden. Ist die Methode abgearbeitet, wird der Rückgabewert über denselben Weg zurück transportiert und an den Client übergeben.

Die Methoden eines Servers werden auf Seite des Servers aus der **Remote-Reference Schicht** des Kommunikationssystems heraus aufgerufen.

Bis zur Java-Version 1.1 befand sich zwischen der Remote Reference-Schicht und dem Server-Objekt auf der Server-Seite ein sogenannter Skeleton, der wiederum einen Stellvertreter des Server-Objektes darstellte. Seine Aufgabe bestand darin, den eigentlichen Methodenaufruf auf dem Server-Objekt auszuführen.

Da ein Client immer die Methoden im lokalen Stellvertreter, dem Server-Stub, aufruft, muss der Entwickler eines solchen Systems nichts über die darunter liegenden Schichten der Kommunikation wissen.

Damit der lokale Stellvertreter des Server-Objektes, d. h. der Server-Stub, dieselben Methoden wie auch das Server-Objekt selbst enthält, implementieren beide die gleiche Schnittstelle. Diese Schnittstelle wird **Remote-Schnittstelle** genannt und beschreibt die vom Server angebotenen Methoden.

Das folgende Bild zeigt nochmals den Aufruf einer Methode des Servers über den Server-Stub:

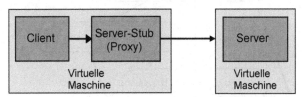

Bild 3-4 RMI-Methodenaufruf

Der Proxy auf der Seite des Clients und das Server-Objekt implementieren dieselbe Remote-Schnittstelle.

Das folgende Kapitel zeigt, wie eine Anwendung unter Verwendung von RMI entwickelt wird.

3.3 Entwicklung einer RMI-Anwendung

Ein Server-Objekt kann Methoden anbieten, die nur **lokal**, d. h. in derselben Java-Virtuellen Maschine dieses Rechners, genutzt werden können, aber auch Methoden, die von jedem entfernten Client – also von Programmen in anderen Java-Virtuellen Maschinen, d. h. **remote**, – aufgerufen werden können. Unbenommen davon ist die Tatsache, dass Methoden, die **remote** aufgerufen werden können, durchaus auch von Objekten innerhalb derselben Java-Virtuellen Maschine aufrufbar sind.

Dieser Umstand, dass Methoden für einen entfernten Aufruf bereitgestellt werden müssen, hat zur Konsequenz, dass sich der Entwickler eines RMI-Servers entscheiden muss, welche der Methoden remote angeboten werden sollen und welche nicht. Für die lokal angebotenen Methoden kann der Entwickler eine Schnittstelle definieren – eine sogenannte **lokale Schnittstelle** – was aber nicht zwingend erforderlich ist. Für die remote anzubietenden Methoden muss jedoch zwingend eine Schnittstelle, die sogenannte **Remote-Schnittstelle**, definiert werden.

Die **Remote-Schnittstelle** beschreibt das vom Server netzwerkweit angebotene Protokoll. Mit anderen Worten, für alle in einer Remote-Schnittstelle deklarierten Methoden stellt die Server-Klasse eine Implementierung bereit und ein Client kann die Methoden über den Server-Stub als dessen Stellvertreter aufrufen.

3.3.1 Entwicklungsprozess des RMI-Servers

In folgendem Bild ist der Entwicklungsprozess eines RMI-Servers dargestellt:

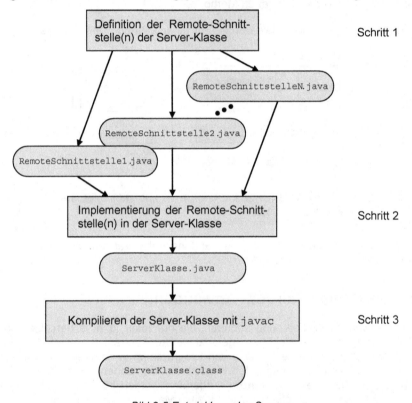

Bild 3-5 Entwicklung des Servers

Es sind die folgenden Schritte notwendig, um einen lauffähigen Server zu erstellen:

- Im **ersten Schritt** müssen das Remote-Protokoll und ggf. das lokale Protokoll definiert werden. Diese Protokolle – lokal und remote – resultieren in Java-Schnittstellen.
- Der **zweite Schritt** besteht darin, die Server-Klasse zu schreiben, wobei alle Schnittstellen des lokalen und des Remote-Protokolls implementiert werden müssen. Der Server stellt damit eine Implementierung des Protokolls bereit.
- Als **dritter Schritt** wird die Server-Klasse mit dem Java-Compiler übersetzt. Damit wird für die Server-Klasse und für alle Klassen, von der die Server-Klasse ab-

hängt, eine `class`-Datei erzeugt. Somit werden auch die Quelldateien der Schnittstellen, in denen das lokale und das Remote-Protokoll definiert sind, mit übersetzt.

Seit der Version 5.0 von Java werden die Stub-Klassen dynamisch
vom Laufzeitsystem generiert.

3.3.2 Entwicklungsprozess des RMI-Clients

Die Entwicklung eines Clients unterscheidet sich nicht von der Entwicklung einer herkömmlichen Java-Anwendung. Es müssen somit folgende Schritte durchgeführt werden:

- Im ersten Schritt wird die Client-Klasse implementiert. Der Client verschafft sich
  eine Referenz auf den Server-Stellvertreter. Dabei ist darauf zu achten, dass die
  Referenzvariable vom Typ der Remote-Schnittstelle ist.

Implementiert die Server-Klasse eine Schnittstelle `RemInterface`,
wodurch das Remote-Protokoll des RMI-Servers spezifiziert wird,
so muss der Client für die Abspeicherung der Referenz auf das
Stub-Objekt als Server-Stellvertreter eine Referenzvariable vom
Typ der Remote-Schnittstelle – in diesem Fall also vom Typ `Rem-`
`Interface` – verwenden.

- Im zweiten Schritt wird der Client – wie ein herkömmliches Java-Programm auch –
  mit dem Java-Compiler `javac` übersetzt. Die daraus generierte `class`-Datei ist
  nun bereit für die Ausführung.

In folgendem Bild ist der Entwicklungsprozess eines Clients nochmals grafisch dargestellt:

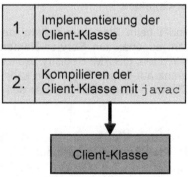

Bild 3-6 Entwicklungsprozess des Clients

3.3.3 Starten und Ausführen einer RMI-Anwendung

Um eine RMI-Anwendung auszuführen, müssen **drei Schritte** durchlaufen werden:

- Als erstes muss man einen Namensdienst, die sogenannte **RMI-Registry**, starten.
- Danach muss sich der RMI-Server an diesem Namensdienst anmelden und das Server-Objekt unter einem festen Namen registrieren.
- Im letzten Schritt beschafft sich ein Client über den Namensdienst eine Referenz auf ein Objekt der Stub-Klasse und kann auf diesem Stellvertreter-Objekt des Servers die Methoden des Servers aufrufen.

Diese drei Schritte werden in den folgenden Kapiteln näher betrachtet.

3.3.3.1 Starten der RMI-Registry

Damit ein RMI-Client mit einer RMI-Server-Anwendung kommunizieren kann, muss der Client vom Server-Rechner, auf dem die RMI-Server-Anwendung installiert ist, sich als erstes ein Objekt der Stub-Klasse beschaffen, damit er auf diesem Stellvertreter-Objekt die Methoden des Servers aufrufen kann.

Es muss also auf dem Server-Rechner ein Dienst verfügbar sein, an den sich der Client wenden kann, um eine Instanz der Stub-Klasse zu erhalten. Dieser Dienst wird von der **RMI-Registry** bereitgestellt. Die RMI-Registry wird gestartet, indem das Programm `rmiregistry` aufgerufen wird, das sich im `bin`-Verzeichnis des JRE befindet. Die gestartete RMI-Registry stellt nun einen einfachen Namensdienst bereit, der sowohl vom Server als auch vom Client über die statischen Methoden der Klasse `java.rmi.Naming` in Anspruch genommen werden kann. Die RMI-Registry hört standardmäßig auf den Port 1099.

3.3.3.2 Binden des Server-Objektes

Die Server-Anwendung bindet beim Start eine Instanz des Server-Objektes unter einem festen Namen – dem sogenannten **Service-Namen des Servers** – an die RMI-Registry. Mit anderen Worten, die RMI-Registry besitzt nach der Bindung eines Server-Objektes eine Referenz auf dieses Objekt und kann auf Wunsch – das heißt bei einer Anfrage eines Clients – einen Stellvertreter des Server-Objektes an den Client senden.

Der Vorgang, bei dem sich ein RMI-Server bei der RMI-Registry registriert, wird als „**Binden**" des Servers bezeichnet.

Das Binden eines Server-Objektes an die RMI-Registry erfolgt über die Klassenmethode `bind()` der Klasse `java.rmi.Naming`. Dieser Methode wird der Name des Service als String und eine Referenz auf das Server-Objekt übergeben.

Die RMI-Registry bindet nicht das übergebene Server-Objekt, sondern instanziiert dessen Stub-Klasse und bindet dieses erzeugte Stellvertreter-Objekt. ⟨Vorsicht!⟩

Der genaue Ablauf dieses Vorgangs und wie dafür die Klasse `java.rmi.Naming` eingesetzt wird, ist in Kapitel 3.4 beschrieben.

3.3.3.3 Lookup des Clients

Nachdem die Server-Anwendung eine Instanz des Stellvertreter-Objektes an die RMI-Registry unter einem eindeutigen Service-Namen gebunden hat, kann sich der Client über diesen Namen eine Referenz auf das Stellvertreter-Objekt beschaffen.

Über das Stellvertreter-Objekt, das der Client referenziert, besitzt dieser eine entfernte Referenz auf das eigentliche Server-Objekt, die sogenannte **Remote-Referenz**.

Dieser Vorgang, bei dem sich ein Client eine Referenz auf den Stellvertreter des Servers beschafft, wird als „**Look-up**" bezeichnet.

Es wird hierfür die Klassenmethode `lookup()` der Klasse `java.rmi.Naming` verwendet. Über die Remote-Referenz auf das Server-Objekt kann nun der Client den angebotenen Dienst des RMI-Servers in Anspruch nehmen.

Bild 3-7 zeigt nochmals den gesamten Vorgang vom Start der RMI-Registry bis zum Aufrufen einer Methode des Servers durch den Client:

1.	Start der RMI-Registry

2.	Start des Servers

3.	Binden des Server-Objektes

4.	Start des Clients

5.	Look-up

6.	Methoden des Server-Objekts aufrufen

Bild 3-7 Ablauf der Client/Server-Kommunikation

3.4 Ein einfaches RMI-Beispiel

Im Folgenden soll anhand eines einfachen Beispiels gezeigt werden, wie die RMI-API verwendet wird. Dabei werden ein RMI-Server und ein Client entwickelt, wobei der Client einen String durch Aufruf einer Methode des Servers an diesen sendet. Der Server gibt den empfangenen Text dann in der Konsole der Server-Anwendung aus. Im folgenden Bild ist das Klassendiagramm der Beispiel-Anwendung zu sehen:

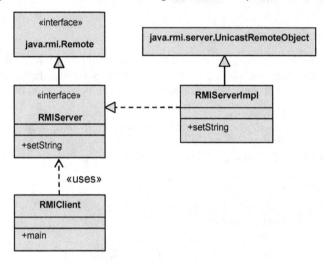

Bild 3-8 Klassendiagramm der Anwendung

Die Schnittstelle `RMIServer` ist von der Schnittstelle `Remote` abgeleitet und bildet somit die Remote-Schnittstelle des Servers. Die Server-Klasse `RMIServerImpl` ist von der Klasse `UnicastRemoteObject` abgeleitet und implementiert die Remote-Schnittstelle. Die Klasse `RMIClient` stellt den Client dar und benutzt die Schnittstelle `RMIServer`.

3.4.1 Implementierung der Remote-Schnittstelle

Der erste Schritt besteht darin, die Remote-Schnittstelle `RMIServer` zu definieren. Diese Schnittstelle beschreibt die Methoden, die von einem Programm auf einem anderen Rechner aus im Server aufgerufen werden können. Im Gegensatz zu normalen Schnittstellen muss die Remote-Schnittstelle von der Schnittstelle `Remote`, die sich im Paket `java.rmi` befindet, abgeleitet werden. Die Schnittstelle `Remote` enthält keine Methoden und dient lediglich der Markierung, sodass die Methoden in den von ihr abgeleiteten Schnittstellen remote aufgerufen werden können – sie ist also eine **Marker-Schnittstelle**. Außerdem muss bei allen deklarierten Methoden angegeben werden, dass diese eine Exception vom Typ `RemoteException` werfen können. Diese Exception wird geworfen, wenn ein Fehler bei der Kommunikation zwischen Client und Server auftritt.

Soll an eine Methode der Remote-Schnittstelle – also an eine Methode, die auf dem entfernten Server-Objekt aufgerufen werden kann –
eine Referenz auf ein Objekt übergeben werden oder soll eine
Methode der Remote-Schnittstelle eine Referenz auf ein Objekt zurückgeben, so muss sichergestellt sein, dass für ein solches Objekt
folgendes gilt:

- Entweder müssen deren Instanzen serialisierbar sein oder
- deren Instanzen müssen Remote-Objekte sein.

Wie Objekte von Klassen die Serialisierbarkeit erlangen oder zu Remote-Objekten
werden, wird in Kapitel 3.5 ausführlich beschrieben. Einige Klassen der Java-Klassenbibliothek erfüllen schon diese Forderungen – wie beispielsweise die Klasse
`String`. Somit können Referenzen auf Objekte dieser Klassen als Übergabeparameter oder Rückgabewert einer Methode der Remote-Schnittstelle dienen. Werden
an die Methoden primitive Datentypen übergeben oder liefern diese Werte eines
primitiven Typs zurück, so muss nichts weiter beachtet werden.

Der folgende Code zeigt die Remote-Schnittstelle des Servers:

```
// Datei: RMIServer.java

import java.rmi.*;

public interface RMIServer extends Remote
{
   // Methode des Servers, die remote ausgeführt werden kann
   void setString (String str) throws RemoteException;
}
```

3.4.2 Implementierung der Server-Klasse

Eine Server-Klasse selbst muss die Remote-Schnittstelle, das heißt
die Remote-Methoden, implementieren.

Im Konstruktor der Basisklasse `UnicastRemoteObject` wird das Server-Objekt
zum Remote-Objekt gemacht, wodurch es ankommende Aufrufe akzeptieren kann.
Da bei diesem Vorgang Netzwerkfehler auftreten können, muss auch beim Konstruktor angegeben werden, dass eine Exception vom Typ `RemoteException` geworfen
werden kann.

Damit eine Server-Klasse als Remote-Objekt verwendet werden kann,
wird sie in der Regel von der Klasse `UnicastRemoteObject` des
Paketes `java.rmi.server` abgeleitet.

Um ein Server-Objekt an der RMI-Registry anzumelden, wird die Klassenmethode `bind()` bzw. `rebind()` der Klasse `Naming` des Paketes `java.rmi` aufgerufen.

Der Unterschied zwischen den Methoden `bind()` und `rebind()` besteht darin, dass das Server-Objekt mit `bind()` nur ein einziges Mal angemeldet werden kann. Wird erneut versucht, dieses Objekt anzumelden, so wird von der RMI-Registry eine Exception vom Typ `AlreadyBoundException` geworfen. Die Methode `rebind()` hingegen überschreibt eine bereits unter diesem Namen bestehende Anmeldung. Als erster Parameter ist bei `bind()` bzw. `rebind()` die URL des Servers anzugeben.

Die URL hat das folgende Format:

```
rmi://Hostname/ServiceName
```

`rmi` ist das zu verwendende Protokoll. `Hostname` ist der Name des Rechners, auf welchem die RMI-Registry gestartet wurde.

Die RMI-Registry wird immer auf demselben Rechner gestartet, auf dem auch das Server-Objekt zu finden ist.

Deshalb kann hier immer `localhost` als Rechnername angegeben werden. Wird wie im folgenden Beispiel kein Name verwendet, dann wird automatisch `localhost` als Rechnername eingesetzt. `ServiceName` gibt den Namen des Server-Objektes an, unter welchem der Client dieses Objekt ansprechen kann. Dieser Name kann frei gewählt werden.

Wenn die RMI-Registry nicht zuvor gestartet wurde, dann wird beim Aufruf der Klassenmethode `unbind()` die folgende Fehlermeldung ausgegeben:

```
Connection refused to host: localhost; nested exception is:
    java.net.ConnectException: Connection refused: connect
```

Um ein Objekt aus der RMI-Registry zu entfernen, wird die Klassenmethode `unbind()` ausgeführt:

```
Naming.unbind (URL);
```

Die verwendete URL ist hierbei dieselbe, die auch bei `bind()` zur Registrierung des Server-Objektes verwendet wurde. Der folgende Code zeigt die Implementierung der Server-Klasse:

```
// Datei: RMIServerImpl.java

import java.rmi.*;
import java.rmi.server.*;
import java.net.*;

public class RMIServerImpl extends UnicastRemoteObject
                        implements RMIServer
```

```
{
    private static final String HOST = "localhost";
    private static final String SERVICE_NAME = "RMI-Server";

    public RMIServerImpl() throws RemoteException
    {
        String bindURL = null;
        try
        {
            bindURL = "rmi://" + HOST + "/" + SERVICE_NAME;
            Naming.rebind (bindURL, this);
            System.out.println (
                "RMI-Server gebunden unter Namen: "+ SERVICE_NAME);
            System.out.println ("RMI-Server ist bereit ...");
        }
        catch (MalformedURLException e)
        {
            System.out.println ("Ungültige URL: " + bindURL);
            System.out.println (e.getMessage());
            System.exit (1);
        }
    }

    // Die in der Remote-Schnittstelle RMIServer deklarierte Methode
    // setString() muss in der Server-Klasse implementiert werden
    public void setString (String s) throws RemoteException
    {
        System.out.println ("Nachricht vom Client erhalten: " + s);
    }

    public static void main (String[] args)
    {
        try
        {
            new RMIServerImpl();
        }
        catch (RemoteException e)
        {
            System.out.println
                ("Fehler während der Erzeugung des Server-Objektes");
            System.out.println (e.getMessage());
            System.exit (1);
        }
    }
}
```

Um ein Objekt zum Remote-Objekt zu machen, kann

- die Server-Klasse von der Klasse `UnicastRemoteObject` abgeleitet werden oder
- die Klassenmethode `exportObject()` der Klasse `UnicastRemoteObject` ausgeführt werden.

Den Aufruf von `exportObject()` zeigt das Beispiel

```
UnicastRemoteObject.exportObject (this);
```

Die Ableitung von der Klasse `UnicastRemoteObject` ist im Beispiel `RMIServer-Impl.java` zu sehen. Die Verwendung von `exportObject()` ermöglicht es, dass die Server-Klasse von einer anderen Klasse abgeleitet werden kann. Ein weiterer Vorteil kann darin bestehen, dass das Objekt nicht automatisch beim Instanziieren zum Remote-Objekt wird. Soll ein Objekt nicht mehr remote ansprechbar sein, kann die Klassenmethode `unexportObject()` aufgerufen werden:

```
UnicastRemoteObject.unexportObject (this, true);
```

Der zweite Parameter gibt an, ob das Objekt sofort entfernt werden soll, auch wenn noch RMI-Aufrufe ausgeführt werden.

3.4.3 Implementierung des RMI-Clients

Als nächstes wird der Client implementiert.

Bei der Implementierung des RMI-Clients ist darauf zu achten, dass ausschließlich die Remote-Schnittstelle zum Aufruf von Methoden des Servers verwendet werden kann.

Der Client erhält die Remote-Referenz des Servers durch Aufruf der Klassenmethode `lookup()` der Klasse `Naming` mit der URL als Übergabeparameter des gewünschten Servers. Wichtig ist hierbei, dass der Rechnername den Rechner bezeichnet, auf dem sich die RMI-Registry befindet, in der das Server-Objekt gebunden wurde. Im folgenden Beispiel wird `localhost` als Rechnername verwendet, da beide Programme auf demselben Rechner laufen. Der Client erhält von der Methode `lookup()` als Rückgabe eine Referenz vom Typ `Remote`, die dann auf die Remote-Schnittstelle gecastet wird. Hier der Code des Clients:

```
// Datei: RMIClient.java
import java.rmi.*;
import java.net.*;

public class RMIClient
{
    private static final String HOST = "localhost";
    private static final String BIND_NAME = "RMI-Server";

    public static void main (String[] args)
    {
        try
        {
            String bindURL = "rmi://" + HOST + "/" + BIND_NAME;
            RMIServer server = (RMIServer) Naming.lookup (bindURL);
            System.out.println
                        ("Remote-Referenz erfolgreich erhalten.");
            System.out.println ("Server ist gebunden an: " + bindURL);

            server.setString ("Hallo Server");
            System.out.println
                ("Methode setString() des Servers aufgerufen");
        }
```

```
        catch (NotBoundException e)
        {
            // Wenn der Server nicht registriert ist ...
            System.out.println ("Server ist nicht gebunden:\n" +
                                 e.getMessage());
        }
        catch (MalformedURLException e)
        {
            // Wenn die URL falsch angegeben wurde ...
            System.out.println ("URL ungültig:\n" + e.getMessage());
        }
        catch (RemoteException e)
        {
            // Wenn während der Kommunikation ein Fehler auftritt
            System.out.println ("Fehler während Kommunikation:\n" +
                                 e.getMessage());
        }
    }
}
```

3.4.4 Starten der gesamten RMI-Anwendung

Um das Programm zu starten, sind mehrere Schritte notwendig. Damit das folgende Beispiel möglichst einfach implementiert und ausgeführt werden kann, ist darauf zu achten, dass alle Quelldateien im gleichen Verzeichnis liegen. Dadurch wird gewährleistet, dass die vom Client benötigten Klassen ohne zusätzliche Angabe des Klassenpfades gefunden werden können. Zuerst werden alle Klassen kompiliert. Dies geschieht durch den Aufruf:

```
javac *.java
```

Dabei werden die Dateien RMIClient.class, RMIServer.class und RMIServerImpl.class erzeugt. Anschließend muss die RMI-Registry durch den Befehl

```
rmiregistry
```

gestartet werden. Um den Klassenpfad nicht zusätzlich angeben zu müssen, ist in diesem Beispiel darauf zu achten, dass die RMI-Registry aus dem Verzeichnis gestartet wird, in welchem sich auch die Klassen der Anwendung befinden. Die RMI-Registry gibt nach dem erfolgreichen Start keine Meldungen aus, lediglich die Konsole ist gesperrt[36]. Da die Konsole der RMI-Registry gesperrt ist, muss für den Start des Servers eine weitere Konsole geöffnet werden. In dieser kann der Server durch den Aufruf der Java-Virtuellen Maschine gestartet werden:

```
java RMIServerImpl
```

Die Server-Anwendung bindet damit ein Server-Objekt an die RMI-Registry. Der Server ist nun bereit und kann Anfragen von Clients bedienen. In der Server-Konsole wird folgender Text ausgegeben:

---

[36] Unter Linux kann durch den Aufruf von rmiregistry & die RMI-Registry als sogenannter Hintergrundprozess gestartet werden. Die Konsole ist dadurch nicht gesperrt. Unter Windows kann dafür der Befehl start rmiregistry verwendet werden. Es öffnet sich dadurch ein neues Konsolenfenster, in welchem der RMI-Registry-Prozess ausgeführt wird.

Eine mögliche Ausgabe des Servers ist:

```
RMI-Server gebunden unter Namen: RMI-Server
RMI-Server ist bereit ...
```

Der Client wird ebenfalls durch den Aufruf einer Java-Virtuellen Maschine gestartet:

```
java RMIClient
```

Eine mögliche Ausgabe des Clients ist:

```
Remote-Referenz erfolgreich erhalten.
Server ist gebunden an: rmi://localhost/RMI-Server
Methode setString() des Servers aufgerufen
```

Nachdem der Client den Aufruf der Methode `setString()` über die Remote-Referenz auf das Server-Objekt ausgeführt hat, wird in der Konsole der Server-Anwendung folgende Ausgabe erzeugt:

Eine mögliche Ausgabe des Servers ist:

```
RMI-Server gebunden unter Namen: RMI-Server
RMI-Server ist bereit ...
Nachricht vom Client erhalten: Hallo Server
```

3.5 Object by Value und Object by Reference

Bei der Übergabe von Objekten werden zwei Arten unterschieden:

- **Object by Value** und
- **Object by Reference**.

Das folgende Bild symbolisiert die Übergabe eines Objekts:

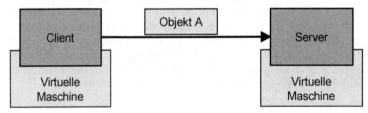

Bild 3-9 Übergabe eines Objektes

3.5.1 Object by Value-Übergabe

Object by Value bedeutet, dass das übergebene Objekt als Kopie zum Server gesendet wird.

Änderungen an diesem Objekt, die vom Server durchgeführt werden, beeinflussen das beim Client instanziierte Objekt nicht. Damit ein Objekt an den Server übergeben werden kann, muss dieses **serialisierbar** sein.

> Wenn ein Java-Objekt über ein Netzwerk auf einen anderen Rechner – oder in eine andere Java-Virtuelle Maschine auf demselben Rechner – übertragen werden soll, so muss es vor der Übertragung in eine dafür geeignete Form umgewandelt werden. Besitzt ein Objekt diese Fähigkeit, dann ist das **Objekt serialisierbar.**

Damit ein Objekt die Fähigkeit der Serialisierung besitzt, muss dessen Klasse die Schnittstelle `Serializable` aus dem Paket `java.io` implementieren. Diese Schnittstelle enthält keine Methoden und dient lediglich der Markierung – sie ist also ebenfalls eine **Marker-Schnittstelle**. Beim Kompilieren einer Klasse, welche die Schnittstelle `Serializable` implementiert, fügt der Compiler dann den für die Serialisierung notwendigen Code hinzu.

Das folgende Beispiel zeigt eine Anwendung, die Object by Value zur Übergabe von Daten verwendet. Im Folgenden der Code der zu serialisierenden Klasse `Data`:

```java
// Datei: Data.java

import java.io.*;

public class Data implements Serializable
{
    public int i;
    public int j;

    public Data (int i, int j)
    {
        this.i = i;
        this.j = j;
    }

    public String toString()
    {
        return "i = " + i + ", j = " + j;
    }
}
```

In der Remote-Schnittstelle wird eine zusätzliche Methode definiert, über welche das Daten-Objekt an den Server übergeben werden kann. Die Schnittstelle `RMIServer2` vom obigen Beispiel wird somit erweitert:

```java
// Datei: RMIServer2.java
import java.rmi.*;

public interface RMIServer2 extends Remote
{
    // Methode des Servers, die remote
    // ausgeführt werden kann
    void setString (String str) throws RemoteException;
```

```
    // Methode, der eine Referenz auf ein serialisierbares
    // Objekt übergeben wird
    void setData (Data data) throws RemoteException;
}
```

Entsprechend muss die Methode in der Server-Klasse RMIServerImpl2 implementiert werden. Das ihr übergebene Objekt der Klasse Data wird in der Methode set-
Data() verändert. Dies wird im Folgenden gezeigt:

```
// Datei: RMIServerImpl2.java

import java.rmi.*;
import java.rmi.server.*;
import java.net.*;

public class RMIServerImpl2 extends UnicastRemoteObject
                            implements RMIServer2
{
    private static final String HOST = "localhost";
    private static final String SERVICE_NAME = "RMI-Server2";

    public RMIServerImpl2() throws RemoteException
    {
        String bindURL = null;
        try
        {
            bindURL = "rmi://" + HOST + "/" + SERVICE_NAME;
            Naming.rebind (bindURL, this);
            System.out.println (
                "RMI-Server gebunden unter Namen: "+ SERVICE_NAME);
            System.out.println ("RMI-Server ist bereit ...");
        }
        catch (MalformedURLException e)
        {
            System.out.println ("Ungültige URL: " + bindURL);
            System.out.println (e.getMessage());
            System.exit (1);
        }
    }

    public void setString (String s) throws RemoteException
    {
        System.out.println ("Nachricht vom Client erhalten: " + s);
    }

    public void setData (Data data) throws RemoteException
    {
        System.out.println ("Datenobjekt erhalten: " + data);
        data.i = 8;
        data.j = 17;
        System.out.println ("Datenobjekt verändert: " + data);
    }

    public static void main (String[] args)
    {
```

```
    try
    {
        new RMIServerImpl2();
    }
    catch (RemoteException e)
    {
        System.out.println (
            "Fehler während der Erzeugung des Server-Objektes");
        System.out.println (e.getMessage());
        System.exit (1);
    }
  }
}
```

Auf der Client-Seite wird nun ein Objekt der Klasse `Data` erzeugt und dessen Referenz der Methode `setData()` der Server-Klasse übergeben. Hierzu dient die Klasse `RMIClient2`:

```java
// Datei: RMIClient2.java

import java.rmi.*;
import java.net.*;

public class RMIClient2
{
    private static final String HOST = "localhost";
    private static final String BIND_NAME = "RMI-Server2";

    public static void main (String[] args)
    {
        try
        {
            String bindURL = "rmi://" + HOST + "/" + BIND_NAME;
            RMIServer2 server = (RMIServer2) Naming.lookup (bindURL);
            System.out.println (
                "Remote-Referenz erfolgreich erhalten.");
            System.out.println ("Server ist gebunden an: " + bindURL);

            Data daten = new Data (1, 2);
            System.out.println ("Data-Objekt erzeugt: " + daten);
            System.out.println (
                "Data-Objekt wird an Server übergeben ...");
            server.setData (daten);
            System.out.println ("Data-Objekt nach Aufruf: " + daten);
        }
        catch (NotBoundException e)
        {
            // Wenn der Server nicht registriert ist ...
            System.out.println ("Server ist nicht gebunden:\n" +
                                e.getMessage());
        }
        catch (MalformedURLException e)
        {
            // Wenn die URL falsch angegeben wurde ...
            System.out.println ("URL ungültig:\n" + e.getMessage());
        }
```

```
    catch (RemoteException e)
    {
        // Wenn während der Kommunikation ein Fehler auftritt
        System.out.println ("Fehler während Kommunikation:\n" +
                            e.getMessage());
    }
  }
}
```

Nachdem das Server-Objekt der Klasse `RMIServerImpl2` an die RMI-Registry gebunden und der Client gestartet wurde, kann in der Konsole des Clients folgende Ausgabe beobachtet werden:

Eine mögliche Ausgabe des Clients ist:

```
Remote-Referenz erfolgreich erhalten.
Server ist gebunden an: rmi://localhost/RMI-Server2
Data-Objekt erzeugt: i = 1, j = 2
Data-Objekt wird an Server übergeben ...
Data-Objekt nach Aufruf: i = 1, j = 2
```

Es ist zu erkennen, dass die Werte der Instanzvariablen unverändert sind, obwohl das `Data`-Objekt an den Server übergeben und dort die Attributwerte geändert wurden:

Eine mögliche Ausgabe des Servers ist:

```
RMI-Server gebunden unter Namen: RMI-Server2
RMI-Server ist bereit ...
Datenobjekt erhalten: i = 1, j = 2
Datenobjekt verändert: i = 8, j = 17
```

3.5.2 Object by Reference-Übergabe

Um eine Referenz zu übergeben, wird Object by Reference verwendet. Hierbei wird eine echte Referenz auf ein Objekt übergeben, dessen Methoden wiederum vom Server aufgerufen werden können. Diese Methoden führen Änderungen auf dem beim Client gespeicherten Objekt durch.

Damit bei einem RMI-Methodenaufruf die Referenz eines Objektes übergeben werden kann und somit ein Object by Reference-Aufruf ausgeführt wird, muss das Objekt selbst – wie das RMI-Server-Objekt auch – ein Remote-Objekt sein. Das heißt, die Klasse des Objektes, dessen Referenz an den Server übergeben werden soll, muss von der Klasse `UnicastRemoteObject` abgeleitet sein und eine Remote-Schnittstelle mit den ausführbaren Methoden implementieren.

Ist ein Objekt weder serialisierbar noch ein Remote-Objekt, so wird beim Versuch einer Referenzübergabe zur Laufzeit eine Exception vom Typ `NotSerializableException` geworfen.

3.6 Übungen

Aufgabe 3.1: Sitzplatzbelegung in einem Kino

Schreiben Sie eine RMI-Anwendung, bei der Sitzplätze in einem Kino über RMI belegt werden können.

3.1.1   Server programmieren

Legen Sie ein Paket `server` an, das die Schnittstelle `Kino` und die Klasse `KinoImpl` enthält. Die Schnittstelle `Kino` muss von der Schnittstelle `Remote` abgeleitet werden. Die Schnittstelle `Kino` soll die folgenden zwei Methoden definieren:

```
public boolean[] getBelegung() throws RemoteException;
public void belegePlatz (int id) throws RemoteException;
```

Die Klasse `KinoImpl` soll die Schnittstelle `Kino` implementieren und soll die folgenden konstanten Klassenvariablen vom Typ `String` definieren:

- `HOST` mit dem Wert `"localhost"`
- und `SERVICE_NAME` mit dem Wert `"RMI-KinoServer"`.

Legen Sie ferner ein Array vom Typ `boolean` an, auf das die Instanzvariable `belegung` zeigen soll. Das Array soll die Belegung der Sitzplätze festhalten. Der Wert `false` markiert einen nicht belegten Sitzplatz und der Wert `true` markiert einen belegten Sitzplatz. Implementieren Sie die Methoden `getBelegung()` und `belegePlatz()` der Schnittstelle `Kino`. In der `main()`-Methode der Klasse `KinoImpl` soll das Server-Objekt erzeugt werden.

3.1.2   Client programmieren

Legen Sie ein Paket `client` an, das die Klasse `KinoClient` beinhaltet.

Die Klasse `KinoClient` soll die folgenden konstanten Klassenvariablen vom Typ `String` definieren:

- `HOST` mit dem Wert `"localhost"`
- und `BIND_NAME` mit dem Wert `"RMI-KinoServer"`.

In der Methode `main()` der Klasse `KinoClient` soll ein Stellvertreterobjekt vom Typ `Kino` über die RMI-Registry abgefragt werden. Beim Start des Clients soll der Benutzer über einen Kommandozeilenparameter angeben können, welchen Sitzplatz er reservieren möchte. Mit Hilfe der Methode `getBelegung()` soll vom Remote-Objekt der Belegungsstatus abgefragt werden. Falls der Platz frei ist, soll der Platz mittels der Methode `belegePlatz()` belegt werden. Geben Sie entsprechende Meldungen auf dem Bildschirm aus. Achten Sie ferner auf die Behandlung der verschiedenen Exceptions in der `main()`-Methode.

Aufgabe 3.2: Mailprogramm mit RMI

Es soll ein Mailprogramm realisiert werden, das beim Start durch einen Benutzer eine Auflistung der empfangenen Mails anzeigt. Legen Sie hierzu die Pakete `client`, `daten` und `server` an. Im Paket `daten` soll die Klasse `Mail`, die zur Datenhaltung von Mails dient, liegen. Sie soll die Instanzvariablen `absender`, `empfaenger` und `nachricht` vom Typ `String` besitzen, zugehörige get- und set-Methoden und einen Konstruktur bereitstellen, mit dessen Hilfe die drei Instanzvariablen gesetzt werden können.

Server und Client sollen die folgenden Schnittstellen verwenden, die zu ergänzen sind:

```
// Datei: MailServerInterface.java
package server;

import . . . .

public interface MailServerInterface extends Remote
{
    public void anmelden (MailClientInterface client) . . . .
    public void sendeNachricht (String absender, String empfaenger,
        String msg) . . . .
    public void abmelden (MailClientInterface client) . . . .
}

// Datei: MailClientInterface.java
package client;

import . . . .

public interface MailClientInterface extends Remote
{
    public void sendeNachricht (String msg) . . . .
    public String getName() . . . .
}
```

3.2.1   Server programmieren

Implementieren Sie die Schnittstelle `MailServerInterface` in der Klasse `MailServerImpl`, die von der Klasse `UnicastRemoteObject` ableiten soll. Die Klasse `MailServerImpl` soll folgende Eigenschaften besitzen:

- eine konstante Klassenvariable `HOST` mit dem Wert `"localhost"`,
- eine konstante Klassenvariable `SERVICE_NAME` mit dem Wert `"localhost"`,
- eine Instanzvariable `clients` vom Typ `ArrayList`, die zum Verwalten aller angemeldeter Clients Objekte vom Typ `MailClientInterface` speichern soll,
- eine Instanzvariable `nachrichten`. Diese Instanzvariable `nachrichten` vom Typ `HashMap` soll mit einem `String` für den Schlüssel, der den Empfänger der Nachricht(en) enthält und einer `ArrayList` mit `Mail`-Objekten, in der die Nachrichten des Empfängers liegen, parametrisiert werden. Sie soll der Speicherung der Mails für die Benutzer dienen.

Die Klasse `MailServerImpl` soll ausführbar sein und dazu in der Klassenmethode `main()` versuchen, den Default-Konstruktor der eigenen Klasse aufzurufen und im Fehlerfall die Anwendung dann beenden. Mit Hilfe des Default-Konstruktors dieser Klasse soll der Server an die URL gebunden werden, die durch die Klassenvariablen zusammengesetzt werden soll.

Die Methoden der Schnittstelle `MailServerInterface` müssen in der Klasse `MailServerImpl` implementiert werden. Innerhalb der Methoden `anmelden()` und `abmelden()` soll der Client in die Collection, auf welche die Instanzvariable `clients` zeigt, eingetragen beziehungsweise wieder herausgenommen werden können. Dabei ist zu beachten, dass der Client nicht mehrfach in die Liste der Clients eingetragen werden darf. Beim erfolgreichen Anmelden soll der Client eine Willkommens-Nachricht und eine Auflistung seiner Mails bekommen. Innerhalb der Methode `sendeNachricht()` soll die Nachricht aus der Parameterübergabe in die Collection, auf welche die Instanzvariable `nachrichten` zeigt, eingefügt werden. Um die Methoden übersichtlich zu halten, wird empfohlen, Hilfsmethoden zu verwenden.

3.2.2 Client programmieren

Legen Sie im Paket `client` die Klasse `MailClientImpl` an, die von der Klasse `UnicastRemoteObject` ableitet und die Schnittstellen `MailClientInterface` und `Runnable` implementiert. Die Klasse `MailClientImpl` soll folgende Eigenschaften besitzen:

- eine konstante Klassenvariable `HOST` mit dem Wert `"localhost"`,
- eine konstante Klassenvariable `BIND_NAME` mit dem Wert `"localhost"`,
- eine Instanzvariable `name` vom Typ `String` besitzen, die den Namen des Clients enthält,
- einen Konstruktor, dem ein Parameter vom Typ `String` übergeben wird. Der Parameter ist der Name des Benutzers und soll in der Instanzvariable `name` gespeichert werden,
- eine Methode `getName()`. Durch die Methode `getName()` soll der Name des Clients vom Server abgefragt werden können,
- eine Methode `sendeNachricht()`, die vom Server aufgerufen wird, um eine Nachricht an den Client zu übertragen. Der übergebene String soll auf der Konsole ausgegeben werden.

Bauen Sie in der Methode `run()` der Klasse `MailClientImpl` mit Hilfe der Klassenvariablen `HOST` und `BIND_NAME` eine Verbindung zum Server auf. Wenn die Verbindung aufgebaut wurde, soll sich der Client auf dem Server anmelden, indem die Methode `anmelden()` des Servers mit dem Parameter `this` aufgerufen wird. Mit Hilfe einer Endlosschleife sollen vom Benutzer jeweils der Empfänger und der Inhalt einer neuen Nachricht abgefragt und an den Server übermittelt werden. Bei der Eingabe von `Exit` soll die Endlosschleife beendet werden und der Client soll sich vom Server abmelden.

Die Klasse `MailClientImpl` soll durch die Klasse `RMIClient` aus dem Paket `client` als `Thread` gestartet werden. Dazu muss die Klasse `RMIClient` in der statischen Methode `main()` prüfen, ob der Benutzername in der Konsole als Übergabeparameter übergeben wurde. Bei einem übergebenen Benutzernamen soll ein neuer `Thread` vom Typ `MailClientImpl` angelegt und gestartet werden.

Kapitel 4

Servlets

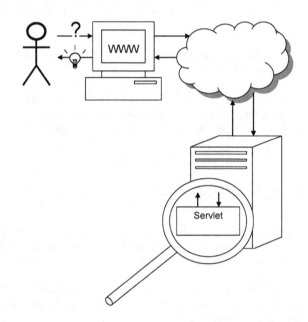

4 Servlets

Servlets sind Teil der Java EE-Architektur. Momentan aktuell ist die Version 3.1 der Servlet-API.

Mit Servlets kann die Funktionalität eines **Webservers** um die Fähigkeit der **dynamischen Seitengenerierung** erweitert werden. Ein **Webserver** ist hierbei eine Server-Software, welche einem Client Webseiten in Form von HTML-Seiten bereitstellt.

Bei der dynamischen Seitengenerierung erzeugt ein Programm, das sogenannte **Servlet**, in Abhängigkeit von Benutzereingaben die entsprechende Webseite und schickt diese dann zum Webbrowser des Benutzers.

Klassische Techniken für die dynamische Seitengenerierung sind CGI-Skripte[37]. Servlets sind eine spezielle Technik für Java.

Servlets sind Java-Klassen, die in einen **Servlet-Container** geladen und dort ausgeführt werden können. Ein **Servlet-Container** wird auch als **Servlet-Engine** bezeichnet. Er stellt eine Laufzeitumgebung für Servlets dar.

Eine Web-Anwendung besteht aus mindestens einem Servlet.

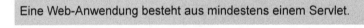

Servlets besitzen vom Aufbau und von der Struktur her einige Gemeinsamkeiten mit einem Applet[38]. Ein Servlet kann als ein serverseitiges Applet angesehen werden, woraus auch die Bezeichnung „Servlet" abgeleitet ist (**serv**erside app**let**).

Dieses Kapitel widmet sich explizit der **Servlet-API in der Version 3.1**[39]. Die Teile dieses Kapitels, die auf die Servlet-API eingehen, lassen sich daher nur bedingt auf ältere Versionen der API anwenden.

Kapitel 4.1 behandelt die serverseitige Generierung von Webseiten. Kapitel 4.2 befasst sich mit der dynamischen Generierung von Seiteninhalten. In Kapitel 4.3 wird anhand eines Beispiels der Aufbau einer Web-Anwendung aufgezeigt und wie diese übersetzt und installiert wird. Ab Kapitel 4.4 werden wichtige Elemente der Servlet-API beschrieben, gefolgt von Annotationen für Servlets in Kapitel 4.5. Kapitel 4.6 erklärt, wie eine Web-Anwendung mithilfe des Deployment-Deskriptors konfiguriert

---

[37] Ein **CGI-Skript** (CGI steht für Common Gateway Interface) kann beispielsweise in der Skriptsprache Perl geschrieben werden (siehe Kapitel 4.2).

[38] Ein Applet ist ein Java-Programm, das in einem Webbrowser ausgeführt wird.

[39] Die Servlet-API 3.1 Spezifikation, die im Java Specification Request 340 (JSR 340) beschrieben ist, kann unter http://jcp.org/en/jsr/detail?id=340 eingesehen werden.

werden kann. Im abschließenden Kapitel 4.7 wird das Erlernte in einem Beispiel umgesetzt.

4.1 Generierung von Webseiten

Statische Webseiten sind vorgefertigte Webseiten, die in einer Datei auf dem Webserver-Rechner gespeichert werden. Sie werden vom Client beim Webserver abgerufen. Statische Seiten zeigen beim Abrufen durch einen Benutzer immer den gleichen Inhalt an. Wird hingegen der Inhalt einer Seite erst beim Abruf durch einen Benutzer generiert, so spricht man von **dynamischen Webseiten**. Im Folgenden wird beschrieben, wie statische und dynamische Webseiten von einem Webserver bereitgestellt und durch einen Benutzer abgerufen werden können.

4.1.1 Statische und dynamische Webseiten

Das folgende Szenario lehnt sich an eine Architektur mit zwei getrennten Rechnern an. Als Ausgangssituation wird ein Benutzer angenommen, der auf seinem Client-Rechner eine Anfrage an den Webserver-Rechner der Firma IT-Designers stellen will, auf dem ein Dienst eines Webservers läuft. Dieser Webserver wartet auf eintreffende Anfragen.

> Ein Benutzer kann durch die Eingabe einer URL in der Adressleiste eines Webbrowsers eine Anfrage an den Webserver auf einem Webserver-Rechner stellen.

In folgendem Bild ist das Anfordern einer Webseite mit statischem Inhalt bei einem Webserver schematisch dargestellt:

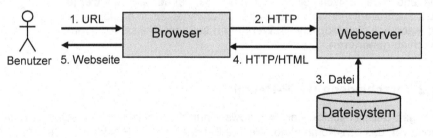

Bild 4-1 Anfordern einer Webseite mit statischem Inhalt bei einem Webserver

Beispiel für den Aufruf einer statischen Webseite

Die in der Adressleiste des Webbrowsers eingegebene URL könnte folgendes Aussehen haben:

```
http://www.it-designers.de/index.html
```

Die einzelnen Elemente dieser URL haben die folgende Bedeutung:

http	Das zu verwendende Protokoll
www.it-designers.de	Vollständiger Hostname des Ziel-Webserver-Rechners. Dabei ist www der eigentliche Name[40] des Webserver-Rechners, it-designers der Domänenname und de der Name der Top-Level-Domain.
index.html	Name der Datei, deren Inhalt der Webserver an den Client senden soll

Tabelle 4-1 Die Elemente einer URL

Der Client – in diesem Fall der Webbrowser – sendet in obigem Beispiel einen HTTP[41]-Request an den Webserver und fordert den Inhalt der Datei index.html aus dem Dokumenten-Hauptverzeichnis des Webservers an. Ist dort die Datei index.html vorhanden, so wird sie vom Webserver zum Webbrowser gesandt und der Benutzer kann den interpretierten Inhalt dieser Datei – hier die Startseite der Firma IT-Designers – im Webbrowser betrachten. Ist die angeforderte Datei nicht verfügbar, so wird im Webbrowser eine Fehlermeldung ausgegeben. Der soeben beschriebene Ablauf ist ein Beispiel für den Abruf von Webseiten mit statischem, also festem Inhalt (**statische Webseite**) – der Benutzer bekommt eine vorgefertigte Webseite zu sehen.

Bei einer **statischen Webseite** ruft ein Benutzer eine vorgefertigte Webseite von einem Webserver ab.

Somit ist es möglich, bestehende Dateien von einem Webserver abzurufen und ihre Inhalte im Webbrowser anzuzeigen.

Wie jedoch das Beispiel einer Suchmaschine, bei der ein Benutzer je nach Suchbegriff eine spezifische Antwort erwartet, zeigt, braucht man auf jeden Fall eine Möglichkeit, **Webseiten** auf dem Webserver **dynamisch** zu **generieren**.

4.1.2 Verschiedene HTTP-Befehle

Im obigen Beispiel schickt der Webbrowser nur einen einzigen HTTP-Befehl an den Webserver, das GET-Kommando. Weitere Befehle von HTTP sind: POST, HEAD, PUT, OPTIONS, DELETE und TRACE. Für das Surfen im Web sind die Befehle GET und POST normalerweise ausreichend. GET wird genutzt für das Anfordern einer Datei. Zur Übertragung von Eingabedaten aus Formularen des Clients an den Webserver kann sowohl das Kommando GET als auch das Kommando POST genutzt werden.

---

40 Ein Webserver-Rechner innerhalb einer Domäne kann einen beliebigen Namen tragen (wie zum Beispiel computer1). Es hat sich jedoch eingebürgert, einem Webserver-Rechner den Namen www zu geben. Innerhalb einer Domäne kann es auch mehrere Webserver-Rechner geben. In diesem Fall ist es gebräuchlich, dem zweiten Webserver-Rechner den Namen www2 zu geben.

41 HTTP steht für **H**ypertext **T**ransfer **P**rotocol. Es wird verwendet, um Daten über ein Netzwerk zu übertragen. Die wohl häufigste Anwendung findet dieses Protokoll beim Abrufen von Internetseiten mit einem Browser.

Der Unterschied zwischen GET und POST bei der Übertragung von Eingabedaten eines Formulars wird im Folgenden noch erklärt.

Im Allgemeinen sollte bei Einsatz von HTTP darauf geachtet werden, dass bei **lesenden Zugriffen** auf den Server das Kommando GET zum Einsatz kommen sollte. Wenn **Daten** auf dem Server **abgelegt oder verändert** werden sollen, so ist das Kommando POST zu verwenden.

4.2 Dynamische Erzeugung von Seiteninhalten

Eine **dynamische Webseite** ist dadurch gekennzeichnet, dass ihr Inhalt erst dann festgelegt wird, wenn diese Seite beim Webserver angefordert ist.

Zur Generierung einer dynamischen Webseite nutzt der Webserver ein Programm, welches Parameter vom Aufrufer entgegennehmen und daraufhin die gewünschte Webseite generieren kann.

Für dieses Vorgehen bedarf es einer leistungsstarken Schnittstelle zwischen dem Webserver und dem Programm, welches die HTTP-Anfrage beantworten soll.

Die am häufigsten benutzten Schnittstellen eines Webservers sind: CGI, servereigene API und die Servlet-API.

Diese **Schnittstellen** werden im Folgenden beschrieben:

* **CGI**

Das **C**ommon **G**ateway **I**nterface stellt eine Schnittstelle für den Datenaustausch zwischen dem Webserver und den darauf laufenden Programmen oder Skripten dar.

Diese sogenannten CGI-Programme können dabei in einer **beliebigen Programmier- bzw. Skriptsprache** verfasst worden sein. Der Aufruf eines CGI-Programms erfolgt über Anfragen an eine URL, welche dem entsprechenden CGI-Programm zugeordnet[42] ist. Die Ausgaben dieser Programme werden direkt an den Client weitergeleitet. Die CGI-Schnittstelle wird beispielsweise von den Skriptsprachen Perl und PHP verwendet.

---

[42] Die Zuordnung geschieht z. B. über Einträge in einer Konfigurationsdatei des Webservers.

Das folgende Bild zeigt CGI-Programme im Kontext eines Webservers:

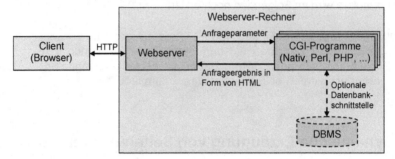

Bild 4-2 CGI-Programme im Kontext eines Webservers

- **Servereigene API**

Servereigene oder auch proprietäre Server-APIs sind Schnittstellen wie die Netscape Server API von Netscape (NSAPI) oder die Internet Server API von Microsoft (ISAPI).

Programm-Module auf dem Server-Rechner, welche über solche Schnittstellen mit dem Webserver kommunizieren, haben den Vorteil, dass sie in Form einer Shared Library[43] innerhalb des Webservers ausgeführt werden und somit **sehr performant** sind. Das zeitlich teure Erzeugen eines neuen Betriebssystemprozesses – wie es bei CGI der Fall ist – entfällt hiermit. Ein Nachteil hingegen ist die Beeinflussung des Webservers bei Programmfehlern. Da das Programm im Adressraum des Webservers läuft, kann ein Fehler in einem Programm-Modul den ganzen Server zum Absturz bringen.

Das folgende Bild zeigt die Verwendung einer servereigenen API:

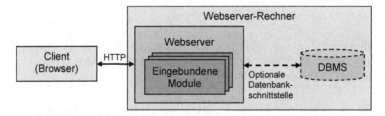

Bild 4-3 Module mit einer servereigenen API im Kontext des Webservers

- **Servlet-API**

Bei der Servlet-API handelt es sich um eine **serverseitige Programmierschnittstelle für Java**.

---

[43] Eine Shared Library (Programmbibliothek) ist bereits kompilierter Programmcode, der aber nicht fester Bestandteil eines Programms (in diesem Fall des eigentlichen Serverprogramms) ist, sondern zur Laufzeit des Programms eingebunden wird.

Die Ausgabe einer bearbeiteten Anforderung erfolgt über einen Stream. Es ist in der Spezifikation nicht festgelegt, ob eine solche serverseitige Anwendung im gleichen Betriebssystemprozess wie der Webserver läuft oder nicht.

4.2.1 Der Servlet-Container

Für das **Ausführen von Servlets** bedarf es eines **Servlet-Containers**, welcher die **Servlet-API** implementiert.

Ablaufumgebungen für Servlets können grob in die folgenden drei Kategorien eingeteilt werden:

- **Standalone Servlet-Container**

  Als Standalone Servlet-Container bezeichnet man einen Server, in welchem die Unterstützung für die Ausführung von Servlets bereits integriert ist. Ein Beispiel für die Verwendung eines Standalone Servlet-Containers ist das Open-Source-Projekt Jetty[44]. Vorteilhaft ist, dass Webserver und Servlet-Container innerhalb eines einzigen Programms arbeiten. So bleibt die Administration auf ein einziges Programm beschränkt und es müssen nicht Webserver und Servlet-Container für eine Zusammenarbeit konfiguriert werden.

- **In-Process Servlet-Container**

  Dieser Servlet-Container besteht aus einer Kombination eines Webserver-Plug-Ins und einer Servlet-Container-Implementierung. Das Plug-In öffnet eine JVM innerhalb des Adressraumes des Webservers und führt den Servlet-Container darin aus. Eine an ein Servlet eintreffende Anfrage wird vom Plug-In über das Java Native Interface (JNI)[45] an den Servlet-Container weitergeleitet und dort bearbeitet. Diese Art von Servlet-Container bietet eine gute Performance, ist aber in der Skalierbarkeit eingeschränkt. Ebenso ist die Stabilität des Webservers bei Fehlern im Servlet-Container gefährdet.

- **Out-of-Process Servlet-Container**

  Wie ein In-Process Servlet-Container besteht auch der Out-of-Process Servlet-Container aus einer Kombination eines Webserver Plug-Ins und einer Servlet-Container-Implementierung. Im Gegensatz zu In-Process Servlet-Containern werden Out-of-Process Servlet-Container in einer JVM außerhalb des Webserver-Prozesses ausgeführt. Das Plug-In ist in diesem Fall für die Kommunikation zwischen Webserver und Servlet-Container zuständig. Die Kommunikation zwischen Plug-In und Servlet-Container erfolgt über IPC[46]-Mechanismen wie zum Beispiel Sockets (siehe Kapitel 2). Solch ein Container bietet nicht die gleiche Performance wie ein In-Process Servlet-Container, ist aber hinsichtlich Stabilität und Skalierbarkeit vorteilhaft.

---

[44] http://eclipse.org/jetty
[45] Unter Verwendung dieser Schnittstelle besteht die Möglichkeit, aus einem Java-Programm heraus nativen – also in C oder C++ geschriebenen – Code aufzurufen.
[46] Inter-Process Communication. IPC-Mechanismen beschreiben im Allgemeinen den Mechanismus, wie mehrere Prozesse und Threads miteinander kommunizieren können.

4.2.2 Der Tomcat Servlet-Container

Der **Tomcat Servlet-Container** (häufig auch **Servlet-Engine** genannt) ist ursprünglich aus der Referenzimplementierung für die Servlet-API von Sun Microsystems
(jetzt Oracle) hervorgegangen. Diese Implementierung wurde später an die Apache
Software Foundation übergeben, die seither den Tomcat Servlet-Container weiter-
entwickelt. Die Beispiele in diesem Kapitel wurden unter Verwendung des Tomcat
Servlet-Containers erstellt und getestet.

> Der Tomcat Servlet-Container implementiert die Servlet-API der Java
> EE-Architektur.

Der Tomcat Servlet-Container unterstützt seit der Version 8 die Servlet-API 3.1. Der
Tomcat Servlet-Container beherrscht sowohl den Modus eines Standalone Servlet-
Containers als auch den eines In-Process oder Out-of-Process Servlet-Containers. In
welchem Modus Tomcat operiert, ist eine Konfigurationsfrage. Standardmäßig wird
Tomcat als Standalone Servlet-Container ausgeliefert.

Im Folgenden soll die Arbeitsweise des Tomcat Servlet-Containers betrachtet werden. Der Ablauf eines Seitenaufrufs ist in folgendem Bild als schematische Skizze
dargestellt:

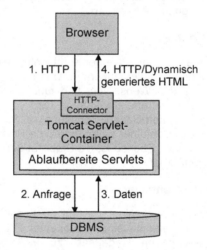

Bild 4-4 Ablauf bei der dynamischen Seitengenerierung

Wie in der Darstellung zu sehen ist, nimmt der Tomcat Servlet-Container Anfragen
über HTTP mit Hilfe seines eingebauten HTTP-Connectors entgegen. Der HTTP-
Connector ist in seiner Funktionsweise einem minimalistischen Webserver ähnlich.
Er dekodiert alle ankommenden Anfragen und leitet sie an den eigentlichen Servlet-
Container weiter. Dieser reicht die Anfrage an ein Servlet weiter, das im weiteren
Verlauf auf ein Database Management System[47] und damit auf eine Datenbank
zugreift. Das Servlet generiert seine Antwort und schickt diese an den Servlet-

---

[47] Ein DBMS (Database Management System) ist unter anderem für die Verwaltung einer oder
mehrerer Datenbanken und den darin gespeicherten Daten zuständig.

Container, der sie über HTTP zurück an den Client versendet.

Um die Beispiele in diesem Kapitel nicht zu komplex zu gestalten, soll hier von der Nutzung einer Datenbank abgesehen werden. Stattdessen werden persistente Daten in einer Datei im Dateisystem abgelegt und von dort wieder gelesen.

Die Servlets – sowie weitere Ressourcen zur Erbringung eines gewissen Dienstes – werden im Servlet-Container zu logischen Einheiten zusammengefasst, den Web-anwendungen (Web Applications). Die ablaufbereiten Servlets liegen in einer solchen Einheit als bereits kompilierte `class`-Dateien vor. Neben den Servlets können weitere Ressourcen wie z. B. statische `html`- oder `jpg`-Dateien zum Umfang einer Web-Anwendung gehören. Das folgende Bild zeigt einige Ressourcen einer Web-Anwendung, die der Servlet-Container für die Generierung einer dynamischen HTML-Seite verwendet:

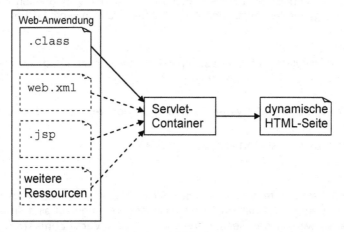

Bild 4-5 Erzeugen einer dynamischen HTML-Seite aus einer Web-Anwendung

Die Servlet-Spezifikation definiert folgende Ressourcen für eine Web-Anwendung:

- ein oder mehrere Servlets (`class`-Dateien),
- Meta-Informationen, welche die oben genannten Ressourcen logisch zu einer Einheit verbinden (in Form von Annotationen[48] oder eines Deployment-Deskriptors[49] in der Datei `web.xml`),
- weitere Ressourcen wie HTML-Seiten, Bilder, Video- und Sound-Dateien,
- Hilfsklassen,
- clientseitige Applets sowie
- JavaServer Pages[50] (JSP) und Beans.

Solch eine Web-Anwendung kann auch zu einem Webarchiv in einer `war`-Datei (**W**eb Application **Ar**chive) zusammengefasst werden. Ein Webarchiv stellt dabei lediglich das gepackte Verzeichnis (inkl. aller Unterverzeichnisse) einer Web-Anwendung dar, die vom Servlet-Container entpackt und ausgeführt werden kann.

---

[48] Siehe Kapitel 4.5
[49] Siehe Kapitel 4.6
[50] Java ServerPages werden in Kapitel 5 besprochen.

4.3 Erstellen von Webanwendungen

In diesem Kapitel soll die Erstellung einer Web-Anwendung anhand eines **Beispiels** gezeigt werden. Hierzu wird Schritt für Schritt eine lauffähige Web-Anwendung erstellt, die „Hallo Welt" innerhalb des Webbrowserfensters ausgibt. Voraussetzung dafür ist eine erfolgreiche Installation von Tomcat. Auf der Tomcat Webseite `http://tomcat.apache.org` findet man unter dem Stichwort „Download" die Tomcat-Distributionen. Für detaillierte Informationen zur Installation und Administration wird auf die entsprechende Dokumentation verwiesen.

4.3.1 Verzeichnisstruktur einer Web-Anwendung

Bevor mit dem eigentlichen Erstellen einer Web-Anwendung begonnen wird, soll im Folgenden die generelle Verzeichnisstruktur einer Web-Anwendung betrachtet werden.

> Eine Web-Anwendung befindet sich in einem bestimmten Pfad auf dem Server.

So ist ein Ansprechen der Web-Anwendung „Hallo Welt" beispielsweise über die URL:

```
http://localhost:8080/HalloWelt
```

möglich.

Dieser sogenannte **Kontext-Pfad** befindet sich bei Tomcat im Web-Anwendungsverzeichnis `webapps`, in welchem alle Webanwendungen abgelegt sind. Innerhalb des Kontext-Pfades wird in der Servlet-Spezifikation eine **Verzeichnisstruktur** für die Organisation bestimmter Ressourcen einer Web-Anwendung vorgeschrieben:

- `/WEB-INF`   Dieses Verzeichnis kann den optionalen **Deployment-Deskriptor** `web.xml` enthalten. Dieser wurde in den früheren Versionen der Servlet-API (vor Version 3.0) zwingend benötigt. Er kann Informationen über die Web-Anwendung enthalten und unter anderem die Beziehungen zwischen den einzelnen Komponenten beschreiben. Seit der Version 3.0 der Servlet-API wurde er vollständig ersetzt durch Annotationen.

- `/WEB-INF/lib`   In diesem Verzeichnis werden alle **Java Archiv-Dateien** (`jar`-Dateien) untergebracht, welche die für die Web-Anwendung benötigten Ressourcen enthalten.

- `/WEB-INF/classes`   Hier werden alle **Servlets** und **sonstigen Hilfsklassen** abgelegt.

Zu beachten ist, dass das Verzeichnis `WEB-INF` nicht zum öffentlichen Teil des Kontext-Pfads einer Anwendung gehört. Der öffentliche Teil einer Anwendung beinhaltet die Komponenten, die von außen – also über das Internet – zugänglich sind und abgerufen werden können. Dies sind beispielsweise die aufrufbaren Servlets, HTML-Seiten oder Bilder. Keine der in diesem Verzeichnis enthaltenen

Dateien wird direkt an einen Client übertragen. Alle anderen zu einer Web-Anwendung gehörenden Dateien wie HTML-Dokumente, JavaServer Pages, Bilder etc. können beliebig – auch organisiert durch Verzeichnisse – im Kontext-Pfad untergebracht werden. Das folgende Bild zeigt die Verzeichnisstruktur einer Web-Anwendung:

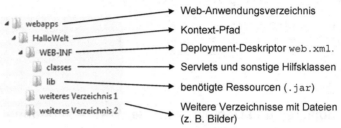

Bild 4-6 Verzeichnisstruktur einer Web-Anwendung

Generell ist es üblich, ein Projekt nicht direkt im Web-Anwendungsverzeichnis zu entwickeln, sondern in einem separaten Arbeitsverzeichnis wie z. B. in einem Verzeichnis `C:\work\HalloWelt`. Da das hier gezeigte Beispiel lediglich aus einer einzigen Quellcode-Datei bestehen wird, entsteht folgender Verzeichnisbaum:

Bild 4-7 Arbeitsverzeichnis der „Hallo Welt"-Web-Anwendung

Hierbei hat man nun die Möglichkeit, die Quelldateien – also die `java`-Dateien – der Web-Anwendung im Ordner `src` abzuspeichern, der ein Unterordner des Verzeichnisses `work` ist.

4.3.2 Beispiel für ein einfaches Servlet

In dem hier gezeigten Beispiel soll auf statische Dateien wie Bilder oder Java-Bibliotheken (`.jar`) verzichtet werden. Um ein Servlet zu erstellen, wird im Verzeichnis `src` des Arbeitsverzeichnisses die Datei `HalloWeltServlet.java` angelegt. Diese Datei enthält den eigentlichen Quellcode des Servlets. Die genaue Funktionsweise wird in Kapitel 4.4 erklärt. Eine Beschreibung der Annotation `@WebServlet` erfolgt in Kapitel 4.5. Hier das Beispiel:

```
// Datei: HalloWeltServlet.java
import java.io.*;
import javax.servlet.ServletException;

// enthält die Annotation @WebServlet
import javax.servlet.annotation.WebServlet;

// Paket enthält unter anderem die Klasse HttpServlet und
// entsprechende Request- und Response-Typen
import javax.servlet.http.*;
```

```
@WebServlet("/")
public class HalloWeltServlet extends HttpServlet
{
    protected void doGet (HttpServletRequest request,
                            HttpServletResponse response)
        throws ServletException, IOException
    {
        response.setContentType ("text/html");
        PrintWriter out = response.getWriter();
        out.println ("<html><body>Hallo Welt</body></html>");
    }
}
```

4.3.3 Kompilieren und Deployment einer Web-Anwendung

Ein Servlet kann wie eine ganz normale `java`-Datei übersetzt werden. Der Aufruf, mit dem das Servlet `HalloWeltServlet` übersetzt werden kann, erfolgt aus dem `src`-Ordner heraus, der die Quell-Dateien einer Web-Anwendung enthält. Dieser Aufruf lautet:

```
javac -cp "%CATALINA_HOME%\lib\servlet-api.jar"
      -d ..\HalloWelt\WEB-INF\classes HalloWeltServlet.java
```

Beachten Sie, dass die Umgebungsvariable `%CATALINA_HOME%` auf das Installationsverzeichnis des Tomcat Servers gesetzt sein muss. Alternativ kann auch der vollständige Pfad zur Installation des Tomcat Servers angegeben werden. Unter Linux unterscheidet sich die Syntax einer Pfadangabe erheblich. Darauf soll hier jedoch nicht eingegangen werden. Weiterhin wird der Aufruf von `javac` und später in diesem Kapitel von `jar` von der Kommandozeile aus nur dann funktionieren, wenn zuvor der Pfad zu den Java-Entwicklungsprogrammen des JDK der Umgebungsvariablen `PATH` hinzugefügt wurde. Der Schalter `-cp` gibt den für die Kompilierung erforderlichen Klassenpfad an. Hier verweist er auf das Archiv `servlet-api.jar`. Dieses Archiv enthält alle Pakete, die für die Kompilierung eines Servlets benötigt werden. Der Schalter `-d` gibt an, dass die erzeugte `class`-Datei nicht im aktuellen Arbeitsverzeichnis – also `src` –, sondern im Ordner `classes` (der Ordner muss bereits existieren) der Web-Anwendung gespeichert werden soll.

Um eine Web-Anwendung aufrufen zu können, muss diese dem Servlet-Container erst bekannt gemacht werden. Man spricht hierbei vom **Deployment**.

Dazu gibt es verschiedene Möglichkeiten:

- ein automatisches Deployment beim Start des Servers,
- ein automatisches Deployment während der Ausführung des Servers,
- die Nutzung der mitgelieferten **Manager-Web-Applikation** mit Hilfe einer grafischen Oberfläche im Webbrowser oder
- die Nutzung des Tomcat-Deployers.

Die wohl einfachsten Möglichkeiten sind das **automatische Deployment** beim Start oder während der Ausführung des Servers. Der Servlet-Container durchsucht beim Start das Verzeichnis `%CATALINA_HOME%\webapps` nach Web-Applikationen, führt für diese automatisch das Deployment durch und überprüft zyklisch während der Laufzeit, ob Änderungen am Verzeichnis vorgenommen wurden.

Der **Manager** von Tomcat hat eine **grafische Oberfläche** und bietet dadurch unerfahrenen Benutzern einen einfacheren Zugang. Der Manager wird mit Tomcat ausgeliefert und ist über die URL `http://localhost:8080/manager/html` erreichbar. Die hierzu benötigte Kombination aus Benutzername und Passwort kann entweder bei der Installation von Tomcat oder in der Datei:

```
%CATALINA_HOME%\conf\tomcat-users.xml
```

angegeben werden. Dazu ist es notwendig, diese Datei um die Zeile:

```
<user username="tomcat" password="tomcat" roles="manager-gui"/>
```

zu erweitern, wobei diese Zeile vor dem schließenden Element `</tomcat-users>` eingefügt werden muss. Der Benutzername sowie das Passwort sind hierbei frei wählbar. Die Oberfläche des Managers ist selbsterklärend: Neben den bereits installierten Webanwendungen, deren Beschreibung und deren Status gibt es die Möglichkeit, ein Verzeichnis einer Web-Anwendung oder eines Web-Archivs anzugeben und das Deployment der darin enthaltenen Dateien durchzuführen. Achtung: Beim Entfernen (Undeployment) einer Web-Anwendung mit Hilfe des Managers wird das komplette Verzeichnis der Web-Anwendung (der Kontext-Pfad) gelöscht! Dies ist auch einer der Gründe, warum eine Anwendung nicht im `webapps`-Verzeichnis entwickelt werden sollte. Soll eine Web-Anwendung nur vorübergehend außer Betrieb genommen werden, so bietet der Manager hierfür den Befehl `stop` an. Er kann über die gleichnamige Schaltfläche erteilt werden.

Für die Web-Anwendung kann nun das Deployment durchgeführt werden, indem der gesamte Ordner `HalloWelt` aus dem Arbeitsverzeichnis in das Verzeichnis `%CATALINA_HOME%\webapps` kopiert wird. Damit ist der Deployment-Prozess abgeschlossen und es kann auf die Web-Anwendung zugegriffen werden.

Alternativ dazu kann ein sogenanntes **Web-Archiv** erstellt und installiert werden. Um ein solches Web-Archiv zu erstellen, kann das Programm `jar` verwendet werden, das ebenfalls zum JDK gehört und somit im Verzeichnis `%JAVA_HOME%\bin` hinterlegt ist. Um für die Web-Anwendung „HalloWelt" mittels eines Web-Archivs das **Deployment** durchzuführen, müssen folgende Schritte durchgeführt werden:

- Wechseln ins Arbeitsverzeichnis, z. B. in das Verzeichnis `C:\work\HalloWelt`. Es befindet sich in diesem Verzeichnis nur das Verzeichnis `WEB-INF`, das das Unterverzeichnis `classes` enthält, in der sich die `class`-Datei `HalloWeltServlet.class` befindet.

- Im Arbeitsverzeichnis `HalloWelt` wird mit folgendem Aufruf das **Web-Archiv** `HalloWelt.war` erzeugt:

```
jar -cf HalloWelt.war *
```

Der Schalter `-cf` (eine Kombination aus den einzelnen Schaltern `-c` und `-f`) gibt an, dass ein neues Archiv mit dem Namen `HalloWelt.war` erstellt werden soll. Die Wildcard `*` bewirkt, dass der gesamte Inhalt des aktuellen Verzeichnisses dem Archiv hinzugefügt wird – also der gesamte Ordner `WEB-INF`.

- Die erstellte Datei `HalloWelt.war` wird anschließend in das Verzeichnis `%CATALINA_HOME%\webapps` kopiert, wodurch der **Tomcat-Deployer** automatisch im `webapps`-Verzeichnis die im folgenden Bild gezeigte Verzeichnisstruktur erstellt. Das folgende Bild zeigt die Verzeichnisstruktur des Ordners `webapps` nach dem Deployment:

Bild 4-8 Verzeichnisstruktur im Ordner webapps nach dem Deployment

Damit ist der Deployment-Prozess abgeschlossen und auf die Web-Anwendung kann über den Webbrowser zugegriffen werden.

4.3.4 Aufruf einer Web-Anwendung

Nach dem Deployment ist das Servlet unter dem in der Annotation `@WebServlet` angegebenen Pfad verfügbar. Das hier gezeigte Beispiel kann also über die URL

```
http://localhost:8080/HalloWelt/
```

aufgerufen werden. Hierbei haben die einzelnen Elemente der URL die folgende Bedeutung:

`http`	Das zu verwendende Protokoll
`localhost`	Name des Webserver-Rechners mit Servlet-Container. Hier kann auch die IP-Adresse des Webservers stehen wie z.B. 192.168.0.2 oder ein Domainname wie z. B. `www.jcp.org`.
`HalloWelt`	Dieser Teil der URL entspricht dem Kontext-Pfad der Web-Anwendung.
`/`	Dieser Teil der URL ist in der Annotation `@WebServlet` als value-Parameter angegeben. Dies ist streng genommen kein richtiger Pfad, stattdessen gibt man damit an, dass das annotierte Servlet auf alle Anfragen unterhalb des Kontext-Pfades reagieren soll.

Tabelle 4-2 Bestandteile der URL

Das Ergebnis des Aufrufs in einem Webbrowser zeigt das folgende Bild:

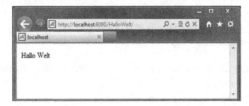

Bild 4-9 Ergebnis des Servlets `HalloWeltServlet`

4.4 Wichtige Elemente der Servlet-API

Die Paketnamen für die Servlet-API wurden von der Firma Oracle festgelegt. Sie lauten `javax.servlet` und `javax.servlet.http` für speziell an die Bedürfnisse von HTTP angepasste Servlets.

Die folgenden Kapitel sollen lediglich als Überblick über die Funktionalität der API dienen und sie nicht im Detail erläutern. Für genauere Informationen kann die Servlet-API auf den Seiten des Java Community Process (JCP)[51] bzw. die mit den Servlet-Containern ausgelieferte Dokumentation der API herangezogen werden.

4.4.1 Protokollunabhängige Servlets

Die Klasse `GenericServlet` verkörpert ein generisches und protokollunabhängiges Servlet.

Diese Klasse vereinfacht die Nutzung des Interface `Servlet`, indem sie rudimentäre Implementierungen der Lifecycle-Methoden liefert. Zusätzlich implementiert sie das Interface `ServletConfig`, was die Konfiguration des Servlets über Konfigurationsparameter erlaubt.

Die abstrakte Methode `service()` stellt die Funktionalität eines Servlets dar.

Die überschriebene abstrakte Methode `service()` der Klasse `GenericServlet` wird bei jeder Anfrage an das Servlet vom Servlet-Container aufgerufen.

Als **Übergabeparameter** erhält diese Methode vom Servlet-Container jeweils eine Referenz auf ein Objekt vom Typ `ServletRequest` und auf ein Objekt vom Typ `ServletResponse` (siehe Kapitel 4.4.4). Das Objekt vom Typ `ServletRequest` enthält Informationen über die Anfrage, die vom Client an das Servlet gesendet wird. Das Objekt vom Typ `ServletResponse` enthält Informationen über die Antwort, die vom Servlet an den Client gesendet wird.

Protokollunabhängige Servlets müssen nur die Lifecycle-Methode `service()` implementieren. Normalerweise werden jedoch **protokollspezifische Servlets** verwendet, da sie deutlich mehr Komfort im Umgang mit dem HTTP-Protokoll bieten.

---

[51] Der **Java Community Process (JCP)** ist das Standardisierungsverfahren und gleichzeitig das Standardisierungsgremium für die Programmiersprache Java, deren Erweiterungen und deren Bibliotheken. Im JCP wirken sämtliche Firmen mit, die an der Weiterentwicklung der Java-basierten Technologien interessiert sind, darunter auch die Firma Oracle (ehemals Firma Sun).

Bei **protokollspezifischen Servlets** können für das verwendete Protokoll spezielle Funktionen überschrieben werden. Zudem kann aus dem Servlet auf Protokoll-informationen wie Header-Parameter direkt zugegriffen werden.

4.4.2 HTTP Servlet

Wenn Webseiten dynamisch auf dem Server erstellt werden sollen, so geht meist eine Benutzereingabe in einem Formular, das in einer Webseite definiert ist, voraus.

Die Abfrage von Benutzereingaben kann in HTML mit Hilfe von soge-nannten **Forms**[52] programmiert werden.

Um das Handling solcher Szenarien zu erleichtern, ist die Klasse `HttpServlet` speziell für das Arbeiten mit HTTP ausgelegt. Die Klasse `HttpServlet` befindet sich im Paket `javax.servlet.http`. Die Klasse `HttpServlet` ist von der Klasse `GenericServlet` abgeleitet und implementiert die Methode `service()`.

Fordert ein Benutzer eine Webseite an, leitet der Servlet-Container die Anforderung an die Methode `service()` der Klasse `HttpServlet` weiter.

Die Standard-Implementierung dieser Methode verteilt die eintreffenden Anfragen an eine dem HTTP-Kommando der Anfrage entsprechende Methode. HTTP-Komman-dos und die zugehörigen Methoden eines Servlet, die dasjenige Kommando bear-beiten, sind in der folgenden Tabelle zusammengestellt:

HTTP-Kommando	Servlet-Methode
POST	doPost()
GET	doGet()
PUT	doPut()
DELETE	doDelete()
TRACE	doTrace()
OPTIONS	doOptions()
HEAD	doHead()

Tabelle 4-3 HTTP-Kommandos mit den zugeordneten Servlet-Methoden

Mindestens eine dieser Methoden muss in der abgeleiteten Servlet-Klasse über-schrieben werden, wenn das erstellte Servlet sinnvoll eingesetzt werden soll. Dabei liefert die Klasse `HttpServlet` bereits sinnvolle Implementierungen der Methoden `doOptions()` und `doTrace()`, so dass diese beiden Methoden in den meisten Fällen nicht überschrieben werden müssen[53].

---

[52] Forms sind Formulare, welche Felder für Benutzereingaben enthalten können.
[53] Auf der Internet-Seite des World Wide Web Consortium (W3C) kann unter der Adresse `http://www.w3.org/Protocols/rfc2616/rfc2616-sec9.html` die Definition der einzel-nen HTTP-Kommandos nachgeschlagen werden.

Klassen, die von der Klasse `HttpServlet` abgeleitet sind, können Annotationen verwenden, um vom Servlet-Container entdeckt zu werden[54]. Der Einsatz eines Deployment-Deskriptors kann dadurch im Gegensatz zu protokollunabhängigen Servlets komplett entfallen.

Ein Beispiel für ein von der Klasse `HttpServlet` abgeleitetes Servlet ist das bereits bekannte „Hallo Welt"-Servlet aus Kapitel 4.3. Hier noch einmal der Programmcode:

```
// Datei: HalloWeltServlet.java

import java.io.*;

import javax.servlet.ServletException;

// enthält die Annotation @WebServlet
import javax.servlet.annotation.WebServlet;

// Paket enthält unter anderem die Klasse HttpServlet und
// entsprechende Request- und Response-Typen
import javax.servlet.http.*;

@WebServlet ("/")
public class HalloWeltServlet extends HttpServlet
{
    protected void doGet (HttpServletRequest request,
                          HttpServletResponse response)
        throws ServletException, IOException
    {
        response.setContentType ("text/html");
        PrintWriter out = response.getWriter();
        out.println ("<html><body>Hallo Welt</body></html>");
    }
}
```

Das Servlet der Klasse `HalloWeltServlet` wird von der Klasse `HttpServlet` des Pakets `javax.servlet.http` abgeleitet. Die Klasse des Servlets `Hallo-WeltServlet` ist annotiert mit der Annotation `@WebServlet`. Dies ist notwendig, damit der Servlet-Container die Servlet-Klasse entdecken kann und weiß, unter welcher URL das annotierte Servlet erreichbar ist. Der Pfad wird in der Annotation relativ zum Kontext-Pfad der Web-Applikation angegeben.

Mit dem Pfad

```
"/"
```

wird angegeben, dass das annotierte Servlet auf alle Pfade reagieren soll, die unterhalb des Kontext-Pfades aufgerufen werden.

Da beim Aufruf einer Seite mit einem Webbrowser standardmäßig das HTTP-Kommando `GET` zum Server übertragen wird, muss im aufgerufenen Servlet die `doGet()`-Methode überschrieben werden, um auf einen eintreffenden Request antworten zu können. Als Übergabeparameter erhält die Methode `doGet()` vom

---

[54] siehe Kapitel 4.5

Servlet-Container jeweils eine Referenz auf ein Objekt vom Typ `HttpServlet-Request` und auf ein Objekt vom Typ `HttpServletResponse` (siehe Kapitel 4.4.4). Über Methodenaufrufe auf der **Referenzvariablen** `response` kann das Servlet gestellte Anfragen beantworten.

Mit der Anweisung

```
response.setContentType ("text/html");
```

wird der Content-Type (auch MIME[55]-Bezeichner genannt) – hier `text/html` – als Teil der HTTP-Antwort an den Client gesandt. Anhand dieses Typs wird dem Webbrowser mitgeteilt, um welche Art von Daten es sich bei dieser Antwort handelt.

In diesem Beispiel handelt es sich um eine in HTML codierte Textausgabe. Bei der Ausgabe etwa eines GIF-Bildes durch das Servlet wäre der Content-Type `image/gif`, bei einem Adobe Acrobat PDF-File `application/pdf`. Der Content-Type `text/html` veranlasst den Webbrowser, die empfangenen Daten als HTML-Text zu interpretieren. Beim Content-Type `image/gif` wird das den Daten entsprechende Bild dargestellt. Erhält der Webbrowser einen Content-Type, der ihm nicht bekannt ist, so öffnet er automatisch einen Dialog, um die Daten auf der Festplatte zu speichern.

Die Anweisung

```
PrintWriter out = response.getWriter();
```

bedeutet, dass über die Methode `getWriter()` der Klasse `ServletResponse` eine Referenz auf ein Objekt der Klasse `PrintWriter` erhalten wird, das der zeichenorientierten Textausgabe dient. Diese Referenz wird der Variablen `out` zugewiesen.

Die Anweisung

```
out.println ("<html><body>Hallo Welt</body></html>");
```

führt die Methode `println()` auf der Referenz `out` aus. Damit kann das Servlet Textdaten mit Hilfe des Servlet-Containers direkt an den Client schicken. In diesem Beispiel wird HTML-Code an den Client gesandt.

4.4.3 Zugriff auf die Anfrage eines Clients

Der Zugriff auf die Daten einer Client-Anfrage geschieht über eine vom Servlet-Container an das Servlet übergebene Referenz auf ein Objekt vom Typ `ServletRequest` bzw. `HttpServletRequest`.

---

[55] MIME = **M**ultipurpose **I**nternet **M**ail **E**xtensions. Typangabe der über HTTP übertragenden Daten.

So kann im Servlet auf

- Parameter des Clients,
- an den Request gebundene Attribute, welche vom Servlet-Container oder dem Servlet selbst an den Request gebunden worden sind,
- den Header einer HTTP-Anfrage,
- Pfadinformationen der momentanen Anfrage,
- Cookies der momentanen Anfrage,
- die Attribute einer SSL-Verbindung und
- die vom Client für eine Antwort bevorzugte Sprache (vom Client gesendet)

zugegriffen werden.

4.4.4 Antwort auf die Anfrage eines Clients

Der Servlet-Container übergibt dem Servlet eine Referenz auf ein Objekt der Klasse `ServletResponse` bzw. `HttpServletResponse`. Nachdem das Servlet seine Daten in dieses Objekt geschrieben hat, generiert der Servlet-Container aus diesem Objekt die entsprechende Antwort und übergibt sie dem Client.

4.4.5 Session-Verwaltung

Die Servlet-API bietet über das Interface `HttpSession` des Pakets `javax.servlet.http` die Möglichkeit, eine Sitzung mit dem Client zu erzeugen. Eine Sitzung erlaubt die Identifikation eines Benutzers über mehrere Seitenanfragen hinweg.

Dies ist beispielsweise bei einem Webshop mit einem Warenkorb wichtig.

Da HTTP vom Entwurf her ein zustandsloses Protokoll[56] ist, man aber bei der Realisierung einer Sitzung Zustandsinformationen zur Verfügung haben muss, kann sich der Servlet-Container einer von drei Möglichkeiten für die Realisierung einer Sitzung bedienen:

- URL Rewriting,
- Cookies oder
- SSL Sessions.

URL Rewriting, Cookies und SSL Sessions werden im Folgenden dargestellt:

- **URL Rewriting**

  Beim URL Rewriting werden vom Server Daten an einen URL-Pfad angehängt wie beispielsweise in einem Link einer dynamisch generierten Webseite. Diese Daten

---

[56] Eine HTTP-Anfrage kann nicht auf eine vorige HTTP-Anfrage aufbauen, da der Server keine Zustandsinformationen, also Informationen über einen vorigen Aufruf, hält.

werden beim Aufruf durch einen Client als Parameter wieder in der URL mitge-
sendet. Um eine korrekte Sitzungsverwaltung mit URL Rewriting zu erreichen,
muss der Programmierer eines Servlets sich darum kümmern, dass jede URL in
einer auszugebenden Webseite codiert wird. Für die Codierung der Session ID in
der URL gibt es in der Klasse `HttpServletResponse` entsprechende Methoden.

Eine durch URL Rewriting codierte URL könnte folgendes Aussehen haben:

```
http://testdomain/TestServlet?jsessionid=12345
```

- **Cookies**

  Ein Servlet-Container kann ein Cookie mit einer eindeutigen ID bei einem Client
  hinterlegen. Bei nachfolgenden Aufrufen an den Server sendet der Client die
  Daten des Cookies mit, anhand derer dann der Server den Client für die Dauer
  einer Sitzung identifizieren kann.

- **SSL Sessions**

  Bei Verwendung des Secure Sockets Layers[57] – implementiert im HTTPS-Proto-
  koll – kann der Servlet-Container die Daten des dort eingebauten Mechanismus
  zur eindeutigen Identifizierung eines Clients über mehrere Aufrufe hinweg benutzen, um eine Sitzung mit einem Client festzulegen.

Ein Programmierer kommt jedoch bei der Verwendung des Interface `HttpSession`
nicht direkt mit den eben erwähnten Techniken in Berührung. Die Schnittstelle `Http-
Session` erlaubt einem Servlet

- den Zugriff auf und die Manipulation von Sitzungsdaten wie Session ID, Erzeu-
  gungszeitpunkt der Sitzung sowie den Zeitpunkt des letzten Zugriffs und

- erzeugte Objekte mit Benutzerinformationen an eine Sitzung zu binden und somit
  diese Informationen dauerhaft über mehrere Aufrufe des Clients zu halten.

4.4.6 Methoden für den Lebenszyklus eines Servlets

Ein Servlet verfügt über einen wohl definierten Lebenszyklus (Lifecycle).

Der **Lebenszyklus** eines Servlets ist definiert als der Weg eines
Servlets von seiner **Erzeugung** bis zu seiner **Zerstörung**. Auf diesem
Weg durchläuft ein Servlet verschiedene Stadien.

---

[57] Bei einer Kommunikation über das Secure Sockets Layer Protokoll werden die zu übertragenden
Daten zwischen Client und Server verschlüsselt.

Die **Phasen des Lebenszyklus** eines Servlets sind:

1. Die Servlet-Klasse wird vom Servlet-Container geladen und eine Instanz der Klasse wird angelegt.
2. Das Servlet wird initialisiert durch seine Methode `init()`.
3. Das Servlet verarbeitet Anfragen von Clients durch den Aufruf seiner Methode `service()`.
4. Das Servlet wird beendet durch den Aufruf seiner Methode `destroy()`.
5. Letztendlich wird das Servlet vom Garbage-Collector der JVM zu einem bestimmten Zeitpunkt nach dem Aufruf der Methode `destroy()` entsorgt.

Der Zeitpunkt der **Instanziierung** eines Servlets hängt von der jeweiligen Implementierung des Servlet-Containers ab. Das Instanziieren kann beim Starten des Servlet-Containers oder erst beim Eintreffen einer Anfrage an das Servlet durchgeführt werden. Aber noch bevor ein Servlet instanziiert werden kann, muss die Klasse geladen werden. Dies geschieht über die normalen Java Klassenlader-Mechanismen von einem lokalen Dateisystem, einem entfernten Dateisystem oder von anderen über das Netz erreichbaren Diensten.

Das Entfernen eines Servlets wird – wie auch die Instanziierung – vom Servlet-Container gesteuert. Dies kann aus verschiedenen Gründen erfolgen:

- bei einem Shutdown des Servers bzw. des Servlet-Containers,
- aus Gründen der Einsparung von Server-Ressourcen oder
- auf ein vom Administrator gegebenes Kommando zum Entladen.

Das folgende Bild zeigt den Lebenszyklus eines Servlets:

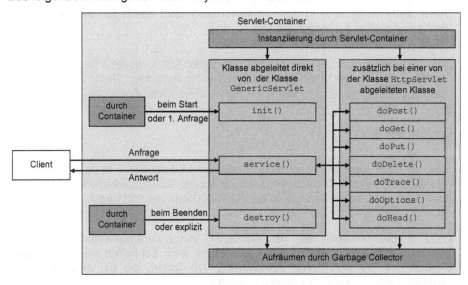

Bild 4-10 Der Lebenszyklus eines Servlets

Im Folgenden wird eine kurze Zusammenfassung der von der Servlet-API bereitgestellten Methoden der Klasse `GenericServlet` für den Lebenszyklus gegeben:

- Die Methode `init()`

    Die Methode `init()` wird vom Servlet-Container einmalig nach dem Instanziieren des Servlets aufgerufen. In dieser Methode kann das Servlet initialisiert werden.

    Hier sollten zeitintensive Operationen wie zum Beispiel das Öffnen von Datenbankverbindungen oder das Lesen von Parametern aus Dateien untergebracht werden, damit diese zu Beginn einmalig und nicht bei jedem Aufruf des Servlets durchgeführt werden.

    Bevor diese Methode aufgerufen und fehlerfrei abgearbeitet wurde, darf der Servlet-Container keine Anfragen an die Methode `service()` des Servlets weiterleiten. Im Fehlerfall wird eine Exception vom Typ `UnavailableException` oder `ServletException` geworfen. Der Servlet-Container kann nach einer fehlgeschlagenen Instanziierung jederzeit wieder eine neue Instanz eines Servlets erzeugen. Die Methode `destroy()` wird nicht automatisch aufgerufen, wenn die Initialisierung des Servlets fehlgeschlagen ist.

- Die Methode `service()`

    Die Methode `service()` wird bei jeder Anfrage eines Clients an das Servlet aufgerufen.

    Sie stellt die **eigentliche Funktionalität des Servlets** bereit. Hier wird die Anfrage eines Clients dekodiert, verarbeitet, eine formatierte Antwort an den Client erzeugt und verschickt.

    Diese Methode ist aber in den meisten Fällen nicht selbst für die vollständige Verarbeitung einer Anfrage zuständig.

    Die Methode `service()` ist nur zur Delegation der weiteren Verarbeitung an die der Anfrage des Clients entsprechenden Methoden `doGet()`, `doPost()`, `doPut()`, `doDelete()`, etc. zuständig.

- Die Methode `destroy()`

    Die Methode `destroy()` wird am Ende des Lebenszyklus eines Servlets aufgerufen. Sie erlaubt es einem Servlet, Aufräumarbeiten durchzuführen, bevor die Instanz der Servlet-Klasse zerstört wird.

    Dazu gehören Arbeiten wie das Schließen von Datenbankverbindungen, das Beenden erzeugter Threads, das Schreiben und Schließen von geöffneten Dateien und die persistente Speicherung von Daten, die bei einer erneuten Instanziierung des Servlets benötigt werden.

Wurde die Methode `destroy()` aufgerufen, dürfen an das entsprechende Servlet keine Anfragen mehr weitergeleitet werden.

Nach Abarbeitung der `destroy()`-Methode gibt der Servlet-Container die Referenz auf die Instanz des Servlets frei, damit der Speicherplatz der Servlet-Instanz vom Garbage-Collector freigegeben werden kann.

4.4.7 Bearbeitung paralleler Anfragen

Die Bearbeitung gleichzeitig eintreffender Anfragen an den Servlet-Container wird über Threads geregelt.

> Für jede eintreffende Anfrage wird im Servlet-Container ein Thread gestartet, welcher den Request beantwortet.

Treffen mehrere parallele Anfragen für das gleiche Servlet ein, so hat der Programmierer zu beachten, dass die für die verschiedenen Anfragen erzeugten Threads alle auf derselben Instanz des jeweiligen Servlets arbeiten. Das bedeutet, dass bei der Verwendung von Instanz- oder Klassenvariablen des Servlets Synchronisationsmechanismen für einen korrekten Ablauf erforderlich sein können.

> Will man das parallele Arbeiten mehrerer Threads in der Methode `service()` eines Servlets verhindern, so muss von der Klasse, die das Servlet realisiert, das Interface `javax.servlet.Single-ThreadModel` implementiert werden.

Das Interface `SingleThreadModel` stellt sicher, dass kein gleichzeitiger Zugriff mehrerer Threads auf eine Instanz dieser Klasse stattfindet. Parallele Zugriffe können – je nach Servlet-Container[58] – ebenfalls über Threads gelöst werden, mit dem Unterschied, dass jeder Thread eine eigene Instanz der Servlet-Klasse erzeugt und darauf arbeitet. Dies bewahrt den Programmierer jedoch nicht vor der Synchronisation der Zugriffe auf gemeinsam genutzten Ressourcen.

Die Abarbeitung paralleler Anfragen in einem Servlet-Container kann schematisch wie folgt dargestellt werden:

---

[58] Parallele Anfragen könnten vom Servlet-Container auch serialisiert werden. So würden mehrere gleichzeitige Anfragen hintereinander und nicht parallel bzw. quasiparallel wie bei der Verwendung von Threads abgearbeitet.

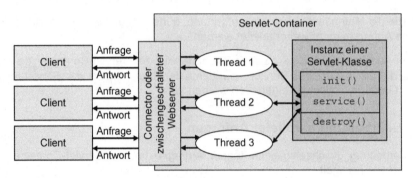

Bild 4-11 Abarbeitung parallel eintreffender Anfragen an ein Servlet im Servlet-Container

4.5 Annotationen für Servlets

Annotationen dienen der Angabe von Parametern. Sie sind eine Neuerung der Servlet-API 3.0. Vor der Einführung der Annotationen musste man für jede Web-Anwendung einen Deployment-Deskriptor definieren (siehe Kapitel 4.6). Mit Hilfe der Annotationen[59] wurde der Deployment-Deskriptor meist optional. Somit wurde es möglich, ein Servlet dem Servlet-Container bekanntzumachen, ohne komplizierte XML-Konfigurationen erstellen zu müssen. Alle Annotationen, die von der Servlet-API definiert werden, liegen im Paket `javax.servlet.annotation`.

Die wichtigste Annotation zum Definieren eines Servlets ist `@WebServlet`. Mit Hilfe dieser Annotation ist es möglich, sämtliche Metadaten für ein Servlet zu spezifizieren. Diese Annotation muss auf Klassenebene deklariert werden.

Nur Servlet-Klassen, die von der Klasse **HttpServlet** abgeleitet werden, können die Annotationen der Servlet-API 3.0 nutzen. Servlets, die von der Klasse `GenericServlet` abgeleitet werden, sind weiterhin auf einen Deployment-Deskriptor angewiesen.

Folgende Attribute können bei der Annotation `@WebServlet` angegeben werden:

- `String` **name** (optional) – der Name des Servlets im Servlet-Container. Dieser Name ist frei wählbar und kann beispielsweise im Deployment-Deskriptor zum Verweis auf das annotierte Servlet verwendet werden.

- `boolean` **asyncSupported** (optional) – gibt an, ob das annotierte Servlet eine asynchrone Verarbeitung unterstützt oder nicht. Die asynchrone Verarbeitung ist ein Modus, in welchem das Servlet selbst Threads starten kann, um Anfragen asynchron zu verarbeiten.

- `String` **description** (optional) – eine Beschreibung des annotierten Servlets. Dieses Attribut ist nur von geringer Bedeutung, es ist beispielsweise im Tomcat-Manager zu sehen.

---

[59] Mit der Servlet-API 3.0 wurden mehrere Annotationen eingeführt. Die vollständige Liste der Annotationen und Parameter kann man der Servlet 3.0-Spezifikation entnehmen unter `http://jcp.org/en/jsr/detail?id=315`.

- `String` **`displayName`** (optional) – der Name, den die Web-Anwendung tragen soll. Angezeigt wird dieser Name beispielsweise in der Titelleiste des Web-browsers. Dieser Name entspricht somit dem `<title>`-Element einer HTML-Datei.

- `WebInitParam[]` **`initParams`** (optional) – ein Array von `@WebInitParam`-Annotationen, um Initialisierungsparameter an das annotierte Servlet zu über-geben.

- `String` **`largeIcon`** (optional) – Pfad zu einer Bild-Ressource, die als großes Symbol verwendet werden soll. Dieses Attribut kann von Werkzeugen, einer Entwicklungsumgebung oder dem Servlet-Container ausgewertet werden.

- `String` **`smallIcon`** (optional) – Pfad zu einer Bild-Ressource, die als kleines Symbol verwendet werden soll. Dieses Attribut kann von Werkzeugen, einer Entwicklungsumgebung oder dem Servlet-Container ausgewertet werden.

- `int` **`loadOnStartup`** (optional) – die Position in der Ladereihenfolge der Servlets. Je niedriger die Zahl, umso früher wird das Servlet geladen.

- `String[]` **`urlPatterns/value`** (obligatorisch) – ein Array von URL-Mappings, auf die das annotierte Servlet reagieren soll.

> Das einzige obligatorische Attribut der Annotation `@WebServlet` ist das Attribut `urlPatterns` bzw. sein Alias `value`. Unabhängig davon, welche Form der Annotation verwendet wird, muss dieses Attribut oder sein Alias stets einen Wert haben.

In der einfachsten Form der Annotation muss lediglich das URL-Mapping angegeben werden wie in folgendem Beispiel:

```
@WebServlet ("/HalloWelt")
```

wobei auch ein Array von URL-Mappings unterstützt wird, wie im Folgenden gezeigt wird:

```
@WebServlet ({"/HalloWelt", "/HelloWorld"})
```

Bei der zweiten Form dieser Annotation muss jedes verwendete Attribut explizit mit seinem Namen angegeben werden. Mit dieser Form ist es möglich, alle weiteren Attribute zu verwenden, die die Annotation erlaubt. Die Annotation `@WebServlet` könnte dann beispielsweise folgendermaßen aussehen:

```
@WebServlet (
    name="HalloWeltServlet",
    urlPatterns = {"/HalloWelt", "/HelloWorld"},
    initParams = {
        @WebInitParam (name="param1", value="wert1"),
        @WebInitParam (name="param2", value="wert2")
    }
)
```

Die bereits erwähnte Annotation `@WebInitParam` dient der Definition von Initialisierungsparametern in Annotationen, die solche Parameter unterstützen wie beispielsweise `@WebServlet`. Folgende Attribute werden von dieser Annotation unterstützt:

- String **name** (obligatorisch) – der Name des Initialisierungsparameters.
- String **value** (obligatorisch) – der Wert des Initialisierungsparameters.
- String **description** (optional) – eine Beschreibung für den Initialisierungs-
  parameter.

4.6 Der Deployment-Deskriptor für Servlets

Im Deployment-Deskriptor sowie bei den Annotationen werden die Parameter einer Web-Anwendung festgelegt.

Der Deployment-Deskriptor wurde zwar für viele Anwendungen in der Servlet-API 3.0 von den Annotationen abgelöst, jedoch bietet er immer noch einige Konfigurations-optionen an, die nicht von den Annotationen abgedeckt sind.

Die Angaben im Deployment-Deskriptor überschreiben entsprechende Angaben in den Annotationen.

Aus diesen Gründen sollen im Folgenden die wichtigsten Elemente eines Deploy-ment-Deskriptors betrachtet werden. Eine vollständige Übersicht der im Deployment-Deskriptor möglichen Angaben findet sich in der Java Servlet 3.0-Spezifikation.

Ein Deployment-Deskriptor ist eine in XML geschriebene Datei.

Die XML-Deklaration gibt Auskunft über die XML-Version und den verwendeten Zeichensatz, wie im folgenden Beispiel gezeigt wird:

```
<?xml version="1.0" encoding="UTF-8"?>
```

Nachfolgend werden die für die Web-Anwendung erforderlichen Parameter spezifi-ziert. Das geschieht im Element <web-app>, dem sogenannten **Wurzelelement**, das alle weiteren Elemente beinhaltet. Dieses Element enthält weiterhin die Deklara-tionen für die XML-Namespaces und Verweise auf die Schemata, die für einen Deployment-Deskriptor notwendig sind. Das Element <web-app> sieht mit allen benötigten Deklarationen folgendermaßen aus:

```
<web-app
    xmlns:xsi="http://www.w3.org/2001/XMLSchema-instance"
    xmlns="http://java.sun.com/xml/ns/javaee"
    xmlns:web="http://java.sun.com/xml/ns/javaee/web-app_3_0.xsd"
    xsi:schemaLocation="http://java.sun.com/xml/ns/javaee
        http://java.sun.com/xml/ns/javaee/web-app_3_0.xsd"
    version="3.0">
```

Die wichtigsten **Elemente innerhalb des Wurzelelements** sollen nun kurz vorge-stellt werden:

- Im Element `<display-name>` kann festgelegt werden, welchen **Namen** die Web-Anwendung haben soll. Dies entspricht der Angabe des Attributs `displayName` der `@WebServlet`-Annotation.

- Das Element `<description>` dient der Angabe einer **Beschreibung** einer Anwendung. Es entspricht der Angabe des Attributs `description` der `@WebServlet`-Annotation.

- Die **Eigenschaften eines Servlets** werden im Element `<servlet>` bzw. in seinen Unterelementen spezifiziert. Im Unterelement `<servlet-name>` wird ein Name für das Servlet vergeben. Diese Angabe entspricht der Angabe des Attributs `name` der Annotation `@WebServlet`. Dieser Name kann frei gewählt werden und dient als Referenz innerhalb des Deployment-Deskriptors für weitere Eigenschaften des Servlets. Die Zuordnung des Servlet-Namens zu einer Servlet-Klasse erfolgt mit dem Element `<servlet-class>`. Ein Beispiel für die Zuordnung einer Servlet-Klasse aus der Datei `HalloWeltServlet.class` und dem Namen des Servlets sieht folgendermaßen aus:

```
<servlet>
    <servlet-name>HalloWeltServlet</servlet-name>
    <servlet-class>HalloWeltServlet</servlet-class>
</servlet>
```

Im Element `<servlet>` können noch weitere Eigenschaften wie Initialisierungsparameter oder notwendige Nutzerrechte zur Ausführung festgelegt werden. Initialisierungsparameter werden definiert mit dem Element `<init-param>`. Dieses Element erfordert zwingend zwei Unterelemente, `<param-name>` und `<param-value>`. Die Bedeutung von `<init-param>` und dessen Unterelementen ist äquivalent zu denen der Annotation `@WebInitParam` und deren Attributen. Die Definition von `<init-param>` könnte folgendes Aussehen haben:

```
<init-param>
    <param-name>param1</param-name>
    <param-value>wert1</param-value>
</init-param>
```

Da eine Web-Anwendung aus mehreren Servlets bestehen kann, kann das Element `<servlet>` mehrmals in einem Deployment-Deskriptor verwendet werden.

- Unter welcher URL ein bestimmtes Servlet erreichbar ist, wird für jedes Servlet einzeln im Element `<servlet-mapping>` festgelegt. Dies entspricht der Angabe des Attributs `urlPatterns` bzw. `value` der Annotation `@WebServlet`. Die Zuordnung von Servlet zur URL geschieht in den Unterelementen `<servlet-name>` und `<url-pattern>`. Unter `<servlet-name>` muss der unter `<servlet>` angegebene Name genutzt werden, unter `<url-pattern>` die gewünschte URL. Für das obige Beispiel könnte das folgendermaßen aussehen:

```
<servlet-mapping>
    <servlet-name>HalloWeltServlet</servlet-name>
    <url-pattern>/HalloWelt</url-pattern>
</servlet-mapping>
```

Ein Deployment-Deskriptor, der äquivalente Angaben enthält wie das Beispiel einer
`@WebServlet` Annotation aus Kapitel 4.5, könnte also folgendermaßen aussehen:

```xml
<?xml version="1.0" encoding="UTF-8"?>
<web-app
   xmlns:xsi="http://www.w3.org/2001/XMLSchema-instance"
   xmlns="http://java.sun.com/xml/ns/javaee"
   xmlns:web="http://java.sun.com/xml/ns/javaee/web-app_2_5.xsd"
   xsi:schemaLocation="http://java.sun.com/xml/ns/javaee
      http://java.sun.com/xml/ns/javaee/web-app_3_0.xsd"
   version="3.0">
   <display-name>HalloWelt Anwendung</display-name>
   <description>Dies ist eine HalloWelt Begrüßung</description>

   <servlet>
      <servlet-name>HalloWeltServlet</servlet-name>
      <servlet-class>HalloWeltServlet</servlet-class>
      <init-param>
         <param-name>param1</param-name>
         <param-value>wert1</param-value>
      </init-param>
      <init-param>
         <param-name>param2</param-name>
         <param-value>wert2</param-value>
      </init-param>
   </servlet>

   <servlet>
      <servlet-name>NameEinesWeiterenServlets</servlet-name>
      <servlet-class>EinWeiteresServlet</servlet-class>
   </servlet>

   <servlet-mapping>
      <servlet-name>HalloWeltServlet</servlet-name>
      <url-pattern>/HalloWelt</url-pattern>
   </servlet-mapping>

   <servlet-mapping>
      <servlet-name>HalloWeltServlet</servlet-name>
      <url-pattern>/HelloWorld</url-pattern>
   </servlet-mapping>

   <servlet-mapping>
      <servlet-name>NameEinesWeiterenServlets</servlet-name>
      <url-pattern>/EinWeiteresServlet</url-pattern>
   </servlet-mapping>
   . . .
</web-app>
```

4.7 Das Beispielprogramm „Forum"

Im folgenden Beispiel soll ein kleines Forum entstehen, bei dem ein Benutzer seinen
Namen, seine E-Mail-Adresse und einen Kommentar in drei dafür vorgesehene Felder eingeben und zum Server schicken kann. Nach dem Abschicken dieser Einträge

werden die Daten vom Server entgegengenommen und der Client erhält als Antwort eine Liste aller Teilnehmer-Beiträge aller angemeldeten Teilnehmer.

Diese kleine Anwendung, die in nachfolgenden Beispielen den Namen „Forum" trägt, wird mit einer statischen HTML-Seite realisiert, welche die Eingabefelder für die Benutzereingaben enthält, und einem Servlet, das für die Speicherung des aktuellen Teilnehmer-Beitrages und für die Ausgabe aller zuvor gespeicherten Beiträge verantwortlich ist.

Die statische HTML-Seite kann direkt im Kontext-Pfad der Web-Anwendung abgelegt werden, damit sie mit dem Webbrowser erreicht werden kann.

4.7.1 HTML Formular

Hier die HTML-Seite des Beispielprogramms „Forum" mit dem Formular:

```
<!DOCTYPE html>
<!-- Datei: index.html -->
<html>
   <head>
      <meta http-equiv="Content-Type"
            content="text/html; charset=utf-8">
      <title>Kleines Forum</title>
   </head>
   <body>
      <h1>Forum</h1>
      <form action="./ForumServlet" method="POST">
         <label for="name">Name:</label>
         <input id="name" name="name" type="text" size="50"><br>
         <label for="email">E-Mail:</label>
         <input id="email" name="email" type="text" size="50"><br>
         <label for="beitrag">Beitrag:</label>
         <input id="beitrag" name="beitrag" type="text"
            size="50"><br>
         <input type="submit" value="Hinzufügen"><br>
      </form>
      <p><a href="./ForumServlet">Einträge ansehen</a></p>
   </body>
</html>
```

Man sollte beachten, dass zur korrekten Anzeige der Umlaute in allen Webbrowsern die HTML-Datei mit der Zeichenkodierung UTF-8 abgespeichert werden sollte. Im Folgenden wird die Darstellung dieser HTML-Seite im Webbrowser gezeigt:

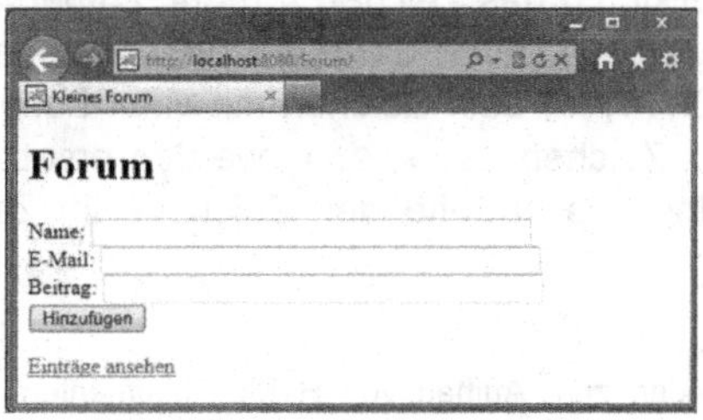

Bild 4-12 Darstellung des Eingabeformulars des Beispiels

Der Aufbau und die Verwendung eines Formulars – wie in diesem Beispiel – soll im Folgenden beschrieben werden[60]. Das Formular wird eingeleitet durch das Element:

```
<form action="./ForumServlet" method="POST">
```

Es enthält die beiden Attribute `action` und `method`. Der dem Attribut `action` zugewiesene Wert `"./ForumServlet"` gibt das auf dem Server liegende Programm an. In diesem Fall ist es das Servlet, das mit dem URL-Mapping `/ForumServlet` verbunden ist. Dieses Servlet soll nach dem Absenden des Formulars aufgerufen und ausgeführt werden. Das Absenden von Formularen wird im Folgenden noch behandelt. Der Wert `"POST"` des Attributes `method` hat Auswirkungen auf die Art der Übermittlung der Formulardaten. Ein anderer möglicher Wert des Attributs `method` ist `"GET"`. Diese Werte haben sowohl auf der Client- als auch auf der Serverseite die im Folgenden beschriebenen Auswirkungen:

- `method="GET"`

  Bei dieser Art der Datenübergabe werden die zu übermittelnden Daten an die URL angehängt und dem Server übergeben. Diesen Teil, der an die URL angehängt wird, bezeichnet man als Query.

  Das Beispielformular

  ```
  <form action="http://testdomain/testformular" method="GET">
      <input type="text" name="feld1">
      <input type="text" name="feld2">
      <input type="submit" value=" Absenden">
  </form>
  ```

  würde beim Absenden eine URL mit beispielsweise folgender Query erzeugen:

  ```
  http://testdomain/testformular?feld1=wert1&feld2=
  ```

  Diese URL ist in der Adressleiste des Webbrowsers nach dem Absenden des Beispielformulars zu sehen, wenn im Texteingabefeld mit dem Namen `feld1` der Wert `"wert1"` eingetragen und das Texteingabefeld mit dem Namen `feld2` leer gelassen wurde.

  Die eigentliche URL wird durch das Fragezeichen `?` von dem Query-Teil mit den zu übergebenden Schlüssel-Wert-Paaren getrennt. Ein solches Schlüssel-Wert-Paar besteht aus dem im HTML-Code angegebenen Namen des Eingabefeldes als Schlüssel und dem in das Eingabefeld eingetragenen Inhalt als Wert. Schlüssel und Wert werden getrennt durch das Gleichheitszeichen `=`. Die Trennung der einzelnen Paare findet durch das Zeichen `&` (engl. ampersand) statt. Leerzeichen werden in der Query ersetzt durch das Zeichen `+`. Sonderzeichen wie z. B. die deutschen Umlaute (`ä, ö, ü`) oder Zeichen mit einer besonderen Bedeutung wie die eben vorgestellten Zeichen (`&, =, ?, +`) werden ersetzt durch `%XX`, wobei für `XX` die Hex-Darstellung des betreffenden Zeichens im Zeichensatz ISO-8859-1

---

[60] Weiterführende Informationen zum Aufbau von HTML-Dokumenten gibt es unter der Adresse `http://www.w3schools.com/html/default.asp`. Eine Referenz zu den einzelnen HTML-Elementen und ihren Attributen ist unter derselben Adresse zu finden.

eingesetzt wird[61]. Für die korrekte Kodierung einer Query sorgt der Webbrowser. Auf der Serverseite – im Falle des Empfangs einer URL mit einer Query durch ein Servlet – sorgt der Servlet-Container für die korrekte Dekodierung der Query.

Eine Einschränkung der Anfragen mit GET ist die Beschränkung der Länge einer URL im Webbrowser – es können also nicht beliebig viele Daten übertragen werden. Auch ist es wegen der Kodierung der Query im Zeichensatz ISO-8859-1 nicht möglich, Zeichen an den Server zu übertragen, die nicht in diesem Zeichensatz enthalten sind. Unter diese Einschränkung fallen auch Binärdaten.

- method="POST"

  Die Datenübergabe mit POST geschieht nicht über die URL. Die Daten werden an den Rumpf der HTTP-Anfrage angehängt[62]. Werden sensible Daten wie zum Beispiel ein Passwort oder eine Kreditkartennummer eines Formulars mit der Methode GET übertragen, so kann ein Dritter diese Daten in der Adressleiste des Webbrowsers sehen. Dies ist bei dem Kommando POST nicht der Fall. Außerdem kann man mit dem Kommando POST auch Binärdaten an den Server schicken.

  Eine mit dem Kommando POST realisierte Anfrage kann im Gegensatz zu einer GET-Anfrage im Webbrowser nicht als Lesezeichen (Bookmark) gespeichert und damit auch nicht reproduziert werden. Sie kann ebenfalls – im Gegensatz zu einer GET-Anfrage – nicht vom Webbrowser gepuffert (engl. cached) werden.

Im HTML-Dokument folgen nun drei **Texteingabefelder** mit den Namen name, email und beitrag:

```
<label for="name">Name:</label>
<input id="name" name="name" type="text" size="50"><br>
<label for="email">E-Mail:</label>
<input id="email" name="email" type="text" size="50"><br>
<label for="beitrag">Beitrag:</label>
<input id="beitrag" name="beitrag" type="text" size="50"><br>
<input type="submit" value="Hinzufügen"><br>
```

Die Attributwerte name, email und beitrag des Attributs name innerhalb der <input>-Elemente sind wichtig für die spätere Referenzierung der Inhalte dieser Textfelder im Servlet. Jedes Eingabefeld hat eine Anzeigelänge von 50 Zeichen – festgelegt über das Attribut size. Jedem Eingabefeld ist eine Beschriftung in dem Element <label> – hier: Name:, E-Mail: und Beitrag: – vorangestellt, welche das Eingabefeld für den Benutzer bezeichnet. Die <label>-Elemente referenzieren die Felder, die sie beschriften, mit dem Attribut for. Die Werte dieses Attributs entsprechen den Werten des Attributs id der jeweiligen <input>-Elemente. Das
-Element erzwingt bei der Ausgabe einen Zeilenumbruch.

---

[61] Weitere Details zur Kodierung von Query-Strings können den folgenden Quellen entnommen werden: http://www.w3.org/TR/html4/interact/forms.html#h-17.13.4.1 und http://www.ietf.org/rfc/rfc1738.txt

[62] Ein HTTP-Kommando kann aus mehreren Zeilen bestehen. Zuerst kommt das eigentliche Kommando, darauf können ein Kopf, der sogenannte Message-Header, und ein Rumpf (Body) mit den zu übertragenden Daten folgen.

Nun folgt die **Definition der Schaltfläche**:

```
<input type="submit" value="Hinzufügen"><br>
```

Beim Betätigen dieser Schaltfläche werden die Formulardaten zum Server gesendet. Das Senden erfolgt mit der im Attribut `method` festgelegten Methode. Die Schaltfläche trägt die Beschriftung `Hinzufügen`. Anschließend wird die Formulardefinition geschlossen durch

```
</form>
```

Der mit dem Element `<a>` eingeleitete Link

```
<a href="./ForumServlet">Einträge ansehen</a>
```

ist für alle Benutzer des Beispiels gedacht, welche sich die vorhandenen Beiträge lediglich ansehen möchten, ohne selbst einen Beitrag zum Forum zu geben.

Bei einem Mausklick auf diesen Link wird die relative URL `./ForumServlet` mit Hilfe des Kommandos `GET` aufgerufen, im Gegensatz zum Formular, welches das Kommando `POST` verwendet. So kann das Servlet unterscheiden, ob der Benutzer sich lediglich die Einträge ansehen möchte oder einen neuen Eintrag hinzufügen will. Der Link ist im Webbrowser durch den Text `Einträge ansehen` sichtbar gemacht.

4.7.2 Quellcode des Servlets

Da inzwischen die Aufgabe und Funktionsweise der vorgestellten HTML-Seite geklärt ist, soll jetzt das zugehörige Servlet `Forum` betrachtet werden:

```
// Datei: Forum.java
import java.io.*;
import java.util.*;
import javax.servlet.*;
import javax.servlet.http.*;
import javax.servlet.annotation.WebServlet;

@WebServlet ("/ForumServlet")
public class Forum extends HttpServlet
{
    // Datei für die persistente Haltung der Forumsdaten. Sie wird
    // im Installationsverzeichnis des Webservers, also unter
    // %CATALINA_HOME% angelegt.
    private final File file = new File ("forumEntries.dat");

    // Nicht persistenter Speicher für die Forumsdaten zur
    // Laufzeit des Servlets. Erspart den langsamen Zugriff
    // auf die Datei bei jeder Anfrage eines Clients. Die Klasse
    // Vector ist synchronisiert und sicher bei Verwendung von
    // Threads.
    private final Vector<String> entries = new Vector<String>();

    // Initialisierungsmethode des Servlets. Persistente Daten
    // werden aus einer Datei in den als Variable angelegten, nicht
    // persistenten Speicher vom Typ Vector<String> eingelesen.
```

```java
public void init (ServletConfig conf) throws ServletException
{
    // Aufruf der init()-Methode der Elternklasse
    super.init (conf);
    try
    {
        // Datei kann nur gelesen werden, wenn sie bereits
        // existiert. Bei der erstmaligen Ausführung des Servlets
        // ist die Datei nicht vorhanden.
        if (file.exists())
        {
            // Anlegen eines Readers für das
            // Einlesen von Daten aus einer Datei mit UTF-8 Encoding
            BufferedReader reader =
                new BufferedReader (
                    new InputStreamReader (
                        new FileInputStream (file), "UTF-8"));
            // Lokale Variable für die Zwischenspeicherung einer
            // von der Datei eingelesenen Zeile
            String entry = null;

            // Datei zeilenweise auslesen, bis EOF erreicht.
            // Jede Zeile dem Vector entries hinzufügen.
            while ((entry=reader.readLine()) != null)
            {
                entries.addElement (entry);
            }
            reader.close();
        }
    }
    catch (Exception e)
    {
        // Die Ausgabe erfolgt in der Konsole
        // bzw. im error.log des Servers!
        System.err.println (e.getMessage());
    }
}

// Die destroy()-Methode wird aufgerufen, bevor der Servlet-
// Container beendet oder das Servlet gestoppt und zerstört wird
public void destroy()
{
    try
    {
        // Anlegen eines Writers für die
        // Datenausgabe in eine Datei
        BufferedWriter writer =
            new BufferedWriter (
                new OutputStreamWriter (
                    new FileOutputStream (file), "UTF-8"));
        // Über alle Einträge des Vectors entries iterieren
        // und zeilenweise in die geöffnete Datei schreiben
        for (String entry : entries)
        {
            writer.write (entry + "\n");
        }
        writer.flush();
```

```
            writer.close();
        }
    catch (Exception e)
    {
        // Die Ausgabe erfolgt in der Konsole
        // bzw. im error.log des Servers!
        System.err.println (e.getMessage());
    }
}


// Hier erfolgt die Implementierung des Abrufens
// von Einträgen.
protected void doGet (HttpServletRequest req,
                      HttpServletResponse res)
    throws ServletException, IOException
{
    // Setzen des Content-Typs und des Encodings der Antwort
    res.setContentType ("text/html; charset=UTF-8");

    // Referenz für die folgende Ausgaben an den Client
    // (Webbrowser) in der Variablen out speichern.
    PrintWriter out = res.getWriter();

    // Ausgabe der Startelemente für HTML-Dokument und HTML-Körper
    out.println ("<!DOCTYPE html>");
    out.println ("<html>" +
                 "<head>" +
                 "<meta http-equiv=\"Content-Type\" " +
                    "content=\"text/html; charset=UTF-8\">" +
                 "<title>Alle Foreneinträge</title>" +
                 "</head>" +
                 "<body>");

    // Ausgabe der Überschrift
    out.println ("<h1>Die aktuellen Beiträge:</h1>");

    // Ausgabe einer Tabellen mit 3 Spalten und Spaltenbe-
    // schriftung. Das Element <tr> beginnt in der Tabelle eine
    // neue Zeile. Das Element <td> beginnt in einer Zeile einer
    // Tabelle eine neue Spalte.
    out.println ("<table border=\"1\">");
    out.println ("<thead>");
    out.println ("<tr><th>Name</th>");
    out.println ("<th>E-Mail</th>");
    out.println ("<th>Beitrag</th></tr>");
    out.println ("</thead><tbody>");

    // Füllen der Tabelle mit den im Vector entries gespeicherten
    // Einträgen.
    for (String entry : entries)
    {
        // Anlegen eines StringTokenizers zur Zerlegung der
        // in der Variablen entry eingelesenen Zeile
        StringTokenizer st = new StringTokenizer (entry, "\t");

        // Neue Zeile der Tabelle hinzufügen.
        out.println ("<tr>");
```

```
                // Die einzelnen durch einen Tabulator getrennten Tokens
                // des Strings entry jeweils in eine Spalte der
                // angelegten Tabelle schreiben. Ein Token ist ein Wort als
                // Bestandteil eines Zeichenstroms.
                while (st.hasMoreTokens())
                {
                    out.println ("<td>");
                    out.println (st.nextToken());
                    out.println ("</td>");
                }
                out.println ("</tr>");
        }
        out.println ("</tbody>");
        out.println ("</table>");
        out.println ("</body></html>");
    }

    // Hier erfolgt das Entgegennehmen der neuen Einträge aus dem
    // Formular und das Abspeichern dieser Einträge.
    protected void doPost (HttpServletRequest req,
                           HttpServletResponse res)
        throws ServletException, IOException
    {
        // Setzen des Encodings der Anfrage
        req.setCharacterEncoding ("UTF-8");

        // Da die Methode doPost() aufgerufen wurde, muss der Benutzer
        // die Schaltfläche des HTML-Formulars betätigt haben.
        // Hier werden die Werte der Eingabefelder ermittelt
        // und im Vector entries abgelegt.
        String name = req.getParameter ("name");
        String email = req.getParameter ("email");
        String beitrag = req.getParameter ("beitrag");
        entries.addElement (name + "\t" + email + "\t" + beitrag);

        // Zur anschließenden Anzeige der vorhandenen Einträge,
        // wird hier an die Methode doGet() weiter delegiert.
        doGet (req, res);
    }
}
```

Da für Links immer das Kommando GET für einen Request verwendet wird, wird die Methode doGet() vom Servlet-Container aufgerufen, wenn der Benutzer den Link der HTML-Seite anwählt. Der Code in dieser Methode generiert als Antwort auf die Anfrage dynamisch eine HTML-Seite. Zunächst wird dazu über die Referenz des Objekts vom Typ HttpServletReponse über die Referenz res der Content-Type und das Encoding der Antwort gesetzt, damit der Webbrowser die Antwort richtig identifizieren und verarbeiten kann. Über dieses Objekt wird auch eine Referenz auf ein Objekt der Klasse java.io.PrintWriter angefordert, über welche die eigentliche Ausgabe des HTML-Codes an den Client möglich ist. Diese Referenz wird in der lokalen Variablen out gespeichert.

Die Ausgabeoperationen über die Variable out vor der folgenden for-Schleife geben das einleitende Element für ein HTML-Dokument, den HTML-Kopf und den HTML-Körper aus. Danach wird eine Überschrift mit dem Text "Die aktuellen

Beiträge" ausgegeben. Anschließend wird eine Tabelle mit einer sichtbaren Um-randung eingeleitet und es wird ein Header für die Tabelle mit drei Spalten und den Überschriften Name, E-Mail und Beitrag angelegt. Nach der Ausgabe des Headers folgt die Einleitung des Tabellenkörpers. Die diesen Anweisungen folgende for-Schleife sorgt für die Ausgabe der von den Teilnehmern des Forums bereits eingegebenen Daten und ist somit für den eigentlich dynamischen Teil des Servlets verantwortlich. Die Schleife iteriert über alle im Vector entries vorhandenen Elemente und gibt diese jeweils in einer Zeile der angelegten Tabelle aus. Dazu wird bei jeder Iteration ein Element des Vectors entries gelesen und in einer String-Variablen gespeichert. Dieser String enthält den kompletten Eintrag eines Benutzers. Dieser String wird mit Hilfe eines Objektes vom Typ StringTokenizer in die durch Tabulatoren (\t) getrennten Token zerlegt. Die erhaltenen zusammengehörigen Ab-schnitte dieser Zerlegung, welche dem Inhalt der Felder name, email und beitrag des HTML-Formulars bei der Eingabe entsprechen, werden in der while-Schleife je-weils in eine Spalte der Tabelle geschrieben. Enthält der Vector entries keine wei-teren Einträge, so werden die Tabelle, der HTML-Körper und das HTML-Dokument mit den entsprechenden Elementen wieder geschlossen und die doGet()-Methode wird beendet.

Wenn die "Hinzufügen"-Schaltfläche des Formulars betätigt wird, sendet der Webbrowser einen POST-Request an den Servlet-Container, der daraufhin die doPost()-Methode des Servlets Forum ausführt. Da die gesamte Ausgabe der Web-Applikation in UTF-8 stattfindet, wird in der ersten Anweisung das Objekt vom Typ HttpServletRequest über die Referenz req angewiesen, die erhaltenen Daten in das UTF-8 Encoding zu überführen. Erst dann werden die Werte der Texteingabefelder mit den im HTML-Dokument vergebenen Namen name, email und beitrag ermittelt und in Variablen vom Typ String festgehalten. Anschlie-ßend werden die ermittelten Werte getrennt durch einen Tabulator – im Programm-code dargestellt durch \t – dem Vector entries hinzugefügt. Den Zugriff auf die vom Client übergebenen Parameter erhält man – wie zuvor beim Setzen des Encoding – über den Parameter req, der eine Referenz auf ein Objekt vom Typ HttpServletRequest darstellt. Nach der Verarbeitung der Anfrageparameter wird die bereits beschriebene Methode doGet() aufgerufen, damit der Webbrowser als Antwort auf die POST-Anfrage die Auflistung aller Einträge des Forums bekommt.

4.7.3 Ausgabe

Als Ausgabe des Servlets könnte der Client den folgenden HTML-Code erhalten. In diesem Szenario haben zwei Teilnehmer einen Beitrag dem Forum hinzugefügt:

```
<!DOCTYPE html>
<html>
    <head>
        <meta http-equiv="Content-Type"
              content="text/html; charset=UTF-8">
        <title>Alle Foreneinträge</title>
    </head>
    <body>
        <h1>Die aktuellen Beiträge:</h1>
        <table border="1">
```

```
        <thead>
            <tr>
                <th>Name</th>
                <th>E-Mail</th>
                <th>Beitrag</th>
            </tr>
        </thead>
        <tbody>
            <tr>
                <td>Klaus</td>
                <td>klaus@it-designers.de</td>
                <td>Tolles Forum!</td>
            </tr><tr>
                <td>Inge</td>
                <td>inge@it-designers.de</td>
                <td>Schön gemacht!</td>
            </tr>
        </tbody>
    </table>
  </body>
</html>
```

Für den Webbrowser ändert sich in diesem Szenario gegenüber dem Beispiel mit **statischen Webseiten** nichts. Er erhält vom Server in beiden Fällen HTML-Code. Interpretiert im Webbrowser hat die Seite folgendes Aussehen:

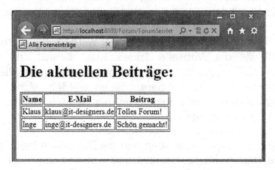

Bild 4-13 Interpretierte Ausgabe des Servlets `Forum`

4.8 Übungen

Aufgabe 4.1: Login-Formular

Ein typisches Login-Formular auf Webseiten erfordert vom Benutzer den Benutzernamen und das Passwort zur Authentifizierung. Zur Übung soll ein Login-Formular in den folgenden Aufgaben erstellt werden.

Es soll ein Projekt mit einer statischen Startseite erstellt werden mit dem Dateinamen `index.html`. Die Startseite soll folgenden Inhalt haben:

- Einen Titel mit dem Inhalt `"Login"`,
- Eine Überschrift mit dem Element `<h1>` und dem Inhalt `"Login"`,
- Die Beschriftung `"Benutzername:"` und ein Eingabefeld der Länge 20 mit dem Namen `name`,
- Die Beschriftung `"Passwort:"` und ein Eingabefeld der Länge 20 mit dem Attribut `type` gesetzt auf `password` zum Verbergen der eingegebenen Zeichen und dem Namen `passwort`,
- Eine `submit`-Schaltfläche mit der Beschriftung `"Login"`.

Beide Eingabefelder sollen Teil eines Formulars sein. Bei einer Bestätigung durch die Schaltfläche `Login` soll das Servlet mit dem Namen `LoginServlet` aufgerufen werden. Der Aufruf soll mit dem `POST`-Kommando übertragen werden.

Weiterhin soll das Servlet `LoginServlet` erstellt werden, das denselben Titel und dieselbe Überschrift wie die Webseite `index.html` besitzt und den Text `"Sie wurden erfolgreich eingeloggt."` ausgibt. Dazu muss die Methode `doPost()` der Klasse `HttpServlet` überschrieben werden. Von dieser Klasse ist auch das Servlet abzuleiten. Zum Registrieren des Servlets beim Servlet-Container sollen Annotationen verwendet werden.

Zu beachten ist, dass sämtliche Ausgaben und die Datenverarbeitung, wie beispielsweise die Ausgabe des HTML-Quelltextes des Servlets sowie die Kodierung der Datei `index.html`, immer in der Zeichenkodierung UTF-8 geschehen sollen.

Aufgabe 4.2: Dynamisches Servlet

Das Servlet `LoginServlet` wird erweitert, damit Benutzername und Passwort geprüft werden. Dazu kann innerhalb der Methode `doPost()` auf den Übergabeparameter vom Typ `HttpServletRequest` zugegriffen werden. Dieser lässt über die Methode `getParameter()` einen Zugriff auf die von der Webseite `index.html` übergebenen Parameter zu.

Das Login soll nur dann erfolgreich verlaufen, wenn für den Benutzernamen der Wert `admin` und für das Passwort der Wert `adminPasswort` eingegeben wurde. Bei der Auswertung der übergebenen Parameter soll für den Benutzernamen beliebige Groß-/Kleinschreibung akzeptiert werden, nicht jedoch für das Passwort. Ansonsten soll der Text `"Falsche Zugangsdaten"` und ein Link zur Seite `index.html` mit der Beschriftung `"Erneut versuchen"` ausgegeben werden.

Es ist hier zusätzlich zu beachten, dass auch für die vom Client an das Servlet übergebenen Parameter vor ihrer Verarbeitung im Servlet in die Kodierung UTF-8 überführt werden.

Aufgabe 4.3: Session-Verwaltung

Das Servlet aus Kapitel 4.7.2 soll um Sessions erweitert werden, damit bereits authentifizierte Benutzer erkannt werden können.

Um mit einer Session arbeiten zu können, muss eine Referenz auf ein Objekt vom Typ `HttpSession` beschafft werden. Dies wird erreicht mit der Methode `get-Session()` des Objektes `HttpServletRequest`. Das Objekt `HttpServlet-Request` wird der Methode `doPost()` als einer der Übergabeparameter übergeben. Sobald der Benutzer authentifiziert ist, muss in der erhaltenen Session der Benutzername des Benutzers abgespeichert werden. Dies wird erreicht mit Hilfe der Methode `setAttribute()` des Objektes vom Typ `HttpSession`. Dabei kann der Name des Attributs frei gewählt werden.

Bei einem Aufruf des Servlets soll zusätzlich geprüft werden, ob der Benutzer bereits authentifiziert ist. Dies wird erreicht, indem das zuvor gesetzte Attribut der Session auf einen vorhandenen Inhalt geprüft wird. Ist der Wert vorhanden, hat sich der Benutzer bereits authentifiziert und die Prüfung der Benutzerdaten kann übersprungen werden. In diesem Fall soll der Text `"Sie wurden bereits als admin authentifiziert."` ausgegeben werden.

Damit das Servlet direkt aus dem Webbrowser aufgerufen werden kann – ohne über die Login-Seite gehen zu müssen –, muss im Servet zusätzlich die Methode `doGet()` überschrieben werden. Die Methode `doGet()` soll intern aber keine spezielle Logik enthalten. Sie soll die Logik der Methode `doPost()` verwenden. Dazu muss aber die Methode `doPost()` angepasst werden, sodass sie auch dann richtig funktioniert, wenn vom Client keine Parameter geschickt werden.

Kapitel 5

JavaServer Pages

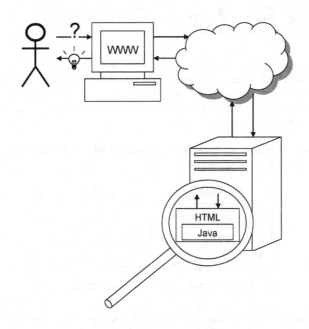

5 JavaServer Pages

Bei JSP handelt es sich um einen Bestandteil der Java Enterprise Edition (Java EE) von ORACLE.

JavaServer Pages (JSP) bieten wie Servlets eine Möglichkeit zur Erzeugung dynamischer Webseiten.

JSPs nutzen Servlets als zugrundeliegende Technologie, weshalb sich zuerst das Lesen von Kapitel 4 empfiehlt.

Der wesentliche Unterschied von JSPs gegenüber herkömmlichen Servlets besteht darin, dass Java-Quellcode im Falle von JSP direkt in eine HTML-Seite eingebunden werden kann, ähnlich wie bei der Skriptsprache PHP. Somit können Programmierer leichter dynamische Webseiten erstellen, als dies mit Servlets der Fall wäre.

Da bei Servlets der gesamte HTML-Code mittels Methodenaufrufen ausgegeben werden muss, geht bei einer zu erzeugenden Webseite schnell die Übersicht verloren. Änderungen am Layout oder an den statischen Inhalten einer Seite sind schwerer durchführbar, da der HTML-Code nicht zusammenhängend oder formatiert angeordnet werden kann.

Das folgende Bild symbolisiert, dass bei Servlets HTML-Code in Java-Code bzw. bei JSP Java-Code in HTML-Code eingebettet ist:

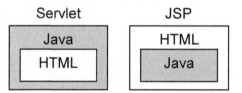

Bild 5-1 Servlets und JSP im Vergleich

Aus den JSP-Seiten werden von der **JSP-Engine** Servlets generiert. Diese Servlets werden dann im Servlet-Container ausgeführt.

Um JavaServer Pages auf einem Webserver verwenden zu können, wird neben einem Servlet-Container zusätzlich eine JSP-Engine benötigt.

Die JSP-Engine ist quasi ein „Code-Generator", der in zwei Schritten aus einer JSP-Seite ein lauffähiges Servlet erzeugt.

Die beiden Schritte einer JSP-Engine sind:

- **Im ersten Schritt** erzeugt die JSP-Engine aus einer JSP-Seite eine **Servlet-Quellcode-Datei.**
- **Im zweiten Schritt** wird von der JSP-Engine die generierte **Servlet-Quellcode-Datei** durch einen Aufruf des Java-Compilers **in eine ausführbare Bytecode-Datei übersetzt**.

Beide entstandenen Dateien – Servlet-Quellcode-Datei und Servlet-Bytecode-Datei – werden dabei in einem speziellen Arbeitsverzeichnis des Webservers hinterlegt.

Der Servlet-Container Tomcat enthält eine solche JSP-Engine. Im folgenden Bild[63] ist das Zusammenwirken der einzelnen Komponenten dargestellt:

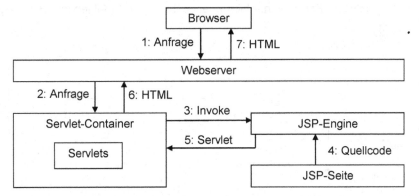

Bild 5-2 Komponenten zur Ausführung von JSP-Seiten

Bitte beachten Sie, dass die in diesem Bild gezeigten Schritte 3 bis 5 nur unter bestimmten Voraussetzungen ausgeführt werden und deswegen als optional anzusehen sind. Der Ablauf beim Aufruf einer dynamischen Webseite mit JavaServer Pages ist folgender:

- **Schritt 1**: Der Client fordert vom Webserver eine JSP-Seite an.

- **Schritt 2**: Die Anfrage wird vom Webserver an den Servlet-Container weitergereicht. Dieser überprüft, ob für die angefragte JSP-Seite schon Servlet-Code vorhanden ist. Ist dies der Fall, so wird das Servlet instanziiert und seine Methoden `init()` und `doGet()` bzw. `doPost()` werden aufgerufen (siehe Kapitel 4.4.6), worauf der erzeugte HTML-Code an den Webserver zurückgegeben wird (Schritt 6). Ist jedoch noch kein Servlet-Code verfügbar, so muss dieser zuerst generiert werden (Schritte 3 bis 5).

- **optionaler Schritt 3 – falls noch kein Servlet-Code verfügbar**: Zur Generierung von Servlet-Code beauftragt der Servlet-Container die JSP-Engine, damit sie für eine erstmalig angeforderte JSP-Seite Servlet-Code generiert.

---

[63] Die Notation des Bildes ist nicht konform zu UML. Die gewählte, einfache Notation stellt beispielsweise Antworten als Pfeile dar.

- **optionaler Schritt 4 – falls noch kein Servlet-Code verfügbar**: Die JSP-Engine interpretiert den Quellcode der JSP-Seite, der im Arbeitsverzeichnis hinterlegt ist. Es wird daraus zuerst eine Servlet-Quellcode-Datei – also eine gewöhnliche `.java`-Datei – erzeugt, die anschließend durch einen Compiler-Aufruf in eine Servlet-Bytecode-Datei – also eine `.class`-Datei – übersetzt wird.

- **optionaler Schritt 5 – falls noch kein Servlet-Code verfügbar**: Die JSP-Engine meldet dem Servlet-Container die Beendigung der Code-Generierung, woraufhin der Servlet-Container das Servlet laden und ausführen kann.

- **Schritt 6 und 7**: Das Ergebnis des ausgeführten Servlets wird vom Servlet-Container an den Webserver geschickt, der dieses Ergebnis wiederum an den Client weiterleitet.

Die unterschiedlichen Formate, die hierbei entstehen, sind in folgendem Bild dargestellt:

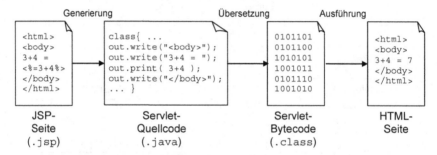

Bild 5-3 Formate bei der Ausführung einer JSP-Seite

Das Servlet, das aus einer JSP-Seite entsteht, wird beim ersten Aufruf einer Seite erzeugt oder aber nach jeder Änderung, die am Quellcode der JSP-Seite vorgenommen wird. Für den Entwickler bleibt die Generierung der Servlets verborgen. Er muss sich nur um die Erstellung der JSP-Seiten kümmern.

Alles andere übernimmt der Servlet-Container. Zur Fehlersuche bietet es sich jedoch an, einen Blick in den generierten Quellcode des Servlets zu werfen, da Syntaxfehler erst beim Kompilieren sichtbar werden und sich die Fehlermeldungen bzw. die Zeilenangaben des Java-Compilers auf den automatisch erstellten Quellcode des Servlets beziehen.

Der Entwickler benötigt zur Erstellung einer Web-Anwendung keine fundierten Kenntnisse über die Servlet-Programmierung. Hierzu wird ihm mit JavaServer Pages eine komfortable Technologie geliefert, bei der er sich hauptsächlich um die Gestaltung der Webseiten kümmern kann.

Die Technologie der JavaServer Pages stellt dem Entwickler ein Sprachmittel zur Verfügung, mit dem er auf abstrakterer Ebene als bei Servlets Webanwendungen programmieren kann, die auf der Servlet-Technologie basieren.

Um eine JSP-Seite zu erstellen, wird vom Entwickler eine HTML-Seite mit entsprechenden Anweisungen ergänzt und mit der Dateiendung `.jsp` versehen. Diese Datei muss in einem beliebigen Verzeichnis im **Web-Anwendungsverzeichnis** des **Webservers** gespeichert werden, damit sie für Aufrufe vom Browser aus zugänglich ist.

Eine JSP-Seite kann den gesamten Sprachumfang von HTML-Tags[64] enthalten.

Die dynamischen Teile einer JSP-Seite werden durch JSP-spezifische Tags realisiert.

Die Sprachelemente von JSP unterteilt man dabei in drei Kategorien:

- Skriptelemente,
- Direktiven und
- Aktionen.

5.1 Skriptelemente

Mit den Skriptelementen wird die Programmlogik direkt in die entsprechende JSP-Seite eingebunden. Diese Skriptelemente ermöglichen es, Methoden oder Variablen zu deklarieren, Ausdrücke auszugeben oder direkt Java-Code in eine Seite einzubetten.

Skriptelemente sind:

- Deklarationen,
- Ausdrücke,
- Scriptlets,
- Kommentare und
- vordefinierte Variablen.

---

[64] Ein **Tag** dient zur Auszeichnung von Daten mit zusätzlichen Informationen. Bei Mark-up-Languages wie z. B. HTML werden die in spitzen Klammern eingeschlossenen Kürzel als Tags bezeichnet, die Textelemente auszeichnen.

Deklarationen

Bei einer Deklaration werden Variablen oder Methoden für das zu erzeugende Servlet klassenweit gültig definiert.

Eine Deklaration wird in die Zeichenfolgen `<%!` und `%>` eingeschlossen. Die Definition einer Methode kann wie folgt geschehen:

```
<%!
   public int sum (int a, int b)
   {
      return a + b;
   }
%>
```

Ausdrücke (Expressions)

Mit Ausdrücken können Werte von Variablen oder Rückgabewerte von Methoden ausgegeben werden.

Ein Ausdruck wird in die Zeichenfolgen `<%=` und `%>` eingeschlossen. Das Ergebnis wird dabei in eine Zeichenfolge konvertiert und in den Ausgabepuffer geschrieben. Die verwendeten Methoden müssen alle einen Rückgabewert liefern, d. h., es sind keine Methoden erlaubt, die `void` als Rückgabewert haben. Mit folgendem Ausdruck wird der Rückgabewert der Methode `sum()` aus der oben angegebenen Deklaration an derjenigen Stelle, an der dieser Ausdruck in der JSP-Seite steht, in die HTML-Ausgabe geschrieben:

```
<%= sum (3,4) %>
```

Scriptlets

Anweisungsteile in Java, die genau an derjenigen Stelle ausgeführt werden, an der sie in der Seite stehen, werden als sogenannte **Scriptlets zwischen den Zeichenfolgen `<%` und `%>` eingefasst**.

Hiermit kann Java-Code in eine JSP-Seite eingebunden werden. Folgender Codeabschnitt zeigt ein solches Scriptlet:

```
<%
   int x = 0;
   for (int i = 0; i < 5; i++)
   {
      x = sum (x,i);
   }
%>
```

Kommentare

> Innerhalb von Skriptelementen können die üblichen Java-Kommentare verwendet werden.

Java-Kommentare werden nicht zum Client übermittelt. Sie sind nur für den Entwickler sichtbar und werden wie folgt verwendet:

```
<%
    // Java-Kommentar bis an das Ende der Zeile
    /*
        Java-Kommentar
        über mehrere Zeilen hinweg
    */
%>
```

> Darüber hinaus können **Kommentare** auch **in** einer speziellen **JSP-Syntax** beschrieben werden.

Das folgende Beispiel zeigt einen Kommentar in der JSP-Syntax:

```
<%-- Dies ist ein JSP-Kommentar --%>
```

Dieser Kommentar ist später im erzeugten HTML-Code ebenfalls nicht mehr zu sehen. Es handelt sich um einen versteckten Kommentar, der nur im JSP-Code sichtbar ist. Er wird daher auch **unsichtbarer Kommentar** (engl. **hidden comment**) genannt.

Kommentare, die nach HTML-Syntax definiert werden, werden zum Client übertragen und sind später im HTML-Code sichtbar. Ein HTML-Kommentar hat die Syntax:

```
<!-- Dies ist ein HTML-Kommentar -->
```

Wird JSP-Code in einen solchen HTML-Kommentar eingefügt, wird der JSP-Code trotzdem ausgeführt.

Referenzvariablen

Die JSP-Spezifikation sieht spezielle **Referenzvariablen** vor, welche der JSP-Engine implizit bekannt sind. Mit diesen Referenzvariablen werden interne Objekte des Servlet-Containers referenziert.

> Sogenannte **Referenzvariablen** referenzieren **interne Objekte** des Servlet-Containers. Da diese internen Objekte von vornherein ohne explizite Deklaration in allen JSP-Seiten verfügbar sind, werden sie auch **implizite Objekte** genannt.

Mit den Referenzvariablen bietet sich dem Entwickler von JSP-Seiten ein einfacher Zugriff auf die benötigten Objekte, ohne dass diese Referenzvariablen selbst deklariert oder initialisiert werden müssen. Auf diese internen Objekte kann mit Hilfe der Referenzvariablen in JSP-Skriptelementen direkt zugegriffen werden.

Folgende Tabelle zeigt die automatisch in jeder JSP-Seite verfügbaren Referenzen auf Objekte:

Referenzvariable	Referenz auf
page	Eigene Instanz der JSP-Seite (this)
config	Angaben aus der Konfigurationsdatei
request	Informationen zur Anfrage an die Seite
response	Einstellungen zur Antwort
out	Ausgabedatenstrom für die Antwort
session	Sitzungsinformationen
application	Informationen zur Anwendung
pageContext	Angaben zur aktuellen Seite
exception	Fehler, der eine Fehlerseite aktiviert hat

Tabelle 5-1 Implizite Referenzen

Im Folgenden werden die Referenzen, ihre Verwendung im Servlet-Container und die sich daraus ergebenden Anwendungsmöglichkeiten beschrieben:

- page

Die Referenz auf ein Objekt page zeigt auf die Instanz der Servlet-klasse, die aus einer JSP-Seite generiert wurde.

Im Skriptcode kann statt der Referenz page auch die Referenz this verwendet werden. Die Referenz page zeigt auf eine Implementierung der Schnittstelle javax.servlet.jsp.HttpJspPage. Mit der Referenz page kann auf die Methoden und Daten des Servlets zugegriffen werden, welches aus der angeforderten JSP-Seite generiert wird. Die Referenz page findet jedoch eher selten Anwendung.

- config

Mit der Referenz config, deren Klasse die Schnittstelle javax.servlet.ServletConfig implementiert, ist der Zugriff auf Initialisierungsparameter des Servlets bzw. der JSP-Seite möglich.

Das Servlet bzw. die JSP-Seite wird mit den im Deployment-Deskriptor[65] WEB-INF/web.xml hinterlegten Werten initialisiert. Ein Eintrag im Deployment-Deskriptor könnte für eine JSP-Seite folgendermaßen aussehen:

```
...
<servlet>
   <servlet-name>loginPage</servlet-name>
   <jsp-file>/webshop/login.jsp</jsp-file>
   <init-param>
      <param-name>database</param-name>
```

---

[65] Im Deployment-Deskriptor wird statt des Elements <servlet-class> das Element <jsp-file> angegeben. Die Initialisierungsparameter werden wie gewohnt im Element <init-param> notiert. Weitere Details zum Deployment-Deskriptor befinden sich in Kapitel 4.6.

```
    <param-value>jdbc:mysql://server/userdb</param-value>
  </init-param>
</servlet>
...
```

Der Zugriff auf den Parameter `database` erfolgt über die Referenz `config`:

```
<% String databaseURL = config.getInitParameter ("database");
...
%>
```

• **request**

Die Referenz `request` zeigt auf das Objekt, das die Anfrage an eine JSP-Seite repräsentiert.

In diesem Objekt sind alle Informationen der Anfrage an eine Seite wie Übergabeparameter oder Cookies enthalten. Innerhalb der JSP-Seite kann über die Methode `getParameter()` des Objekts, auf das die implizite Referenz `request` zeigt, auf die Übergabeparameter zugegriffen werden, die beispielsweise aus HTML-Formularfeldern an die Seite übergeben werden (siehe Kapitel 4.7). Durch folgendes Scriptlet wird der Wert des Übergabeparameters `"name"` einer Referenzvariablen `username` zugewiesen:

```
<% String username = request.getParameter ("name");
...
%>
```

• **response**

Die Referenz `response` ist das Äquivalent zu einer `request`-Referenz – sie zeigt allerdings nicht auf die Übergabeparameter für die JSP-Seite, sondern auf die Ausgabeparameter der JSP-Seite, aus denen der Servlet-Container eine HTML-Seite generiert.

Mit den Methoden des Objekts, auf das die Referenz `response` zeigt, kann beispielsweise der MIME-Type[66] der Antwort eingestellt oder ein Cookie angefügt werden. In folgender Codezeile wird die Zeichencodierung der Antwort festgelegt:

```
<% response.setContentType ("text/html; charset=ISO-8859-4"); %>
```

Da JSP üblicherweise auf dem Protokoll HTTP aufsetzt, implementiert die zugrunde liegende Klasse der Referenzen `request` und `response` die Schnittstelle `HttpServletRequest` bzw. `HttpServletResponse`. Diese Schnittstellen befinden sich im Paket `javax.servlet.http`. Sollte ein anderes Protokoll verwendet werden, so werden stattdessen die Schnittstellen `ServletRequest` und `ServletResponse` aus dem Paket `javax.servlet` implementiert.

---

[66] MIME = Multipurpose Internet Mail Extension. Der MIME-Type gibt den Typ der zu übertragenden Daten an.

- **out**

> Die wohl meist genutzte implizite Referenz ist der Referenz-
> variablen out zugeordnet. Diese stellt eine Referenz auf den
> Ausgabestrom des Servlets dar. Über diesen Ausgabestrom wird
> die Antwort auf eine Anfrage an den Browser gesendet.

Mit den Methoden der Referenz out lassen sich beliebige Inhalte ausgeben, die
dann direkt in die HTML-Ausgabe geschrieben werden. Mit der Referenzvariablen
out wird eine Instanz der Klasse javax.servlet.jsp.JSPWriter angesprochen, die im Servlet mit der Methode request.getWriter() ermittelt werden
kann. Diese Referenzvariable wird allerdings nur in Scriptlets benötigt, da die
Ergebnisse von Aktionen oder Ausdrücken ohnehin automatisch in den Ausgabestrom geschrieben werden. Ein Beispiel für die einfache Verwendung dieser
Referenz ist:

```
<% out.print ("<h1>Hallo " + username + "</h1>"); %>
```

- **session**

> Die Referenz session wird vom Servlet-Container für eine Benut-
> zersitzung[67] angelegt.

Sie zeigt auf ein Objekt, in welchem die für eine Benutzersitzung relevanten Anwenderdaten als Attribute abgelegt werden. Die zugrunde liegende Klasse implementiert die Schnittstelle javax.servlet.http.HttpSession. Tomcat verwendet für Benutzersitzungen URL-Rewriting und Cookies (siehe Kapitel 4.4.5). In
das Objekt, auf das die Referenz session zeigt, können für die Benutzersitzung
relevante Anwenderdaten als Attribute abgelegt werden. Im folgenden Beispiel
wird im Objekt, auf das die Referenz session zeigt, das Attribut "warenkorb"
angelegt, welches eine Referenz waren auf ein Objekt vom Typ ArrayList
enthält:

```
<%
    ArrayList<Waren> waren = new ArrayList<Waren>();
    session.setAttribute ("warenkorb", waren);
%>
```

So können benutzerbezogene Attribute durch eine Seite abgespeichert und in
einer anderen Seite der Web-Anwendung vom selben Benutzer wieder gelesen
werden. Der Zugriff auf den zuvor abgelegten "warenkorb" wird mit folgendem
Code ermöglicht:

```
<%
    ArrayList<Waren> waren =
        (ArrayList<Waren>) session.getAttribute ("warenkorb");
%>
```

---

[67] Mit Hilfe einer Benutzersitzung kann eine aufgerufene Webseite einem bestimmten Benutzer
zugeordnet werden. So lässt sich beispielsweise ein Web-Shop mit Warenkorb realisieren.

Die Attribute, die im Objekt, auf das die Referenz `session` zeigt, abgelegt werden, sind nur von der jeweiligen **Benutzersitzung (Session)** aus sichtbar. Ein Zugriff von anderen Benutzersitzungen auf diese Attribute ist nicht möglich.

- `application`

Im Gegensatz zur Referenz `session`, die auf ein Objekt zeigt, das Daten eines einzelnen Benutzers speichert, können in dem Objekt, auf das die implizite Referenz `application` zeigt, Daten für alle Benutzer sichtbar gespeichert werden.

Auf Daten, die in diesem Objekt gespeichert werden, kann von allen JSP-Seiten aus zugegriffen werden. Der Zugriff erfolgt dabei genauso wie bei der Verwendung der Referenzvariablen `session`. Folgendes Scriptlet speichert die Referenz `connection` als Attribut unter dem Namen `"dbPool"`, das für die gesamte Anwendung sichtbar ist:

```
<% application.setAttribute ("dbPool", connection); %>
```

Der Zugriff auf das gespeicherte Attribut erfolgt dann mit:

```
<%
    DataSource conn =
        (DataSource) application.getAttribute ("dbPool");
%>
```

Des Weiteren stellt die Referenz `application` eine Schnittstelle zum Servlet-Container dar, über die sich Informationen zum Container abrufen lassen oder Ausgaben in die Logdateien des Webservers geschrieben werden können.

- `pageContext`

Mit der Referenz `pageContext` ist ein Zugriff auf alle anderen impliziten Referenzen möglich.

Dies ergibt auf den ersten Blick nicht allzu viel Sinn, da die Objekte ohnehin schon durch die vordefinierten Referenzvariablen bekannt sind. Allerdings bietet sich damit die Möglichkeit, aus selbstdefinierten Aktionen – den sogenannten Tag-Bibliotheken – über die Referenz `pageContext` auf die übrigen internen Referenzen zuzugreifen. Die daraus resultierenden Möglichkeiten werden später in Kapitel 5.5 beschrieben. Das Objekt, auf das die Referenz `pageContext` zeigt, ist eine Instanz der Klasse `javax.servlet.jsp.PageContext`.

- `exception`

Die Referenz `exception` dient der Fehlerbehandlung.

Im Unterschied zu den anderen impliziten Referenzen ist diese Referenz nur auf JSP-Seiten verfügbar, die als **Fehlerseiten** deklariert sind. Die Seitendirektive, mit der eine JSP-Seite als Fehlerseite gekennzeichnet werden kann, wird später genauer behandelt.

> Tritt bei der Ausführung einer JSP-Seite ein Fehler auf, der nicht abgefangen wird, so wird die Kontrolle an die definierte Fehlerseite abgegeben.

Die Referenz `exception` ist eine Instanz der Klasse `java.lang.Throwable`. Über die Referenz `exception` lässt sich die Fehlermeldung dann zum Beispiel auf der Fehlerseite ausgeben. Folgendes Scriptlet schreibt die Exception sowie die Methoden, welche diese Exception weitergereicht haben, in den Ausgabedatenstrom:

```
<%
    exception.printStackTrace (new java.io.PrintWriter (out));
%>
```

5.2 Direktiven

> Mit Direktiven (Anweisungen) werden Einstellungen am erzeugten Servlet vorgenommen oder Nachrichten an den Container geschickt. Direktiven sind in der gesamten JSP-Seite gültig und werden in die **Zeichenfolgen** `<%@` und `%>` eingefasst.

> Die JSP-Spezifikation unterscheidet drei verschiedene Arten von Direktiven:
>
> - Seitendirektiven (page),
> - einschließende Direktiven (include) und
> - Taglib-Direktiven (taglib).

5.2.1 Seitendirektive

> Mit Seitendirektiven (page directive) werden bestimmte Eigenschaften einer Seite festgelegt. So kann mit einer Seitendirektive die Weiterleitung an eine bestimmte Fehlerseite angegeben oder es können Java-Klassen eingebunden werden.

Eine Seitendirektive wird mit der **Zeichenfolge** `<%@`, gefolgt von dem Schlüsselwort `page`, eingeleitet, worauf dann mehrere Attribute mit einer Wertangabe folgen können. Geschlossen wird die Seitendirektive mit der **Zeichenfolge** `%>`. Dies ist im folgenden Beispiel exemplarisch dargestellt:

```
<%@page attribute="value" %>
```

Bei Seitendirektiven sind folgende **Attribute** möglich:

- `extends`

Mit `extends` wird die Superklasse für das zu generierende Servlet festgelegt.

Wenn von einer selbst geschriebenen Klasse abgeleitet werden soll, so muss diese Klasse bei Verwendung von HTTP als Protokoll die Schnittstelle `javax.servlet.jsp.HttpJspPage` implementieren. Soll die JSP-Seite für ein anderes Protokoll als HTTP verwendet werden, so ist stattdessen die Schnittstelle `javax.servlet.jsp.JspPage` zu implementieren, die nicht an ein bestimmtes Protokoll gebunden ist. Die Syntax für eine Seitendirektive ist:

```
<%@page extends="package.class" %>
```

- `import`

Wenn im JSP-Code einer Seite auf weitere Klassen zugegriffen wird, müssen diese mit dem Attribut `import` in die JSP-Seite eingebunden werden.

Hierbei kann dem Attribut eine durch Kommata getrennte Liste von Java-Klassen angegeben werden. Um alle Klassen eines Paketes zu importieren, reicht es, den Paketnamen gefolgt von einem Stern (*) anzugeben. Damit besteht die Möglichkeit, in einer JSP-Seite beliebige Java-APIs zu verwenden. Die `import`-Anweisung hat folgenden Aufbau:

```
<%@page import="package1.class,package2.*" %>
```

Folgende Pakete werden bereits automatisch importiert und müssen daher nicht mehr explizit angegeben werden:

- `java.lang`
- `javax.servlet`
- `javax.servlet.jsp`
- `javax.servlet.http`

- `contentType`

Mit dem Attribut `contentType` wird der MIME-Type und die Zeichenkodierung für die Antwort an den Client angegeben.

Standardmäßig ist dieses Attribut auf den folgenden Wert eingestellt:

```
<%@page contentType="text/html"; charSet="ISO-8859-1" %>
```

Mit Hilfe der Methode `response.setContentType()` kann der MIME-Type auch noch zur Laufzeit verändert werden.

- `isThreadSafe`

Wenn ein aus einer JSP-Seite generiertes Servlet keine parallelen Zugriffe verarbeiten kann, muss der Wert dieses Attributes auf `false` gesetzt werden.

Ist der Wert auf `false` gesetzt, so arbeitet der Container anstehende Anfragen nacheinander ab. Dabei wird eine Anfrage von einer bestimmten JSP-Seite erst komplett abgearbeitet, ehe die nächste Anfrage an die Reihe kommt, was unter Umständen zu Wartezeiten für den Client führen kann. Wird dagegen der Wert auf `true` gesetzt, so wird für jede Anfrage an diese JSP-Seite ein neuer Thread erstellt und die Anfragen werden parallel verarbeitet. Der Vorgabewert für dieses Attribut ist `true`, was folgender Anweisung entspricht:

```
<%@page isThreadSafe="true" %>
```

- `session`

Soll die JSP-Seite als Teil einer Benutzersitzung (Session) verwendet werden, so ist dieses Attribut auf `true` zu setzen.

Wird eine als `session` deklarierte Seite aufgerufen, erzeugt der Container automatisch eine Benutzersitzung, falls mit dem Benutzer noch keine Sitzung assoziiert ist. Zur Verwaltung der Sitzung wird für die JSP-Seiten implizit ein Objekt der Klasse `HttpSession` verwendet. Durch nachfolgende Anweisung wird die JSP-Seite Teil der Benutzersitzung:

```
<%@page session="true" %>
```

Der Wert ist standardmäßig auf `true` gesetzt. Wird keine Sitzungsverwaltung benötigt, sollte zur Verbesserung der Verarbeitungsgeschwindigkeit – und um dem Anwender Cookies zu ersparen[68] – dieses Attribut mit `false` belegt werden.

- `buffer`

Mit dem Attribut `buffer` kann die Größe des Ausgabepuffers für jede Seite festgelegt werden.

Die von einer JSP-Seite erzeugte Ausgabe wird erst an den Client geschickt, wenn der Puffer voll bzw. die Seite fertig generiert ist. Der Standardwert ist abhängig vom verwendeten Server und beträgt mindestens 8 kByte. Wenn die Ausgabe nicht gepuffert werden soll, muss dieses Attribut durch nachfolgende Anweisung auf `none` gesetzt werden:

```
<%@page buffer="none" %>
```

---

[68] Tomcat verwendet für Sitzungen automatisch Cookies und URL-Rewriting, siehe Kapitel 4.4.5.

Der angegebene Wert stellt ein Minimum dar, denn der Container kann den Ausgabepuffer aus Gründen der Optimierung vergrößern. Die Pufferung der Ausgabe ist beispielsweise bei der Weiterleitung (z. B. mit der Aktion `<jsp:forward>`) notwendig. Durch die Zwischenspeicherung kann die Ausgabe der bisherigen Seite verworfen und durch die Ausgabe einer neuen Seite ersetzt werden.

- `autoflush`

Die Behandlung des Ausgabepuffers bei einem Überlauf kann mit dem Attribut `autoflush` eingestellt werden.

Mit `true` wird der Inhalt des Ausgabepuffers automatisch an den Client gesendet, sobald der Puffer voll ist. Mit `false` hingegen wird der manuelle Modus gesetzt, bei dem eine Exception geworfen wird, sobald der Puffer komplett gefüllt ist. Der Vorgabewert ist `true`:

```
<%@page autoflush="true" %>
```

- `errorPage`

Tritt auf einer Seite ein Fehler auf, z. B. durch eine nicht abgefangene Exception, wird die Ausgabe der aktuellen Seite gestoppt und automatisch eine Fehlerseite aufgerufen.

Um eine bestimmte Seite für die Fehlerausgabe zu verwenden, wird das Attribut `errorPage` verwendet. Als Wert für `errorPage` wird die URL der zu verwendenden Fehlerseite angegeben. Nachfolgende Anweisung legt die JSP-Seite `"error.jsp"` als Fehlerseite fest:

```
<%@page errorPage="error.jsp" %>
```

- `isErrorPage`

Dieses Attribut muss in den Standard-Fehlerseiten auf `true` gesetzt sein, damit die Seite zur Fehlerbehandlung aufgerufen werden kann.

Da die meisten JSP-Seiten nicht als Fehlerseiten verwendet werden, ist der Vorgabewert für dieses Attribut `false`:

```
<%@page isErrorPage="false" %>
```

Für die Fehlerausgabe erhält die Fehlerseite die implizite Referenz `exception`. Über diese Referenz können Informationen zum Fehler, der den Aufruf der Fehlerseite ausgelöst hat, abgefragt werden.

- `info`

> Mit `info` kann eine Angabe einer Information zu einem Servlet erfolgen.

Die angegebene Zeichenkette ist dann über die Methode `getServletInfo()` abrufbar. Die Angabe der Information erfolgt durch die Anweisung:

```
<%@page info="Dies ist ein JSP-Beispiel" %>
```

- `language`

> Über dieses Attribut lässt sich die verwendete Programmiersprache der JSP-Seite spezifizieren. Allerdings wird normalerweise nur der Standardwert `java` genutzt.

```
<%@page language="java" %>
```

Möglich sind jedoch auch andere Sprachen, die aber vom eingesetzten Servlet-Container unterstützt werden müssen.

5.2.2 Einschließende Direktive

> Neben der Seitendirektive gibt es noch die **einschließende Direktive**, mit der Teile einer JSP-Seite aus einer separaten Datei eingebunden werden können. Die einschließende Direktive wird in die Zeichenfolge `<%@include` und `%>` eingeschlossen. Damit wird die gemeinsame Nutzung dieser Teile durch mehrere JSP-Seiten ermöglicht.

Um den Inhalt einer Datei in eine JSP-Seite einzubinden, wird folgende Anweisung verwendet:

```
<%@include file="path/file.jsp" %>
```

Zu beachten ist, dass der Inhalt der Datei genau an derjenigen Stelle in die Seite eingefügt wird, an der die `include`-Direktive steht. Natürlich muss die zusammengefügte Seite wieder eine gültige JSP-Seite ergeben. Zur dynamischen Zusammensetzung einer Seite zur Laufzeit muss die Aktion `<jsp:include ... />`, die in Kapitel 5.3.1 noch erklärt wird, verwendet werden.

5.2.3 Taglib-Direktive

> Die Integration von Tag-Bibliotheken (Taglibs) ermöglicht die Erweiterung der JSP-Standard-Tags durch eigene, benutzerspezifische Tags.

Durch Taglib-Direktiven können Tag-Bibliotheken in eine JSP-Seite eingebunden werden. Mit Tag-Bibliotheken kann der Programmierer eigene Funktionalitäten definieren und diese ohne Java-Code in eine JSP-Seite einbinden.

Das Einbinden von Tag-Bibliotheken erfolgt über die Direktive `taglib`. Durch die Angabe des Präfixes `prefix` wird definiert, wie eine Tag-Bibliothek in der JSP-Seite angesprochen werden kann. Die `taglib`-Direktive hat dabei folgenden Aufbau:

```
<%@taglib uri="/WEB-INF/TaglibDatei.tld" prefix="myTag" %>
```

Der Zugriff beispielsweise auf das Tag `funktion` dieser Bibliothek wird in einer Seite folgendermaßen realisiert:

```
<myTag:funktion attribute="..." />
```

Da dieses Thema recht umfangreich ist, wird im Kapitel 5.5 noch genauer auf Taglib-Direktiven eingegangen.

5.3 Aktionen

Aktionen dienen dazu, JavaServer Pages dynamisch zur **Laufzeit** zu verändern oder die Kontrolle von einer Seite an eine andere Seite zu übergeben.

Zudem wird mit Aktionen die Zusammenarbeit von JSP-Seiten mit JavaBean-Komponenten (siehe Kapitel 5.4) ermöglicht.

Aktionen werden immer erst zur **Laufzeit** ausgeführt, **Direktiven** hingegen bereits zur **Kompilierzeit**.

Bei **Aktionen** wird – im Gegensatz zu Direktiven oder Skriptelementen – ausschließlich die **XML-basierte Schreibweise** verwendet. Eine Aktion wird also wie bei XML durch ein einführendes Tag (hier: `<jsp:aktion>`) und ein abschließendes Tag (`</jsp:aktion>`) angegeben:

```
<jsp:aktion attribute="value"> Rumpf </jsp:aktion>
```

Wird kein Rumpf benötigt, kann das Tag auch sofort geschlossen werden, indem es mit `/>` beendet wird, wie folgendes Beispiel zeigt:

```
<jsp:aktion attribute="value" />
```

Man unterscheidet zwei Arten von Aktionen:

- Standardaktionen (siehe Kapitel 5.3.1) und
- benutzerdefinierte Aktionen (siehe Kapitel 5.3.2).

5.3.1 Standardaktionen

Die folgenden Standardaktionen können in einer JSP-Seite verwendet werden:

- `forward`

> Mit der Aktion `forward` wird eine Anfrage an eine andere Seite weitergeleitet.

Dabei wird die aufrufende Seite an dieser Stelle komplett verlassen und bis dahin erzeugte Ausgaben verworfen, soweit der Ausgabepuffer noch nicht geleert wurde. Die Anfrage wird an die neue Seite weitergeleitet und von dieser abgearbeitet. Ein Rücksprung zur aufrufenden Seite wie bei einer `include`-Aktion ist bei der Aktion `forward` nicht möglich. Die Syntax der `forward`-Aktion ist:

```
<jsp:forward page="path/file.jsp" />
```

- `include`

> Im Gegensatz zur Direktive `include` wird bei der Aktion `include` eine andere JSP-Seite nicht beim Übersetzen in ein Servlet, sondern erst zur Laufzeit an die entsprechende Stelle des Aufrufes eingefügt.

Das Attribut `flush` gibt an, ob der Ausgabepuffer der aufrufenden Seite geleert werden soll, bevor die einzubindende Seite verarbeitet wird. Die Syntax der Direktive `include` ist:

```
<jsp:include page="path/file.jsp" flush="false" />
```

Der Standardwert für das Attribut `flush` ist seit JSP 1.2 der Wert `false`.

Anstelle eines festen Pfades kann auch ein Ausdruck angegeben werden:

```
<jsp:include page="<%= getPage() %>" flush="true" />
```

In Aktionen können Ausdrücke wie `<%= getPage() %>` generell zur Definition von Werten verwendet werden.

- `param`

> Die Aktion `param` ermöglicht es, bei Include- oder Forward-Aktionen weitere Parameter an die aufzurufende Datei direkt als Parameteranhang zu übergeben.

Die Aktion `param` muss in den Rumpf des Aktions-Tags eingefügt werden, der diese Parameter verwenden soll. Im folgenden Beispiel wird die Aktion `param` verwendet:

```
<jsp:forward page="path/file.jsp" >
   <jsp:param name="param1" value="xyz" />
```

```
    <jsp:param name="param2" value="123" />
</jsp:forward>
```

Parameter an eine weitere Seite können alternativ direkt in der URL angegeben werden, wie im folgenden Beispiel gezeigt wird:

```
<jsp:forward page="path/file.jsp?param1=xyz&param2=123" />
```

Es darf allerdings immer nur eine der beiden Möglichkeiten verwendet werden.

- `plugin`

Durch die Aktion `plugin` kann ein Plug-in in eine JSP-Seite eingebunden werden. Nach der JSP 2.0-Spezifikation können lediglich Applets und JavaBeans als Plug-in genutzt werden.

Damit der Client ein Applet-Plug-in starten kann, wird der beim Client benötigte HTML-Code automatisch von der JSP-Engine generiert. Das folgende Beispiel zeigt das Einbinden eines Applets in eine JSP-Seite:

```
<jsp:plugin type="applet" codebase="plugins"
    code="package.AppletClass.class" />
```

Um eine JavaBean einzubinden, muss der Wert des Attributs `type` auf `"bean"` gesetzt werden. Mit dem Attribut `codebase` wird das Verzeichnis auf dem Webserver angegeben, in welchem sich das Applet bzw. die JavaBean befindet. Die eigentliche Klasse wird mit dem Attribut `code` festgelegt. Zur Parameterübergabe kann im Rumpf des Aktions-Tags `plugin` mit dem Tag `<jsp:params>` eine Liste von Parametern übergeben werden. Die Parameter sind dabei ebenfalls Aktionen und vom Typ `param`, wie in folgendem Beispiel dargestellt:

```
<jsp:plugin type="applet" codebase="plugins"
    code="package.AppletClass.class">
    <jsp:params>
        <jsp:param name="parameter1" value="abc" />
    </jsp:params>
</jsp:plugin>
```

- `fallback`

Die Aktion `fallback` wird verwendet, um innerhalb der Aktion `plugin` eine Ausgabe zu ermöglichen, falls ein Fehler auftritt.

Ein möglicher Fehler ist, dass der Client keine Applets akzeptiert und das Applet somit nicht gestartet werden kann. Hierzu wird die Aktion `fallback` in den Rumpf der Aktion `plugin` eingefügt. Folgender Codeausschnitt zeigt die Verwendung der Aktion `fallback`:

```
<jsp:plugin type="applet" codebase="plugins"
    code="package.AppletClass.class">
    <jsp:fallback>
        <p>Applet kann nicht gestartet werden!</p>
```

```
      </jsp:fallback>
   </jsp:plugin>
```

- **useBean**

> Um JavaBean-Komponenten in einer JSP-Seite zu verwenden, muss eine Bean mit der Aktion useBean der Seite bekannt gemacht werden.

Dabei wird dieser Bean über das Attribut id ein Name zugewiesen, unter dem diese angesprochen werden kann. Das Attribut class gibt die Java-Klasse der zu verwendenden Bean an. Über das Attribut scope kann der Gültigkeitsbereich[69] der Bean festgelegt werden (siehe Kapitel 5.4). Eine Bean wird folgendermaßen in eine JSP-Seite eingebunden:

```
<jsp:useBean
   id="beanName"
   scope="session"
   class="BeanClass"/>
```

Wird im Rumpf der Aktion useBean die Aktion setProperty verwendet, so wird die Bean beim Erzeugen mit diesen Werten initialisiert:

```
<jsp:useBean id="beanName" scope="session" class="BeanClass">
   <jsp:setProperty name="beanName" property="propertyName"
      value="xyz"/>
</jsp:useBean>
```

- **getProperty**

> Die Aktion getProperty erlaubt den Zugriff auf die Eigenschaften einer verwendeten Bean.

Um eine Bean eindeutig anzusprechen, muss der Name der Bean mit dem Attribut name angegeben werden. Der Name der Bean wurde zuvor mit der Aktion useBean im Attribut id definiert. Die Eigenschaft (Property) der Bean, auf die zugegriffen werden soll, wird mit dem Attribut property angegeben. Die Verwendung dieser Aktion wird nachfolgend dargestellt:

```
<jsp:getPropery name="beanName" property="propertyName" />
```

Das Ergebnis dieser Aktion ist, dass genau an dieser Stelle in der JSP-Seite der Wert der entsprechenden Eigenschaft der Bean ausgegeben wird. Diese Aktion ist nur in Verbindung mit dem Attribut useBean möglich.

---

[69] Der Gültigkeitsbereich einer Bean gibt an, in welchen Objekten des Containers die Bean gesucht bzw. abgelegt wird, z. B. mit Hilfe der Referenzen application, session oder page.

- `setProperty`

> Um Eigenschaften einer verwendeten JavaBean zu setzen, wird die Aktion `setProperty` verwendet.

Genau wie bei der Aktion `getProperty` müssen der Name einer Bean und deren Eigenschaften mit den Attributen `name` und `property` angegeben werden. Der neue Wert wird mit dem Attribut `value` übergeben. Diese Aktion hat folgende Syntax:

```
<jsp:setProperty
    name="beanName"
    property="propertyName"
    value="123" />
```

Diese Aktion ist ebenfalls nur in Zusammenhang mit dem Attribut `useBean` möglich.

5.3.2 Benutzerdefinierte Aktionen

Benutzerdefinierte Aktionen stellen eine flexible Erweiterung zu den JSP-Standard-Aktionen dar und werden mit Hilfe von Tag-Bibliotheken realisiert. Tag-Bibliotheken werden später in Kapitel 5.5 ausführlich beschrieben.

5.4 Verwendung von JavaBeans

> Mit JavaBeans, im Folgenden nur noch Beans genannt, wird in JSP-Seiten der Einsatz von **wiederverwendbaren Komponenten** ermöglicht. Bei den von JSPs verwendeten Beans handelt es sich um sogenannte nicht visuelle Beans, die Daten und Funktionalität kapseln können.

> Durch die Verwendung von Beans kann mehrfach genutzter Code oder umfangreiche Programmlogik aus einer JSP-Seite in eine Bean ausgelagert werden. Die Logik wird somit in einer Komponente gekapselt, die mehrfach eingesetzt werden kann. Eine Bean kann leicht in einer JSP-Seite eingebunden werden und macht die bereitgestellte Funktionalität durch JSP-Anweisungen in einfacher Weise zugänglich.

Mit diesem Verfahren kann der HTML-Code von der Programmlogik getrennt werden: Die JSP-Seite bleibt übersichtlich und kann auch von Web-Designern mit geringen Java-Programmierkenntnissen bearbeitet werden.

Zur Laufzeit werden **Beans** als **Objekte im Servlet-Container** gehalten und können von Servlets verwendet werden. Dabei lässt sich der Gültigkeitsbereich einer Bean unterschiedlich festlegen. Eine Bean kann auf Anwendungsebene deklariert werden, sodass sie gemeinsam von allen Servlets verwendet werden kann und persistent im Speicher gehalten wird, auch wenn die Servlets entfernt werden. Durch die Definition eines anderen Gültigkeitsbereiches kann eine Bean aber auch nur für einen einzigen, an ein Servlet gerichteten Aufruf verfügbar sein. Der **Gültigkeitsbereich** wird, wie bereits im Kapitel 5.3 erwähnt, über das Attribut `scope` der Aktion `useBean` festgelegt. Der Gültigkeitsbereich beeinflusst auch die Lebensdauer einer Bean. Dieser Zusammenhang wird in der folgenden Tabelle gezeigt:

scope	Gültigkeitsbereich	Lebensdauer
page	nur in der aktuellen Seite	bis die Seite verarbeitet ist
request	in der aktuellen Seite und allen daraus aufgerufenen Seiten	bis die Anfrage komplett abgearbeitet ist
session	aus allen Seiten einer Sitzung	bis die Sitzung beendet wird
application	alle Anfragen an die Web-Anwendung	solange die Anwendung ausgeführt wird

Tabelle 5-2 Gültigkeitsbereich und Lebensdauer einer Bean

Daraus ergeben sich unterschiedliche Anwendungsmöglichkeiten:

- `page` Die Bean ist ausschließlich für die aufrufende Seite verfügbar.
- `request` Die Bean ist für eine Anfrage eines Clients verfügbar.
- `session` Die Bean ist über die gesamte Benutzersitzung verfügbar.
- `application` Alle Servlets und JSP-Seiten können auf die Bean zugreifen. Die Bean bleibt auch nach den bearbeiteten Anfragen im Container aktiv.

Wenn man den Gültigkeitsbereich etwas genauer betrachtet, erkennt man, in welchen Objekten des Containers die Bean-Objekte gesucht bzw. abgelegt werden. Dabei werden die Bean-Objekte in Abhängigkeit vom Wert des Attributs `scope` den folgenden Container-Objekten zugeordnet:

scope	Referenzvariable	Zugriff auf Objekt im Container
page	pageContext	existiert nicht
request	request	`request` (in `doGet()` bzw. `doPost()`-Methoden)
session	session	`HttpSession s = request.getSession()`
application	application	`ServletContext c = getServletContext()`

Tabelle 5-3 Zuordnung der Gültigkeitsbereiche zu Container-Objekten

Der Zugriff auf eine Bean erfolgt über die Aktionen `setProperty` und `getProperty`. Da nach der Spezifikation für JavaBeans eine Bean immer über get- und set-Methoden ihrer Eigenschaften verfügen muss, kann hier unter der Angabe des Namens der Eigenschaft (Property) direkt auf die Inhalte zugegriffen werden.

Die Anweisung, um auf die Eigenschaft `"Name"` der Bean zuzugreifen, gestaltet sich dabei folgendermaßen:

```
<jsp:getProperty name="myBean" property="Name" />
```

An der Stelle, an der diese Aktion steht, wird später der Inhalt der Eigenschaft "Name" der verwendeten Bean erscheinen. Über die Aktion `setProperty` kann dagegen eine Eigenschaft (Property) der Bean gesetzt werden. Hierzu wird neben dem Namen der zu setzenden Eigenschaft auch der Wert (`value`) benötigt. Die Aktion zum Setzen der Eigenschaft "Name" wird dann wie folgt angegeben:

```
<jsp:setProperty name="myBean" property="Name" value="Maier" />
```

Um die Aktionen `setProperty` oder `getProperty` für eine Bean verwenden zu können, muss diese JavaBean zuvor mit der Aktion `useBean` der JSP-Seite bekannt gemacht werden.

Sichern von Formulardaten mit Beans

Für Webanwendungen, bei denen der Benutzer benötigte Daten über mehrere Formularseiten hinweg eingeben kann, bietet sich eine Bean als Datenspeicher (Data Container) an.

Die Benutzerdaten, die in einer Session gehalten werden sollen, können in einer auf die Sitzung begrenzten Bean – einer Bean, die mit dem Attribut `scope session` deklariert wurde – abgelegt werden. Die JSP-Spezifikation stellt für die Übergabe von Formulardaten an eine Bean einen komfortablen Mechanismus bereit. Werte, die in einer Anfrage (Request) an eine JSP-Seite gesendet werden, können direkt einer Bean zugewiesen werden, indem der Name des entsprechenden Parameters in der Aktion `setProperty` mit dem Attribut `param` der set-Methode der Bean bekannt gegeben wird. Nachfolgendes Beispiel zeigt den Aufbau der Aktion `setProperty` mit dem Attribut `param`:

```
<jsp:setProperty name="mybean" property="Name" param="name" />
```

Der Name des Parameters entspricht dem Namen des Eingabefeldes im HTML-Formular, von dem die Anfrage an die JSP-Seite gestellt wurde. Über das Attribut `param` kann direkt auf Werte von übermittelten Eingabefeldern aus HTML-Formularen zugegriffen werden. Einer Bean wird damit direkt der Übergabeparameter zugewiesen, der in der Anfrage an die Seite mitgeliefert wurde. Auf diese Weise entfällt zusätzlicher Code, um die übermittelten Parameter zu lesen – somit wird die Verarbeitung von Parametern stark vereinfacht. Der oben dargestellte Aufruf entspricht in der Funktion genau dem nachfolgenden Aufruf:

```
<jsp:setProperty name="bean" property="Name"
      value="<%= httprequest.getParameter ("name") %>" />
```

Falls der in der Anfrage enthaltene Parameter genau denselben Namen hat wie die Eigenschaft einer Bean, so kann das Attribut `param` sogar gänzlich weggelassen werden. Der Container sucht dann nach einem passenden Wert mit demselben Namen und weist diesen der entsprechenden Bean-Eigenschaft zu. Dazu reicht folgende Codezeile aus:

```
<jsp:setProperty name="myBean" property="Name" / >
```

Eine weitere, sehr leistungsstarke Möglichkeit zum Transferieren kompletter Formulardaten in eine Bean stellt die folgende Anweisung dar:

```
<jsp:setProperty name="myBean" property="*" />
```

Wenn mehrere Eigenschaften einer Bean dieselben Namen tragen wie die Parameter der an die JSP-Seite gerichteten Anfrage, dann können diese Bean-Properties automatisch mit den Übergabewerten gefüllt werden. Hierzu wird dem Attribut `property` die Wildcard `*` zugewiesen. Mit dieser Anweisung werden alle Eigenschaften der Bean gleichzeitig mit Werten aus der Anfrage gefüllt. Sollte für eine Eigenschaft der Bean kein gleichnamiger Anfrageparameter existieren, so wird die Aktion `setProperty` einfach ignoriert.

Damit eine in eine JSP-Seite eingebundene Bean auch wirklich vom Container geladen werden kann, muss die zugehörige Klasse im Klassenpfad der Web-Anwendung liegen. Üblicherweise wird hierzu das Verzeichnis `WEB-INF/classes` verwendet. Wird die Bean als Bestandteil eines Paketes verwendet, so ist unterhalb des Verzeichnisses `classes` eine entsprechende Verzeichnisstruktur zu verwenden. Im nachfolgenden Beispiel wird eine Bean der Klasse `FormBean` im selbst angelegten Paket `beans` erstellt und in der JSP-Seite `showname.jsp` verwendet. In dieser Bean soll ein String gespeichert werden, der zuvor in einem HTML-Formular eingegeben wurde. Hier das Beispiel:

```
// Datei: FormBean.java

package beans;

public class FormBean
{
    private String vorname;

    // Methode zum Setzen der Eigenschaft vorname
    public void setVorname (String name)
    {
        vorname = name;
    }

    // Methode zum Auslesen der Eigenschaft vorname
    public String getVorname()
    {
        return vorname;
    }
}
```

Die JSP-Seite `showname.jsp` sichert die erhaltenen Parameter in der Bean und gibt danach den Wert der Eigenschaft `"vorname"` aus:

```
<%-- Datei: showname.jsp --%>
<jsp:useBean class="beans.FormBean" id="form" scope="session"/>
<jsp:setProperty name="form" property="*"/>
<html>
    <body>
        <%-- Ausgabe der Eigenschaft direkt nach dem Text --%>
        Hallo <jsp:getProperty name="form" property="vorname"/>
```

```
      </body>
</html>
```

Die HTML-Seite `form.html` enthält ein Formular zur Eingabe des Vornamens, der als Parameter an die JSP-Seite `showname.jsp` gesendet wird:

```
<!-- Datei: form.html -->
<html>
    <body>
        <form action="showname.jsp">
            <input type="text" name="vorname">
            <input type="submit">
        </form>
    </body>
</html>
```

Um das hier gezeigte Beispiel nachzustellen, muss die nachfolgend gezeigte Verzeichnis-Struktur in einem Web-Archiv (siehe Kapitel 4.3.3) – beispielsweise mit dem Namen `jsp-form.war` – hinterlegt werden:

```
Verzeichnis WEB-INF
   Verzeichnis classes
      Verzeichnis beans
         Datei FormBean.class
Datei showname.jsp
Datei form.html
```

Wird dieses Web-Archiv im Webserver bereitgestellt, – dafür muss es lediglich in das Verzeichnis `<TOMCAT_HOME>\webapps` kopiert werden – erstellt der Deployment-Manager ebenfalls in diesem Verzeichnis die folgende Verzeichnisstruktur:

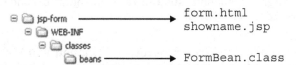

Bild 5-4 Verzeichnisstruktur der Web-Anwendung zur Formularauswertung

Wie bereits aus Bild 5-4 ersichtlich, muss die Bean bereits in kompilierter Form im Verzeichnis `WEB-INF/classes/beans` vorliegen – ein automatisches Kompilieren durch die JSP-Engine, wie es bei der JSP-Seite `showname.jsp` der Fall ist, geschieht nicht. Das Schreiben eines Deployment-Deskriptors ist nicht erforderlich. Nach dem Starten des Tomcat und dem damit verbundenen automatischen Deployment wird die HTML-Startseite im Browser folgendermaßen angezeigt:

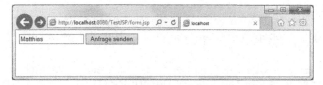

Bild 5-5 HTML-Startseite mit Eingabeformular

Die Ausgabe der JSP-Seite ist:

Bild 5-6 Ausgabe der JSP-Seite

5.5 Tag-Bibliotheken

Durch die Verwendung von Beans in JSP-Seiten kann Programmlogik in einer eigenständigen wiederverwendbaren Komponente gekapselt und sinnvoll vom Programmcode für die Präsentation getrennt werden. Sollen aber Darstellungselemente dynamisch generiert werden, ist das Konzept der eigenständigen Bean-Komponenten
ungünstig.

> Eine Bean sollte keinen HTML-Code erzeugen, da sie als Kompo-
> nente unabhängig von einer Web-Anwendung sein soll. **Vorsicht!**

Wenn beispielsweise der HTML-Code für eine Tabelle von Systembenutzern erzeugt
werden soll, muss der Java-Code hierfür als Scriptlet direkt in die entsprechende
JSP-Seite eingefügt werden. Das erschwert die Wartbarkeit einer Web-Anwendung
und führt dazu, dass JSP-Seiten schnell unübersichtlich werden. Außerdem ist eine
vernünftige Wiederverwendung des Codes praktisch unmöglich. Das widerspricht
dem eigentlichen Ziel von JSP, nämlich die Darstellung von der Implementierung zu
trennen. Aus diesem Grund wurde mit der JSP-Spezifikation 1.1 die Möglichkeit geschaffen, **eigene Tags**, sogenannte **Custom Tags** zu entwickeln und sie in einfacher
Weise in eine JSP-Seite einzubinden.

> **Tag-Bibliotheken** garantieren die konsequente **Trennung von Dar-
> stellung/Präsentation und implementierter Logik**. Damit erleichtern
> sie die Wiederverwendung des erstellten Codes.

Eigene Tags werden als benutzerdefinierte Aktionen realisiert, weshalb die Begriffe
oft synonym verwendet werden. Diese eigenen Tags werden in **Tag-Bibliotheken**
(tag libraries oder kurz **taglibs**) zusammengefasst und bereitgestellt. Das Einbinden
eines eigenen Tags in eine JSP-Seite erfolgt – genau wie bei einer gewöhnlichen
Aktion – in XML-konformer Syntax. Die zu dem eigenen Tag gehörige Funktionalität
wird in einer Java-Klasse programmiert.

> Eigene Tags rufen Methoden von selbst geschriebenen Klassen auf.
> Diese selbst geschriebenen Klassen werden **Tag-Handler** genannt.

Damit die JSP-Engine Custom Tags versteht, muss eine entsprechende Beschrei-
bungsdatei, der sogenannte **Tag-Library-Descriptor (TLD)**, bereitgestellt werden.

Eine eigene Tag-Bibliothek besteht aus mindestens einem Tag-Handler und dem dazugehörigen Tag-Library-Descriptor.

Tag-Bibliotheken können als `jar`-Datei gepackt und somit problemlos weitergegeben
oder in Webanwendungen installiert werden. Die von der Tag-Bibliothek verwendeten Klassen können ebenfalls in die `jar`-Datei eingebunden werden.

Wie in Kapitel 5.2 erwähnt, werden eigene Tags über die Direktive `taglib` in einer
JSP-Seite bekannt gemacht. Der Zugriff auf ein eigenes Tag erfolgt durch den in der
Direktive zugewiesenen Namensraum und den Namen des zu verwendenden
eigenen Tags. Nachfolgender Codeausschnitt zeigt die Bekanntgabe einer Tag-
Bibliothek und die Verwendung eines darin enthaltenen eigenen Tags:

```
<%@taglib uri="/WEB-INF/TaglibDatei.tld" prefix="myTag" %>
...
<myTag:tagName />
```

Tag-Bibliotheksbeschreibung

Die Informationen zu den eigenen Tags werden in einem sogenannten
TLD (Tag-Library-Descriptor) angegeben. Bei dieser Tag-Bibliotheksbeschreibung handelt es sich um ein XML-Dokument. Der TLD liegt
üblicherweise im `WEB-INF`-Verzeichnis der Web-Anwendung.

Das Wurzelelement ist dabei `<taglib>`, das neben den Angaben zu den einzelnen
eigenen Tags auch allgemeine Informationen beinhaltet. Nachfolgend ist ein Beispiel
für einen TLD aufgelistet, wobei die nicht optionalen Elemente fett dargestellt sind:

```
<?xml version="1.0" encoding="ISO-8859-1" ?>
<!DOCTYPE taglib PUBLIC "-//Sun Microsystems, Inc.//DTD JSP Tag Lib
rary 1.2//EN" "http://java.sun.com/dtd/web-jsptaglibrary_1_2.dtd">
<taglib>
    <tlib-version>1.0</tlib-version>
    <jsp-version>1.1</jsp-version>
    <short-name>jspTest</short-name>
    <uri>http://myserver.com/mytlds/myTaglib.tld</uri>
    <tag>
        <name>tagTest</name>
        <tag-class>shp.tags.TestTag</tag-class>
        <tei-class>shp.tags.TestTEI</tei-class>
        <body-content>JSP</body-content>
        <attribute>
            <name>fontColor</name>
            <required>false</required>
            <rtexprvalue>true</rtexprvalue>
        </attribute>
    </tag>
    ...
</taglib>
```

Mit dem Element `<tlib-version>` wird eine selbst definierte Versionsnummer für
die eigene Tag-Bibliothek angegeben. Damit kann zwischen verschiedenen Versio-

nen einer weiterentwickelten Tag-Bibliothek unterschieden werden. Dieses Element muss zwingend angegeben werden. Das Element `<jsp-version>` gibt die Version der JSP-Spezifikation an, mit der die Tag-Bibliothek kompatibel ist.

Mit dem Element `<short-name>` wird ein Kürzel angegeben, um die Tag-Bibliothek eindeutig zu identifizieren. JSP-Entwicklungswerkzeuge können beispielsweise dieses Kürzel zur Namensgebung der enthaltenen eigenen Tags verwenden. Das optionale Element `<uri>` enthält einen URI[70], mit der diese Tag-Bibliothek eindeutig identifiziert werden kann. Vorzugsweise wird jedoch die komplette URL[71] angegeben, unter der die aktuelle Version dieser Tag-Bibliothek geladen werden kann.

Die eigentlichen eigenen Tags werden danach in `<tag>`-Elementen beschrieben, die mehrere Unterelemente enthalten. Die beiden erforderlichen Unterelemente sind hierbei `<name>` und `<tag-class>`, die den Namen des eigenen Tags und die dafür erstellte Tag-Handler-Klasse enthalten. Über den hier angegebenen Namen wird das eigene Tag dann später in der JSP-Seite angesprochen. Die vier weiteren Unterelemente sind hingegen optional. Hierbei handelt es sich um die Elemente `<tei-class>`, `<body-content>`, `<info>` und `<attribute>`. Mit `<tei-class>` wird eine gegebenenfalls existierende Helferklasse angegeben. Eine Helferklasse wird benötigt, sobald das eigene Tag eigene Skriptvariablen einführt oder eine erweiterte Prüfung der Tag-Anweisungen erfolgen soll.

Mit `<body-content>` wird angegeben, wie ein Tag-Handler den Rumpf des eigenen Tags in der JSP-Seite verarbeitet. Dabei können folgende Werte angegeben werden:

- `empty`   Der Rumpf des eigenen Tags muss leer sein.
- `JSP`   Im Rumpf des eigenen Tags werden weitere JSP-Elemente angegeben.
- `tagdependent` Die Angaben im Rumpf werden vom eigenen Tag selbst interpretiert.

Im Unterelement `<info>` kann eine kurze Beschreibung des eigenen Tags eingefügt werden.

Sollen dem eigenen Tag von einer JSP-Seite aus Werte übergeben werden, so müssen hierzu `<attribute>`-Elemente deklariert werden. Das Element `<tag>` kann mehrere Elemente vom Typ `<attribute>` aufnehmen, die als Unterelemente `<name>`, `<required>` und `<rtexprvalue>` enthalten können. Mit dem Element `<name>` wird dabei der Name des Attributes bestimmt. Dieses Element ist das einzige, das angegeben werden muss, die beiden anderen sind optional. Das Element `<required>` legt fest, ob dieses Attribut zwingend notwendig ist oder auch weggelassen werden kann. Mit `<rtexprvalue>` kann eingestellt werden, ob diesem Attribut nur statische Werte zugewiesen werden können oder wiederum JSP-Ausdrücke. Wird dem Element `<rtexprvalue>` der Wert `false` zugewiesen, so

---

[70] URI = Uniform Ressource Identifier: Zeichenfolge zur Identifizierung einer abstrakten oder physischen Ressource, z. B. www.it-designers.de/index.html
[71] URL = Uniform Ressource Locator. Enthält neben der URI die Information, wie auf die URI zugegriffen werden kann, also z. B. über HTTP: http://www.it-designers.de/index.html

können dem Attribut nur statische Werte übergeben werden. Die Zuweisung eines Wertes zu einem Attribut erfolgt dabei durch folgende Anweisung:

```
<myLib:ausgabetest wert="blau" />
```

Wird dagegen das Element `<rtexprvalue>` auf `true` gesetzt, so ist auch die Zuweisung von JSP-Ausdrücken möglich, wie nachfolgend dargestellt:

```
<myLib:ausgabetest wert="<%= value %>" />
```

Durch die Verwendung von Attributen kann die Funktionsweise eines eigenen Tags dynamisch angepasst werden, was für die Wiederverwendbarkeit von Tag-Bibliotheken sehr hilfreich sein kann. Um die Darstellung des in eigenen Tags erzeugten HTML-Codes zudem möglichst flexibel zu halten, bietet es sich an, Parameter der verwendeten HTML-Elemente oder Stylesheet-Angaben[72] als Attribute zu übergeben. Damit lassen sich später Änderungen an der Darstellung leichter umsetzen, ohne die Tag-Bibliothek verändern zu müssen. In folgender Codezeile wird einem eigenen Tag die HTML-Formatierung für die Ausgabe als Attribut übergeben:

```
<myTag:funktion style="font-size:10pt; color:black;" />
```

Implementieren des Tag-Handlers

Die Java-Klasse, die als Tag-Handler eingesetzt werden soll, muss eine der Schnittstellen `Tag`, `IterationTag`[73] oder `BodyTag` aus dem Paket `javax.serv-let.jsp.tagext` implementieren. Ein Tag-Handler kann wie jede andere Java-Klasse auf beliebige Java-Klassen zugreifen. Somit lassen sich komplexe Klassenbibliotheken oder bestehende Java-Anwendungen einfach als eigene Tags in JSP-Seiten einbinden.

Die Tag-Schnittstellen bauen aufeinander auf. So ist von der Schnittstelle `Tag` die Schnittstelle `IterationTag` und hiervon wiederum die Schnittstelle `BodyTag` abgeleitet. Im Gegensatz zur Schnittstelle `Tag` stellen die Schnittstellen `IterationTag` und `BodyTag` zusätzliche Methoden zur Verarbeitung des Rumpfes (Body) eines eigenen Tags zur Verfügung. Der Rumpf ist dabei der Bereich zwischen dem einleitenden und dem abschließenden Element des eigenen Tags. Hier können auch Angaben stehen, die bei der Ausführung eines eigenen Tags verarbeitet werden können. Im Rumpf eines eigenen Tags können natürlich auch wiederum (eigene) Tags vorhanden sein. Die Schnittstelle `IterationTag` wurde eingeführt, um den Rumpf mehrfach zu verarbeiten. Das Interface `BodyTag` stellt darüber hinaus Methoden zur Verfügung, mit denen es möglich ist, den Inhalt des Rumpfes zu verändern.

Die Schnittstellen unterscheiden sich dabei in der Verarbeitung durch die JSP-Engine. Durch die Verwendung der Schnittstelle `Tag` lassen sich einfache eigene Tags erzeugen. Die Schnittstellen `IterationTag` und `BodyTag` bieten darüber hinaus die Möglichkeit, komplexere Tags zu entwickeln.

---

[72] Mit Stylesheets können Formateigenschaften von HTML-Elementen festgelegt werden, z. B. Größe, Farbe etc.

[73] Seit der JSP-Spezifikation 1.1 stehen die Schnittstellen `Tag` und `BodyTag` zur Implementierung eigener Tags zur Verfügung. Die Schnittstelle `IterationTag` wurde erst mit der JSP-Spezifikation 1.2 eingeführt.

Zur bequemeren Verwendung der Schnittstellen werden alternativ auch Support-Klassen angeboten, die bereits eine bestimmte Tag-Schnittstelle implementieren. Diese Support-Klassen enthalten fertige Muster-Implementierungen für alle in der Schnittstelle deklarierten Methoden. Es muss nur noch die Methode überschrieben werden, die für die gewünschte Funktion genutzt werden soll. Hierzu kann ein neuer Tag-Handler von einer der Support-Klassen `TagSupport` oder `BodyTagSupport` im Paket `javax.servlet.jsp.tagext` abgeleitet werden. Diese Support-Klassen sind ähnlich wie die Adapterklassen, die in den Event-Handlern bei Swing verwendet werden. Im Gegensatz zu den Adapterklassen der Event-Handler sind bei den Support-Klassen die Methodenrümpfe der implementierten Schnittstellenmethoden nicht leer, sondern erfüllen die Grundfunktionen, die für die Verwendung des Tag-Handlers in der JSP-Engine notwendig sind.

Ein Tag-Handler muss eines der Interfaces `Tag`, `BodyTag` oder `IterationTag` implementieren bzw. von einer der Basisklassen `TagSupport` oder `BodyTagSupport` abgeleitet werden.

Bild 5-7 zeigt die Zusammenhänge beim Einsatz einer Tag-Bibliothek:

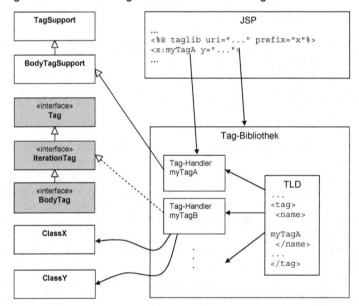

Bild 5-7 Beteiligte Klassen einer Tag-Bibliothek und entsprechende JSP-Seite

Eine Bibliothek wird über die entsprechende Direktive in eine JSP-Seite eingebunden. Der Tag-Handler `myTagA` der Tag-Bibliothek im obigen Bild ist von der Klasse `BodyTagSupport` abgeleitet, der Tag-Handler `myTagB` implementiert dagegen die Schnittstelle `InterationTag`. Zusätzlich besitzt der Tag-Handler `myTagB` Referenzen auf Objekte der Klassen `ClassX` und `ClassY`.

Zunächst wird die Implementierung eines einfachen eigenen Tags betrachtet. Hierzu wird die Schnittstelle `Tag` implementiert und die darin definierten Methoden ausprogrammiert. Soll das eigene Tag später über Attribute verfügen, so sind im Tag-Handler hierfür entsprechende set-Methoden einzuführen. Nachfolgend ist der Code für einen Tag-Handler dargestellt, der die Schnittstelle `Tag` implementiert:

```java
// Datei: TestTag.java
package shp.tags;

import java.io.*;
import javax.servlet.jsp.*;
import javax.servlet.jsp.tagext.Tag;

public class TestTag implements Tag
{
    private PageContext pageContext;
    private Tag parent;
    private String fontColor = "red";

    public void setFontColor (String color)
    {
        this.fontColor = color;
    }

    public int doStartTag() throws JspException
    {
        try
        {
            JspWriter out = pageContext.getOut();
            out.print ("<font color="+ fontColor +">");
        }
        catch (IOException e)
        {
            throw new JspException (e.getMessage());
        }
        return EVAL_BODY_INCLUDE;
    }

    public int doEndTag() throws JspException
    {
        try
        {
            JspWriter out = pageContext.getOut();
            out.print ("</font>");
        }
        catch (IOException e)
        {
            throw new JspException (e.getMessage());
        }
        return EVAL_PAGE;
    }

    public void release()
    {
        this.fontColor = "red";
    }

    public void setPageContext (PageContext pageContext)
    {
```

```
        this.pageContext = pageContext;
    }

    public void setParent (Tag parent)
    {
        this.parent = parent;
    }

    public Tag getParent()
    {
        return this.parent;
    }
}
```

Zur Laufzeit wird in der JSP-Seite ein Objekt des Tag-Handlers erzeugt. Die Methoden des Tag-Handlers werden dann gemäß einer bestimmten Verarbeitungsreihenfolge aufgerufen und abgearbeitet.

Die Methode doStartTag() beinhaltet die eigentliche Funktionalität. Sie wird bei der Verarbeitung des öffnenden Tags aufgerufen. Der Rückgabewert dieser Methode ist ein Integer-Wert, der durch die Klassenvariablen EVAL_BODY_INCLUDE und SKIP_BODY definiert wird. Mit der Klassenvariablen SKIP_BODY wird dem Container angegeben, dass der Inhalt des Rumpfes ignoriert werden soll. Dagegen führt der Rückgabewert EVAL_BODY_INCLUDE dazu, dass der Inhalt des Rumpfes verarbeitet wird.

Außer in der Methode doStartTag() kann auch innerhalb der Methode doEndTag() Funktionalität des eigenen Tags implementiert werden. Die Methode doEndTag() wird bei der Verarbeitung des schließenden Tags aufgerufen. Enthält ein Tag keinen Rumpf und somit auch kein schließendes Tag, so wird die Methode doEndTag() unmittelbar nach der Methode doStartTag() aufgerufen. Die Methode doEndTag() muss ebenfalls einen Integer-Wert zurückliefern, der den Werten der Klassenvariablen SKIP_PAGE oder EVAL_PAGE entsprechen muss. In Abhängigkeit von diesem Rückgabewert wird die weitere Verarbeitung einer Seite abgebrochen oder normal fortgeführt.

Die Methode setPageContext() wird benötigt, um dem eigenen Tag Zugriff auf das Objekt, auf das die Referenz pageContext zeigt, und damit auf weitere implizite Referenzen auf Objekte oder auch Methoden, Variablen und Beans der JSP-Seite zu ermöglichen. Auch diese Methode wird bei der Ausführung des Tag-Handlers automatisch aufgerufen.

Die Methoden setParent() und getParent() werden nur benötigt, falls das eigene Tag innerhalb des Rumpfes eines anderen Tags verwendet wird, also Tags verschachtelt werden. Mit Hilfe dieser Methoden kann auf das übergeordnete Element des eigenen Tags zugegriffen werden.

Die Methode release() wird nach Abarbeitung der Methode doEndTag() aufgerufen. Sie ist notwendig, um gegebenenfalls den Zustand des eigenen Tags zurückzusetzen oder auch, um verwendete Ressourcen wieder freizugeben. Wird die Instanz eines Tag-Handlers mehrfach verwendet, bleibt der Inhalt der gesetzten

Attribute erhalten, sofern diese nicht zurückgesetzt werden. Daher sollte in der Methode `release()` darauf geachtet werden, dass optionale Attribute auf einen sinnvollen Anfangswert zurückgesetzt werden.

Die Methode `setFontColor()` gehört nicht zur Schnittstelle `Tag`. Diese Methode wird nur dann aufgerufen, wenn das Attribut `fontColor`, wie im TLD zuvor beschrieben, gesetzt ist. Auf diese Weise verknüpft man Tag-Attribute mit den Eigenschaften des Tag-Handlers.

Durch die Implementierung der oben genannten Methoden ergibt sich ein Tag-Handler für eine bestimmte Aktion. Zusammen mit dem zuvor beschriebenen TLD kann dieses eigene Tag dann in einer JSP-Seite eingesetzt werden:

```
<%@taglib uri="/WEB-INF/TaglibDatei.tld" prefix="myTag" %>
<myTag:tagTest fontColor="blue" />
```

Ebenso kann das eigene Tag mit Rumpf angegeben werden:

```
<myTag:tagTest fontColor="blue">
    <h1>Tag-Beispiel</h1>
</myTag:tagTest>
```

In diesem Fall wird der Text „Tag-Beispiel" in blau dargestellt.

Verarbeiten des Rumpfes

Im Unterschied zur einfachen Schnittstelle `Tag` bietet die Schnittstelle `Iteration-Tag` und die darauf aufbauende Schnittstelle `BodyTag` zusätzliche Methoden zur Verarbeitung des Inhaltes des Rumpfes.

Die Schnittstelle `IterationTag` wurde erst mit der Version 1.2 der JSP-Spezifikation eingeführt. Zuvor war die Schnittstelle `BodyTag` direkt von der Schnittstelle `Tag` abgeleitet. Die Schnittstelle `IterationTag` führt die zusätzliche Methode `doAfterBody()` ein. Diese Methode wird nach Verarbeitung des Rumpfes aufgerufen und gibt ebenfalls einen ganzzahligen Wert zurück. Hier kann entweder mit der Konstanten `SKIP_BODY` der Interface-Klasse `Tag` zur Methode `doEndTag()` weitergegangen werden oder mit `EVAL_BODY_AGAIN` der Rumpf ein weiteres Mal verarbeitet werden. Mit diesem iterativen Verhalten kann der Rumpf so oft verarbeitet und gegebenenfalls ausgegeben werden, bis schließlich mit dem Rückgabewert `SKIP_BODY` die Verarbeitung abgebrochen wird. Auf diese Weise lassen sich von einem Tag zum Beispiel dynamisch Tabellen von unterschiedlichem Umfang erzeugen.

Nachfolgender Codeausschnitt zeigt die Methode `doAfterBody()`, die so oft aufgerufen wird, bis die Variable `number` den Wert 0 erreicht:

```
public class InterationTest implements IterationTag
{
    // . . . . .
    public int doAfterBody() throws JspException
    {
        if (number > 0)
        {
```

```
        out.print ("<br>");
        number--;
        return EVAL_BODY_AGAIN;
    }
    return SKIP_BODY;
}
// . . . . .
}
```

Die von der Schnittstelle `IterationTag` abgeleitete Schnittstelle `BodyTag` enthält die zusätzlichen Methoden `doInitBody()` und `setBodyContent()`, mit welchen der Rumpf des Tags analysiert und entsprechend dem Ergebnis mehrfach verarbeitet werden kann. Die folgende Abbildung zeigt die Methodenaufrufe bei Abarbeitung eines Tags, dessen Tag-Handler vom Typ `BodyTag` ist:

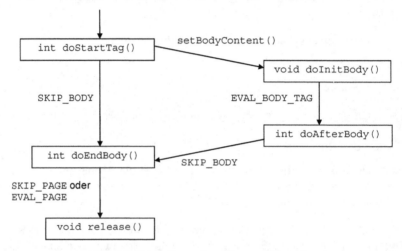

Bild 5-8 Abarbeitung eines Tags mit Rumpf

5.6 Übungen

Aufgabe 5.1: Taschenrechner

Schreiben Sie eine Web-Anwendung in JSP, die einen Taschenrechner für die vier mathematischen Grundrechenarten Addition, Subtraktion, Multiplikation und Division anbietet. Vom Benutzer wird die Eingabe von zwei Zahlen und eine Bestätigung auf einer Schaltfläche mit der Beschriftung berechnen erwartet. Daraufhin erhält der Benutzer eine Auflistung der Ergebnisse der vier Grundrechenarten. Die Ausgabe der Ergebnisse soll nur erscheinen, wenn der Benutzer beide Zahlen eingegeben hat.

a) Erstellen Sie für die Ein- und Ausgabe die Datei index.jsp. Deklarieren Sie für die mathematische Funktionalität die vier Grundrechenarten in der Datei index.jsp. Die Methoden zur Berechnung der Ergebnisse der einzelnen Operationen sollen jeweils zwei Parameter vom Typ float erhalten und einen Rückgabewert vom Typ float liefern. Legen Sie ein Formular für die Eingabe der Zahlen und für die Ausgabe der Ergebnisse an. Auf Ausnahmen ist in diesem Aufgabenteil nicht einzugehen.

b) Erweitern Sie die Teilaufgabe a) um eine Fehlerseite, die dem Benutzer sein mögliches Fehlverhalten textlich erklärt, sobald eine Exception geworfen wird.

c) Um die Datei index.jsp übersichtlicher zu gestalten, sollen die Methoden für mathematische Berechnungen in die Klasse Rechner im Packet operationen ausgelagert werden. Durch die Seitendirektive import soll die Klasse Rechner in der Datei index.jsp verwendet werden.

Aufgabe 5.2: Begrüßung eines Benutzers

a) Schreiben Sie eine Web-Anwendung, welche von einem Benutzer das Geschlecht und den Namen abfragt. Die gesammelten Daten sollen dazu verwendet werden, nach der Abfrage den Benutzer mit "Sehr geehrte Frau …" oder "Sehr geehrter Herr …" anzusprechen und ihn auf der Seite willkommen zu heißen. Durch die Aktion forward soll der Benutzer nach der Eingabe seiner Daten zur Begrüßung weitergeleitet werden. Verwenden Sie für die Datenabfrage den Dateinamen index.jsp und für die Begrüßung willkommen.jsp. Die Datenübergabe soll mit Parametern in der Aktion forward erfolgen. Bei der Gestaltung der Oberfläche haben Sie freie Hand.

b) Durch eine Session sollen Benutzer, die bereits nach ihrem Geschlecht und Namen befragt wurden, erkannt werden. Ein bekannter Benutzer soll durch die Aktion forward zur Begrüßung weitergeleitet werden und nicht erneut nach seinen Daten gefragt werden.

Aufgabe 5.3: Kugelschreiber-Bestellvorgang mit Beans

Erstellen Sie eine Web-Anwendung, bei der Benutzer über zwei Formularseiten Daten für einen Bestellvorgang eingeben können. Auf der ersten Formularseite mit dem Dateinamen index.jsp sollen vom Benutzer die Kontaktdaten Name, Vorname,

Straße, PLZ, Ort und Geschlecht abgefragt und über die Schaltfläche mit der Beschriftung `weiter` bestätigt werden. Auf der zweiten Formularseite mit dem Dateinamen `bestellung.jsp` soll der Benutzer zu seiner Bestellung von Kugelschreibern zu Werbezwecken befragt werden. Dazu muss die Anzahl und die Beschriftung der Kugelschreiber abgefragt werden und die Bestellung über die Schaltfläche mit der Beschriftung `Bestellung abschicken` bestätigt werden. Zuletzt soll eine Ausgabe der Bestelldaten stattfinden.

Die eingegebenen Daten sollen in einer Bean, die mit dem Scope `session` deklariert wurde, abgelegt werden. Verwenden Sie dieselben Namen für die Eigenschaften in der Bean und für die Parameter in den Formularseiten. Verwenden Sie auf allen Formularseiten und für die Ausgabe die Aktion `useBean`, um die Bean-Komponente nutzen zu können. Mit der Aktion `setProperty` können Sie dem Attribut `property` den Wert der Wildcard `*` zuweisen. Durch diese Wildcard können alle Formulardaten vollständig in die Bean übernommen werden. Zur Ausgabe soll die Aktion `getProperty` verwendet werden, die aus der Bean die Formulardaten ausliest.

Aufgabe 5.4: Nachrichtenportal

Ziel dieser Übung ist es, ein Nachrichtenportal zu erstellen, das auf eine eigene Tag-Bibliothek zugreift, um eine gewünschte Anzahl an Schlagzeilen anzuzeigen.

Erstellen Sie eine Klasse `Schlagzeilen` im Paket `tags`, welche die Schnittstelle `IterationTag` implementiert. Die Klasse soll die privaten Instanzvariablen `pageContext` vom Typ `PageContext`, `parent` vom Typ `Tag`, `titel` vom Typ `ArrayList<String>`, `index` vom Typ `int` und `zeilen` vom Typ `int` besitzen. Schreiben Sie eine Methode `setZeilen()` und vervollständigen Sie die Methoden, die aus der Schnittstelle `IterationTag` übernommen wurden. Innerhalb der Methode `doStartTag()` muss die Instanzvariable `index` auf 0 gesetzt und die Klassenvariable `titel` mit beliebigen Nachrichten befüllt werden. Die Ausgabe der Schlagzeilen soll in der Methode `doAfterBody()` stattfinden. Hier soll geprüft werden, ob `index` kleiner als `zeilen` ist und eine entsprechende Ausgabe der Schlagzeile durchgeführt werden kann. Achten Sie auf ein korrektes Setzen der Rückgabewerte.

Geben Sie die Informationen des neuen Tags in einer Tag-Bibliotheksbeschreibung an, die den Dateinamen `nachrichtenTaglib.tld` trägt und im Verzeichnis `WEB-INF` liegt. Innerhalb der Beschreibung kann der Name der Bibliotheksbeschreibung beliebig sein, der Name des Tags soll `schlagzeilen` lauten. Die Klasse für das Tag muss definiert werden. Innerhalb des Rumpfes dieses Tags sollen JSP-Elemente erlaubt sein. Das Tag soll das Attribut mit dem Namen `zeilen` als Pflichtangabe voraussetzen.

Zur Ausgabe soll die Datei `index.jsp` erstellt werden. Durch die Direktive `taglib` in der JSP-Seite soll die Tag-Bibliotheksbeschreibung bekannt gemacht werden. Verwenden Sie als Präfix `titel` und zur Ausgabe der Schlagzeilen das folgende Tag, wobei die Anzahl der Zeilen beliebig anpassbar sein soll:

```
<titel:schlagzeilen zeilen="3"> </titel:schlagzeilen>
```

Kapitel 6

JavaServer Faces

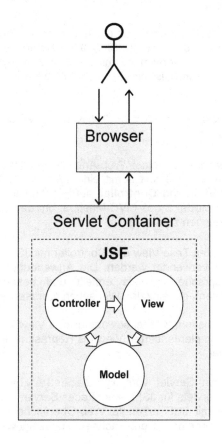

6.1 Aufgaben des JSF-Frameworks
6.2 Konzepte und Funktionsweise des JSF-Frameworks
6.3 Aufbau von JSF-Anwendungen
6.4 Konfiguration einer JSF-Anwendung

6 JavaServer Faces

> **JavaServer Faces** (JSF) ist ein serverseitiges Framework zur Programmierung von **Webanwendungen** und ihren **Benutzeroberflächen** in Java.

JavaServer Faces ist seit der Version 5 Teil der Java Enterprise Edition. Im Wesentlichen dient JSF dazu, um im Rahmen des HTTP-Protokolls komplexe Anwendungen für das Web zu entwickeln.

Ursprünglich war JSF als Framework für die **Generierung von Webseiten** durch JavaServer Pages (JSP) gedacht. Seit JSF 2.0 wird statt JSP jedoch die besser geeigneten **Facelets**[74] in JSF verwendet, mit welchen sich dynamische Web-Oberflächen leichter erstellen lassen als mit JSP. Facelets werden in Kapitel 6.2.1 näher erklärt.

Das aktuelle JSF-Framework der Version 2.2 wurde über den Java Specification Request (JSR) 344 definiert[75].

> JSF legt der Softwarearchitektur einer Web-Anwendung das MVC[76]-Architekturmuster zugrunde und teilt somit eine Web-Anwendung in die drei Teile **Model, View** und **Controller** auf. Konkret verwendet JSF dabei die Variante **Model 2** des MVC-Musters, um den Anforderungen für Webanwendungen zu genügen.

Dabei werden die erwähnten Teile View und Controller mit JSF realisiert, während für das Model JavaBeans[77] verwendet werden. Die Anwendungsoberfläche wird über die Seitendeklarationssprache Facelets erstellt und besteht aus einem oder mehreren Views (Ansichten), die einzelne Webseiten repräsentieren.

Der Begriff View wird in diesem Kapitel sowohl für den View im Sinne von MVC, als auch für den tatsächlich implementierten View als Repräsentation einer Webseite im Sinne von JSF verwendet.

Als Controller kommt ein Servlet vom Typ `FacesServlet` zum Einsatz. Eine Implementierung eines Servlets für JSF – kurz Faces Servlet – ist in der Java EE-API bereits vorhanden. Die mit JSF erzeugte Web-Oberfläche (Web-Benutzerschnittstelle) kann im Webbrowser eines Client-Rechners angezeigt werden.

---

[74] Facelets sind eine zusätzliche View-Handler-Technologie für das JavaServer Faces-Framework, das JavaServer Pages bei der Definition der Views ersetzt.

[75] Um den Standard Java EE zu definieren, werden die verschiedenen Teile der Java EE über JSRs im Rahmen des Java Community Process (JCP) spezifiziert. An der Entwicklung der Spezifikation von JSF nehmen namhafte Unternehmen wie IBM, Oracle, RedHat, etc. teil.

[76] MVC: Model, View, Controller

[77] Eine JavaBean ist eine Java-Klasse, die bestimmte Anforderungen erfüllt (siehe Kapitel 3.4).

Die **Model 2-Architektur** enthält

- ein **Servlet** als Controller,
- eine **View**, die durch Facelets erstellt wird, und
- **JavaBeans** als Model.

Das folgende Bild zeigt die Model 2-Architektur im JSF-Framework:

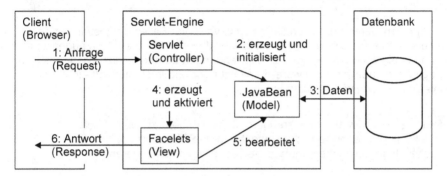

Bild 6-1 Model 2-Architektur im JSF-Framework

Der Entwickler instanziiert nicht selbst die benötigten Objekte, sondern gibt eine **Konfiguration** über XML-Dateien oder entsprechende Annotationen vor, welche die Abhängigkeiten der Objekte beschreibt. Somit kann der Container[78] des JSF-Frameworks die Objekte selbst verwalten.

Der Container ist ein fester Bestandteil des JSF-Framework.

Wenn eine JavaBean im JSF-Framework registriert und ihre Lebensdauer festgelegt ist, nimmt die tatsächliche Instanziierung – und weitere Verwaltungsaufgaben – der Container des JSF-Framework vor.

Die im JSF-Framework verwalteten JavaBeans nennt man **Managed Beans**.

Das JSF-Framework ist komponentenorientiert. JSF-Komponenten bilden **Bausteine**, aus denen sich die Seiten einer Web-Anwendung aufbauen lassen. JSF-Komponenten existieren als Java-Objekte im sogenannten JSF-Komponentenbaum, der die hierarchische Struktur der JSF-Komponenten speichert und somit den Aufbau einer Webseite widerspiegelt.

---

[78] siehe Kapitel 6.2.1

Im JSF-Framework werden lose verknüpfte JSF-Komponenten eingesetzt, wodurch ein hoher Grad an **Wiederverwendbarkeit** der JSF-Komponenten erreicht wird. JSF-Komponenten können mithilfe eines Renderers[79] in Form von HTML im Webbrowser dargestellt werden.

> Eine **JSF-Komponente** stellt einen eigenständigen, wiederverwend-baren **Baustein** dar, der mit anderen JSF-Komponenten genutzt wird, um eine **Seite einer Web-Anwendung** zu erstellen.

Im Folgenden werden die Grundlagen zu JavaServer Faces dargestellt mit dem Ziel, ein Verständnis für die Funktionsweise des JSF-Framework zu erzeugen und den Einstieg in die Entwicklung von JSF-Anwendungen zu erleichtern. Wie jedes Frame-work gibt auch JSF eine Software-Architektur vor und implementiert ein Grundgerüst für die Entwicklung von Anwendungen.

> Infolge einer bereits existierenden Implementierung des Faces Servlet[80] liegt die wesentliche Aufgabe des Entwicklers darin, die Geschäftslogik sowie die Benutzeroberfläche zu implementieren.

Mit Java Beans und den Standard-JSF-Komponenten lassen sich so relativ einfach Webanwendungen erstellen. Die Verbindung zwischen View und Model gestaltet sich mit der sogenannten Unified-EL[81] nahezu trivial. Ebenso leicht zu erlernen sind die Ereignisbehandlung sowie die Navigation in JSF-Anwendungen. Eine Einarbeitung in die umfangreichen Konfigurationsmöglichkeiten von JSF verlangt weitaus mehr Zeit.

6.1 Aufgaben des JSF-Frameworks

Das JSF-Framework befasst sich mit den folgenden Aufgaben bei der Entwicklung von Webanwendungen:

- **Bereitstellung von JSF-Komponenten**

> Aus den von JSF zur Verfügung gestellten JSF-Komponenten können Weboberflächen aufgebaut werden.

Neben den Standard-JSF-Komponenten, die von Oracle bereitgestellt werden, existieren viele weitere Komponentenbibliotheken von Drittanbietern wie beispiels-weise Apache MyFaces. Darüber hinaus können benutzerdefinierte JSF-Kompo-nenten erstellt werden.

---

[79] Ein Renderer ist eine Java-Klasse, die in JSF geschriebene Seiten in eine darstellbare Form umwandelt. Diese darstellbare Form kann zum Beispiel HTML-Code zur Anzeige in einem Webbrowser sein. Es können auch eigene Renderer für beliebige Ausgabeformate geschrieben werden.

[80] Das Faces Servlet hat die Aufgabe, den Lebenszyklus einer Web-Anwendung zu verwalten, wenn diese Anwendung JavaServer Faces für die Benutzerschnittstelle verwendet.

[81] Die Unified Expression Language (Unified-EL) ist eine Programmiersprache, die dazu verwendet wird, Ausdrücke in Webseiten einzubetten. Sie bildet die Verbindung zwischen View und Model.

- **Speicherung des Zustands einer Anwendung**

> Für die Speicherung des Zustandes einer Anwendung werden so-
> wohl einzelne Objekte als auch Anwendungsdaten gesichert.

Ein Beispiel für einen Zustand einer Anwendung ist beispielsweise, ob jemand bereits angemeldet ist, oder ob eine Anmeldung noch erfolgen muss. Die Speicherung des Zustands erfolgt im Rahmen von sogenannten Sitzungen (engl. sessions) auf dem Server oder auf Seiten des Clients in Form von Cookies.

- **Datentransfer zwischen Client und Server**

> Zuvor entsprechend definierte Eingabefelder und Web-Formulare
> können befüllt bzw. ausgelesen werden.

Da das HTTP-Protokoll nur Daten in Form von Zeichenketten übermittelt, gehört auch die Konvertierung und Validierung der Anwendungsdaten zu den Leistungen von JSF. Diese Konvertierungen können automatisch oder durch den Entwickler gesteuert ablaufen. Dabei werden sowohl alle primitiven Datentypen, als auch erweiterte Typen wie etwa Datumsangaben unterstützt. Die Validierung prüft ein-gegebene Daten auf syntaktische und semantische Fehler.

- **Generierung von Ereignissen**

> Für Benutzeraktionen der Web-Oberfläche werden **Ereignisse** ge-
> neriert und auf dem Server behandelt.

Ein Ereignis wird von einer JSF-Komponente ausgelöst, zum Beispiel bei einer Änderung des Wertes in einem Eingabefeld. Die Ereignisbehandlung erfolgt in Methoden, die zuvor an eine ereignisauslösende JSF-Komponente gebunden wurden. Zur Bindung von Methoden siehe Kapitel 6.3.

6.2 Konzepte und Funktionsweise des JSF-Frameworks

In diesem Kapitel werden grundlegende Konzepte und Methoden des JSF-Frame-works vorgestellt. Dabei behandelt Kapitel 6.2.1 die Architektur einer JSF-Anwen-dung und Kapitel 6.2.2 befasst sich mit der Verarbeitung von Anfragen.

6.2.1 Konzepte und Architektur

> Die Verwaltung von serverseitigen Objekten durch einen **Container** im
> JSF-Framework setzt das Konzept der **Dependency Injection** um.
> Hierbei wird die Erzeugung von Objekten und die Verwaltung von
> Abhängigkeiten zwischen Objekten an eine dafür vorgesehene In-
> stanz, eben den Container, delegiert.

Dieser Container erzeugt die Instanzen und Verbindungen aller Objekte. Die Objekte selbst sind vom Injektor unabhängig.

Damit eine Klasse von einem Container verwaltet werden kann, muss sie in Java EE die Anforderungen der **JavaBean**-Spezifikation[82] erfüllen.

Der **Container** des Framework JavaServer Faces ist die sogenannte **Managed Bean Facility**. Die Managed Bean Facility stellt einen wesentlichen Teil des JSF-Framework dar. Dieser Container übernimmt die Verwaltung von JavaBeans, die daher als Managed Beans bezeichnet werden.

Der Container erfüllt dabei folgende Aufgaben:

- Instanziierung von Managed Beans,
- Initialisierung, Verwendung und Löschung von Managed Beans-Instanzen und
- Bereitstellung der Managed Bean-Instanzen für die Verwendung in einer View mittels Unified-EL.

Eine weitere Eigenschaft des JSF-Framework ist die Umsetzung des Konzepts von **Sitzungen** (Sessions).

Das HTTP-Protokoll, das dem JSF-Framework zugrunde liegt, nutzt zum Datentransport lediglich die Technik Anfrage-Antwort und unterstützt somit keine **Zustände** einer Web-Anwendung. Erreichen will man aber, dass verschiedene Eigenschaften über den Aufruf mehrerer Webseiten hinweg im System geführt werden. Die Idee dabei ist, mehrere Anfragen zu einer Sitzung zusammenzufassen. Innerhalb einer Sitzung sollen Werte von Variablen als diskrete Zustände geführt werden können. Solche Sitzungen werden mithilfe einer Session-ID identifiziert, wofür es mehrere technische Konzepte gibt (Cookies, URL-Rewriting, etc.).

Das JSF-Framework setzt das **Model 2-Architekturmuster** um, das die Aufgaben und das Zusammenwirken der Komponenten Model, View und Controller definiert.

Das JSF-Framework erreicht mit der Model 2-Architektur die Trennung zwischen Verhalten und Darstellung. Das bedeutet konkret, dass der Code für die Anwendungslogik vom Code der Benutzerschnittstelle getrennt wird (Separation of Concerns).

Das Verhalten und die Darstellung sind lose gekoppelt, wodurch sich Vorteile hinsichtlich der Wartbarkeit ergeben. Zum einen kann nämlich eine Komponente ersetzt werden, ohne eine andere Komponente zu ändern. Zum anderen vermeidet man eine Vermischung von Codeteilen der grafischen Oberfläche mit denjenigen der Anwendungslogik. Damit ermöglicht es die Model 2-Architektur, dass die Entwicklung und Implementierung dieser beiden Teile weitgehend eigenständig und parallel erfolgen kann.

---

[82] Siehe Kapitel 6.3.4

Für eine Web-Anwendung ergeben sich vier operationell wichtige Schichten:

- Client-Schicht,
- Web-Schicht,
- Business-Schicht und
- Persistenzschicht.

In Bild 6-2 ist die Model 2-Architektur des JSF-Frameworks zu sehen, wobei hier die Komponenten der Architektur in einem Schichtenmodell dargestellt werden:

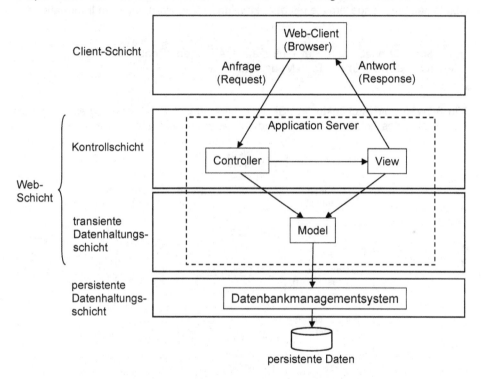

Bild 6-2 Model 2-Architektur bei Verwendung von JSF im Schichtenmodell

Den Ablauf, also das Entgegennehmen einer Anfrage vom Client sowie die daraus resultierende Steuerung von View und Model, bestimmt der **Controller** als zentrale Steuerkomponente.

Der Controller nimmt Anfragen eines Clients – typischerweise als HTTP-Request – entgegen und verwaltet die View und das Model. Des Weiteren steuert der Controller den durch die Anfrage gestarteten JSF-Verarbeitungszyklus.

Zur Realisierung des Controllers wird in JSF ein sogenanntes **Faces Servlet**, eine Instanz der Klasse `FacesServlet`, eingesetzt.

Eine Implementierung dieses Servlets wird durch die Klasse `FacesServlet` im Paket `javax.faces.webapp` repräsentiert. Eine weitere Implementierung ist zum Beispiel mit MyFaces von der Apache Software Foundation verfügbar.

Für jede gestartete Web-Anwendung wird genau eine Instanz eines Faces Servlet erzeugt.

Das Faces Servlet stellt ein Objekt vom Typ `FacesContext` zur Verfügung. Die Klasse `FacesContext` ist im Paket `javax.faces.context` enthalten. Dieses Objekt hält unter anderem die mit der aktuellen Anfrage verbundenen Informationen.

Ein **Faces Servlet** bearbeitet eintreffende Anfragen (Requests) und steuert als **Controller** die Teile Model und View.

Bild 6-3 zeigt die Architektur in JSF und die eingesetzten Technologien, wobei die Reihenfolge des Ablaufs an den im Bild enthaltenen Nummern abzulesen ist:

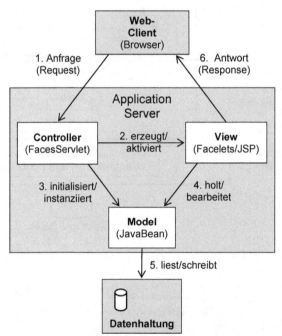

Bild 6-3 Model 2-Architektur im JSF-Framework

Die Erstellung einer **View** als Ansicht einer Web-Anwendung wird mit der **View Declaration Language**[83], einer Seitendeklarationssprache, realisiert. Der Standard für eine View Declaration Language seit der Version 2.0 von JSF ist **Facelets**.

---

[83]   abgekürzt als VDL

Mit dieser Sprache können die erforderlichen JSF-Komponenten deklariert werden. Dabei können – wie in HTML – Werte für die Attribute einer JSF-Komponente angegeben werden. Des Weiteren können über die VDL auch weitere Eigenschaften einer JSF-Komponente, wie etwa Konverter und Validierer, zugewiesen werden.

Die **View** einer JSF-Anwendung, also die Ansicht, wird aus dem **JSF-Komponentenbaum** aufgebaut. Im JSF-Komponentenbaum werden die JSF-Komponenten in einer Baumstruktur angegeben sowie die **Eigenschaften** der JSF-Komponenten als Knoten des Baums gespeichert.

Ein Beispiel zu einem JSF-Komponentenbaum wird in Kapitel 6.3.1 gezeigt.

JavaBeans beinhalten Daten und die Applikationslogik. Sie bilden damit das **Model** und werden durch das Faces Servlet, den Controller, instanziiert.

Eine **JavaBean** kann dem JSF-Framework bekannt gemacht werden, sodass sie verwaltet werden kann. Das Framework verwaltet insbesondere die Instanziierung und die Lebensdauer einer Bean.

JavaBeans, die durch das JSF-Framework verwaltet werden, sind – wie bereits bekannt – **Managed Beans**.

Um das **Model** ins JSF-Framework einzubinden, werden **Managed Beans** verwendet. Das Framework verwaltet die Instanziierung und die Lebensdauer der Managed Beans.

Typischerweise wird eine Datenbank zur persistenten Speicherung des Model genutzt. Diese Speicherung wird nicht durch das JSF-Framework abgedeckt.

6.2.2 Verarbeitung von Anfragen

Mit einem HTTP-Request wird im Webserver der Verarbeitungsprozess einer Anfrage eines Clients angestoßen, der mit einer HTML-Seite als Antwort des Webservers an den Client endet.

6.2.2.1 Der Verarbeitungszyklus in JSF

Der Prozess der Verarbeitung einer Anfrage erfolgt in sechs Schritten (Phasen). Er kann – entsprechend der Anfrage und auch möglicher Verarbeitungsfehler – unterschiedlich viele dieser Verarbeitungsschritte durchlaufen.

Das folgende Bild zeigt den Verarbeitungszyklus in JSF:

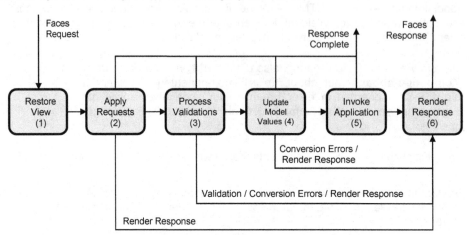

Bild 6-4 Verarbeitungszyklus einer Anfrage

Der JSF-Standard spezifiziert die einzelnen Schritte wie folgt:

- **Restore View**: Aufbau bzw. Aktualisierung des JSF-Komponenten-baums,
- **Apply Requests**: Übernahme der vom Anwender geänderten Werte,
- **Process Validations**: Konvertierung und Validierung der übernommenen Daten,
- **Update Model Values**: Aktualisierung der Model-Objekte mit validierten Daten,
- **Invoke Application**: Aufruf der Anwendungslogik und
- **Render Response**: Antwort auf die HTTP-Anfrage.

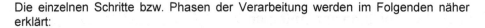

Die einzelnen Schritte bzw. Phasen der Verarbeitung werden im Folgenden näher erklärt:

- **Restore View**
  Bei einer erstmalig eintreffenden Anfrage wird zunächst der JSF-Komponenten-baum aufgebaut, wobei dazu die entsprechende Seitendeklaration[84] aus einer XHTML[85]-Datei gelesen wird.

Die in dieser Datei enthaltenen XHTML-Tags werden dabei auf Objekte im JSF-Komponentenbaum abgebildet.

---

[84] Unter einer Seitendeklaration versteht man die Deklaration der Ausgabe einer Seite auf dem Bildschirm unter JSF mithilfe der sogenannten Seitendeklarationssprache (engl. View Declaration Language, abgekürzt VDL).

[85] Extensible Hypertext Markup Language.

Zu unterscheiden sind erstmalige Anfragen und die folgenden Anfragen an eine View. Bei der ersten Anfrage wird der JSF-Komponentenbaum in seinem Initialzustand aufgebaut. Bei einer weiteren Anfrage an dieselbe View werden zuvor gespeicherte Statusinformationen dazu verwendet, den letzten Zustand der View aus dem Initialzustand wiederherzustellen. Das bedeutet, dass entsprechend den Änderungen der View – etwa durch Benutzereingaben – der zuvor erstellte Baum aktualisiert wird.

- **Apply Requests**
  Es werden die Eingaben des Benutzers durch das Schreiben in den JSF-Komponentenbaum übernommen. Die JSF-Komponenten holen sich aus der HTTP-Anfrage ihre Werte. Die hier geholten Daten werden in dieser Phase noch nicht in die Objekte des Model übernommen.

- **Process Validations**
  Die aus der Anfrage entnommenen Werte werden konvertiert und validiert. Die Konvertierung ist nötig, da die Daten in der HTTP-Anfrage zunächst als Zeichenketten vorliegen und in Java-Datentypen umgewandelt werden müssen. Beispielsweise kann mit der Zeichenfolge „24.06.1984" ein Objekt vom Typ `java.util.Date` erstellt werden. Die anschließende Validierung ist optional und überprüft die übergebenen Benutzerangaben auf Gültigkeit.

  Das JSF-Framework enthält einige Standard-Konverter und -Validierer. Es ist möglich, benutzerdefinierte Konverter und Validierer zu implementieren.

  Konvertierte und ggf. validierte Werte werden in die Variable `value` einer JSF-Komponente geschrieben. Ändert sich diese Variable, so wird für die zugehörige JSF-Komponente ein Ereignis vom Typ `ValueChangeEvent` generiert. Dieses Ereignis wird für die darauffolgende Verarbeitung der Ereignisse angemeldet.

- **Update Model Values**
  Nach erfolgreicher Validierung können mit den übernommenen Werten die Managed Bean-Objekte des Model aktualisiert werden. Dazu werden die set-Methoden der Managed Bean aufgerufen.

- **Invoke Application**
  In dieser Phase findet der Zugriff auf die Anwendungslogik statt. Einerseits können JSF-Komponenten über das `action`-Attribut mit einer entsprechenden Action-Methode in einer Managed Bean verknüpft werden, um ein Ereignis zu behandeln. Andererseits besteht die Möglichkeit, einen Listener vom Typ `ActionListener` an eine JSF-Komponente zu binden, so dass ein vom Anwender ausgelöstes Ereignis von den gebundenen Listenern bearbeitet werden kann.

- **Render Response**
  Der JSF-Komponentenbaum wird hier gerendert, d. h. in eine für einen Webbrowser lesbare HTML-Form gebracht. Diese Ausgabe als HTML bildet die Antwort der Anfrage. Gegebenenfalls werden Fehlermeldungen, falls bei der Verarbeitung Fehler auftraten, eingebunden. Auch in dieser Phase werden die Konverter verwendet, da die als Java-Typen vorliegenden Daten in Zeichenketten zurückgewandelt werden müssen. Mit Abschluss des Renderns endet der Verarbeitungszyklus einer Anfrage und die Antwort kann an den Client geschickt werden.

Eine **Anfrage** führt zum Start des **Verarbeitungszyklus**, wobei zunächst der **JSF-Komponentenbaum** aufgebaut bzw. wiederhergestellt wird. Als Antwort wird eine HTML-Seite (ggf. mit Fehlermeldungen) am Ende des Zyklus erzeugt.

Im Folgenden sollen die Verarbeitungszyklen für „Spezialfälle" besprochen werden, falls eine Seite zum ersten Mal aufgerufen wird oder Fehler bei der Validierung auftraten. Wie bereits erwähnt, werden in solchen Fällen nicht alle Verarbeitungsschritte durchlaufen.

Beim ersten Aufruf einer Webseite existiert noch kein JSF-Komponentenbaum. Dieser wird beim Parsen der Seitendeklaration, also des XHTML-Dokuments, aufgebaut. Folglich werden nur die Phasen „Restore View" und „Render Response" durchlaufen. Die übrigen Schritte entfallen, da die Anfrage lediglich den Initialzustand der View anfordert.

Das folgende Bild zeigt den Verarbeitungszyklus für den Fall einer **initialen Anfrage**:

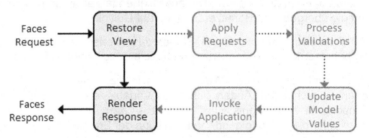

Bild 6-5 Verarbeitungszyklus bei initialer Anfrage

Der Verarbeitungszyklus nimmt einen anderen Verlauf, falls in der Phase „Process Validations" die Konvertierung bzw. Validierung fehlschlagen sollte. In diesem Fall werden Fehlermeldungen generiert und es wird direkt in die Phase „Render Response" gesprungen. Es werden also keine Daten in das Model übertragen und die Applikationslogik wird übersprungen. Das Ergebnis des Verarbeitungszyklus ist dann dieselbe Seite mit den entsprechenden Fehlermeldungen.

Bild 6-6 zeigt den Ablauf des Verarbeitungszyklus bei **erfolgloser Validierung**:

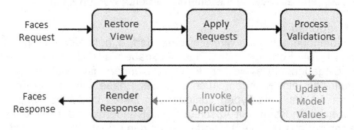

Bild 6-6 Verarbeitungszyklus bei fehlgeschlagener Validierung bzw. Konvertierung

6.2.2.2 Einfluss auf den Verarbeitungszyklus

Um auf den Verarbeitungszyklus Einfluss zu nehmen, kann das Attribut `immediate` einer JSF-Komponente genutzt werden. Setzt man den Wert von `immediate` auf `true`, so ändert sich der Verarbeitungszyklus entsprechend dem Typ der JSF-Komponente. Bei **Eingabekomponenten** bewirkt dies, dass die Konvertierung und Validierung bereits während der Phase „Apply Requests" stattfindet. Bei **Steuerkomponenten** wird die Phase „Invoke Application" vorgezogen, so dass sie in der Phase „Apply Requests" erfolgt.

Dieses Vorgehen ist sinnvoll, falls man die **Werte von einzelnen Eingabekomponenten prüfen** möchte, ohne alle Eingaben zu übernehmen. Beispielsweise will man bei einem Web-Formular für Registrierungen die gemachten Angaben nicht übernehmen, solange die Checkbox „AGB akzeptieren" nicht bestätigt wurde. Die Idee ist also, den Verarbeitungsprozess unter bestimmten Bedingungen komplett zu durchlaufen und ansonsten zur aktuellen View zurückzukehren. Dazu würde man das Attribut `immediate` der Checkbox auf `true` setzen, so dass der Wert nur dieser JSF-Komponente geprüft wird, bevor unnötigerweise weitere Eingaben konvertiert, validiert und ins Model übernommen werden. Eine fehlende Betätigung der Checkbox würde in diesem Beispiel den Verarbeitungszyklus nach der Phase „Apply Requests" beenden und die Rückkehr zur aktuellen View bewirken. Das folgende Bild zeigt den Verlauf eines Verarbeitungszyklus, falls das Attribut `immediate` wie beschrieben genutzt wird:

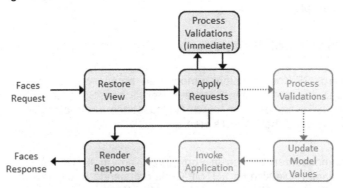

Bild 6-7 Verarbeitungszyklus bei Eingabekomponenten mit `immediate=true`

Setzt man bei einer **Steuerkomponente** das Attribut `immediate` auf `true`, so wird die Geschäftslogik bereits in der Phase „Apply Requests" ausgeführt. Ein Beispiel wäre eine Schaltfläche zum Abbrechen, die auf einer Seite mit Pflichtfeldern genutzt wird. Solange diese Eingabefelder leer sind, wird die Validierung fehlschlagen und der Benutzer kann dann diese Seite nicht verlassen. Indem die Geschäftslogik vorgezogen und die Validierung übersprungen wird, kann die Seite auch bei leeren Pflichtfeldern verlassen werden. Somit würde sich folgender Verarbeitungszyklus ergeben:

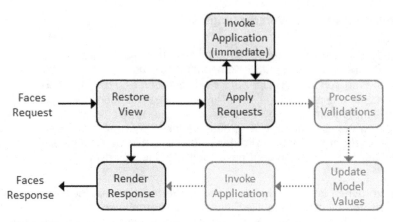

Bild 6-8 Verarbeitungszyklus bei Steuerkomponenten mit `immediate=true`

6.3 Aufbau von JSF-Anwendungen

In diesem Kapitel wird der Aufbau einer JSF-Anwendung beschrieben. Dazu werden zunächst in Kapitel 6.3.1 die Standard-JSF-Komponenten behandelt. Anschließend wird in Kapitel 6.3.2 beschrieben, wie eine Webseite mit der Seitendeklarations-sprache Facelets zu erstellen ist. Die Realisierung der Verbindung zwischen View und Model mithilfe der Unified-EL zeigt Kapitel 6.3.3. Die Deklaration von Managed Beans folgt in Kapitel 6.3.4. Abschließend werden Ereignisse und ihre Behandlung in Kapitel 6.3.5 besprochen.

6.3.1 Standard-JSF-Komponenten

Die Standard-JSF-Komponenten ermöglichen bereits das Erstellen von funktional anspruchsvollen **Benutzeroberflächen**. So lassen sich mit diesen JSF-Komponenten etwa Textausgaben und -eingaben, Schaltflächen oder Tabellen realisieren.

Die JSF-Komponenten werden in Form ihrer Tags in XHTML-Doku-menten deklariert. Die sich im XHTML-Code ergebende Baumstruktur wird zur Laufzeit der Web-Anwendung im **JSF-Komponentenbaum** abgebildet, wobei die Elemente des JSF-Komponentenbaums Instanzen von Java-Klassen sind.

Eine mithilfe von JSF-Komponenten erstellte Webseite wird auch **View** (Ansicht) genannt. Das Erstellen des JSF-Komponentenbaums einer View geschieht im sogenannten **View Handler**, welcher durch die abstrakte Klasse `ViewHandler` im Paket `javax.faces.app-lication` repräsentiert wird.

Das Erzeugen einer HTML-Ausgabe einer JSF-Komponente erfolgt beim **Rendern**, wofür die Java EE-API bereits das HTML Basic RenderKit mitliefert.

Das HTML Basic RenderKit ist durch die Klasse `RenderKit` im Paket `javax.faces.render` repräsentiert. Die JSF-Komponentenklassen definieren das Verhalten einer JSF-Komponente und erben – direkt oder indirekt – von der abstrakten Basisklasse `UIComponentBase` im Paket `javax.faces.component`.

Die Vererbungshierarchie der JSF-Komponenten ist auszugsweise in Bild 6-9 dargestellt:

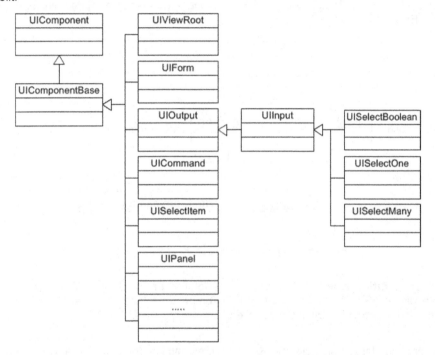

Bild 6-9 Ausschnitt der Vererbungshierarchie von JSF-Komponenten

Eine Webseite ist hierarchisch aus Oberflächenelementen aufgebaut. Diese hierarchische Struktur einer Webseite findet sich im Komponentenbaum wieder.

Die JSF-Komponentenklassen werden genutzt, um aus ihren Objekten den JSF-Komponentenbaum entsprechend ihrer Deklaration in der XHTML-Datei aufzubauen. Somit ergibt sich für jede Webseite ein unterschiedlicher JSF-Komponentenbaum.

Konkret werden Kindklassen der JSF-Komponentenklassen instanziiert und als Knoten dieses Baumes verwendet, da die direkt von der Klasse `UIComponentBase` abgeleiteten Klassen nur die grundsätzlichen Typen der JSF-Komponenten repräsentieren. Beispielsweise leiten sich von der Klasse `UIOutput`, der Basisklasse aller

JSF-Komponenten, die eine Ausgabe erzeugen, die Klassen `HtmlOutputText` und `HtmlOutputLabel` ab, welche schließlich für den JSF-Komponentenbaum genutzt werden.

Der Wurzelknoten des JSF-Komponentenbaums ist ein Objekt vom Typ `UIView-Root` aus dem Paket `javax.faces.component`.

Die Seiten einer JSF-Anwendung werden standardmäßig mit der View Declaration Language **Facelets** realisiert. Diese Seiten stellen die Ausgabe am Bildschirm dar.

Bild 6-10 zeigt als Beispiel einen JSF-Komponentenbaum einer einfachen Seite mit Text, Eingabefeld und Schaltfläche:

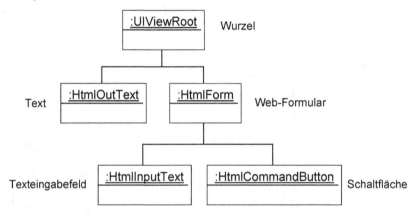

Bild 6-10 Beispiel für einen JSF-Komponentenbaum

Die **Deklaration** einer JSF-Komponente erfolgt in **Facelets** über ein **Tag** dieser JSF-Komponente. Eine JSF-Komponente kann mehr als ein Tag für ihre Deklaration bereitstellen.

Wie erwähnt, lassen sich die JSF-Komponenten mithilfe der im JSF-Framework standardmäßig enthaltenen Tags, welche in den mitgelieferten HTML-Bibliotheken definiert sind, deklarieren. Zwei wesentliche Bibliotheken werden hier genannt. Die **HTML-Custom-Tag-Library** spezifiziert Tags, die zu HTML-Elementen gerendert werden. In der **Core-Tag-Library** befinden sich Tags, welche die Funktionalität der Web-Anwendung steuern, jedoch beim Rendern keine sichtbaren HTML-Elemente erzeugen. Weitere Details und ein Beispiel zu den Tag-Libraries und zu Facelets sind in Kapitel 6.3.3 zu finden.

6.3.1.1 HTML-Tags der HTML-Custom-Tag-Library

Um Tags der JSF-Komponenten in eine HTML-Seite einzufügen, werden die Bereiche Head und Body der HTML-Datei mit `h:head` und `h:body` deklariert. Die wichtigsten JSF-Komponenten und ihre Tags werden im Folgenden vorgestellt[86].

6.3.1.2 UIForm

Die JSF-Komponente `UIForm`, die durch das Tag `h:form` deklariert wird, entspricht dem Tag `form` einer HTML-Seite. Diese JSF-Komponente wird als `form`-Element gerendert und nicht grafisch dargestellt. Sie umschließt weitere Tags, welche für Benutzereingaben sowie -aktionen gedacht sind und somit Daten an die Web-Anwendung leiten. Typische Anwendungen für das `form`-Tag sind Web-Formulare für Dateneingaben, Anmeldungen und Registrierungen (siehe Beispiel zu Facelets in Kapitel 0).

6.3.1.3 UIOutput

Mit der JSF-Komponente `UIOutput` können Texte dargestellt werden, wobei diese JSF-Komponente mithilfe verschiedener Tags deklariert werden kann. Hier die Tags der JSF-Komponente `UIOutput`:

Tag-Name	Beschreibung
h:outputText	unformatierter Text
h:outputLabel	Text zur Beschreibung anderer GUI-Elemente
h:outputLink	Text für Hyperlinks
h:outputFormat	formatierter Text

Tabelle 6-1 Tags der JSF-Komponente UIOutput

Beispiele:

- `<h:outputText value="Hello World!" />`

Die Ausgabe in einem Webbrowser ist:

Hello World!

An das Attribut `value` wird der anzuzeigende Text „Hello World!" übergeben. Dieser Wert wird beim Rendern der JSF-Komponente `outputText` in der HTML-Seite ausgegeben.

- `<h:outputLabel for="username" value="User " />`
  `<h:inputText id="username" value="#{loginBean.username}" />`

---

[86] Alle JSF-Komponenten sind in der Online-Dokumentation zu Facelets beschrieben (siehe [oravdl])

Die Ausgabe in einem Webbrowser ist:

User

An das Attribut `value` wird die Methode `getUsername()` der Bean `loginBean` gebunden. Das Textfeld in diesem Beispiel ist leer, da die Methode `getUser-name()` einen leeren String zurückgibt. Die Bindung von Methoden und Eigenschaften einer Managed Bean an eine JSF-Komponente wird in Kapitel 6.3.3 erläutert.

* ```
  <h:outputLink value="/impressum.xhtml">
      <h:outputText value="Impressum" />
  </h:outputLink>
  ```

Die Ausgabe in einem Webbrowser ist:

Impressum

Die JSF-Komponente `outputLink` erzeugt einen Link, wodurch der String „Impressum" im Webbrowser unterstrichen dargestellt wird.

* ```
  <h:outputFormat value="Sie haben {0} neue Nachrichten">
      <f:param value="#{msgBean.unread}" />
  </h:outputFormat>
  ```

Die Ausgabe in einem Webbrowser ist:

Sie haben 5 neue Nachrichten

Die JSF-Komponente `OutputFormat` ersetzt Platzhalter durch die Werte der angegebenen Parameter. In diesem Beispiel wird der Platzhalter `{0}` durch den Rückgabewert der Methode `getUnread()` der Bean `msgBean` ersetzt, die den Wert „5" zurückgibt.

6.3.1.4 UIInput

Die JSF-Komponente `UIInput` stellt ein Eingabeelement dar und kann mit folgenden Tags deklariert werden:

Tag-Name	Beschreibung
h:inputText	Einzeiliges Texteingabefeld
h:inputTextarea	Mehrzeiliges Texteingabefeld
h:inputSecret	Einzeiliges Texteingabefeld, bei dem die einzelnen Zeichen durch einen Platzhalter verschleiert werden
h:inputHidden	Wird als nicht sichtbares GUI-Element gerendert

Tabelle 6-2 Tags der JSF-Komponente UIInput

Beispiele:

- `<h:inputText size="18" value="#{loginBean.username}/>`

Die Ausgabe in einem Webbrowser ist:

> myusername

Das Textfeld zeigt als Vorgabe den Rückgabewert der Methode getUsername() der Bean loginBean an, die den String „myusername" zurückgibt.

- `<h:inputSecret value="#{loginBean.password}" />`

Die Ausgabe in einem Webbrowser ist:

> •••••••

Das Textfeld zeigt als Vorgabe den Rückgabewert der Methode getPassword() der Bean loginBean an.

- `<h:inputTextarea rows="3" cols="14"`
  `    value="#{contactBean.comment}" />`

Die Ausgabe in einem Webbrowser ist:

> Platz für einen
> längeren Text...

Das Textfeld zeigt als Vorgabe den Rückgabewert der Methode comment() der Bean contactBean an.

6.3.1.5 UICommand

Die JSF-Komponente `UICommand` stellt ein Steuerungselement dar und kann vom Anwender aktiviert werden, so dass ein Ereignis ausgelöst wird. Die Deklaration kann über die Tags `h:commandButton` und `h:commandLink` erfolgen, wodurch eine Schaltfläche (engl.: button) bzw. ein Hyperlink im Webbrowser dargestellt wird.

Die JSF-Komponente `UICommand` muss sich – im Gegensatz zum HTML-Standard – in einem Formular befinden. Das heißt, dass die JSF-Komponente im vom Tag `h:form` gebildeten Bereich platziert werden muss.

Beispiele:

- ```
  <h:commandButton value="Speichern"
      action="#{personBean.save}" />
  ```

 Die Ausgabe in einem Webbrowser ist:

> Speichern

Beim Klicken der Schaltfläche „Speichern" wird die Methode `save()` der Bean `personBean` aufgerufen.

- ```
  <h:commandLink value="Neu registrieren"
      action="#{loginBean.registerUser}" />
  ```

 Die Ausgabe in einem Webbrowser ist:

> Neu registrieren

Beim Klicken des Links „Neu registrieren" wird die Methode `registerUser()` der Bean `loginBean` aufgerufen.

6.3.1.6 UISelectBoolean

Um einen Wahrheitswert darzustellen, kann die JSF-Komponente `UISelectBoolean` verwendet werden, welche durch das Tag `h:selectBooleanCheckbox` deklariert wird. Das Rendern ergibt die Darstellung einer Checkbox, die die Werte wahr (Häkchen gesetzt) oder falsch (kein Häkchen) annehmen kann.

Beispiel:

```
<h:outputLabel for="condAgree" value="AGB akzeptieren " />
<h:selectBooleanCheckbox id="condAgree"
    value="#{registerBean.condAgree}" />
```

Die Ausgabe in einem Webbrowser ist:

AGB akzeptieren ☑

Das Häkchen der Checkbox ist gesetzt, da die Methode `getCondAgree()` der Bean `registerBean` den Wert `true` zurückgibt.

6.3.1.7 UISelectOne

Mit der JSF-Komponente `UISelectOne` kann die Auswahl genau eines Elements aus einer Gruppe von Elementen realisiert werden. Die JSF-Komponente `UISelectOne` kann durch folgende Tags deklariert werden:

Tag-Name	Beschreibung
h:selectOneRadio	Optionsfeld
h:selectOneListbox	Listenfeld
h:selectOneMenu	Auswahlmenü (auch Combo-Box)

Tabelle 6-3 Tags der JSF-Komponente `UISelectOne`

Die verschiedenen Deklarationen unterscheiden sich hier lediglich durch den Tag-Namen. Allerdings sind je nach Tag andere Attribute verfügbar. Beispielsweise ist das Attribut `layout` nur beim Tag `h:selectOneRadio` nutzbar. Das Hinzufügen von Elementen zur Auswahl wird mit dem Tag `f:selectItem` realisiert, wobei dieses in den Bereich eines Tags der JSF-Komponente gesetzt wird. Will man die Möglichkeit bieten, auch keines der Elemente auszuwählen, belässt man das Attribut `required` bei seinem Standardwert `false`.

Beispiel:

```
<h:selectOneRadio id="size" required="true"
       value="#{orderBean.size}" layout="pageDirection">
  <f:selectItem itemLabel="klein" itemValue="s" />
  <f:selectItem itemLabel="mittel" itemValue="m" />
  <f:selectItem itemLabel="groß" itemValue="l" />
</h:selectOneRadio>
```

Die Ausgabe in einem Webbrowser ist:

○ klein
○ mittel
◉ groß

Die Option „groß" ist gewählt, da die Methode `getSize()` der Bean `orderBean` den Wert „l" zurückgibt.

6.3.1.8 UISelectMany

Mit der JSF-Komponente `UISelectMany` kann die Auswahl mehrerer Elemente aus einer Gruppe von Elementen realisiert werden. Sie kann durch folgende Tags deklariert werden:

Tag-Name	Beschreibung
h:selectManyCheckbox	Gruppe von mehreren Checkboxen
h:selectManyListbox	Listenfeld
h:selectManyMenu	Auswahlmenü

Tabelle 6-4 Tags der JSF-Komponente UISelectMany

Die verschiedenen Deklarationen unterscheiden sich auch hier lediglich durch den Tag-Namen.

Beispiel:

```
<h:selectManyCheckbox value="#{orderBean.languages}"
        layout="pageDirection">
    <f:selectItem itemLabel="Deutsch" itemValue="de" />
    <f:selectItem itemLabel="Englisch" itemValue="en" />
    <f:selectItem itemLabel="Spanisch" itemValue="es" />
    <f:selectItem itemLabel="Italienisch" itemValue="it" />
</h:selectManyCheckbox>
```

Die Ausgabe in einem Webbrowser ist:

☐ Deutsch

☑ Englisch

☐ Spanisch

☑ Italienisch

Das Häkchen der Checkboxen ist gesetzt, da die Methode `getLanguages()` der Bean `orderBean` „en" und „it" in Form einer Liste zurückgibt.

Mit dem Attribut `value` werden die ausgewählten Elemente über einen Value-Ausdruck an eine Eigenschaft einer Managed Bean gebunden. Der Typ der Eigenschaft muss ein Array von primitiven Datentypen oder Objekten oder eine Liste des Typs `String` sein. Verwendet man ein Array von einem anderen Typ als der Typ `String`, wird ein passender Konverter ausgewählt.

Über die Attribute einer JSF-Komponente können ihre Eigenschaften angepasst werden. Die meisten Attribute können als Wert einen Value-Ausdruck[87] aufnehmen. Folgende Tabelle listet häufig genutzte und bei fast allen JSF-Komponenten verfügbare Attribute auf:

---

[87]   Siehe Kapitel 6.3.3, Value Binding

Attribut	Typ	Beschreibung
id	String	Eindeutige Bezeichnung der JSF-Komponente (wird generiert, falls nicht angegeben)
immediate	boolean	Falls true, werden Eingabe- und Steuerkomponenten bereits in der Phase „Apply Requests" abgearbeitet
value	Object	Der Wert der JSF-Komponente
rendered	boolean	Bestimmt die Sichtbarkeit der JSF-Komponente
converter	Converter[88]	Angabe des Konverters für die Darstellung
validator	Methoden-Ausdruck[89]	Angabe der Validierungsmethode
styleClass	String	CSS-Klassenname der JSF-Komponente
style	String	CSS-Eigenschaft für gerendertes HTML-Element
label	String	Beschreibung für Fehlermeldungen bei Eingabekomponeten
binding	String	Bindet die Instanz der JSF-Komponente an eine Eigenschaft einer Managed Bean

Tabelle 6-5 Häufig genutzte Tag-Attribute der JSF-Komponenten

6.3.1.9 UIData und UIColumn

Um Tabellen mit zur Laufzeit erzeugten Zeilen und Spalten zu definieren, werden die JSF-Komponenten UIData und UIColumn verwendet, welche mit den Tags h:dataTable und h:column deklariert werden. Dabei enthält die JSF-Komponente UIData typischerweise mehrere JSF-Komponenten vom Typ UIColumn. Die JSF-Komponente UIColumn wiederum repräsentiert eine Spalte der Tabelle, in der sich mehrere Zeilen mit Text oder weitere JSF-Komponenten befinden können.

Beispiel:

```
<h:dataTable var="student" value="#{mgmtBean.students}" border="1">
    <h:column>
        <h:outputText value="#{student.forename}" />
    </h:column>
    <h:column>
        <h:outputText value="#{student.surname}" />
    </h:column>
    <h:column>
        <h:outputText value="#{student.emailAddress}" />
    </h:column>
</h:dataTable>
```

Die Ausgabe in einem Webbrowser ist:

Peter	Panne	pepait01@hs-esslingen.de
Michael	Mueller	mimuit04@hs-esslingen.de
Nina	Nussbaum	ninuit00@hs-esslingen.de

---

[88] Typ javax.faces.convert.Converter
[89] Siehe Kapitel 6.3.3, Method Binding

Über das Attribut `value` wird mit einem Value-Ausdruck eine Eigenschaft einer Managed Bean referenziert. In diesem Fall ist es eine Liste, die Objekte des Typs `Student` aufnimmt. Das Attribut `var` definiert einen Namen, mit dem die Eigenschaften des aktuellen Elements der Liste, hier also eines Objekts des Typs `Student`, referenziert werden können. Beim Rendern durchläuft die JSF-Komponente `UIData` die referenzierte Liste und greift dabei auf alle Elemente der Liste nacheinander zu.

6.3.1.10 UIGraphic

Die JSF-Komponente `UIGraphic` dient der Darstellung von Bildern und wird mit dem Tag `h:graphicImage` deklariert.

Beispiel:

```
<h:graphicImage url="auto.jpg" title="Route via Auto" />
```

   Die Ausgabe in einem Webbrowser ist:

6.3.2 View Declaration Language

Die **View Declaration Language** (VDL) dient zur Deklaration der View (Ansicht) für JSF und beschreibt somit den Aufbau sowie das Erscheinungsbild einer Webseite. Die **View Declaration Language** (VDL) umfasst seit JSF 2.0 die Technologien JavaServer Pages (JSP) und **Facelets**. Die standardmäßige **VDL** für JSF-Anwendungen ist **Facelets**.

Ursprünglich wurde in JSF lediglich JSP eingesetzt, was jedoch Nachteile mit sich brachte. Beispielsweise war JSP nicht gut geeignet, um es in den Verarbeitungszyklus von JSF einzubringen. Dahingegen wurden Facelets speziell für den Einsatz mit JSF entwickelt. Sie fügen sich somit perfekt in den Verarbeitungszyklus von JSF ein. Des Weiteren bieten **Facelets** die Möglichkeit, mit **Templates** zu arbeiten. Dies führt zu einem höheren Grad an Wiederverwendbarkeit, wodurch eine Modularisierung erreicht und letztlich die Wartbarkeit erhöht wird.

Die Deklaration einer View via Facelets wird durch XHTML realisiert. Hierfür bringt JSF eine Standard-Tag-Bibliothek mit. Zusätzlich können die herkömmlichen HTML-Tags sowie JSF-Tag-Bibliotheken von Drittanbietern genutzt werden. Mithilfe der Tags können die JSF-Komponenten deklariert werden.

Die **Standard-Tag-Bibliothek** von JavaServer Faces enthält zwei wichtige Tag-Gruppen:

- **HTML-Custom-Tag-Library**
  Diese Tags deklarieren Elemente der View – beispielsweise ein Eingabefeld – die durch ein entsprechendes Objekt im JSF-Komponentenbaum repräsentiert werden. Diese Tags können gerendert werden, so dass eine HTML-Ausgabe erfolgen kann. Standardmäßig wird diese Tag-Bibliothek mit dem Namespace h in eine XHTML-Datei eingebunden.

- **Core-Tag-Library**
  Diese Tags dienen der Konfiguration der Darstellung. So können etwa Platzhalter gesetzt werden sowie Event-Handler und Validierer konfiguriert werden. Diese Tags werden beim Rendern nicht beachtet. Hier wird der Namespace üblicherweise mit f gesetzt.

Die Deklaration dieser beiden Tag-Bibliotheken in einer XHTML-Datei wird im Folgenden gezeigt:

```
<html xmlns:h="http://xmlns.jcp.org/jsf/html"
      xmlns:f="http://xmlns.jcp.org/jsf/core"/>
```

Neben diesen Tag-Gruppen gibt es als dritte Gruppe die JavaServer Pages Standard Tag Library (JSTL), welche beispielsweise mit konditionalen Tags Ausdrücke auf ihren booleschen Wert überprüfen.

Die Eingliederung der Facelets in den Verarbeitungszyklus von JSF ist im folgenden Bild skizziert:

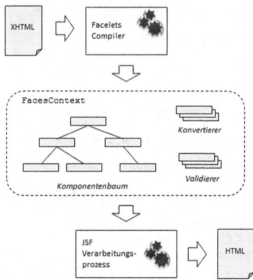

Bild 6-11 Facelets Verarbeitung im Verarbeitungszklus

Beispiel zu Facelets

Der Facelets-Parser liest die XHTML-Datei ein und der View Handler erstellt den JSF-Komponentenbaum, welcher die Baumstruktur der Tags abbildet. Der Verarbeitungszyklus wird mit dem Aufbauen dieses JSF-Komponentenbaums eingeleitet. Im Folgenden ist ein einfaches Formular zu sehen:

Account Login

Username

Password

[Login]

Bild 6-12 Webbrowserdarstellung eines einfachen Anmeldeformulars

Der zugehörige XHTML-Code sieht folgendermaßen aus:

```
<?xml version='1.0' encoding='UTF-8' ?>
<!DOCTYPE html PUBLIC "-//W3C//DTD XHTML 1.0
Transitional//EN" "http://www.w3.org/TR/xhtml1/DTD/xhtml1-
transitional.dtd">

<html xmlns="http://www.w3.org/1999/xhtml"
    xmlns:h="http://xmlns.jcp.org/jsf/html">
    <h:head>
        <title>Demo JSF</title>
    </h:head>
    <h:body>
        <h3>Account Login</h3>
        <h:form>
            <h:outputText value="Username" />
    <br/>
            <h:inputText value="#{loginBean.username}" />
    <br/>
            <h:outputText value="Password" />
    <br/>
            <h:inputSecret value="#{loginBean.password}" />
    <br/>
            <h:commandButton value="Login"
        action="#{loginBean.login}" />
        </h:form>
    </h:body>
</html>
```

Im `html`-Tag ist gefordert, den verwendeten XHTML-Standard anzugeben. Die Standard-Tags von JSF werden mit dem Namespace `h` eingebunden. Die Tags `title` und `h3` zeigen, dass auch herkömmliche HTML-Tags genutzt werden können. Das Formular, welches durch das Tag `h:form` umschlossen wird, ist ausschließlich mit JSF-Tags erstellt. Eine einfache Textausgabe erfolgt durch das Tag `h:output-Text`, wobei mit dem Attribut `value` der auszugebende Text angegeben wird.

Mit dem Tag `h:inputText` wird hier der Benutzernamen eingegeben, ebenso erlaubt das Tag `h:inputSecret` die Passworteingabe. Da die Werte der Eingabefelder gespeichert werden müssen, findet sich hier in den entsprechenden `value`-Attributen ein besonderer Ausdruck, der die View mit dem Model und der Applikationslogik verbindet. Diese Verknüpfung wird mit der **Unified Expression Language** (**Unified-EL**, dt. vereinheitlichte Ausdruckssprache) realisiert. Im Beispiel wird mit den Ausdrücken `#{loginBean.username}` und `#{loginBean.password}` eine **Managed Bean** angesprochen, so dass Werte aus der View in Feldern des Model-Objekts gespeichert werden können. Die Managed Bean ist dem JSF-Framework unter dem Namen `loginBean` bekanntzumachen. Die Managed Bean muss die Felder `username` und `password` besitzen. Auf die Unified-EL und Managed Beans wird in den Kapiteln 6.3.3 ff. eingegangen. Ähnlich verhält es sich beim Tag `h:commandButton`, welcher das Formular, also auch die Inhalte der Eingabefelder, abschickt. Der dem Attribut `action` zugewiesene Unified-EL-Ausdruck `#{loginBean.login}` bewirkt den Aufruf der Methode `login()` der Managed Bean.

6.3.3   Unified Expression Language

Zur Verbindung der View mit dem Model, also der Applikationslogik, wurden bereits für JSP und später für das JSF-Framework unterschiedliche sogenannte **Expression Languages** (abgekürzt EL) entwickelt. Diese gingen aus den jeweiligen Verarbeitungsprozessen dieser beiden Technologien hervor. Der Anfrage-/Antwort-Zyklus bei JSP brachte zunächst eine andere Ausdruckssprache hervor als beim mehrstufigen Verarbeitungszyklus von JSF (siehe Bild 6-4). Die beiden Expression Languages wurden in der **Unified-EL** zusammengeführt, welche nun sowohl bei der Verwendung von JSF als auch von JSP seit der Version 2.1 eingesetzt wird [javauel].

Bei Webanwendungen sollen zum einen vom Benutzer eingegebene Daten gelesen und im Model gespeichert werden, zum anderen soll das Model Daten liefern, die in der Benutzerschnittstelle angezeigt werden.

Eine **Verbindung zwischen View und Model** findet über die Ausdruckssprache **Unified-EL** statt.

Es gibt zwei Arten von Bindungen zwischen JSF-Komponenten und Managed Beans:

- **Value Binding** (bei Verwendung eines Value-Ausdrucks)
  bedeutet das Binden von Werten einer JSF-Komponente aus der View (Ansicht) an eine Eigenschaft (Feld) der Managed Bean – beispielsweise das Binden des Wertes eines Texteingabefeldes an eine Eigenschaft des Typs `String`.

- **Method Binding** (bei Verwendung eines Methoden-Ausdrucks)
  bedeutet das Binden – beispielsweise einer Aktion einer Schaltfläche – an eine Methode einer Managed Bean. Der Methodenaufruf erfolgt bei Betätigung der Schaltfläche.

JSF-Komponenten können mit **Value Binding** an Eigenschaften sowie mit **Method Binding** an Methoden einer **Managed Bean** gebunden werden.

Eingeleitet wird der Ausdruck mit einer Raute und einer anschließenden öffnenden geschweiften Klammer. Den Abschluss des Ausdrucks bildet die schließende geschweifte Klammer. Zwischen den Klammern wird der Name der Managed Bean angegeben, gefolgt von einem Punkt und danach der gewünschten Eigenschaft bzw. Methode der Managed Bean. Es ist ausreichend, den Namen der Eigenschaft (Property) anzugeben, um über eine get- und set-Methode auf die Inhalte einer Managed Bean zuzugreifen. Zu beachten ist hierbei, dass der erste Buchstabe nach dem Präfix set bzw. get immer groß geschrieben werden muss, während der zugehörige erste Buchstabe des Namens der Eigenschaft klein geschrieben wird. Das folgende Beispiel zeigt die Bindung der Eigenschaft `username` (Value Binding) mit dem zugehörigen Methodennamen `get-` bzw. `setUsername()` der Managed Bean `loginBean` an das Attribut `value` einer JSF-Komponente:

```
value="#{loginBean.username}"
```

Beim Value Binding wird in der Phase 4 (Update Model Values) des Verarbeitungszyklus in JSF die entsprechende set-Methode aufgerufen, um beispielsweise einen in einem Textfeld eingegebenen Wert an die Managed Bean zu übergeben. In der Phase 6 (Render Response) holt sich die JSF-Komponente durch den Aufruf der get-Methode einen Wert, um diesen zu verarbeiten oder in einer HTML-Seite anzuzeigen.

Soll hingegen direkt eine Methode (Aktion) ausgeführt werden (Method Binding), dann muss diese Methode vollständig im Ausdruck angegeben werden. Im Folgenden Beispiel wird die Methode `login` an das Attribut `action` der Managed Bean `loginBean` gebunden. Die Angabe der Klammern ist optional, wenn keine Parameter an die Methode übergeben werden:

```
action="#{loginBean.login}"
```

Beim Method Binding wird in der Phase 5 (Invoke Application) die angegebene Methode ausgeführt, beispielsweise wenn eine Schaltfläche geklickt wird.

Die Unified-EL erlaubt auch arithmetische Operatoren, Vergleichsoperatoren und den ternären ?-Operator. Folgende Unified-EL-Ausdrücke sind somit möglich:

```
// Liefert true, falls Eigenschaft items größer 0 ist
#{cart.items > 0}

// Liefert addierten Wert der Eigenschaften payin und payout
#{account.payin + account.payout}

// Liefert true, falls username ungleich null ist
#{loginBean.username != null}
```

```
// Zugriff auf ein Element der Bean, welches das Interface
// List implementiert
#{studentBean[3]}

// Verschachtelte Value-Ausdrücke.
// Zugriff auf ein Element der Bean, welches das Interface Map
// implementiert
#{studentBean[userBean.username]}
```

Seit der Version Java EE 6 ist es auch erlaubt, Unified-EL-Ausdrücke anzugeben, in denen Methoden mit Parametern aufgerufen werden.

Beispiel:

```
<h:commandButton
      action=#{loginBean.login(loginBean.username)} />
```

Hierfür muss natürlich die Methode `login()` entsprechend geändert werden, so dass sie einen Parameter vom Typ `String` akzeptiert.

Außerdem sind Ausdrücke möglich, die auf Methoden von Eigenschaften zugreifen. Als Beispiel sei hier die Methode `length()` des Typs `List` genannt.

Beispiel zu Unified-EL

Der Zusammenhang zwischen Tag, JSF-Komponente und Managed Bean ist in folgender Abbildung skizziert:

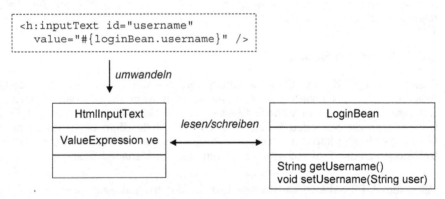

Bild 6-13 Value-Ausdruck in Eingabekomponente

Der Unified-EL-Ausdruck #{loginBean.username}, also ein Value-Ausdruck, wird in diesem Beispiel dem Attribut value des Tags h:inputText zugewiesen und somit an die Eigenschaft username der Managed Bean als Instanz der Klasse LoginBean gebunden. Das Tag wird im Verarbeitungsprozess als Instanz der Klasse HtmlInputText[90] repräsentiert, welches dann auf die Managed Bean zugreift. Der Value-Ausdruck wird erst beim tatsächlichen Lesen bzw. Schreiben des Werts

---

[90] Die Klasse HtmlInputText erbt von der Klasse UIInput und repräsentiert das HTML-Element input vom Typ text.

aufgelöst, weshalb in der JSF-Komponente der Value-Ausdruck selbst statt dessen Wert aufgenommen wird. Der Typ `ValueExpression` befindet sich im Paket `javax.el`.

Folgende Grafik veranschaulicht den Zusammenhang von Tag, JSF-Komponente und Managed Bean im Fall eines **Methoden-Ausdrucks**:

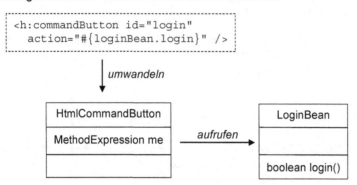

Bild 6-14 Methoden-Ausdruck in Steuerkomponente

Soll benutzerdefinierter Code für eine Benutzeraktion ausgeführt werden, so nutzt man einen Methoden-Ausdruck. Der Unified-EL-Ausdruck `#{loginBean.login}` wird dem Attribut `action` im Tag `h:commandButton` zugewiesen, so dass bei Betätigen der zugehörigen Schaltfläche die im Methoden-Ausdruck angegebene Methode `login()` der Managed Bean aufgerufen wird. Voraussetzung hierfür ist natürlich eine erfolgreiche Konvertierung und Validierung der in der Anfrage mitgegebenen Benutzerdaten.

6.3.4 Managed Beans

Daten und Geschäftslogik der Anwendung werden – wie auch bei anderen Java EE-Anwendungen – als JavaBeans[91] repräsentiert. Eine vom JSF-Framework verwaltete Bean ist eine sogenannte **Managed Bean** (auch **Backing-Bean** genannt). Im Framework spielen die Managed Beans eine wichtige Rolle. Zum einen bilden sie das Model, gleichzeitig kapseln sie weitere Programmlogik. Die Unified-EL realisiert die Verbindung zu den Eigenschaften und Methoden der Managed Bean.

Eine vom JSF-Framework verwaltete Bean wird **Managed Bean** (auch **Backing-Bean**) genannt.

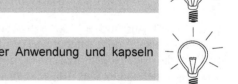

Managed Beans bilden das **Model** einer Anwendung und kapseln weitere **Programmlogik**.

Die Managed Bean muss dem JavaBeans-Standard entsprechen und somit folgende Anforderungen erfüllen:

---

[91] Hier einfach Beans genannt

- Ein öffentlicher, parameterloser Konstruktur muss bereitgestellt werden, falls der Standard-Konstruktur durch einen Konstruktur mit Parametern überladen wird.

- Der Zugriff auf Eigenschaften (Felder) einer Managed Bean muss mit den sogenannten getter- und setter-Methoden[92] bereitgestellt werden. Für die Eigenschaft username vom Typ String sind die Signaturen dieser Methoden wie folgt:

```
String getUsername()      // lesen: Rückgabe des Wertes
void setUsername(String)  // schreiben: Setzen des Wertes
```

Die get- und set-Methoden können auch komplexere Applikationslogik als das triviale Lesen und Setzen von Werten ausführen. Eine Managed Bean – als Erweiterung zum einführenden Beispiel (Kapitel 0) – wird im folgenden Kapitel gezeigt.

Beispiel zu Managed Beans

Es handelt sich hier um die mit den Eingabefeldern (siehe Kapitel 0) verbundene Managed Bean vom Typ LoginBean:

```java
import java.io.Serializable;
import javax.faces.bean.*;
import javax.persistence.*;

@ManagedBean(name="loginBean")
@SessionScoped
public class LoginBean implements Serializable
{
    private String username;
    private String password;

    public String login()
    {
        if (username.equals("peter") && password.equals("3bb3s"))
        {
            return "/home.xhtml";
        }
        return null;
    }

    public String getUsername()
    {
        return username;
    }

    public void setUsername(String username)
    {
        this.username = username;
    }

    public String getPassword()
    {
        return password;
    }
```

---

[92] Eine Eigenschaft lesende bzw. schreibende get- und set-Methoden

```
public void setPassword(String password)
{
    this.password = password;
}
}
```

Einer Klasse vorangestellt macht die Annotation `@ManagedBean` diese Klasse im JSF-Framework bekannt. Mit dem Attribut `name` der Annotation wird die Klasse in diesem Beispiel unter dem Namen `loginBean` registriert.

Wie zuvor erwähnt, werden zu den beiden Eigenschaften `username` und `password` die der Konvention entsprechenden `get`- und `set`-Methoden zur Verfügung gestellt. Je eine der Methoden kann entfallen, so dass entweder nur ein lesender oder nur ein schreibender Zugriff erfolgen kann. Die Methode `login()` enthält Applikationslogik, die beim Auftreten eines Ereignisses aufgerufen wird.

6.3.5 Ereignisse

Wie bei allen Benutzeroberflächen ist es auch bei JSF nötig, auf vom Anwender getätigte Aktionen zu reagieren. Hierzu werden **Ereignisse** (Events) eingesetzt, welche bei bestimmten Benutzeraktionen wie beispielsweise dem Betätigen von Schaltflächen oder Hyperlinks ausgelöst werden. Die Bearbeitung von Ereignissen geschieht serverseitig in den sogenannten **Event-Listenern.**

JSF-Komponenten, an deren Ereignissen man interessiert ist, werden serverseitig an Event-Listenern registriert[93].

Event-Listener besitzen Methoden zur **Ereignisbehandlung**. Diese werden aufgerufen, wenn eine an sie gebundene JSF-Komponente ein Ereignis auslöst. Die Registrierung eines Event-Listeners erfolgt bei der Deklaration einer JSF-Komponente durch die Angabe des gewünschten Event-Listeners.

Ein Ereignis wird während des JSF-Verarbeitungszyklus in der Phase „Apply Requests" (Übernahme der geänderten Werte) ausgelöst.

Die Methode, die das Ereignis behandelt, wird in der Phase „Invoke Application" (Aufruf der Applikationslogik) aufgerufen.

Das JSF-Framework kennt mehrere **Arten von Ereignissen**. Im Folgenden sind die Ereignisse, die vom Benutzer ausgelöst werden können, aufgelistet:

- **Value-Change-Events** werden ausgelöst, falls sich der Wert einer Eingabekomponente geändert hat.
- **Action-Events** werden durch Steuerkomponenten ausgelöst, etwa durch das Klicken einer Schaltfläche eines Web-Formulars.

---

[93] Durch das Registrieren entsteht eine Bindung der Komponente an eine Methode.

Die diese Ereignisse repräsentierenden Klassen sind im Paket `javax.faces.e-vent` zu finden. Ein Ereignis enthält einen Verweis auf jene JSF-Komponente, die sie ausgelöst hat.

Event-Listener können auf zwei Arten implementiert werden:

- **Event-Listener-Schnittstelle** implementieren
  Hierfür existieren im Paket `javax.faces.event` die zwei Schnittstellen `Value-ChangeListener` und `ActionListener`, die zum Empfangen von Value-Change-Events bzw. Action-Events implementiert werden können. Diese Schnittstellen enthalten jeweils eine Methode, welche implementiert werden muss. Folgende Tabelle zeigt die Event-Listener-Schnittstellen, ihre zu implementierenden Methoden sowie deren Parameter:

Schnittstelle	Methode	Parameter-Typ
ValueChangeListener	processValueChange	ValueChangeEvent
ActionListener	processAction	ActionEvent

Tabelle 6-6 Event-Listener Schnittstellen

- **Listener-Methode** implementieren
  Hierbei muss eine Methode implementiert werden, die als Parameter ein Objekt vom gewünschten Event-Typ akzeptiert. Der Name der Methode ist frei wählbar. JSF-Komponenten, die Ereignisse auslösen, können an Listener-Methoden gebunden werden.

Eine **Ereignisbehandlung** wird entweder über die **Event-Listener-Schnittstelle** implementiert oder findet in **Listener-Methoden** statt.

Die beiden folgenden Kapitel 6.3.5.1 und 6.3.5.2 behandeln die verschiedenen Events.

6.3.5.1 Value-Change-Events

Wurden vor dem Senden eines Web-Formulars **Änderungen an den Werten** der Eingabekomponenten vorgenommen, so löst das während des Verarbeitungszyklus in der Phase „Apply Requests" ein **Value-Change-Event** aus.

Das Ausfüllen eines Eingabefeldes oder das Setzen eines Häckchens in einer Checkbox kann ein Value-Change-Event auslösen.

Falls der Wert der entsprechenden JSF-Komponente gleich bleibt, wird kein Event ausgelöst.

Falls das Attribut `immediate` nicht auf `true` gesetzt ist, behandeln registrierte Event-Listener das Ereignis im Anschluss an die Phase „Process Validations", nachdem die Konvertierung und Validierung der eingegebenen Daten durchgeführt wurde. Die Bearbeitung eines Value-Change-Event kann durch Setzen des Attributs immediate auf true vorgezogen werden und erfolgt dann in der Phase „Apply Requests".

Das Registrieren der Event-Listener für Value-Change-Events an JSF-Komponenten kann auf zwei Arten erfolgen:

- über das Attribut valueChangeListener der JSF-Komponente oder
- mit einem Kindelement f:valueChangeListener der JSF-Komponente.

Wie die JSF-Komponente über das Attribut valueChangeListener beim Event-Listener registriert wird, zeigt folgender Code-Ausschnitt:

```
<h:inputText value="#{loginBean.username}"
    valueChangeListener="#{loginBean.logUser}" />
```

Hier wird das Beispiel aus Kapitel 0 erweitert, wobei die Methode logUser() an die JSF-Komponente UIInput gebunden wird. Die Registrierung der JSF-Komponente an der Methode geschieht im Tag h:inputText über das Attribut valueChange-Listener, indem ein Value-Ausdruck in der Unified-EL angegeben wird. Die Methode logUser() wird jedes Mal aufgerufen, wenn sich der Wert der registrierten JSF-Komponente UIInput geändert hat.

Der zugehörige Event-Listener wird in der Managed Bean implementiert:

```
import javax.faces.bean.*;
import javax.faces.event.*;
import javax.faces.component.*;

@ManagedBean(name="loginBean")
@SessionScoped
public class LoginBean implements Serializable {
    .....
    public void logUser(ValueChangeEvent event) {
        writeToLogfile((String) event.getNewValue());
    }
}
```

Hier wird die Managed Bean erweitert und die Methode logUser() implementiert, welche als Parameter ein Objekt vom Typ ValueChangeEvent benötigt. Dieser Event-Typ bietet die Methode getNewValue() an, mit der man den aktuellen Wert der JSF-Komponente abfragen kann. Die relevanten Methoden der Klasse Value-ChangeEvent zur Bearbeitung eines Ereignisses sind folgende:

Methode	Beschreibung
Object getNewValue()	Gibt den aktuellen Wert der JSF-Komponente zurück
Object getOldValue()	Gibt den vorigen Wert der JSF-Komponente aus der Managed Bean zurück
UIComponent getComponent()	Gibt die JSF-Komponente zurück, die das Ereignis auslöste

Tabelle 6-7 Wichtige Methoden der Klasse ValueChangeEvent

Die Bindung des Event-Listeners an die JSF-Komponente über das Kindelement
f:valueChangeListener sieht folgendermaßen aus:

```
<h:inputText value="#{loginBean.username}">
    <f:valueChangeListener
            type="demo.listener.MyValueChangeListener" />
</h:inputText>
```

Das Tag f:valueChangeListener wird in den Bereich des Tags h:inputText
eingebettet. Statt einen Methoden-Ausdruck zu nutzen, wird dem Attribut type ein
voll qualifizierter Klassenname, hier demo.listener.MyValueChangeListener,
zugewiesen. Diese Art der Bindung bietet den Vorteil, dass mehrere Event-Listener
an eine JSF-Komponente gebunden werden können. Hierzu werden einfach mehrere
Tags f:valueChangeListener als Kindelemente im Bereich von h:inputText
eingefügt. Die Event-Listener werden dann in der Reihenfolge aufgerufen, in der
auch die Kindelemente stehen.
In diesem Fall ist es nötig, die Event-Listener-Schnittstelle ValueChangeListener
zu implementieren. Hierzu folgt ein **Beispiel**:

```
package demo.listener;

import javax.el.*;
import javax.faces.context.*;
import javax.faces.event.*;

public class MyValueChangeListener
    implements ValueChangeListener {

    @Override
    public void processValueChange(ValueChangeEvent event) {

        String user = (String) event.getNewValue();

        FacesContext fc = FacesContext.getCurrentInstance();
        ELContext el = fc.getELContext();
        ELResolver res = el.getELResolver();

        LoginBean lb = (LoginBean)
                res.getValue(el, null, "loginBean");
        lb.setUsername(user);
    }
}
```

Die Klasse MyValueChangeListener implementiert die Schnittstelle Value-
ChangeListener und die Methode processValueChange() dieser Schnittstelle.
Über das Tag f:valueChangeListener wurde diese Klasse an die JSF-Komponente h:inputText gebunden und somit wird die Methode processValue-
Change() aufgerufen, falls sich der Wert des Eingabefeldes bei einer Anfrage
geändert hat. Da der Event-Listener nun in einer eigenen Klasse implementiert ist,
kann nicht direkt auf die Eigenschaften der Managed Bean zugegriffen werden. Dass
dies dennoch ohne nennenswerten Aufwand möglich ist, zeigt das obige Beispiel.
Über die Instanz der Klasse FacesContext kann die Instanz der Klasse ELRe-
solver beschafft werden, welche mithilfe der Methode getValue() die Managed

Bean holen kann. Im letzten Schritt wird die Eigenschaft `username` der Managed Bean mit dem neuen Benutzernamen gesetzt.

6.3.5.2 Action-Events

Action-Events werden von der JSF-Komponente `UICommand` ausgelöst und können als `h:commandButton` und `h:commandLink` deklariert sein. Letztlich ist es der **Benutzer**, der **Action-Events** durch Betätigen dieser **Steuerkomponenten** auslöst.

Mit dem Betätigen wird die aktuelle Seite an den Server geschickt und dadurch der Verarbeitungsprozess gestartet, bei dem ein Action-Event für die auslösende JSF-Komponente am Ende der Phase „Apply Requests" generiert wird. Ein registrierter Event-Listener wird das Ereignis Action-Event am Ende der Phase „Invoke Application" bearbeiten, ausgenommen das Attribut `immediate` der JSF-Komponente wurde auf `true` gesetzt. In diesem Fall wird die Bearbeitung in der Phase „Apply Requests" durchgeführt.

Die Bearbeitung der Action-Events findet durch Action-Listener statt. Dafür müssen JSF-Komponenten, die Ereignisse auslösen, an Action-Listener-Methoden gebunden werden.

Die Bindung erfolgt entweder über einen Methoden-Audruck im Attribut `action-Listener` der JSF-Komponente oder mithilfe des Kindelements `f:action-Listener`.

Folgendes Beispiel zeigt die Bindung via Methoden-Ausdruck:

```
<h:commandButton value="Anmelden"
    action="#{loginBean.login}"
    actionListener="#{loginBean.logLogin}" />
```

Der ActionListener wird in der Managed Bean implementiert, wie in folgendem Beispiel:

```
import javax.faces.bean.*;
import javax.faces.event.*;
import javax.faces.component.*;

@ManagedBean(name="loginBean")
@SessionScoped
public class LoginBean implements Serializable {
    .....
    public void logLogin(ActionEvent event) {
        System.out.println(username);
    }
}
```

Hier wurde erneut das Beispiel aus Kapitel 0 erweitert, wobei die Methode `logLogin()` an die JSF-Komponente `UICommand` gebunden wurde. Die Registrierung der JSF-Komponenten an die jeweilige Methode erfolgt im Attribut `actionLis-tener` des Tags `commandButton`, indem ein Methoden-Ausdruck in der Unified-EL angegeben wird. Die Methode `logLogin()` wird jedes Mal aufgerufen, wenn die Schaltfläche betätigt wird.

Die Methode `logLogin()` gibt den Benutzernamen `username` in der Konsole aus. Die Ausgabe erfolgt bei jeder Betätigung der Schaltfläche. Über den Parameter `event` vom Typ `ActionEvent` könnte man durch Aufruf von `event.getCompo-nent()` die das Ereignis auslösende JSF-Komponente erhalten.

6.4 Konfiguration einer JSF-Anwendung

In diesem Kapitel wird die Konfiguration einer JSF-Anwendung beschrieben. Zunächst wird in Kapitel 6.4.1 die Struktur eine JSF-Anwendung erklärt. Kapitel 6.4.2 behandelt deren Konfiguration und Kapitel 6.4.3 die Navigation innerhalb einer JSF-Anwendung. Die Konfiguration von Managed Beans wird in Kapitel 6.4.4 beschrieben. Abschließend wird in Kapitel 6.4.5 die Konvertierung und in Kapitel 6.4.6 die Validierung von Datentypen behandelt.

6.4.1 Struktur einer JSF-Anwendung

Für JSF-Anwendungen sind eine Menge an Dokumenten verschiedener Typen zu erstellen und zu verwalten, beispielsweise XHTML-Dateien, Java-Dateien und Ressourcen wie Bibliotheken oder Grafiken. Des Weiteren existieren für gewöhnlich noch einige Konfigurationsdateien. Sämtliche **Programm- und Konfigurationsdateien** einer JSF-Anwendung werden in der Verzeichnisstruktur nach folgendem Bild abgelegt:

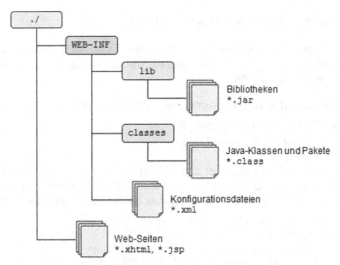

Bild 6-15 Verzeichnisstruktur eines Web-Moduls

Diese Programm- und Konfigurationsdateien einer JSF-Anwendung bilden damit ein **Web-Modul** nach der Java EE-Spezifikation.

Diese Verzeichnisstruktur ist erforderlich, damit die Web-Anwendung vom Java EE Application-Server ausgeführt werden kann. Um diese Struktur muss man sich nicht selbst kümmern, wenn man eine Entwicklungsumgebung wie NetBeans oder Eclipse verwendet. Diese Umgebungen mit den entsprechenden Erweiterungen (Plug-ins) nehmen dem Entwickler viel Arbeit ab und erzeugen die Struktur der Web-Module von JSF-Anwendungen automatisch.

Eine wesentliche Rolle kommt den Konfigurationsdateien zu. In jedem Web-Modul befindet sich eine Datei `web.xml`. In dieser XML-Datei wird etwa das zu nutzende Servlet angegeben. Je nach Anwendung können weitere Konfigurationsdateien existieren wie zum Beispiel die Datei `faces-config.xml`.

6.4.2 Konfiguration

Für eine Web-Anwendung ist eine Konfiguration nötig, welche über XML-Dateien erfolgt. In einer Web-Anwendung existiert hierfür zum einen die zentrale Konfigurationsdatei `web.xml`, welche als **Deployment-Deskriptor** bezeichnet wird. Hier werden beispielsweise das Faces Servlet und die Kontextparameter[94] definiert. Eine weitere wichtige Datei ist ist die Datei `faces-config.xml`, welche speziell als Konfigurationsdatei für JSF verwendet wird. Hier können etwa die genutzten Managed Beans konfiguriert und Navigationsregeln angegeben werden. Dieses Kapitel gibt einen Überblick zu Einstellungen dieser beiden Konfigurationsdateien.

Die **Konfiguration** eines **Web-Moduls** wird über die Datei `web.xml` vorgegeben. Die Konfiguration der **JSF-Anwendung** erfolgt über die Datei `faces-config.xml`.

6.4.2.1 Die Konfigurationsdatei des Web-Moduls

Die **Konfiguration des Web-Moduls** wird in der Datei `web.xml` verfasst. Dabei können Einstellungen vorgenommen werden, die im Wesentlichen folgende Teile einer Web-Anwendung betreffen:

- Kontextparameter (Definition anwendungsweiter Parameter),
- Faces Servlet (bearbeitet Anfragen) und
- Mapping (weist Anfragen einem Servlet zu).

In der Datei `web.xml` kennzeichnet das Element `web-app` das Wurzelelement des XML-Dokuments und bildet den Bereich, in den weitere Elemente zur Konfiguration verschachtelt werden können. Das Grundgerüst dieser Datei sieht wie folgt aus:

```
<?xml version="1.0" encoding="UTF-8"?>
<web-app version="3.1"
    xmlns="http://xmlns.jcp.org/xml/ns/javaee"
    xmlns:xsi="http://www.w3.org/2001/XMLSchema-instance"
    xsi:schemaLocation="http://xmlns.jcp.org/xml/ns/javaee
        http://xmlns.jcp.org/xml/ns/javaee/web-app_3_1.xsd">
```

---

[94] Siehe Kapitel 6.4.2.1

```
     . . . . .
</web-app>
```

Kontextparameter können mit dem Element `context-param` eingestellt werden. Der Name eines Parameters wird über das Element `param-name` und sein Wert über das Element `param-value` angegeben. Da es eine Menge an Parametern gibt, kann hier lediglich ein Beispiel angeführt werden, bei dem zusätzliche Konfigurationsdateien verwendet werden:

```
<context-param>
    <param-name>javax.faces.CONFIG_FILES</param-name>
    <param-value>
        /WEB_INF/faces-beans.xml,
        /WEB_INF/faces-navigation.xml
    </param-value>
</context-param>
```

Dabei ist der Kontextparameter `javax.faces.CONFIG_FILES` ein vordefinierter Parameter, wobei benutzerdefinierte Parameter möglich sind. Der folgende Code zeigt die Definition des Parameters `jdbcDriverClass`:

```
<context-param>
    <param-name>jdbcDriverClass</param-name>
    <param-value>com.mysql.jdbc.Driver</param-value>
</context-param>
```

Das Element **servlet** dient zur Auswahl des zu verwendenden **Servlets**. Im Bereich dieses Elements können unter anderem sowohl ein Name als auch der voll qualifizierte Klassenname eines Servlets angegeben werden. Bei der Verwendung von JSF wird die Klasse `FacesServlet` aus dem Paket `javax.faces.webapp` genutzt. Über das Element `load-on-startup` kann eine Reihenfolge definiert werden, in der Servlets gestartet werden, falls mehr als eines zum Einsatz kommt. Folgender Code-Ausschnitt zeigt die Nutzung des Elements `servlet`:

```
<servlet>
    <servlet-name>
        Faces Servlet
    </servlet-name>
    <servlet-class>
        javax.faces.webapp.FacesServlet
    </servlet-class>
    <load-on-startup>1</load-on-startup>
</servlet>
```

Bei der Nutzung des JSF-Frameworks können als Faces Servlets folgende Klassen eingesetzt werden:

- die Klasse `javax.faces.webapp.FacesServlet` der JSF-API,
- eine Kindklasse von `org.apache.myfaces.webapp.MyFacesServlet` oder
- eine frei implementierte Klasse.

Bei einer freien Implementierung muss zumindest der Faces Context initialisiert und der Verarbeitungszyklus gestartet werden.

Über das Element `servlet-mapping` lässt sich ein URL-Muster definieren und einem bestimmten Faces Servlet zuordnen. Eine Anfrage, bei der die URL mit dem Muster übereinstimmt, wird dann vom zugehörigen Faces Servlet bearbeitet. Folgender Codeausschnitt zeigt die Zuordnung des Servletnamens `My Faces Servlet` zum URL-Muster (Pattern) `/faces/*`:

```
<servlet-mapping>
    <servlet-name>My Faces Servlet</servlet-name>
    <url-pattern>/faces/*</url-pattern>
</servlet-mapping>
```

Das Element `welcome-file-list` bestimmt, welche View geladen werden soll, wenn eine Anfrage auf den Basispfad der Web-Anwendung erfolgt. Der Code hierzu sieht folgendermaßen aus:

```
<welcome-file-list>
    <welcome-file>faces/index.xhtml</welcome-file>
</welcome-file-list>
```

Über das Element `session-config` kann man eine Zeitdauer angeben, nach der inaktive Sitzungen (Sessions) beendet werden. Inaktiv bedeutet hier, dass keine Zugriffe auf die View stattfinden. Die Zeitdauer wird über das Element `session-timeout` in Minuten angegeben:

```
<session-config>
    <session-timeout>30</session-timeout>
</session-config>
```

6.4.2.2 Die Konfigurationsdatei der JSF-Anwendung

Die **Einstellungen der JSF-Anwendung** finden in der Konfigurationsdatei `faces-config.xml` statt. Die wesentlichen Aufgaben dabei sind die Angabe der zu verwendenden **Managed Beans** und die Definition von **Navigationsregeln**[95]. Das Grundgerüst dieses XML-Dokuments bildet das Element `faces-config`. Es sieht folgendermaßen aus:

```
<?xml version='1.0' encoding='UTF-8'?>
<faces-config version="2.0"
    xmlns="http://java.sun.com/xml/ns/javaee"
    xmlns:xsi="http://www.w3.org/2001/XMLSchema-instance"
    xsi:schemaLocation="http://java.sun.com/xml/ns/javaee
        http://java.sun.com/xml/ns/javaee/web-facesconfig_2_0.xsd">
    .....
</faces-config>
```

Auf die Einstellmöglichkeiten der Navigation von Managed Beans wird hier verzichtet, da diese im Kapitel 6.4.3 und 6.4.4 ausführlich beschrieben sind.

Wichtige Einstellungen für die gesamte JSF-Anwendung können über das Element `application` vorgenommen werden. Die folgende Tabelle zeigt die Kindelemente des Elements `application`:

---

[95] Siehe Kapitel 6.4.3

Element-Name	Beschreibung
locale-config	Definiert die in der Anwendung unterstützten Sprachen
message-bundle	Definiert eine Ressource[96] mit Nachrichten, die in der Anwendung genutzt werden
resource-bundle	Definiert eine Ressource, die Texte für die Anwendung enthält
navigation-handler	Definiert die Klasse des verwendeten Navigation-Handlers
view-handler	Definiert die Klasse des verwendeten View-Handlers
state-manager	Definiert die Klasse des verwendeten State-Managers
el-resolver	Definiert die Klasse des verwendeten Expression Language-Resolver[97]

Tabelle 6-8 Elemente zur Konfiguration einer JSF-Anwendung

6.4.3 Navigation

Ein Wechsel zwischen den Views einer Web-Anwendung wird **Navigation** genannt.

Über die Navigation wird festgelegt, welche View bei welchen Aktionen und Bedingungen angezeigt werden soll. Um die Navigation zwischen Views zu ermöglichen, muss mindestens eine **Steuerkomponente** vom Typ UICommand in dieser View deklariert sein. Im JSF-Framework stehen zwei Steuerkomponenten zur Verfügung, welche über die Tags h:commandButton (Schaltfläche) und h:commandLink (Hyperlink) deklariert werden. Über das Attribut action dieser beiden Tags kann eine **Action-Methode** gebunden werden. Im Beispiel zu Managed Beans (Kapitel 6.3.4) wurde eine Schaltfläche zum Anmelden an die Action-Methode login() gebunden.

Der Rückgabewert vom Typ String einer Action-Methode wird **Faces Outcome** genannt und wird vom JSF-Framework als **Navigationsregel** interpretiert.

Die eigentliche Navigation findet nach der Phase „Invoke Application" statt, wenn über die Navigationsregel die nächste anzuzeigende View ausgewählt wird. Anschließend kann die so bestimmte View in der Phase „Render Response" gerendert werden.

6.4.3.1 Implizite Navigation

Der Dateiname einer Datei mit relativer Pfadangabe (vom Wurzelverzeichnis der Anwendung ausgehend), welche eine View implementiert, wird als **View-ID** bezeichnet. Wenn eine Action-Methode eine View-ID zurückgibt, wird zur zugehörigen View navigiert. Eine weitere Möglichkeit zur Navigation ist das Zuweisen der View-ID direkt im Attribut action. Die in diesen beiden Möglichkeiten dargestellte Form, eine

---

[96] Eine Ressource ist ein Verzeichnis im Web-Modul, das Bilder, Texte und ähnliches enthält.
[97] Ein Expression Language-Resolver löst einen in der Expression Language angegebenen Ausdruck auf und gibt das entsprechende Ergebnis zurück. Es können auch eigene Resolver erstellt und somit Ausdrücke ausgewertet werden, die nicht vom Standard-Resolver aufgelöst werden können.

Navigation zu realisieren, wird als **implizite Navigation** bezeichnet. Zu diesen beiden Formen folgen Beispiele:

- **Implizite Navigation mit Action-Methode**

  Die Steuerkomponente ist wie folgt deklariert:

  ```
  <h:commandButton value="Anmelden"
                        action="#{loginBean.login}" />
  ```

  Die entsprechende, gebundene Action-Methode, die sich in einer managed Bean namens `LoginBean` befindet, gestaltet sich folgendermaßen:

  ```
  public String login() {
     .....
     if (...) return "/home.xhtml";
     else return null;
  }
  ```

  Im ersten Fall wird entweder die View der Datei `/home.xhtml` als nächste Seite aufgerufen oder es wird die aktuelle View beibehalten, falls die Action-Methode den Wert `null` liefert.

- **Implizite Navigation über das Attribut `action`**

  Die Steuerkomponente ist folgendermaßen deklariert:

  ```
  <h:commandButton value="Hilfe"
                    action="/faq.xhtml"   />
  ```

Wird keine Action-Methode verwendet, so entfällt die Möglichkeit, benutzerdefinierten Anwendungscode auszuführen. Bei der Navigation mit dem Attribut `action` wird in diesem Beispiel direkt zur nächsten Seite mit der View-ID `/faq.xhtml` gewechselt.

6.4.3.2 Navigationsregeln mittels Konfigurationsdatei

Eine weitere Möglichkeit, **Navigationsregeln** zu definieren, besteht in der **Konfigurationsdatei** `faces-config.xml`. Auf diese Art erreicht man eine **explizite Navigation**. Ein Faces Outcome, also ein Rückgabewert einer Action-Methode, kann anhand von Navigationsregeln entscheiden, welche View als nächste angezeigt werden soll.

Folgender Ausschnitt aus der Datei `faces-config.xml` zeigt ein Beispiel zur Definition von Navigationsregeln:

```
<navigation-rule>
    <from-view-id>/login.xhtml</from-view-id>
    <navigation-case>
        <from-action>#{loginBean.login}</from-action>
        <from-outcome>sucess</from-outcome>
        <to-view-id>/home.xhtml</to-view-id>
    </navigation-case>
    <navigation-case>
        .....
```

```
    </navigation-case>
</navigation-rule>
```

Das Element `navigation-rule` definiert eine Navigationsregel und wird in dem Bereich des Wurzelelements `faces-config` eingesetzt. Das Kindelement `from-view-id` gibt die View an, bei der diese Navigationsregel angewendet wird. Im Beispiel wird ein Faces Outcome der View `/login.xhtml` auf diese Navigationsregel angewendet.

Das Element `from-view-id` ist optional, so dass, falls es fehlt, die Navigationsregel für alle Views der Anwendung gilt – man spricht dann von einer globalen Navigationsregel. Dies ist beispielsweise sinnvoll für eine Fehlerbehandlung über eine zentrale Fehlerseite, beispielsweise bei einem „Session Timeout". Es ist auch möglich, im Element `from-view-id` Muster mit Hilfe von Wildcards (*) vorzugeben:

```
// Navigationsregel gilt für alle Views einer Anwendung
<from-view-id>*</from-view-id>

// Navigationsregel gilt für alle Views im Verzeichnis ./core
<from-view-id>/core/*</from-view-id>
```

Eine Navigationsregel kann mehrere **Navigationsfälle** einschließen, die mit dem Element `navigation-case` definiert werden können. Diese Navigationsfälle beschreiben Bedingungen, unter denen ein Wechsel zu einer anderen View stattfinden soll. Die Kindelemente des Elements `navigation-case` zur Definition von Navigationsfällen werden in folgender Tabelle gezeigt:

Element-Name	Beschreibung
`from-action` (optional)	Gibt eine Action-Methode an, deren Faces Outcome für diesen Navigationsfall auswertet wird
`from-outcome`	Gibt ein Faces Outcome an, bei der dieser Navigationsfall zutrifft
`to-view-id`	Gibt die View an, zu der gewechselt wird, falls das Faces Outcome bei diesem Navigationsfall zutrifft

Tabelle 6-9 Elemente zur Definition eines Navigationsfalls

Im oben gezeigten Beispiel kann das Element `from-action` entfallen, da in diesem Fall über die View (Ansicht) `/login.xhtml` keine weiteren Action-Methoden gebunden sind. Im Bereich des Elements `from-outcome` steht ein Faces Outcome, bei dem dieser Navigationsfall zutrifft. Stimmt – wie im Beispiel – das Faces Outcome mit dem Wert `success` überein, so wird zu der View navigiert, die im Element `to-view-id` angegeben ist.

Beispiel:

Es wird eine Navigationsregel mit zwei Navigationsfällen für die View `/login.xhtml` definiert. Falls ein Faces Outcome einer Action-Methode dieser View mit dem Wert `success` übereinstimmt, wird auf die View `/home.xhtml` navigiert. Sollte der Wert des Faces Outomes `failure` sein, so erfolgt eine Navigation zur View `/contact.xhtml`:

```
<navigation-rule>
    <from-view-id>/login.xhtml</from-view-id>
    <navigation-case>
        <from-outcome>success</from-outcome>
        <to-view-id>/home.xhtml</to-view-id>
    </navigation-case>
    <navigation-case>
        <from-outcome>failure</from-outcome>
        <to-view-id>/contact.xhtml</to-view-id>
    </navigation-case>
</navigation-rule>
```

Entsprechend dieser Navigationsregel wird eine Action-Methode etwa wie folgt aussehen:

```
public String login() {
    .....
    if (...) return "success";
    else return "failure";
}
```

Seit der Version 2.0 von JavaServer Faces kann die Navigationslogik direkt in die Navigationsregeln der Datei `faces-config.xml` ausgelagert werden. Dazu wird das Tag `if` verwendet, wobei es dem Element `to-view-id` vorangestellt wird. Dadurch lässt sich eine **bedingte Navigation** zu einer View realisieren. Im Bereich des Elements `if` kann ein Unified-EL-Ausdruck formuliert werden, der einen Wahrheitswert liefert. Folgendes **Beispiel** zeigt die bedingte Navigation :

```
<navigation-rule>
    <from-view-id>/login.xhtml</from-view-id>
    <navigation-case>
        <from-outcome>login</from-outcome>
        <if>#{loginBean.username == 'peter' and
            loginBean.password == '3bb3s' }</if>
        <to-view-id>/home.xhtml</to-view-id>
    </navigation-case>
</navigation-rule>
```

Die Action-Methode würde in diesem Fall lediglich den Wert `login` zurückgeben, ohne eine Anwendungslogik zu implementieren.

Des Weiteren besteht die Möglichkeit, aus dem Programmcode heraus eine Navigation auszulösen. Dieser Weg kann in manchen Fällen nützlich sein, falls zum Beispiel in einem Action-Listener entschieden wird, die View zu wechseln.

Da Action-Listener keinen Rückgabewert liefern, steht somit kein Faces Outcome zur Verfügung, mit dem man eine Navigationsregel anwenden könnte. Vorsicht!

Stattdessen hilft ein Objekt vom Typ `NavigationHandler`, welches über den Faces Context erreichbar ist.

Der Aufruf zur Navigation gestaltet sich wie folgt:

```
FacesContext fc = FacesContext.getCurrentInstance();
fc.getApplication().getNavigationHandler()
    .handleNavigation(fc, null, "cancel");
```

Hierfür muss eine globale Navigationsregel existieren, die auf das Faces Outcome "cancel" zutrifft.

6.4.4 Konfiguration der Managed Beans

Managed Beans werden zunächst als sogenannte **Plain Old Java Objects** (POJOs) implementiert. Ein POJO wird zur Managed Bean, wenn es den JavaBeans-Standard erfüllt und das JSF-Framework dessen Verwaltung übernimmt. Beim einführenden Beispiel zu Managed Beans (Kapitel 6.3.4) wurde angesprochen, dass eine Managed Bean dem JSF-Framework bekannt gemacht werden muss. Die Deklaration der Managed Beans und weitere Konfigurationen wie die Festlegung der Lebensdauer werden in diesem Kapitel besprochen.

Seit der Version 2.0 von JSF gibt es zwei Möglichkeiten, die Klasse und den Namen einer Managed Bean dem JSF-Framework bekanntzugeben, wobei beide Varianten gleichwertig sind. Hier diese beiden Möglichkeiten:

- mithilfe der **Annotation** @ManagedBean bzw.
- über die **Konfigurationsdatei** faces-config.xml.

Für die Annotation @ManagedBean ein **Beispiel**:

```
package demo.bean;
import javax.faces.bean.*;
.....

@ManagedBean(name="loginBean")
@SessionScope
public class LoginBean {
    .....
}
```

Die Annotation @ManagedBean befindet sich im Paket javax.faces.bean. Mithilfe des Attributs name der Annotation @ManagedBean lässt sich der Name angeben, unter dem die Managed Bean dem JSF-Framework bekanntgegeben wird. Wird kein Name für die Managed Bean über das Attribut name angegeben, so ist die Bezeichnung der Managed Bean gleich dem unqualifizierten Klassennamen[98], jedoch mit kleinem Anfangsbuchstaben. Im obigen Beispiel würde die Managed Bean, die durch die Klasse demo.bean.LoginBean implementiert wird, auch ohne Angabe des Attributs name unter dem Namen loginBean bekannt gemacht. Die explizite Angabe des Namens loginBean soll im Beispiel nur zur Veranschaulichung des Attributs name dienen und kann auch entfallen.

---

[98] Klassenname ohne Angabe des Pakets

Die Deklaration einer Managed Bean in der Konfigurationsdatei `faces-con-fig.xml` gestaltet sich wie folgt:

```
<managed-bean>
    <managed-bean-name>loginBean</managed-bean-name>
    <managed-bean-class>
        demo.bean.LoginBean
    </managed-bean-class>
    <managed-bean-scope>session</managed-bean-scope>
</managed-bean>
```

Die Deklaration einer Managed Bean erfolgt über das XML-Element `managed-bean`. Die Kindelemente des XML-Elements `managed-bean` zur Konfiguration sind in folgender Tabelle zu sehen:

Kindelement	Beschreibung
managed-bean-name	Name der Managed Bean
managed-bean-class	Klasse der Managed Bean
managed-bean-scope	Gültigkeitsbereich (Lebensdauer) der Managed Bean

Tabelle 6-10 Kindelemente von `managed-bean`

Der Gültigkeitsbereich (Scope) bestimmt die Lebensdauer einer Managed Bean. Da die Verwaltung der Managed Beans durch das JSF-Framework erledigt wird – also auch ihre Instanziierung – wird die Angabe einer Lebensdauer benötigt. Es gibt fünf Gültigkeitsbereiche, die entweder mit Annotationen oder über die Datei `faces-config.xml` angegeben werden können. Falls kein Gültigkeitsbereich angegeben wird, so wird standardmäßig der Gültigkeitsbereich Request-Scope eingestellt. Folgende Tabelle zeigt die Gültigkeitsbereiche aufsteigend nach ihrer Lebensdauer:

Gültigkeitsbereich	Annotation	Wert für Element managed-bean-scope
None-Scope	@NoneScoped	none
Request-Scope	@RequestScoped	request
View-Scope	@ViewScoped	view
Session-Scope	@SessioneScoped	session
Application-Scope	@ApplicationScoped	application

Tabelle 6-11 Gültigkeitsbereiche von Managed Beans

Es folgen die Beschreibungen der Gültigkeitsbereiche:

- **None-Scope**: Die Instanz der Managed Bean wird nicht gespeichert und **für jeden Aufruf** wird die Managed Bean neu instanziiert.
- **Request-Scope**: Die Instanz der Managed Bean bleibt für die **Dauer einer HTTP-Anfrage** erhalten.
- **View-Scope**: Die Lebensdauer der Instanz der Managed Bean hängt von der **View** ab, für welche die Managed Bean instanziiert wurde. Erst wenn diese View nicht mehr angezeigt wird, wird die Managed Bean gelöscht.
- **Session-Scope**: Die Instanz der Managed Bean bleibt für die **Dauer der Sitzung** erhalten.
- **Application-Scope**: Die Instanz der Managed Bean bleibt für die gesamte **Dauer der Web-Anwendung** erhalten.

Darüber hinaus gibt es einen benutzerdefinierten Gültigkeitsbereich Custom-Scope, welcher durch die Annotation `@CustomScoped` im Paket `javax.faces.bean` repräsentiert ist. Details dazu finden sich in der JavaEE-API.

6.4.5 Konvertierung

Wie bereits erwähnt, werden beim Datentransfer über das HTTP-Protokoll eingegebene Benutzerdaten als Zeichenketten (Strings) übertragen. Dies erfolgt beispielsweise beim Absenden eines Web-Formulars im Rahmen einer HTTP-Anfrage vom Client an den Server. Ebenso erfolgt die HTTP-Antwort eines Servers als Übermittlung einer Zeichenkette an den Client. Damit eine JSF-Anwendung mit empfangenen Daten „arbeiten" kann, muss auf dem Server eine **Umwandlung** der Zeichenkette in Datentypen von Java erfolgen. Für eine Antwort an den Client muss die Umwandlung in der umgekehrten Richtung erfolgen.

> Der Vorgang der Umwandlung von Zeichenketten in Java-Datentypen und in umgekehrter Richtung wird Konvertierung genannt. Dieser Vorgang wird von einem **Konverter** realisiert.

Im JSF-Framework existieren Standard-Konverter, die automatisch eingesetzt werden, falls nicht explizit ein Konverter angegeben wurde. Diese vordefinierten Konverter realisieren die Konvertierung zwischen Strings und den folgenden Typen von Java:

- `BigDecimal`,
- `BigInteger`,
- `Character` und `char`,
- `Boolean` und `boolean`,
- `Byte` und `byte`,
- `Short` und `short`,
- `Integer` und `int`,
- `Long` und `long`,
- `Float` und `float`,
- sowie `Double` und `double`.

Die Schnittstelle `Converter` aus dem Paket `javax.faces.convert`, welche von allen Konvertern implementiert wird, verdeutlicht die beiden Richtungen der Konvertierung:

```
public interface Converter {
    Object getAsObject(FacesContext context,
                       UIComponent component,
                       String value) throws ConverterException;

    String getAsString(FacesContext context,
                       UIComponent component,
                       Object value) throws ConverterException;
}
```

Die Methode `getAsObject()` liefert einen Java-Zieldatentyp mit dem Wert, der durch den Parameter `value` vom Typ `String` repräsentiert wird. Dabei liegt der Wert des Parameters `value` als Zeichenkette vor, also beispielsweise `"3.14"` als Darstellung einer Gleitkommazahl oder `"true"` als Darstellung eines Wahrheitswerts. Die Methode `getAsString()` liefert eine Zeichenkette für einen durch das Objekt `value` gegebenen Wert. Der Parameter `context` ist der Faces Context zur aktuellen Anfrage. Der Parameter `component` ist die JSF-Komponente, deren Wert von diesem Konverter behandelt wird.

Zeichenketten werden für Datentransfers zwischen Client und Server benötigt. Java-Datentypen sind für die serverseitige Verarbeitung der Benutzerdaten erforderlich. Die Entscheidung für den Einsatz eines bestimmten Konverters findet über eine der drei folgenden Möglichkeiten statt:

- Das Tag einer JSF-Komponente gibt über das **Attribut** `converter` den Konverter an.
- Das **Kind-Tag** `f:converter` des Tags einer JSF-Komponente gibt den Konverter an.
- Die JSF-Komponente ist an eine **Managed Bean-Eigenschaft** gebunden, wobei der Typ dieser Eigenschaft über den Konverter entscheidet. Allerdings entfällt diese Möglichkeit, falls man einen benutzerdefinierten Konverter nutzen will (siehe Kapitel 6.4.5.2).

In der Regel wird bei einer JSF-Komponente, die an eine Eigenschaft mit primitivem Datentyp gebunden ist, kein Konverter explizit angegeben, da das JSF-Framework automatisch einen zum Typ der Eigenschaft passenden Konverter auswählt.

Es folgen Beispiele zur Angabe eines Konverters bei der Deklaration einer JSF-Komponente.

Beispiel:

```
<h:inputText value="{#registerBean.age}"
    converter="javax.faces.convert.ByteConverter" />
```

Hier wird der voll qualifizierte Klassenname des Konverters im Attribut `converter` angegeben.

Beispiel:

```
<h:inputText value="{#registerBean.age}">
    <f:converter converterId="AgeConverter" />
</h:inputText>
```

Wenn ein Konverter über das Attribut `converterId` im Element `f:converter` angegeben wird, benötigt man einen entsprechenden Eintrag des Elements `converter` in der Datei `faces-config.xml`:

```
<converter>
    <converter-id>AgeConverter</converter-id>
```

```
    <converter-class>
        javax.faces.convert.ByteConverter
    </converter-class>
<converter>
```

Eine weitere Möglichkeit, die Konverter-ID zu definieren, existiert seit der JSF-Version 2.0 über Annotationen.

6.4.5.1 Konverter für Kalenderdaten und Zahlen

Für **Kalenderdaten** und **Zahlen** existieren ebenfalls Standard-Konverter, die von den beiden Klassen `DateTimeConverter` bzw. `NumberConverter` repräsentiert werden. Mit den entsprechenden Tags `f:convertDateTime` bzw. `f:convertNumber` lassen sich JSF-Komponenten an diese Konverter binden. Hierzu wird das gewünschte Tag als Kind-Tag in den Bereich einer JSF-Komponente eingebettet. Das Besondere an diesen Tags sind die Möglichkeiten zur **Formatierung** eines Datums oder einer Zahl. Beispielsweise können über das Attribut `dateStyle` des Tags `DateTimeConverter` verschiedene Einstellungen zur Formatierung des Datums vorgegeben werden. Außerdem kann über das Attribut `locale`, welches in beiden Tags verfügbar ist, ein Code zur **Lokalisierung** angegeben werden.

Beispiel zu `DateTimeConverter`:

```
<h:outputText value="#{msgBean.nowDate}">
    <f:convertDateTime dateStyle="medium" locale="de" />
</h:outputText>
<br />
<h:outputText value="#{msgBean.nowDate}">
    <f:convertDateTime dateStyle="medium" locale="en" />
</h:outputText>
```

Die Ausgabe in einem Webbrowser ist:

```
23.02.2014
Feb 23, 2014
```

Es erscheint zunächst eine Datumsausgabe für den deutschsprachigen Raum, anschließend das gleiche Datum im „englischen" Format. Hierbei wird das Attribut `locale` verwendet und entsprechend der Code zur Lokalisierung gesetzt.

Beispiel zu `NumberConverter`:

```
<h:outputText value="#{msgBean.balance}">
    <f:convertNumber type="currency" />
</h:outputText>
<br />
<h:outputText value="#{msgBean.balance}">
    <f:convertNumber type="currency" currencySymbol="€"
        locale="de" />
</h:outputText>
```

Die Ausgabe in einem Webbrowser ist:

```
$25,946.18
€ 25.946,18
```

Hier wird eine Gleitkommazahl als ein Betrag in einer Währung interpretiert. Diese **Interpretation** wird über das Attribut `type` mit dem Wert `"currency"` eingestellt. Die weiteren Attribute im Beispiel dienen der Darstellung des Betrags für unterschiedliche Währungen und Sprachräume.

Es gibt eine Reihe weiterer Attribute für die Tags `convertDateTime` und `convertNumber`, die die Formatierung der Datums- bzw. Zahlenausgabe bewirken. Diese Attribute werden an dieser Stelle nicht weiter aufgeführt. Es wird hierfür auf die Online-Dokumentation von Facelets verwiesen.

6.4.5.2 Benutzerdefinierte Konverter

Bei selbstdefinierten Java-Typen können entsprechend angepasste Konverter nötig sein. Über die Implementierung der Schnittstelle `Converter` aus dem Paket `javax.face.convert` können eigene **benutzerdefinierte Konverter** erstellt werden. Die Schnittstelle `Converter` wurde zu Beginn des Kapitels vorgestellt. Im Folgenden sollen die Schritte zur **Implementierung** und **Registrierung** eines eigenen Konverters besprochen werden.

Eine eigene Klasse, die den Konverter repräsentiert, ist wie folgt zu implementieren:

```
public class MyConverter implements Converter {
        Object getAsObject(FacesContext context,
            UIComponent component, String value)
            throws ConverterException {
    .....
    }

    String getAsString(FacesContext context,
            UIComponent component, Object value)
            throws ConverterException {
        .....
    }
}
```

Eine Registrierung des Konverters ist bei Verwendung des Attributs `converter` einer Ein- oder Ausgabekomponente nicht nötig. Jedoch setzt die Verwendung des Tags `f:converter` eine Registrierung voraus. Zum einen kann die Registrierung eines eigenen Konverters in der Konfigurationsdatei `faces-config.xml` erfolgen. Hierzu wird das Element `converter` mit den Kindelementen `converter-id` und `converter-class` eingefügt wie in folgendem Beispiel:

```
<converter>
    <converter-id>myConverter</converter-id>
    <converter-class>
```

```
        demo.converter.MyConverter
    </converter-class>
</converter>
```

Auf diese Weise kann im Attribut `converterId` des Tags `f:converter` ein frei gewählter Konvertername – hier `myConverter` – angegeben werden.

Seit der Version 2.0 von JSF gibt es zusätzlich auch die Möglichkeit, den Konverter über die **Annotation** `@FacesConverter` im JSF-Framework bekanntzumachen. Beide Möglichkeiten bewirken effektiv dasselbe. Hier die Deklaration der Annotation zur Registrierung des Konverters:

```
@FacesConverter(value="myConverter")
public class MyConverter implements Converter {
    .....
}
```

Dem Attribut `value` der Annotation `@FacesConverter` kann der Konvertername zugewiesen werden, wodurch dieses Attribut dem Element `converter-id` aus der Datei `faces-config.xml` entspricht.

6.4.6 Validierung

Nach der Konvertierung der Benutzereingaben in Zieltypen müssen diese Daten auf **syntaktische und semantische Korrektheit** geprüft werden, d. h. validiert werden.

In der Java EE-API sind bereits einige Standard-Validierer definiert. Seit der Version 2.0 von JSF kann eine Validierung auch gemäß der sogenannten **Bean-Validierung** erfolgen, die durch die Spezifikation JSR 303 definiert ist. Die Bean-Validierung erfolgt mithilfe von **Annotationen** in den Klassen des Model, also in den Managed Beans.

Eine Validierung ist beispielsweise nötig, wenn ein Wert, der von einem Benutzer eingegeben wird, auf einen gültigen Wertebereich beschränkt werden soll. Zum Beispiel darf ein Gewicht nicht kleiner gleich null sein oder ein Geburtsdatum nicht in der Zukunft liegen. Ein weiterer Punkt ist die Validierung von Zeichenketten, die mit einem vorgegebenen Muster übereinstimmen müssen. Beispielsweise müssen E-Mail-Adressen syntaktisch ein bestimmtes Muster aufweisen. Die für solche Einschränkungen verwendeten Annotationen müssen den zu prüfenden Eigenschaften einer Managed Bean vorangestellt werden. Die tatsächliche Validierung findet in einer Validierer-Klasse statt.

Es folgt ein **Beispiel** zur Bean-Validierung:

```
import javax.faces.bean.*;
import javax.validation.constraints.*;

@ManagedBean
@RequestScoped
public class CarProfile {
```

```
@NotNull
@Min(0)
@Max(130)
private int age;
.....
}
```

Die **Annotationen zur Validierung** sind im Paket `javax.validation.con-straints` zu finden und werden im Java Specification Request JSR 303 als Constraint (dt. Einschränkung) bezeichnet. Im Beispiel soll das Alter eines Autos validiert werden und somit ist der Wert der Eigenschaft `age` vom Typ `int` zu prüfen. Die Annotation `@NotNull` gibt an, dass dieser Eigenschaft ein Wert zugewiesen werden muss. Das bedeutet, dass eine leere Eingabe nicht akzeptiert wird. Die Annotationen `@Min(0)` und `@Max(130)` legen fest, dass der Wert der Eigenschaft größer gleich 0 und kleiner gleich 130 sein muss. Folgende Fehlermeldungen erscheinen, falls unzulässige Eingaben gemacht werden:

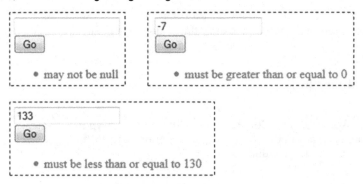

Bild 6-16 Fehlermeldung

Damit eine fehlende Eingabe tatsächlich als `null` und nicht als leerer String interpretiert wird, so dass die Annotation `@NotNull` funktioniert, muss in der Datei `web.xml` folgender Eintrag des Kontextparameters `javax.faces.INTERPRET_EMP-TY_STRING_SUBMITTED_VALUES_AS_NULL` vorgenommen werden:

```
<context-param>
   <param-name>
      javax.faces.INTERPRET_EMPTY_STRING_SUBMITTED_VALUES_AS_NULL
   </param-name>
   <param-value>true</param-value>
</context-param>
```

Die für die Bean-Validierung spezifizierten Annotationen sind seit der Version 6 von Java EE verfügbar und werden im Folgenden aufgelistet:

- **@AssertFalse**
  Die Eigenschaft muss den Wert `false` haben.

- **@AssertTrue**
  Die Eigenschaft muss den Wert `true` haben.

- **@DecimalMax(value)**
  Der Wert der Eigenschaft muss kleiner gleich dem Wert sein, der im Attribut

value angegeben ist. Der Wert von `value` ist ein String und wird als Typ `BigDecimal` interpretiert.

- `@DecimalMin(value)`
  Der Wert der Eigenschaft muss größer gleich dem Wert sein, der im Attribut `value` angegeben ist. Der Wert von `value` ist ein String und wird als Typ `BigDecimal` interpretiert.

- `@Digits(integer, fraction)`
  Der Wert der Eigenschaft darf nicht mehr Vorkommastellen haben als im Attribut `integer` angegeben und nicht mehr Nachkommastellen haben als im Attribut `fraction` angegeben.

- `@Max(value)`
  Der Wert der Eigenschaft muss kleiner gleich dem Wert des Attributs `value` sein.

- `@Min(value)`
  Der Wert der Eigenschaft muss größer gleich dem Wert des Attributs `value` sein.

- `@NotNull`
  Der Wert der Eigenschaft darf nicht `null` sein.

- `@Null`
  Der Wert der Eigenschaft muss `null` sein.

- `@Future`
  Die Eigenschaft muss ein Datum darstellen, das in der Zukunft liegt.

- `@Past`
  Die Eigenschaft muss ein Datum darstellen, das in der Vergangenheit liegt.

- `@Pattern(regexp)`
  Der Wert der Eigenschaft muss mit dem im Attribut `regexp` angegebenen regulären Ausdruck[99] übereinstimmen.

- `@Size(min, max)`
  Diese Annotation kann auf Eigenschaften des Typs `String` oder `Collection` angewendet werden. Die Länge bzw. Größe der Eigenschaft darf nicht kleiner als der Wert des Attributs `min` und nicht größer als der Wert des Attributs `max` sein.

6.4.6.1 Benutzerdefinierte Constraints

Falls der Fall auftritt, dass die vordefinierten Annotationen der Bean-Validierung nicht passend eingesetzt werden können, ist es recht einfach, eine benutzerdefinierte Annotation selbst zu erstellen. Dazu muss eine neue Annotation definiert und eine zugehörige Validierer-Klasse implementiert werden.

Die Erstellung eines benutzerdefinierten Constraint wird im Folgenden anhand eines Beispiels erklärt. Es soll sichergestellt werden, dass eine Eingabe einer natürlichen Zahl stattfand und dass der Wert dieser Zahl im Bereich von 0 bis 100 liegt. Es wird zunächst die Annotation definiert:

```
import java.lang.annotation.*;
import javax.validation.*;
```

---

99 Eine Dokumentation zu regulären Ausrücken findet sich auf www.regular-expressions.info

```
@Constraint(validatedBy=PercentageRangeValidator.class)
@Retention(RetentionPolicy.RUNTIME)
@Target({ElementType.ANNOTATION_TYPE, ElementType.METHOD,
        ElementType.FIELD})
public @interface PercentageRange {
    String message() default "Out of bounds!";
    Class<?>[] groups() default {};
    Class<? extends Payload>[] payload() default {};
}
```

Die Annotation `@Constraint` bewirkt, dass die benutzerdefinierte Annotation `@PercentageRange` als Constraint erkannt wird. Dabei wird auch über das Attribut `validatedBy` die Validierer-Klasse angegeben. Die Annotation `@Retention` legt fest, dass die Annotation `@PercentageRange` zur Laufzeit angewendet werden kann. Die Annotation `@Target` legt fest, auf welche Elemente einer Klasse das benutzerdefinierte Constraint angewendet werden darf. Im Beispiel können andere Annotationen sowie Felder und Methoden mit `@PercentageRange` annotiert werden. Des Weiteren müssen die Eigenschaften `message`, `groups` und `payload` zur Verfügung gestellt werden, die im Folgenden beschrieben werden:

Eigenschaft	Beschreibung
message	Enthält eine Fehlermeldung
groups	Dient zur Bildung von Validierer-Gruppen
payload	Nummt Metadaten auf, die die Validierer-Klasse nutzen kann

Tabelle 6-12 Eigenschaften eines Constraint zur Bean-Validierung

Eine Validierer-Klasse enthält die Logik der Validierung und muss bei der Bean-Validierung nach JSR 303 die Schnittstelle `ConstraintValidator` aus dem Paket `javax.validation` implementieren. Die Klasse `PercentageRangeValidator` wurde in der Definition der Annotation `@PercentageRange` angegeben und wird nun gezeigt:

```
import javax.validation.*;

public class PercentageRangeValidator
    implements ConstraintValidator<PercentageRange, Short> {

    @Override
    public void initialize(PercentageRange constraintAnnot) {
    }

    @Override
    public boolean isValid(Short value,
                        ConstraintValidatorContext cvc) {
        boolean valid = false;

        if (value == null) {
            return valid;
        }

        cvc.disableDefaultConstraintViolation();
        if (value > 100) {
            cvc.buildConstraintViolationWithTemplate(
                "Wert größer 100!").addConstraintViolation();
```

```
        }
        else if (value < 0) {
            cvc.buildConstraintViolationWithTemplate(
                "Wert kleiner 0!").addConstraintViolation();
        }
        else {
            valid = true;
        }

        return valid;
    }
}
```

Die Schnittstelle `ConstraintValidator` ist wie folgt definiert:

```
public interface ConstraintValidator<A extends Annotation, T> {
    public void initialize(A constraintAnnotation);

    public boolean isValid(T value,
                           ConstraintValidatorContext context);
}
```

Die Klasse `PercentageRangeValidator` implementiert die generische Schnittstelle `ConstraintValidator`. Dabei erfolgt die Parametrisierung mit dem Typ der
bereits definierten Annotation `PercentageRange` und dem Typ `Short`, also dem
Typ des zu validierenden Wertes. In der Methode `initialize()` können Vor-
bereitungen zur Validierung erfolgen, hier jedoch bleibt diese Methode leer, da keine
Initialisierung erforderlich ist. Die Validierungslogik ist in der Methode `isValid()`
implementiert. Der Rückgabewert dieser Methode ist `true`, falls die Validierung
erfolgreich war, sonst liefert sie `false`. Die Korrektheit von Werten wird über einfache Vergleichsoperationen ermittelt. Falls bei einer Validierung ein Wert als
ungültig erkannt wird, kann analog zur folgenden Anweisung eine Fehlermeldung
erzeugt werden:

```
cvc.buildConstraintViolationWithTemplate(
    "Wert größer 100!").addConstraintViolation();
```

Der Parameter `cvc` ist vom Typ `ConstraintValidatorContext`. Dieser Parameter stellt den Kontext eines Validierers dar. Beispielsweise kann mit der Anweisung
`cvc.disableDefaultConstraintViolation()` die Ausgabe der im Element
`message` der Annotation `@PercentageRange` enthaltenen Fehlermeldung deakti-
viert werden. Fehlermeldungen werden an den Aufrufer weitergeleitet, so dass sie
letztlich in einer Bildschirmseite angezeigt werden können.

Es folgt eine Anwendung der Annotation `@PercentageRange`:

```
public class WidgetFrame {

    @PercentageRange
    private short transparency;
    .....
}
```

Bei Eingabewerten, die kleiner 0 bzw. größer 100 sind, erscheinen auf der Seite die jeweils in der Validierer-Klasse angegebenen und im folgenden Bild dargestellten Fehlermeldungen:

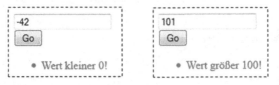

Bild 6-17 Fehlermeldung

6.4.6.2 Standard-Validierer

Die klassische Validierung im JSF-Framework wird mit **Standard-Validierern** durchgeführt. Diese werden in der XHTML-Datei deklariert und im Bereich der Tags von JSF-Komponenten eingebettet. Hierbei kann eine Validierung bei Zeichenketten, Ganzzahlen und Gleitkommazahlen erfolgen.

Das folgende Beispiel zeigt die Validierung der Länge einer eingegebenen Zeichenkette:

```
<h:inputText value="#{signinBean.username}"
    <f:validateRequired />
    <f:validateLength minimum="6" maximum="12" />
</h:inputText>
```

Zur Überprüfung der Zeichenkettenlänge im Eingabefeld wird das Tag `f:validateLength` deklariert. Falls diese Länge kleiner 6 oder größer 12 ist, gibt der Validierer eine Fehlermeldung aus. Der zulässige Wertebereich wird über die Attribute `minimum` und `maximum` festgelegt.

Wie an dem Beispiel zu sehen ist, lassen sich Validierer kombinieren. Durch die Deklaration des Tags `f:validateRequired` wird zusätzlich verlangt, dass die Eingabe nicht leer sein darf. Dass eine Validierung auch bei einer leeren Eingabe erfolgen soll, muss über einen Kontextparameter in der Datei `web.xml` – wie auch bei der Bean-Validierung – eingestellt werden. In diesem Fall ist der Kontextparameter `javax.faces.VALIDATE_EMPTY_FIELDS` auf `true` zu setzen:

```
<context-param>
    <param-name>javax.faces.VALIDATE_EMPTY_FIELDS</param-name>
    <param-value>true</param-value>
</context-param>
```

Folgende Standard-Validierer sind im JSF-Framework bereits enthalten:

- **`f:validateRequired`**
  Es wird geprüft, ob eine Benutzereingabe erfolgte. Falls keine Eingabe stattfand, also der Wert `null` ist, so wird eine Fehlermeldung angezeigt.

- **`f:validateLength`**
  Dieser Validierer prüft, ob die Länge der eingegebenen Zeichenkette im Wertebereich liegt, der durch die Attribute `minimum` und `maximum` festgelegt ist.

- `f:validateLongRange`
  Es wird geprüft, ob die eingegebene Ganzzahl im Wertebereich liegt, der durch die Attribute `minimum` und `maximum` festgelegt ist.

- `f:validateDoubleRange`
  Dieser Validierer prüft, ob die eingegebene Gleitkommazahl im Wertebereich liegt, der durch die Attribute `minimum` und `maximum` festgelegt ist.

- `f:validateRegex`
  Die eingegebene Zeichenkette wird daraufhin überprüft, ob sie mit dem im Attribut `pattern` angegebenen regulären Ausdruck übereinstimmt.

Wird bei der Validierung von Zahlen eine Eingabe nicht als Zahl erkannt, weil sich etwa durch einen Tippfehler ein Buchstabe „eingeschlichen" hat, wird in einem solchen Fall eine Fehlermeldung ausgegeben, die auf einen falschen Typ hinweist.

6.5 Übungen

Aufgabe 6.1: Bean und Datenklasse

Im Rahmen der folgenden Aufgabe soll eine Webseite erstellt werden, die es ermöglicht, eine einfache Einkaufsliste zu erstellen. Vom Benutzer sollen Artikel und deren Menge eingegeben werden können, die dann in einer Tabelle übersichtlich dargestellt werden. Da sich diese Aufgabe im Wesentlichen mit der Entwicklung von Webseiten mit JSF beschäftigt, soll die Liste nicht persistent gespeichert, sondern nur temporär im Arbeitsspeicher gehalten werden.

Es soll zunächst die Datenklasse `Article` erstellt werden, welche die Eigenschaften eines Artikels enthält. Die Klasse soll die Eigenschaften `amount` (`int`) und `name` (`String`), mit den entsprechenden set- und get-Methoden enthalten.

Im zweiten Schritt soll die Bean `ShoppingListBean` erstellt werden. Um die Bean dem Application-Server bekannt zu machen, muss die Klasse `ShoppingListBean` mit der Annotation `@ManagedBean` markiert werden. Diese Bean soll die Einkaufsliste speichern und Methoden für das Anlegen und löschen von Artikeln aus der Einaufsliste anbieten. Die Bean soll die Einkaufsliste für die gesamte Dauer der Sitzung halten.

Aufgabe 6.2: Webseite

In dieser Teilaufgabe soll eine Webseite erstellt werden, die sowohl die Einkaufsliste mit den darin enthaltenen Artikeln in einer Tabelle anzeigt, als auch ein Formular zum Hinzufügen neuer Artikel zur Einkaufsliste enthält.

Zur Erstellung der Tabelle soll die JSF-Komponente `dataTable` verwendet werden. In der ersten Spalte soll die Menge des Artikels (`amount`) angezeigt werden, in der zweiten Spalte der Name des Artikels (`name`). Die dritte Spalte soll eine Schaltfläche (JSF-Komponente `commandButton`) enthalten, bei deren Betätigung der Artikel in dieser Zeile aus der Einkaufsliste entfernt wird.

Unter der Tabelle soll ein Formular zum Hinzufügen eines Artikels erstellt werden, das zwei Textfelder (JSF-Komponente `inputText`) und eine Schaltfläche enthält. Im ersten Textfeld soll der Name des Artikels (`name`) eingegeben werden können. Die Eingabe des Namens soll erforderlich sein.

Im zweiten Textfeld soll die gewünschte Menge (`amount`) eingegeben werden können. Auch hier soll die Eingabe erforderlich sein. Damit vom Benutzer eine sinnvolle Menge eingegeben wird, soll mittels des Validators `validateLongRange` sichergestellt werden, dass es sich bei der Eingabe um eine Zahl handelt und diese größer als 0 ist.

Bei Betätigung der Schaltfläche sollen die eingegeben Daten an die Bean übergeben und der Artikel in der Einkaufsliste gespeichert werden. Falls keine oder ungültige Werte eingegeben wurden, sollen entsprechende Fehlermeldungen mittels der JSF-Komponente `message` bei den Textfeldern angezeigt werden.

Kapitel 7

JDBC

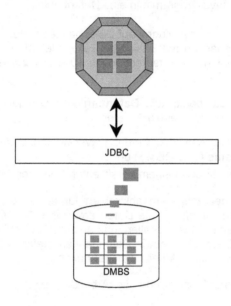

7 JDBC

Die JDBC-API ist Bestandteil der Java Standard Edition.

JDBC ist eine API von Oracle und steht für „**Java Database Connectivity**". Java bietet mit dieser JDBC-API einfache Möglichkeiten, um:

- eine Datenbankverbindung herzustellen,
- Daten aus einer Datenbank zu lesen und in einem Java-Programm zu verwenden,
- Daten aus einem Java-Programm in eine Datenbank zu schreiben.

JDBC ermöglicht prinzipiell den Zugriff auf Datenbanken beliebigen „Formates" – beispielsweise auf Datenbanken auf Basis von Text- oder XML-Dateien –, sofern von den Datenbank-Herstellern die entsprechenden JDBC-Treiber (siehe Kapitel 7.2) dafür angeboten werden.

Das Konzept einer Datenbank, kurz **Datenbankkonzept** genannt, besteht im Wesentlichen aus den folgenden beiden Anteilen:

- den Verwaltungsprozessen eines Datenbankverwaltungssystems oder **Datenbankmanagementsystems** (kurz **DBMS**) und
- den **gespeicherten Daten** in einem persistenten Speicher, der Datenbank.

Das Datenbankmanagementsystem abstrahiert für ein Anwendungsprogramm die Daten, ermöglicht den Zugriff auf die Daten sowie ihre Modifikation und stellt ihre Konsistenz sicher [Kem09]. Es gibt allerdings auch JDBC-Treiber, die direkt auf Dateien ohne ein DBMS zugreifen, sowie Datenbanken, welche die Daten nicht persistent speichern, sondern nur im Arbeitsspeicher halten.

Im Folgenden wird der Einsatz und die Arbeitsweise von JDBC für **relationale Datenbanken** erläutert.

Ein Programmierer muss bei Verwendung von JDBC für relationale Datenbanken **SQL-Befehle in Form von Strings**[100] erzeugen und die einzelnen Attribute eines gelesenen Datensatzes einer Datenbankabfrage in Objekte bzw. beim Schreiben die Attribute von Objekten in relationale Daten der Datenbank wandeln.

---

[100] Die Structured Query Language (SQL) ist eine standardisierte Abfragesprache für relationale Datenbanken.

JDBC ist unabhängig vom verwendeten speziellen Datenbankverwaltungssystem. JDBC abstrahiert also das spezielle DBMS, sodass man das Datenbankverwaltungssystem austauschen kann, ohne die darüberliegende Anwendung abändern zu müssen[101].

Bei größeren Anwendungen wird meist noch eine zusätzliche Softwareschicht zur **Datenaufbereitung** oberhalb der JDBC-API implementiert, wie beispielsweise JPA (siehe Kapitel 9), welche den Zugriff auf das entsprechende Datenbankverwaltungssystem noch weiter abstrahiert und damit generalisiert und als High Level-API von den Anwendungen aufgerufen wird. JDBC gilt als Low Level-API.

Kapitel 7.1 erklärt die Paketstruktur von JDBC. JDBC benutzt einen **Treiber**, um auf das jeweilige Datenbankverwaltungssystem zuzugreifen. Ist dieser Treiber netzwerkfähig, so können mit JDBC verteilte Anwendungen realisiert werden. Auf die unterschiedlichen Treibertypen wird in Kapitel 7.2 näher eingegangen. In Kapitel 7.3 sind die Zugriffsmöglichkeiten auf ein Datenbankverwaltungssystem mittels JDBC beschrieben. SQL-spezifische Datentypen werden in Kapitel 7.4 aufgeführt. Exceptions, die bei der Verwendung von JDBC auftreten können, werden in Kapitel 7.5 beschrieben. Der Umgang mit JDBC-Metadaten wird in Kapitel 7.6 erläutert.

7.1 Die Paketstruktur der JDBC-API

Die JDBC-API ist aktuell in der Version 4.1 verfügbar. Sie ist Teil der Java Standard Edition. Dabei ist diese API in zwei Pakete unterteilt:

- `java.sql` und
- `javax.sql`.

7.1.1 Das Paket java.sql der JDBC-API

Das Paket `java.sql` stellt die sogenannte **Core-API** von JDBC dar. Die dort enthaltenen Schnittstellen und Klassen stellen diejenige Funktionalität bereit, welche für **clientseitige Anwendungen** benötigt wird.

---

[101] Die Portabilität von Datenbanken ist gegeben, solange nur Funktionalitäten des Base Level der SQL92-Spezifikation verwendet werden, da diese von allen Treiberanbietern implementiert werden müssen. Vor allem komplexere Funktionen werden nicht von allen Datenbanken oder entsprechenden Treibern unterstützt.

Das Paket `java.sql` umfasst unter anderem die folgenden Aufgaben:

- Verbindungsaufbau zur Datenbank durch einen Verbindungsmanager.
- Absetzen von SQL-Befehlen gegen die Datenbank wie zum Beispiel Abfragen oder Updates.
- Auswertung der Ergebnisse eines Abfrage-Befehls.
- Abbildung Datenbank-spezifischer Datentypen auf Java-konforme Datentypen.

Historische Entwicklung

Das Paket `java.sql` der JDBC-API ist kompatibel zu der früheren Version JDBC 1.0, die seit der Version 1.1 von Java zur Java-API gehört. Somit sind ältere Programme, die mit JDBC 1.0 entwickelt wurden, immer noch lauffähig. In der Version 2.0 wurden neben zusätzlichen Datentypen von SQL99[102] auch Erweiterungen bei Abfragen eingebaut. Diese Erweiterungen umfassen unter anderem eine flexiblere Navigation innerhalb des Ergebnisses eines Abfrage-Befehls oder eine verbesserte Funktionalität zum Einfügen, Löschen oder Verändern von Daten in einer Datenbank. Während die zuvor beschriebenen Features mit der darauf folgenden Version 3.0 weiter verfeinert und ausgebaut wurden, ist mit der Version 4.0 von JDBC neue Funktionalität hinzugekommen, wie beispielsweise die Abdeckung des SQL-2003-Standards[103] oder das Intensivieren des „Ease-Of-Development" durch den Einsatz von Annotationen. Seit der Version 4.1 von JDBC wird „try-with-resources", eine Neuheit von Java 7, unterstützt. Mit „try-with-resources" werden die Verbindungen zur Datenbank von einer Java-Virtuellen Maschine automatisch zum Ende des jeweiligen Statements geschlossen. Außerdem wird seit der Version 4.1 von JDBC das JavaBeans-Komponentenmodell unterstützt.

7.1.2 Das Paket javax.sql der JDBC-API

Das Paket `javax.sql` erweitert die durch das Paket `java.sql` zur Verfügung gestellte Funktionalität um Klassen und Schnittstellen, die für **serverseitige Anwendungen** verwendet werden.

---

[102] SQL99 – auch SQL3 genannt – ist ein SQL-Standard des American National Standard Institute (ANSI), der 1999 herausgebracht wurde. SQL99 wurde auch von der International Standards Organisation (ISO) als Standard anerkannt.
[103] Dieser Standard ersetzt den SQL99-Standard, wobei die bis dahin verfügbaren Elemente überarbeitet und von Fehlern bereinigt wurden. Zudem ist ein neuer Teil hinzugekommen, der die Abbildung von XML-Datenstrukturen in eine Datenbank ermöglicht.

Das Paket `javax.sql` umfasst unter anderem:

- Einen in der Funktionalität **erweiterten Verbindungsmanager**. Der Zugriff des Verbindungsmanagers auf das Datenbankverwaltungssystem wird dabei typischerweise über JNDI[104] (Java Naming and Directory Interface) realisiert.
- Die Möglichkeit, bereits aufgebaute Verbindungen zu einer Datenbank in einem sogenannten **Connection-Pool** bzw. vorgefertigte SQL-Statements in einem sogenannten **Statement-Pool** abzulegen, was zu einer höheren Performance der Anwendung führt.
- Die Möglichkeit, **verteilte Transaktionen** durchzuführen.

Das Paket `javax.sql` ist ein essentieller Bestandteil der Java Enterprise Edition. Seit der Version 3.0 der JDBC-API – also seit der Version 1.4 von Java – ist das Paket `javax.sql` auch in der Java Standard Edition (Java SE) enthalten.

In den folgenden Unterkapiteln werden die im Paket `javax.sql` enthaltenen Erweiterungen kurz vorgestellt.

7.1.2.1 Datenquellen

Durch den Einsatz von Datenquellen kann der Verbindungsaufbau eines Programms zum DBMS und die Verwaltung der Verbindungsdaten vereinfacht werden.

Der Zugriff auf ein DBMS erfolgt dann über ein Objekt der Schnittstelle `Data-Source`, einer sogenannten Datenquelle. Beim Verbindungsaufbau muss lediglich der Name der zu verwendenden Datenbank bekannt sein. Das Laden eines Treibers wird durch diese Datenquelle gekapselt. Die Objekte vom Typ `DataSource` werden dabei in einem globalen Namens- und Verzeichnisdienst hinterlegt und können von Clients erfragt werden.

7.1.2.2 Connection Pooling

Zum ressourcenschonenden Zugriff auf eine Datenbank wird im Erweiterungspaket `javax.sql` das sogenannte Connection Pooling unterstützt. Connection Pooling kann sinngemäß mit „Verbindungsreservoir" oder einfach mit „Verbindungspool" übersetzt werden.

Beim Einsatz eines Verbindungspools wird eine Verbindung zur Datenbank nach dem Gebrauch nicht geschlossen, sondern in einem Pool offener Verbindungen abgelegt, die zur weiteren Verwendung zur Verfügung stehen.

---

[104] Siehe Anhang B

Eine Anwendung, die eine Verbindung zur Datenbank benötigt, öffnet eine Verbindung zum DBMS nicht selbst, sondern fordert diese vom Verbindungspool an.

Dadurch wird der zeit- und ressourcenaufwendige Verbindungsaufbau zum DBMS gespart. Diese Funktionalität wird durch die beiden Schnittstellen `PooledConnection` und `ConnectionPoolDataSource` des Pakets `javax.sql` bereitgestellt.

7.1.2.3 Rowsets

Mit der von der Schnittstelle `java.sql.ResultSet` abgeleiteten Schnittstelle `RowSet` spezifiziert Java die Rahmenbedingungen für die Implementierung einer Datenbankabfrage unter Verwendung des JavaBeans-Komponentenmodells. Das Ziel ist es, eine Bean zu verwenden, die die DBMS-Verbindung und das Absetzen einer Abfrage kapselt.

7.1.2.4 Verteilte Transaktionen

Die Schnittstelle `XAConnection` wird zum Aufbau von verteilten Transaktionen verwendet. Dabei sind mehrere Datenbankverwaltungssysteme an einer verteilten Transaktion beteiligt.

7.2 JDBC-Treiber

Auf ein DBMS greift man mit JDBC über einen sogenannten Treiber zu. Die Aufgabe eines JDBC-Treibers ist es, JDBC-Aufrufe in Anweisungen umzusetzen, die von dem jeweiligen DBMS verstanden werden. Zusätzlich muss der Treiber die Ergebnisse von Datenbankabfragen entgegennehmen und in eine für das aufrufende Java-Programm verständliche Form bringen.

Der Aufbau der JDBC-Treiber ist von Oracle in der JDBC-Treiber-API spezifiziert. JDBC-Treiber sind in den meisten Fällen abhängig vom DBMS und werden von den DBMS-Herstellern oder Drittanbietern entsprechend der JDBC-Spezifikation implementiert.

Ein Anwendungsentwickler arbeitet hauptsächlich mit der JDBC-API und somit unabhängig von der eigentlichen Implementierung der Treiber.

Treiberarchitektur unter Verwendung eines JDBC-Treiber-Managers

Eine Anwendung greift über die **JDBC-API** auf einen sogenannten JDBC-Treiber-Manager[105] zu. Der JDBC-Treiber-Manager ruft dann über die **JDBC-Treiber-API** einen passenden JDBC-Treiber auf. Je nach Treibertyp – es gibt 4 Treibertypen (siehe Anhang D) – verläuft der Zugriff auf ein DBMS in unterschiedlicher Weise.

Ein JDBC-Treiber-Manager wird durch die Klasse `java.sql.DriverManager` repräsentiert. Diese Klasse enthält Klassenmethoden zum Laden von Treibern und bietet Unterstützung für das Erzeugen von Verbindungen zu einem DBMS.

Der JDBC-Treiber implementiert die Schnittstelle `java.sql.Driver`. In Kapitel 7.3.1 wird beschrieben, wie ein Treiber aufgerufen wird. In folgendem Bild ist der Zugriff einer Java-Anwendung auf ein DBMS über JDBC dargestellt:

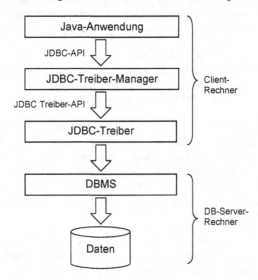

Bild 7-1 JDBC-Treiber in einer Client-Server-Architektur

Zusätzlich wird in obigem Bild gezeigt, welche Teile einer Anwendung auf dem Client-Rechner und welche auf dem Datenbankserver-Rechner laufen. Natürlich kann der gesamte Code auch auf einem einzigen Rechner ausgeführt werden.

7.3 Zugriff auf ein DBMS über JDBC

Der Zugriff auf ein DBMS läuft immer nach einem festgelegten Schema ab. Er lässt sich in **mehrere Phasen** aufteilen, die hier kurz vorgestellt und in den nächsten Kapiteln ausführlich besprochen werden:

---

[105] Eine andere Möglichkeit ist die Verwendung von Objekten der Klasse `DataSource` (siehe Kapitel 7.1.2).

- Herstellen der **Verbindung zu einem DBMS**.
  Hierbei gibt es keinen Unterschied, ob sich die Datenbank lokal auf dem gleichen Rechner befindet oder ob über das Netz auf sie zugegriffen wird.

- **Absetzen eines SQL-Statements**.
  Ein SQL-Statement kann zum Beispiel den Inhalt einer Datenbanktabelle lesen, Datensätze in eine Tabelle einfügen oder Tabellen löschen.

- **Auswerten des Ergebnisses einer Abfrage**.
  Bei einer Manipulation der Daten durch ein UPDATE-Statement ist das Ergebnis nur eine Integerzahl, welche die Anzahl der veränderten Zeilen angibt. Bei einer Abfrage mit SELECT wird als Ergebnis eine Referenz auf ein Objekt vom Typ ResultSet zurückgegeben.

- **Schließen des SQL-Statements**.
  Beim Schließen eines Statements werden die verwendeten Ressourcen wieder freigegeben. Das Freigeben von Ressourcen sollte immer frühestmöglich nach der Verwendung des entsprechenden Statements durchgeführt werden.

- **Schließen der Verbindung zum DBMS**.
  Unabhängig davon, ob auf die Datenbank über ein Netz oder aber lokal zuge-griffen wird, muss die Verbindung zum DBMS geschlossen werden. Dabei werden die für die Verbindung benötigten Ressourcen freigegeben.

Neben den Klassen und Schnittstellen für die Verbindung zum DBMS und das Bear-beiten von Daten gibt es noch Klassen und Schnittstellen, um **Informationen über die Datenbank oder in der Datenbank gespeicherte Daten** wie beispielsweise die Datentypen von Daten zu erhalten. Das Ergebnis einer solchen Abfrage kann z. B. in einem Objekt vom Typ ResultSet zurückgegeben werden. Datenbankinformati-onen werden in Objekten, deren Typ für die Aufnahme sogenannter Metadaten[106] ge-eignet ist, zurückgegeben.

Eine Anwendung kann gleichzeitig mehrere Verbindungen zu einem oder mehreren Datenbankverwaltungssystemen aufbauen. Innerhalb jeder Verbindung kann dann eine Folge von SQL-Befehlen ausgeführt werden.

In den folgenden Beispielen wird die Datenbank Java DB[107] verwendet, die seit Java 6 im JDK enthalten ist. Zur Verwendung dieser Datenbank muss somit keine zusätz-liche Software installiert werden. Um die Java DB zu verwenden, muss lediglich das Archiv derby.jar, das sich im Verzeichnis db\lib im Installationsverzeichnis des JDK befindet, dem Klassenpfad hinzugefügt werden.

Das folgende Beispiel zeigt, wie in die Tabelle studenten Informationen über drei Studenten mit Hilfe des SQL-Befehls INSERT eingefügt werden. Danach werden für jeden Studenten Noten für das Fach Info 1 in die Tabelle fachnoten eingetragen.

---

[106] Meta (griech. mit, über). Metadaten sind sogenannte beschreibende Daten, die Informationen über die eigentlichen Nutzdaten bereitstellen. So kann über ein Objekt vom Typ ResultSetMetaData unter anderem die Anzahl und die Namen der Spalten der Ergebnismenge abgefragt werden.

[107] In der Version 6 von Java wurde von Sun Microsystems die Apache Derby Open Source Daten-bank als **Java DB** in das JDK integriert.

Anschließend wird mittels eines SELECT-Befehls überprüft, ob alle Informationen richtig im System hinterlegt wurden:

```java
// Datei: JDBCTest.java

import java.sql.*;

public class JDBCTest
{
    private static final String[] NAMEN =
        {"Schmidt", "Peters", "Dlugosch"};
    private static final int[] MATRIKELNRN =
        {12345678, 47110815, 54123678};
    private static final double[] NOTEN =
        {1.0, 2.1, 1.7};

    public static void main (String[] args)
    {
        // Die einzelnen Elemente der url werden später erklärt.
        String url = "jdbc:derby:JDBCTest;create=true";
        // Verbindung zum DBMS herstellen. Der Aufruf der Methode
        // getConnection() liefert ein Objekt vom Typ Connection
        // zurück, das die Verbindung zum DBMS kapselt.
        // Der Aufruf der Methode createStatement() auf dem
        // Connection-Objekt liefert ein Objekt vom Typ
        // Statement zurück. Über dieses Objekt können SQL-
        // Befehle an die Datenbank gesendet werden.
        try (Connection con = DriverManager.getConnection(url);
             Statement stmt = con.createStatement())
        {
            // Da die Datenbank neu erzeugt wird, müssen zuerst
            // die Tabellen angelegt werden
            String sqlBefehl = "CREATE TABLE studenten (" +
                    "name CHAR (20), " +
                    "matrikelnr INT NOT NULL, " +
                    "PRIMARY KEY (matrikelnr))";

            // Mit der Methode execute() wird der übergebene
            // SQL-Befehl an das DBMS gesendet und dort ausgeführt
            stmt.execute (sqlBefehl);

            sqlBefehl = "CREATE TABLE fachnoten (matrikelnr INTEGER," +
                    "fach VARCHAR (20), " +
                    "note DOUBLE)";
            stmt.execute (sqlBefehl);

            // Eintragen der Studenten
            for (int i = 0; i < NAMEN.length; i++)
            {
                sqlBefehl = "INSERT INTO studenten VALUES ('" +
                    NAMEN [i]+ "'," + MATRIKELNRN [i] + ")";
                stmt.execute (sqlBefehl);
            }

            // Nun können die Noten für die Studenten hinterlegt werden
            for (int i = 0; i < NAMEN.length; i++)
            {
```

```
        sqlBefehl = "INSERT INTO fachnoten VALUES (" +
              MATRIKELNRN [i] + ",'Info 1'," + NOTEN [i] + ")";
        stmt.execute (sqlBefehl);
    }
    // Mit dem Aufruf von executeQuery können
    // nur SELECT-Statements abgesetzt werden.
    // Das Ergebnis der Abfrage wird in einem
    // Objekt vom Typ ResultSet zurückgeliefert.
    try (ResultSet rs = stmt.executeQuery (
              "SELECT matrikelnr, name FROM studenten"))
    {
        // Auswerten des Ergebnisses
        System.out.println (
            "Folgende Studenten sind verzeichnet:");
        System.out.println ("Matrikelnummer  Name     ");
        System.out.println ("-----------------------");

        // Der Aufruf von rs.next() setzt einen internen
        // Zeiger im ResultSet-Objekt stets auf den nächsten
        // zu untersuchenden Eintrag in der Ergebnismenge.
        // Es wird solange true zurückgeliefert,
        // bis alle Einträge betrachtet wurden.
        while (rs.next())
        {
            int matrikelnummer = rs.getInt ("matrikelnr");
            String name = rs.getString ("name");
            System.out.println
                (matrikelnummer + "          " + name);
        }
    }

    // Die Einträge der Noten überprüfen:
    try (ResultSet rs = stmt.executeQuery (
              "SELECT matrikelnr, note FROM fachnoten"))
    {
        System.out.println (
            "\nSie haben folgende Noten in Info 1 geschrieben:");
        System.out.println ("Matrikelnummer  Note     ");
        System.out.println ("--------------------");

        while (rs.next())
        {
            int matrikelnummer = rs.getInt ("matrikelnr");
            double note = rs.getDouble ("note");
            System.out.println (matrikelnummer + "          " +
                                                      note);
        }
    }
}
catch (Exception e)
{
    System.out.println ("Exception: " + e.getMessage());
}
    }
}
```

Die Ausgabe des Programms ist:

```
Folgende Studenten sind verzeichnet:
Matrikelnummer  Name
------------------------
12345678        Schmidt
47110815        Peters
54123678        Dlugosch

Sie haben folgende Noten in Info 1 geschrieben:
Matrikelnummer  Note
--------------------
12345678        1.0
47110815        2.1
54123678        1.7
```

Es ist zu beachten, dass das gezeigte Beispiel nur ein einziges Mal aufgerufen werden kann, ohne einen Fehler zu verursachen. Der Grund dafür ist, dass beim erneuten Aufruf der Versuch unternommen wird, Tabellen anzulegen, die bereits vorhanden sind.

7.3.1 Verbindung zum DBMS über den Treiber-Manager

Der Verbindungsaufbau zu einem DBMS besteht aus zwei Teilen. Zuerst muss ein passender JDBC-Treiber geladen und dem JDBC-Treiber-Manager bekannt gemacht werden. Der JDBC-Treiber-Manager erkennt beim Verbindungsaufbau anhand einer angegebenen URL und der bei ihm registrierten Treiber, welchen Treiber er für eine Verbindung verwenden kann. Nach dem Laden kann eine Verbindung aufgebaut und ein Objekt, dessen Klasse die Schnittstelle `Connection` implementiert, erzeugt werden.

Eine Anwendung greift immer über einen JDBC-Treiber auf ein DBMS zu. Dazu muss der Treiber **im ersten Schritt** geladen werden.

Hierbei gibt es mehrere Möglichkeiten:

- Die wohl einfachste Möglichkeit, einen JDBC-Treiber zu laden, ist die Verwendung des Service Provider Mechanismus (SPM), der seit der Version 4.0 von JDBC implementiert ist. Hierzu muss der Name der Treiber-Klasse in der Datei `java.sql.Driver` eingetragen sein. Die Datei muss dabei im Verzeichnis `META-INF\services\` des aktuellen Arbeitsverzeichnisses vorhanden sein. Ebenfalls muss sich die `jar`-Datei des Treibers im CLASSPATH befinden. Beim Aufruf der Methode `getConnection()` für eine Referenz auf ein Objekt vom Typ `Connection` wird dann automatisch die richtige Treiber-Klasse in die Java-VM geladen.

- Die Treiberklasse kann auch explizit im Java-Programm geladen und beim JDBC-Treiber-Manager registriert werden. In der `main()`-Methode der Klasse `JDBC-Test` aus Kapitel 7.3 kann somit durch den Aufruf

```
Class.forName ("org.apache.derby.jdbc.EmbeddedDriver");
```

der JDBC-Treiber `org.apache.derby.jdbc.EmbeddedDriver` explizit in die Java-Virtuelle Maschine geladen werden. Dabei wird der Klassenmethode `for-Name()` der Klasse `Class<T>` der Name des zu ladenden Treibers – hier `EmbeddedDriver` – übergeben.

- Der Treiber kann auch beim Programmaufruf der Java-Virtuellen Maschine auf der Kommandozeile in der System-Property[108] `jdbc.drivers` wie folgt angegeben werden:

```
java -Djdbc.drivers=org.apache.derby.jdbc.EmbeddedDriver
```

Sollen mehrere Treiber gleichzeitig registriert werden, so müssen diese durch einen Doppelpunkt voneinander getrennt angegeben werden.

- Die System-Property `jdbc.drivers` kann auch im Java-Programm registriert werden. Dazu wird die statische Methode `setProperty()` der Klasse `System` verwendet. Die breits erwähnte Registrierung als Systemeigenschaft könnte im behandelten Programmbeispiel folgendermaßen aussehen:

```
System.setProperty ("jdbc.drivers",
                    "org.apache.derby.jdbc.EmbeddedDriver");
```

Sollen mehrere Treiber registriert werden, so müssen diese durch Doppelpunkte voneinander getrennt angegeben werden. Einen solchen Fall zeigt das folgende Beispiel:

```
System.setProperty ("jdbc.drivers",
     "Paketverzeichnis1.Driver1:Paketverzeichnis2.Driver2");
```

Beim Setzen der System-Property `jdbc.drivers` innerhalb des Programms muss allerdings berücksichtigt werden, dass damit der Wert, der über die Kommandozeile angegeben wurde, überschrieben wird.

- Die letzte Möglichkeit besteht darin, in der Anwendung ein Objekt der Treiberklasse zu erzeugen und eine Referenz auf dieses Objekt der statischen Methode `registerDriver()` der Klasse `DriverManager` zu übergeben:

```
Driver driver = new org.apache.derby.jdbc.EmbeddedDriver ();
DriverManager.registerDriver (driver);
```

Wenn der JDBC-Treiber-Manager anhand der URL einen Treiber für eine DBMS-Verbindung sucht, benutzt er den **ersten passenden Treiber**, den er findet.

Dabei sucht er zuerst in den Treibern, die in der System-Property `jdbc.drivers` angegeben wurden. Anschließend prüft er, wenn er dort nicht fündig wird, ob in der Anwendung ein Treiber geladen wurde.

---

[108] Eine System-Property – oder Systemeigenschaft – ist ein Parameter der Systemumgebung.

Im **zweiten Schritt** baut die Anwendung eine **Verbindung zum DBMS** auf.

Diese Verbindung wird durch ein Objekt, dessen Klasse die Schnittstelle `Connection` implementiert, repräsentiert. Man erhält ein solches Objekt durch Aufruf der Klassenmethode

```
public static Connection getConnection (
    String url, String user, String password);
```

der Klasse `DriverManager`. Der erste Parameter `url` enthält die URL für eine Datenbankverbindung über JDBC. Mit `user` und `password` wird der Benutzername für das DBMS und das dazugehörige Passwort angegeben. Die Verwendung von Benutzername und Passwort ist DBMS-spezifisch.

Sobald die DBMS-Verbindung nicht mehr benötigt wird, sollte sie wieder geschlossen werden, um Systemressourcen freizugeben.

Dazu bietet die Schnittstelle `Connection` die Methode `close()` an.

Eine weitere Möglichkeit, eine DBMS-Verbindung zu schließen, besteht in der Verwendung des in Java 7 eingeführten „try-with-resources"-Konzepts.

Dazu leitet man die Schnittstelle `Connection` von der Schnittstelle `AutoCloseable` ab, die es ermöglicht, eine DBMS-Verbindung in einem „try-with-resources"-Block (siehe auch [Gol13]) zu öffnen:

```
try(Connection con = DriverManager.getConnection(url, user, pw))
{
    // ...
}
```

Die so geöffnete Verbindung wird automatisch von der Java-Virtuellen Maschine wieder geschlossen, sobald der `try`-Block beendet ist. Dieses Vorgehen, um Ressourcen automatisch schließen zu lassen, ist ebenfalls für Objekte der Schnittstellen `java.sql.Statement` und `java.sql.ResultSet` möglich.

Eine Verbindung zu einer Datenbank wird eindeutig über ihre URL identifiziert. Die URL für eine Datenbankverbindung über JDBC besteht aus drei Bestandteilen und hat allgemein die Form:

```
jdbc:<subprotokoll>:<subname>
```

Die einzelnen Bestandteile der URL sind durch Doppelpunkte getrennt. Ihre Bedeutung wird in folgender Tabelle dargestellt:

`jdbc`	Bezeichnet das verwendete Protokoll JDBC.
`<subprotokoll>`	Das Subprotokoll spezifiziert den Treiber und ist vom verwendeten DBMS abhängig. Es wird vom Treiberhersteller definiert. Beispiele für Subprotokolle sind: `derby` Java DB / Apache Derby `db2` DB2 von IBM `oracle` Oracle-Datenbank `odbc` JDBC-ODBC-Brücke
`<subname>`	Der Subname kann ein beliebiges Format haben, welches vom verwendeten Subprotokoll abhängt. Im Allgemeinen gibt der Subname den Rechner und den Port, sowie die zu verwendende Datenbank an. Beispiele für Subnamen sind: `dbName`: Datenbank `dbName`, die auf dem **lokalen** Rechner bekannt gemacht (katalogisiert) wurde. `//pc1:3306/JDBCTest` Datenbank mit dem Namen `JDBCTest` auf dem **entfernten** Rechner `pc1`. Der Verbindungs-Daemon[109] lauscht auf dem Port `3306`.

Tabelle 7-1 Elemente der JDBC-URL

Wird eine URL der Form `jdbc:odbc:dbName` verwendet, so wird über die **JDBC-ODBC-Brücke** auf die Datenquelle mit dem Namen `dbName` zugegriffen. Bei der URL `jdbc:db2:sample` wird die auf dem lokalen Rechner katalogisierte DB2-Datenbank `sample` angesprochen.

Im Gegensatz dazu erfolgt beispielsweise mit `jdbc:mysql://myhost.domain.de:3306/myDatabase` der Zugriff auf die MySQL-Datenbank `myDatabase`, die auf dem Rechner `myhost.domain.de` katalogisiert ist. Der angegebene Port `3306` kann vom Benutzer eingestellt werden. Ein weiteres Beispiel für eine netzfähige URL ist `jdbc:oracle:oci8:@server:1521:mydb`, über die auf eine Oracle-Datenbank auf dem Rechner namens `server` zugegriffen wird, deren Daemon auf dem Port `1521` lauscht.

Zusätzlich können in der URL Optionen an den Treiber übergeben werden, die mit einem Semikolon getrennt in der Form Name = Wert angeben werden. Die Optionen sind treiberspezifisch und sind der jeweiligen Dokumentation zu entnehmen. Das folgende Beispiel zeigt eine URL, bei der die Option `create` auf `true` gesetzt wird und somit dem Treiber mitgeteilt wird, dass die Datenbank automatisch erzeugt werden soll, falls sie nicht bereits vorhanden ist:

`jdbc:derby:JDBCTest;create=true`

Um sämtliche Datenbankaktionen zu protokollieren, kann beim Treiber-Manager ein Ausgabestrom gesetzt werden. Hierzu wird die Methode `setLogWriter()` der Klasse `DriverManager` angeboten, mit welcher ein Objekt vom Typ `PrintWriter` zugewiesen werden kann.

---

[109] Ein Verbindungs-Daemon ist ein Server-Programm, das Anfragen an den DBMS-Server bearbeitet.

7.3.2 Verbindung zum DBMS über die Verwendung von DataSource-Objekten

Neben dem Treiber-Manager ist die Verwendung von Klassen, welche die Schnittstelle `DataSource` implementieren, eine weitere Möglichkeit, eine Verbindung zu einem DBMS aufzubauen.

Mit der Schnittstelle `DataSource` wurde erstmals mit JDBC 2.0 ein Verfahren eingeführt, um die Verbindungsparameter zu einer Datenquelle dynamisch zu verwalten. Seit der Version 1.4 von Java ist die Schnittstelle `DataSource` auch in der Standard Edition enthalten.

Beim Verbindungsaufbau über den Treiber-Manager werden die Angaben zur Verbindung wie Servername oder verwendetes Protokoll direkt im Quellcode angegeben. Demgegenüber werden bei Data-Source-Objekten[110] die Angaben nicht im Code, sondern über Eigenschaften, über die sogenannten **Properties**, festgelegt, wobei diese Verbindungseigenschaften direkt im entsprechenden Data-Source-Objekt hinterlegt werden.

Properties sind **parametrisierbare Eigenschaften** eines Objektes. Sie sind als private Datenfelder einer Klasse realisiert, deren Wert mit Hilfe einer set-Methode geschrieben und mit Hilfe einer get-Methode gelesen werden kann.

Properties kommen unter anderem bei Verwendung der JavaBeans-Technologie zum Einsatz.

Durch den Einsatz von Data-Source-Objekten wird die Wartbarkeit des Quellcodes verbessert.

Ein weiterer Vorteil der Verwendung von Data-Source-Objekten anstelle des Verbindungsaufbaus mit dem Treiber-Manager ist außerdem die Unterstützung von Verbindungspools[111] und verteilten Transaktionen.

Von Oracle wird den Entwicklern ausdrücklich empfohlen, Data-Source-Objekte zum Aufbau von Verbindungen zu Datenquellen zu verwenden.

Mit dem Begriff **Datenquelle** wird hier ganz allgemein ein Informationsspeicher bezeichnet, der in Form einer Datenbank vorliegen oder aber auch aus einer einfachen Datei bestehen kann. Alle Komponenten der Java Enterprise Edition verwenden für den Verbindungsaufbau zu Datenquellen ausschließlich Data-Source-Objekte.

Die Implementierungen der Data-Source-Objekte zum Erstellen einer Verbindung zu einem Datenbankverwaltungssystem müssen ebenso wie die JDBC-Treiber von den

---

[110] Data-Source-Objekte sind Objekte, deren Klassen die Schnittstelle `DataSource` implementieren.
[111] Engl.: Verbindungsvorrat, Verbindungsreservoir.

Herstellern geliefert werden. Eine Data-Source-Klasse muss dazu die Schnittstelle `javax.sql.DataSource` implementieren. Durch die einheitliche Verwendung dieser Schnittstelle können die Data-Source-Objekte verschiedener Hersteller zum Zugriff auf unterschiedliche Datenquellen problemlos ausgetauscht werden. Die Ermittlung der Treiber wird in den Data-Source-Objekten gekapselt und der benötigte Treiber implizit geladen. Für den Anwendungsentwickler heißt das, dass kein spezifischer Treiber mehr geladen werden muss. Es genügt, die vom DBMS-Hersteller gelieferten Data-Source-Klassen zu verwenden.

Über ein Objekt, dessen Klasse die Schnittstelle `DataSource` implementiert, kann eine Verbindung zu der gewünschten Datenquelle aufgebaut werden. Hierzu wird die Methode `getConnection()` angeboten. Der Rückgabewert ist – genau wie beim Treiber-Manager – ein Objekt vom Typ `Connection`.

7.3.2.1 DataSource-Properties

Eine vom Hersteller gelieferte Implementierung der Schnittstelle `DataSource` stellt Eigenschaften bereit, mit denen die einzelnen Parameter zum Verbindungsaufbau festgelegt werden können. Einige wichtige Eigenschaften der Java DB DataSource-Implementierung sind in der nachfolgenden Tabelle aufgeführt:

Property Name	Datentyp	Beschreibung
`databaseName`	`String`	Name der Datenbank
`description`	`String`	Beschreibung der Datenquelle
`user`	`String`	Datenbank-Benutzername
`password`	`String`	Datenbank-Passwort
`loginTimeout`	`int`	Timeout für den Verbindungsaufbau in Sekunden

Tabelle 7-2 Eigenschaften der Java DB DataSource-Implementierung

Die einzige Eigenschaft, die von allen DataSource-Implementierungen bereitgestellt werden muss, ist die Eigenschaft mit dem Namen `description`. Alle anderen Eigenschaften werden vom Hersteller nur implementiert, falls die entsprechende Datenquelle diese Eigenschaften auch wirklich unterstützt.

Speziell für Enterprise Applications – also unternehmensbasierte Anwendungen – gibt es zwei Erweiterungen der Klasse `DataSource`:

- Die Klasse `XADataSource` wird verwendet, um verteilte Transaktionen zu realisieren.
- Die Klasse `ConnectionPoolDataSource` bietet einen Verbindungspool auf Grundlage von Datenquellen an.

7.3.2.2 Aufbau einer Verbindung mit DataSource

Um über ein Data-Source-Objekt eine Verbindung zu einer Datenbank aufzubauen, muss ein solches Objekt instanziiert und mit den entsprechenden Properties für die Verbindung gefüllt werden.

Anstatt mit dem Treiber-Manager zu arbeiten, der implizit den Treiber `org.apa-che.derby.jdbc.EmbeddedDriver` lädt, wird nun die Klasse `org.apa-che.derby.jdbc.EmbeddedDataSource` als DataSource-Implementierung verwendet. Über den Aufruf der Methode `getConnection()` auf einem Objekt der Klasse `EmbeddedDataSource` wird wiederum ein Objekt vom Typ `java.sql.Connection` zurückgeliefert, das dann die physische Verbindung zum DBMS kapselt. Man beachte, dass die Methode `getConnection()` der Klasse `EmbeddedDataSource` im Gegensatz zur Methode `getConnection()` der Klasse `DriverManager` nun ohne Parameter aufgerufen wird, weil im Objekt vom Typ `EmbeddedDataSource` die Informationen über Datenbank-URL, Benutzername und Passwort bereits hinterlegt sind. Es folgt nun die Implementierung der Klasse `DataSourceTest`:

```java
// Datei: DataSourceTest.java
import java.sql.*;
import org.apache.derby.jdbc.*;

public class DataSourceTest
{
   public static void main (String[] args)
   {
      try
      {
         EmbeddedDataSource ds = new EmbeddedDataSource ();

         // Im Data-Source-Objekt selbst werden die
         // Verbindungseigenschaften gesetzt

         // Es soll eine Verbindung zur Datenquelle
         // JDBCTest aufgebaut werden
         ds.setDatabaseName ("JDBCTest");

         // Ein Aufruf von getConnection() liefert ein
         // Objekt vom Typ Connection zurück. Darin ist
         // die physische Verbindung zum DBMS gekapselt.
         Connection con = ds.getConnection();

         // Über die zurückgelieferte Referenz auf das
         // Connection-Objekt können nun SQL-Statements
         // erzeugt und abgesetzt werden
         Statement stmt = con.createStatement();
         ResultSet rs = stmt.executeQuery (
            "SELECT * FROM fachnoten");

         System.out.println ("\nInhalt der Tabelle fachnoten:");
         System.out.println ("Matrikelnr  Fach      Note");
         System.out.println ("------------------------");

         while (rs.next())
         {
            System.out.print (rs.getString ("matrikelnr") + "    ");
            System.out.print (rs.getString ("fach") + "   ");
            System.out.print (rs.getDouble ("note"));
            System.out.println();
         }
```

```
        // Auch hier sollte die Verbindung zum DBMS
        // mit close() wieder geschlossen werden.
        con.close();
    }
    catch (Exception e)
    {
        System.out.println ("Exception: " + e.getMessage());
    }
    }
}
```

Die Ausgabe des Programms ist:

```
Inhalt der Tabelle fachnoten:
Matrikelnr  Fach    Note
------------------------
12345678    Info 1  1.0
47110815    Info 1  2.1
54123678    Info 1  1.7
```

Alternativ könnten auch hier die Ressourcen Connection, Statement und ResultSet in einem „try-with-resources"-Block geöffnet werden, wodurch alle drei Ressourcen automatisch wieder geschlossen werden:

```
try (Connection con = ds.getConnection();
        Statement stmt = con.createStatement();
        ResultSet rs = stmt.executeQuery("SELECT * FROM
            fachnoten"))
{
    // ...
    // Das Aufruf von close() ist nun überflüssig
    // con.close();
} catch (Exception e)
{
    System.out.println("Exception: " + e.getMessage());
}
```

Um sämtliche Datenbankaktionen zu protokollieren, kann ebenso wie beim Treiber-Manager auch bei Data-Source-Objekten ein Ausgabestrom registriert werden. Hierzu wird die Methode setLogWriter() der Schnittstelle DataSource angeboten, mit welcher dem Treiber ein Objekt vom Typ java.io.PrintWriter zugewiesen werden kann.

7.3.3 Absetzen von SQL-Statements

Nachdem eine Verbindung zum DBMS aufgebaut wurde, kann ein beliebiges SQL-Statement abgesetzt werden. Jedes SQL-Statement wird dabei durch ein Objekt repräsentiert, das die Schnittstelle java.sql.Statement implementiert.

Es gibt drei verschiedene Arten von SQL-Statements, die durch die drei Schnittstellen Statement, PreparedStatement und CallableStatement repräsentiert werden, wobei die Schnittstellen die in folgendem Bild gezeigte Vererbungshierarchie bilden:

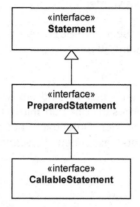

Bild 7-2 Vererbungshierarchie der Schnittstellen vom Typ `Statement`

Um eine Referenz auf ein Objekt zu erhalten, dessen Klasse die Schnittstelle `Statement` oder `PreparedStatement` bzw. `CallableStatement` implementiert, stellt die Schnittstelle `Connection` die folgenden drei Methoden zur Verfügung:

- **Statement** `createStatement() throws SQLException`
- **PreparedStatement** `prepareStatement() throws SQLException`
- **CallableStatement** `prepareCall() throws SQLException`

Für eine geöffnete DBMS-Verbindung können mehrere Statements erzeugt werden. Die maximale Anzahl dieser Statements hängt von dem verwendeten DBMS ab und kann aus den Metadaten[112] des Datenbankverwaltungssystems durch die Methode `getMaxStatements()` der Schnittstelle `DatabaseMetaData` ausgelesen werden. Eine Referenz auf ein Objekt vom Typ `DatabaseMetaData` erhält man durch Aufruf der Methode `getMetaData()` auf einem Objekt der Klasse `Connection`. Ein Objekt der Klasse `Statement` ist von seiner Erzeugung bis zum Aufruf der Methode `close()` für den Zugriff auf eine Datenbank verwendbar.

7.3.3.1 Die Schnittstelle Statement

Die Schnittstelle `Statement` – die sich im Paket `java.sql` befindet – stellt Methoden für **einfache SQL-Statements** bereit.

> Bei einem einfachen SQL-Statement wird der gesamte SQL-Befehl, der an das DBMS gesandt werden soll, in einem String-Objekt zusammengesetzt und dann zum DBMS geschickt. Das DBMS analysiert dann den String, führt die entsprechenden Anweisungen aus und gibt das Ergebnis zurück.

---

[112] Siehe Kapitel 7.6.

Das Ergebnis kann entweder ein einfacher Rückgabewert sein, der Auskunft über den Erfolg des Statements gibt, oder gelesene Datensätze, die über ein Objekt vom Typ `ResultSet` zurückgegeben werden.

Es soll nun nochmals die Klasse `DataSourceTest` des vorherigen Beispiels betrachtet werden. Dort wird mit dem Aufruf

```
stmt = con.createStatement ();
```

ein Objekt der Klasse `Statement` erzeugt und die Referenz auf dieses Objekt der Referenzvariablen `stmt` zugewiesen. Um nun mit Hilfe dieses Objekts der Klasse `Statement` eine Abfrage auf der Datenbank auszuführen, wird die Methode `executeQuery()` mit dem entsprechenden SQL-Befehl wie im folgenden Beispiel aufgerufen:

```
rs = stmt.executeQuery ("SELECT matrikelnr, name
                         FROM studenten");
```

Ein SQL-Statement, das vom DBMS ausgeführt werden soll, wird einfach als String übergeben. Der Rückgabewert ist eine Referenz, die auf ein Objekt vom Typ `ResultSet` zeigt, in welchem das Ergebnis der Abfrage enthalten ist.

Die Methode `executeQuery()` wird zum Absetzen eines `SELECT`-Befehls verwendet. Möchte man Befehle wie `INSERT`, `UPDATE`, `DELETE` oder Statements der Data Definition Language – wie `CREATE TABLE` – an das DBMS senden, so wird die Methode `executeUpdate()` der Schnittstelle `Statement` verwendet. Da die genannten Befehle keine umfangreichen Daten zurückgeben, hat die Methode `executeUpdate()` nur einen einfachen Rückgabewert vom Typ `int`. Der folgende Codeausschnitt zeigt, wie in die Studententabelle ein neuer Student eingefügt werden kann:

```
stmt.executeUpdate ("INSERT INTO studenten
                     VALUES ('Waizenegger','Judith',615388)");
```

Verwendet man hingegen die Methode `execute()`, so können beliebige SQL-Befehle zum DBMS gesendet werden, also beispielsweise `SELECT`-, `UPDATE`- oder `CREATE TABLE`-Befehle. Die Methode `execute()` gibt einen booleschen Wert zurück und liefert `true`, falls das abgesetzte SQL-Statement ein Ergebnis in Form eines Objektes vom Typ `ResultSet` zurückgeliefert hat – beispielsweise bei einem `SELECT`-Statement. Die Referenz auf das Objekt vom Typ `ResultSet` kann dann mit dem Aufruf der Methode `getResultSet()` geholt werden. Der Aufruf von `execute()` liefert `false`, falls das abgesetzte Statement beispielsweise ein `UPDATE`-Befehl war oder keine Ergebnisse vorlagen. In diesem Fall kann mit `getUpdateCount()` abgefragt werden, wie viele Datensätze vom abgesetzten SQL-Statement betroffen waren.

Möchte man mehrere SQL-Statements hintereinander ausführen, so kann dies durch einen sogenannten **Batch-Job** erfolgen.

Hierzu bietet die Schnittstelle `Statement` die Methode `addBatch()`[113] an, mit der man ein SQL-Statement zu einem **Batch-Job** hinzufügen kann, ohne es gleich an das DBMS zu senden. Mit der Methode `executeBatch()` können die zusammengestellten SQL-Statements dann gebündelt ausgeführt werden. Die Methode `executeBatch()` speichert für jedes ausgeführte SQL-Statement einen Ergebniswert in einem `int`-Array ab und liefert eine Referenz auf dieses Array als Ergebnis zurück. Der Vorteil der gebündelten Ausführung liegt im Performancegewinn gegenüber einer separaten Ausführung eines jeden einzelnen Statements. Das folgende Beispiel `JDBCTest2` zeigt die Anwendung der Schnittstelle `Statement`:

```java
// Datei: JDBCTest2.java
import java.sql.*;

public class JDBCTest2
{
    public static void main (String[] args)
    {
        String url = "jdbc:derby:JDBCTest";

        // Verbindung zum DBMS herstellen und Statement erzeugen
        try (Connection con = DriverManager.getConnection (url);
            Statement stmt = con.createStatement())
        {
            // Einen Datensatz updaten:
            boolean ergebnis =
                stmt.execute ("UPDATE studenten SET name='Schmidt' " +
                    "WHERE name='Dlugosch'");

            System.out.print ("Der SQL-Befehl war ein ");
            if (ergebnis)
            {
                System.out.println ("SELECT-Statement");
            }
            else
            {
                System.out.println ("UPDATE-Statement");
            }

            ergebnis = stmt.execute ("SELECT * FROM fachnoten");
            if (ergebnis)
            {
                try (ResultSet rs = stmt.getResultSet())
                {
                    System.out.println ("\nFachnoten:");
                    System.out.println ("Matrikelnr\tFach\tNote");
                    System.out.println
                        ("---------------------------");
                    while (rs.next())
                    {
                        System.out.print (
                            rs.getString ("matrikelnr")+ "\t");
```

---

[113] Da nicht alle Treiber den vollen JDBC-Standard implementiert haben, kann eine Exception vom Typ `SQLException` oder `AbstractMethodError` geworfen werden, falls dieses Feature nicht unterstützt wird.

```
                System.out.print (rs.getString ("fach") + "\t");
                System.out.println (rs.getDouble ("note"));
            }
        }
    }

    // Statements sammeln
    stmt.addBatch ("INSERT INTO studenten " +
        "VALUES ('Jach', 31412166)");
    stmt.addBatch ("INSERT INTO studenten " +
        "VALUES ('Gross', 47914545)");

    // Statements des Batch-Jobs ausführen
    stmt.executeBatch();

    ergebnis = stmt.execute ("SELECT * FROM studenten");
    if (ergebnis)
    {
        try (ResultSet rs = stmt.getResultSet())
        {
            System.out.println ("\nStudenten:");
            System.out.println ("Matrikelnr\tName");
            System.out.println (
                "----------------------");
            while (rs.next())
            {
                System.out.print (
                    rs.getInt ("matrikelnr") + "\t");
                System.out.println (rs.getString ("name"));
            }
        }
    }
}
catch (Exception e)
{
    System.out.println ("Exception: " + e.getMessage());
}
    }
}
```

Die Ausgabe des Programms ist:

```
Der SQL-Befehl war ein UPDATE-Statement

Fachnoten:
Matrikelnr Fach  Note
--------------------------
12345678   Info 1    1.0
47110815   Info 1    2.1
54123678   Info 1    1.7

Studenten:
Matrikelnr Name
----------------------
12345678   Schmidt
47110815   Peters
54123678   Schmidt
31412166   Jach
47914545   Gross
```

7.3.3.2 Die Schnittstelle PreparedStatement

Häufig müssen mehrere gleiche SQL-Befehle nacheinander an das DBMS gesandt werden, die sich nur in ihren Parametern unterscheiden. Ein Beispiel hierfür ist der Fall, dass eine Tabelle mit neuen Daten gefüllt werden muss. Der SQL-Befehl, um einen neuen Studenten als Datensatz in eine Tabelle studenten einzufügen, ist:

```
INSERT INTO studenten VALUES ('Riese', 'Adam', 13413498)
```

Werden mehrere neue Studenten in diese Tabelle eingetragen, so ändern sich nur die Werte der Parameter Name, Vorname und Matrikelnummer, wobei der restliche SQL-Befehl unverändert bleibt. Ein Beispiel hierfür zeigt die Klasse JDBCTest in Kapitel 7.3, in welchem der INSERT-Befehl zum Einfügen der Datensätze in die Tabelle studenten aufwendig zusammengesetzt wurde.

Bei Verwendung von Klassen, die die Schnittstelle PreparedStatement implementieren, wird das Statement in einen **konstanten** und einen **variablen** Teil zerlegt.

Der konstante Teil besteht aus der Struktur des SQL-Befehls, wobei Fragezeichen Platzhalter für die noch einzusetzenden variablen Anteile darstellen.

Hierzu ein Beispiel:

```
INSERT INTO studenten VALUES (?, ?)
```

In einem zweiten Schritt wird jedem **Fragezeichen eines Prepared-Statements** ein Wert zugewiesen und anschließend das fertige Statement ausgeführt.

Die genaue Funktionsweise zeigt das folgende Beispiel:

```java
// Datei: JDBCTest3.java
import java.sql.*;

public class JDBCTest3
{
    public static void main (String[] args)
    {
        String url = "jdbc:derby:JDBCTest";
        String[] namen = {"Kafka", "Mueller", "Claasen", "Petz"};

        // Verbindung zum DBMS herstellen und Statement erzeugen
        try (Connection con = DriverManager.getConnection(url))
        {
            // Letzte Matrikelnummer initialisieren
            int letzteMatrikelnr = 0;

            try (Statement stmt = con.createStatement();
                ResultSet rs = stmt.executeQuery (
                    "SELECT MAX(matrikelnr) from studenten"))
```

```
            {
                // Intern den Zeiger auf den ersten Datensatz stellen
                if (rs.next())
                {
                    // Aktuell höchste Matrikelnummer auslesen
                    letzteMatrikelnr = rs.getInt (1);
                }
            }

            // Es wird ein PreparedStatement angelegt, das
            // anschließend mit Werten bestückt wird
            try (PreparedStatement stmt = con.prepareStatement (
                "INSERT INTO studenten VALUES (?, ?)"))
            {
                for (int i = 0; i < namen.length; i++)
                {
                    stmt.setString (1, namen [i]);
                    stmt.setInt (2, ++letzteMatrikelnr);
                    stmt.executeUpdate();
                }
                System.out.println (
                    namen.length + " Studenten erfolgreich eingefuegt!");
            }

            // Ausgabe des Ergebnisses
            try (Statement stmt = con.createStatement();
                    ResultSet rs =
                        stmt.executeQuery ("SELECT * from studenten"))
            {
                System.out.println ("\nStudenten:");
                System.out.println ("Matrikelnr\tName");
                System.out.println ("----------------------");

                int counter = 0;
                while (rs.next())
                {
                    System.out.print (rs.getInt ("matrikelnr") + "\t");
                    System.out.println (rs.getString ("name"));
                    counter++;
                }

                System.out.println ("Momentan sind " + counter +
                    " Studenten immatrikuliert\n");
            }
        }
        catch (Exception e)
        {
            System.out.println ("Exception: " + e.getMessage());
        }
    }
}
```

Die Ausgabe des Programms ist:

```
4 Studenten erfolgreich eingefuegt!

Studenten:
Matrikelnr Name
----------------------
12345678   Schmidt
47110815   Peters
54123678   Schmidt
31412166   Jach
47914545   Gross
54123679   Kafka
54123680   Mueller
54123681   Claasen
54123682   Petz
Momentan sind 9 Studenten immatrikuliert
```

Für die unterschiedlichen Datentypen gibt es unterschiedliche set-Methoden. So gibt es für den Typ `int` die Methode `setInt()` und für den Typ `String` die Methode `setString()` usw. Mit dem ersten Parameter wird die Stelle des Fragezeichens angegeben, das durch den zweiten Parameter ersetzt werden soll. Durch den Parameter 1 in der Methode `setString()` wird somit das erste Fragezeichen durch den übergebenen Wert des Parameters `namen [i]` ersetzt. Abschließend wird dann die Methode `executeUpdate()` aufgerufen, um das vollständige SQL-Statement ausführen zu lassen.

Der Index des ersten Fragezeichens im Statement ist die 1, nicht – wie sonst oft üblich – die 0.

Vorsicht!

Prepared-Statements können effizienter als einfache SQL-Statements ausgeführt werden und schützen außerdem bei Angriffen durch SQL-Injections[114].

Auch mit Prepared-Statements kann ein Batch-Job geschrieben werden.

Ein Objekt vom Typ `PreparedStatement` kann nur für ein einziges parametrisiertes SQL-Statement verwendet werden. Nach seiner Verwendung muss es durch Aufruf der Methode `close()` geschlossen werden. Auch hier ist alternativ das Erzeugen eines Objekts der Klasse `PreparedStatement` in einem „try-with-resources"-Konstrukt möglich.

---

[114] SQL-Injections stellen eine Angriffsmethode dar, die eine Sicherheitslücke bei der Verwendung von SQL-Datenbanken ausnutzt. Dabei versucht der Angreifer über die Anwendung, die auf die Datenbank zugreift, gezielt Datenbankbefehle einzuschleusen, um beispielsweise Daten auszuspähen.

7.3.3.3 Die Schnittstelle CallableStatement

Inzwischen sind bereits zwei unterschiedliche Typen der Schnittstelle Statement bekannt, mit denen man beliebige SQL-Statements vom Datenbankverwaltungssystem ausführen lassen kann. Der letzte Statement-Typ – das CallableStatement – soll hier zum Abschluss kurz angesprochen werden. Die Schnittstelle Callable-Statement ist von der Klasse PreparedStatement abgeleitet und stellt damit eine Erweiterung dar.

Objekte vom Typ CallableStatement können statische SQL-Statements und Datenbankprozeduren serverseitig ausführen und abhängig von den Ergebnissen der Abfragen ein Ergebnis an den Client zurückliefern.

Ein Teil der Anwendungslogik[115] wird auf dem Server implementiert, um den Netzverkehr zu minimieren. Weitere Details zu dieser Optimierungsvariante sollen hier jedoch nicht betrachtet werden[116].

7.3.4 Auswerten eines Abfrage-Ergebnisses

Generell ist es kein Problem, das Ergebnis eines SQL-Statements auszuwerten. Die Methode executeUpdate(), die für UPDATE-, DELETE- und INSERT-Befehle genauso wie für Befehle wie beispielsweise CREATE TABLE verwendet werden kann, liefert nur einen einfachen int-Wert zurück, der problemlos ausgewertet werden kann. Ein wenig komplizierter wird es bei der Ergebnisauswertung eines SELECT-Befehls, der mit der Methode executeQuery() abgesetzt wird. Hier ist der Rückgabewert vom Typ ResultSet.

Das Ergebnis einer SELECT-Abfrage hat immer die Form einer Tabelle, in der die Spalten die Attribute darstellen und die Zeilen die einzelnen Datensätze. Die Datensätze können nun beginnend mit dem ersten Datensatz nacheinander gelesen werden. Im Folgenden soll nochmals die Ergebnisausgabe der Klasse JDBCTest3 betrachtet werden:

```
try (Statement stmt = con.createStatement();
     ResultSet rs = stmt.executeQuery ("SELECT * from studenten"))
{
   System.out.println ("\nStudenten:");
   System.out.println ("Matrikelnr\tName");
   System.out.println ("----------------------");

   int counter = 0;
   while (rs.next())
   {
      System.out.print (rs.getInt ("matrikelnr") + "\t");
      System.out.println (rs.getString ("name"));
      counter++;
   }
```

---

[115] Die Teile der Anwendungslogik, die auf dem Server liegen, werden auch als **Stored Procedures** bezeichnet.

[116] Es wird hier auf die Dokumentation von Oracle verwiesen.

```
    System.out.println ("Momentan sind " + counter +
        " Studenten immatrikuliert\n");
}
```

Dabei ist darauf zu achten, dass die Methode next() aufgerufen werden muss, bevor man den ersten Datensatz lesen kann.

Die einzelnen Werte des aktuellen Datensatzes können entweder durch Angabe des Spaltennamens oder durch die Angabe der Spaltenposition abgefragt werden.

Im Gegensatz zu Arrays und Collections, bei denen das erste Element unter dem Index 0 zu finden ist, werden bei einem ResultSet die Nutzdaten erst ab dem Index 1 abgelegt. Versucht man, auf ein Objekt vom Typ ResultSet an der Stelle 0 zuzugreifen – dies ist dann der Fall, wenn **vor** dem ersten Aufruf der Methode next() eine get- oder set-Methode auf dem Objekt vom Typ ResultSet aufgerufen wird – so wird eine Exception vom Typ SQLException geworfen.

Es ist noch zu beachten, dass die Methode next() den Wert true zurückgibt, solange ein Datensatz zum Lesen vorhanden ist. Für die unterschiedlichen Datentypen gibt es auch unterschiedliche get-Methoden in der Schnittstelle ResultSet.

Leider kann man in der Version JDBC 1.0 die Daten eines Datensatzes nur ein einziges Mal und auch nur in sequentieller Reihenfolge auslesen. Dieser Nachteil wurde jedoch ab der Version JDBC 2.0 vollständig aufgehoben, sofern der verwendete JDBC-Treiber diese Funktionalität unterstützt. Es ist jetzt möglich, beliebig an die Position eines Datensatzes zu springen, vorwärts und rückwärts Datensätze beliebig oft zu lesen und noch vieles mehr. Es ist sogar möglich, bestehende Datensätze in einem Objekt vom Typ ResultSet zu ändern oder zu löschen und neue Datensätze hinzuzufügen. Diese Änderungen können dann je nach angegebener Option sogar auf der Datenbank wirksam gemacht werden! Im folgenden Beispiel werden Möglichkeiten gezeigt, die ein Objekt vom Typ ResultSet bietet. Es wird in diesem Beispiel nur ein einziges Objekt der Klasse Statement nach dem Verbindungsaufbau zum DBMS erzeugt. Werden die Parameter CONCUR_UPDATABLE und TYPE_SCROLL_SENSITIVE in der Methode createStatement() angegeben, so kann man ein Objekt vom Typ ResultSet beliebig oft auslesen und sogar ein Aktualisieren von in der Datenbank gespeicherten Daten über ein Objekt vom Typ ResultSet vornehmen.

Das folgende Programm zeigt, wie in einem Objekt vom Typ ResultSet navigiert werden kann und wie darin befindliche Daten verändert und in der Datenbank persistiert werden können:

```
// Datei: JDBCTest4.java
import java.sql.*;

public class JDBCTest4
{
```

```
public static void main (String[] args)
{
    String url = "jdbc:derby:JDBCTest";

    // Verbindung zum DBMS herstellen, Statement erzeugen
    // und Abfrage durchführen
    try (Connection con = DriverManager.getConnection(url);
        Statement stmt = con.createStatement (
        ResultSet.TYPE_SCROLL_SENSITIVE,
            ResultSet.CONCUR_UPDATABLE);
        ResultSet rs = stmt.executeQuery
            ("SELECT * FROM studenten"))
    {

        // Matrikelnummer des zu ändernden Studenten
        int matrikelnr = 54123679;

        while (rs.next())
        {
            if (rs.getInt ("matrikelnr") == matrikelnr)
            {
                // Neue Werte eintragen
                rs.updateString ("name", "Brod");
                // Änderung vornehmen
                rs.updateRow();
                break;
            }
        }
        System.out.println
                ("Datensatz des Studenten wurde aktualisiert");

        // Cursor wieder an den Anfang setzen
        rs.beforeFirst();

        System.out.println ("\nStudenten:");
        System.out.println ("Matrikelnr\tName\tVorname");
        System.out.println ("------------------------------");

        int counter = 0;
        while (rs.next())
        {
            System.out.print (rs.getInt ("matrikelnr") + "\t");
            System.out.println (rs.getString ("name"));
            counter++;
        }
        System.out.println ("Momentan sind " + counter +
            " Studenten immatrikuliert\n");
    }
    catch (Exception e)
    {
        System.out.println ("Exception: " + e.getMessage());
    }
}
}
```

Die Ausgabe des Programms ist:

```
Datensatz des Studenten wurde aktualisiert

Studenten:
Matrikelnr Name  Vorname
-------------------------------
12345678   Schmidt
47110815   Peters
54123678   Schmidt
31412166   Jach
47914545   Gross
54123679   Brod
54123680   Mueller
54123681   Claasen
54123682   Petz
Momentan sind 9 Studenten immatrikuliert
```

Ein Objekt vom Typ `ResultSet` wird automatisch ungültig und kann nicht mehr verwendet werden, sobald das Objekt der Schnittstelle `Statement`, welches das Objekt der Klasse `ResultSet` zurückgeliefert hat, mit dem Aufruf der Methode `close()` geschlossen wurde. Um mit einem Objekt vom Typ `ResultSet` arbeiten zu können, wird also immer ein geöffnetes Statement benötigt.

7.3.5 Transaktionen

Häufig müssen mehrere Datenbankanweisungen durch eine Transaktion gekapselt werden. Eine Transaktion bezieht sich dabei immer auf eine geöffnete DBMS-Verbindung. Es gibt auch verteilte Transaktionen, bei denen Datensätze in mehreren Datenbanken innerhalb einer einzigen Transaktion geändert werden. Verteilte Transaktionen sollen hier jedoch nicht betrachtet werden.

Bei der Erzeugung eines Objektes vom Typ `Connection` ist die Verbindung im Modus „auto commit" geöffnet. In diesem Modus wird jedes SQL-Statement, das an ein DBMS gesandt wird, sofort ausgeführt und wirksam.

Möchte man festlegen, wann die abgesetzten SQL-Statements ausgeführt werden, so kann man die **manuelle Transaktionssteuerung** für ein Objekt der Klasse `Connection` einschalten. Dies geschieht durch den Aufruf der Methode:

```
con.setAutocommit (false)
```

Danach können mehrere SQL-Statements erzeugt und in einer Transaktion ausgeführt werden.

Abgeschlossen wird eine Transaktion, die aus beliebig vielen SQL-
Statements bestehen kann, durch den Aufruf der Methode `commit()`
des Objektes vom Typ `Connection`. Entscheidet man sich nicht für
ein `COMMIT`, so kann man die Anweisungen der Transaktion durch ein
`ROLLBACK` verwerfen, was durch Aufruf der Methode `rollback()`
bewirkt wird.

Wird die Methode `close()` des Objektes vom Typ `Connection` aufgerufen, so werden alle Anweisungen, die noch nicht durch den Aufruf der Methode `commit()`
bestätigt wurden, wieder rückgängig gemacht.

Das folgende Beispiel beschreibt eine Buchung zwischen zwei Konten als Transaktion. Dabei wird hier nur der „interessante" Teil des Programms angegeben:

```
// Autocommit auf manuelles COMMIT umschalten
con.setAutoCommit (false);

stmt = con.createStatement();

rs = stmt.executeQuery ("SELECT betrag FROM konto "
                        + "WHERE kontonummer = 12345");
rs.next();
kontostandA = rs.getFloat (1);

rs = stmt.executeQuery ("SELECT betrag FROM konto "
                        + "WHERE kontonummer = 12346");
rs.next();
kontostandB = rs.getFloat (1);

// 50 Euro umbuchen
stmt.executeUpdate ("UPDATE konto SET betrag = "
                    + (kontostandA - 50)
                    + " WHERE kontonummer = 12345");
stmt.executeUpdate ("UPDATE konto SET betrag = "
                    + (kontostandB + 50)
                    + " WHERE kontonummer = 12346");
stmt.close();

// Transaktion abschliessen
con.commit();
```

7.4 SQL-spezifische Datentypen

In einer Java-Anwendung werden die bekannten Java-Datentypen wie `int`, `float`,
oder `String` verwendet, während in einer Datenbank SQL-spezifische Datentypen
zum Einsatz kommen.

Die SQL-spezifischen Datentypen werden in Java durch Konstanten
der Klasse `java.sql.Types` definiert.

Die Klasse `java.sql.Types` besitzt nur einen als `private` deklarierten Default-Konstruktor und kann somit nicht instanziiert werden.

Der Name und Wertebereich eines Datentyps in Java muss mit dem zugeordneten SQL-Datentyp in der Datenbank nicht übereinstimmen. Vorsicht!

Außerdem kann der Wertebereich gleichnamiger Datentypen in unterschiedlichen Datenbanken verschieden sein. Anhand der get-Methoden der Schnittstelle `Result-Set` wird in der folgenden Tabelle gezeigt, welche Datentypen mit welchen Methoden gelesen werden können. Die mit einem fetten „**x**" markierten Paare ermöglichen dabei die beste Konvertierung:

	TINYINT	SMALLINT	INTEGER	BIGINT	REAL	FLOAT	DOUBLE	DECIMAL	NUMERIC	BIT	CHAR	VARCHAR	LONGVARCHAR	BINARY	VARBINARY	LONGVARBINARY	DATE	TIME	TIMESTAMP
getByte()	**x**	x	x	x	x	x	x	x	x	x	x	x	x						
getShort()	x	**x**	x	x	x	x	x	x	x	x	x	x	x						
getInt()	x	x	**x**	x	x	x	x	x	x	x	x	x	x						
getLong()	x	x	x	**x**	x	x	x	x	x	x	x	x	x						
getFloat()	x	x	x	x	**x**	x	x	x	x	x	x	x	x						
getDouble()	x	x	x	x	x	**x**	**x**	x	x	x	x	x	x						
getBigDecimal()	x	x	x	x	x	x	x	**x**	**x**	x	x	x	x						
getBoolean()	x	x	x	x	x	x	x	x	x	**x**	x	x	x						
getString()	x	x	x	x	x	x	x	x	x	x	**x**	**x**	x	x	x	x	x	x	x
getBytes()														**x**	**x**	x			
getDate()											x	x	x				**x**		x
getTime()											x	x	x					**x**	x
getTimestamp()											x	x	x				x		**x**
getAsciiStream()											x	x	**x**	x	x	x			
getUnicodeStream()											x	x	**x**	x	x	x			
GetBinaryStream()														x	x	**x**			
getObject()	x	x	x	x	x	x	x	x	x	x	x	x	x	x	x	x	x	x	x

Tabelle 7-3 Lesen von Werten unterschiedlicher Datentypen

Mit der Methode `getObject()` kann jeder Datentyp gelesen werden, wobei die Klasse eines Objektes folgendermaßen ermittelt werden kann:

```
Class<?> classRef = rs.getObject (1).getClass ();
```

Eine Anwendung kann dann beispielsweise die Formatierung der Ausgabe abhängig von der Klasse des auszugebenden Objekts gestalten. Die folgenden Codezeilen zeigen, wie der Datentyp zu einem Objekt ermittelt werden kann:

```
rs = stmt.executeQuery ("SELECT * FROM studenten");
rs.next ();
Object name = rs.getObject ("name");
Object matrikel = rs.getObject ("matrikelnr");
System.out.println (name.getClass());
System.out.println (matrikel.getClass());
```

Die Ausgabe des Programms ist:

```
class java.lang.String
class java.lang.Integer
```

Eine Besonderheit ist der SQL-Wert NULL für ein Attribut, das keinen Wert trägt. Bei Objekten wird der SQL-Wert NULL meistens auf eine null-Referenz abgebildet. Aber was ist mit elementaren Datentypen wie int oder float? Wenn beim Lesen eines Attributes zum Beispiel mit getInt() der Wert 0 zurückgegeben wird, weiß man nicht, ob die Spalte den Wert 0 enthält oder ob sie leer war. Mit der Methode wasNull() der Schnittstelle ResultSet kann man jedoch für das zuletzt mit einer get-Methode gelesene Attribut feststellen, ob es sich um ein leeres Feld gehandelt hat. Das folgende Codestück gibt hierfür ein Beispiel:

```
rs = stmt.executeQuery ("SELECT note FROM fachnoten");
rs.next ();
double note = rs.getDouble ("note");
if (rs.wasNull())
    System.out.println ("Note wurde noch nicht eingetragen");
```

7.5 Exceptions bei der Verwendung von JDBC

Beim Zugriff auf ein DBMS können Fehler auftreten. Zum Beispiel kann ein DBMS nicht erreichbar sein oder ein übermitteltes SQL-Statement ist fehlerhaft. In diesem Fall wird eine Exception vom Typ SQLException geworfen.

Außer der typischen Beschreibung einer Exception kann eine solche Exception noch eine Fehlermeldung des Datenbankverwaltungssystems oder des Treibers enthalten. Die Typen dieser Meldungen werden im Folgenden aufgeführt:

- Bei einem Batch-Job kann eine Exception der Klasse BatchUpdateException, die von der Klasse SQLException abgeleitet ist, geworfen werden. Sie gibt bei einem Fehler innerhalb eines Batch-Jobs Hinweise darauf, welcher Teil des Jobs abgearbeitet wurde.

- Neben der Klasse SQLException gibt es die Klasse SQLWarning, die für Warnmeldungen des Datenbankverwaltungssystems verwendet wird.

- Eine Exception vom Typ SQLWarning wird nicht explizit geworfen, sondern kann über die Methode getWarnings() der Schnittstellen Connection, Statement und ResultSet vom DBMS abgefragt werden.

- Zuletzt gibt es noch die Exception der Klasse DataTruncation, die geworfen wird, wenn ein Attribut beim Schreiben oder Lesen abgeschnitten wird.

7.6 JDBC-Metadaten

JDBC bietet Informationsklassen an, um Daten über das verwendete DBMS und den JDBC-Treiber sowie über die Ergebnismenge in einem Objekt vom Typ `ResultSet` einer SQL-Abfrage zu erhalten.

Die Methoden der Schnittstelle `DatabaseMetaData` liefern zum Beispiel den Namen und die Version des verwendeten Datenbankverwaltungssystems. Außerdem kann geprüft werden, ob optionale Merkmale des JDBC-Standards – zum Beispiel Stored Procedures und somit auch SQL-Statements, die mittels der Schnittstelle `CallableStatement` realisiert werden – unterstützt werden. Ein Objekt vom Typ `DatabaseMetaData` kann über ein Objekt vom Typ `Connection` erfragt werden. Die Schnittstelle `ResultSetMetaData` liefert dagegen Informationen über die Ergebnismenge einer Abfrage. Damit kann man zum Beispiel die Anzahl der erhaltenen Spalten und deren Namen lesen.

Das folgende Beispiel zeigt die Verwendung von Metadaten:

```java
// Datei: MetadatenTest.java

import java.sql.*;

public class MetadatenTest
{
    public static void main (String[] args)
    {
        String url = "jdbc:derby:JDBCTest";

        // Verbindung zum DBMS herstellen.
        try (Connection con = DriverManager.getConnection (url);
              Statement stmt = con.createStatement())
        {
            // Der Aufruf der Methode getMetaData() auf dem
            // Connection-Objekt liefert eine Referenz auf
            // ein Objekt vom Typ DatabaseMetaData zurück.
            // Diese Objekt kapselt Meta-Informationen über die
            // Datenbank, zu der eine Verbindung aufgebaut ist.
            DatabaseMetaData dbMetaData = con.getMetaData();

            // Ein paar Informationen werden nun abgefragt:
            System.out.println ("Meta-Informationen der Datenbank:");
            System.out.print ("Datenbankhersteller: ");
            System.out.println (dbMetaData.getDatabaseProductName());
            System.out.print ("Produktversion     : ");
            System.out.println (
                dbMetaData.getDatabaseProductVersion());
            System.out.print ("Verwendeter Treiber: ");
            System.out.println (dbMetaData.getDriverName());

            try (ResultSet rs = stmt.executeQuery(
                            "SELECT * FROM STUDENTEN"))
            {
                // Es werden nun Meta-Informationen
```

```
        // über die Ergebnismenge abgefragt
        ResultSetMetaData rsMetaData = rs.getMetaData();

        int spaltenzahl = rsMetaData.getColumnCount();
        int counter = 0;
        System.out.println
                ("\nMeta-Informationen vom ResultSet:");
        for (; counter < spaltenzahl; counter++)
        {
            // Die Namen der einzelnen Spalten ausgeben
            System.out.println (
                "Name der " + (counter + 1) + ". Spalte : " +
                rsMetaData.getColumnName (counter + 1));
        }
    }
}
catch (Exception e)
{
    System.out.println ("Exception: " + e.getMessage());
}
    }
}
```

Die Ausgabe des Programms ist:

```
Meta-Informationen der Datenbank:
Datenbankhersteller: Apache Derby
Produktversion      : 10.8.2.2 - (1181258)
Verwendeter Treiber: Apache Derby Embedded JDBC
Driver

Meta-Informationen vom ResultSet:
Name der 1. Spalte : NAME
Name der 2. Spalte : VORNAME
Name der 3. Spalte : MATRIKELNR
```

7.7 Übungen

Aufgabe 7.1: Connection

Im Rahmen der folgenden Aufgabenteile soll ein einfaches Werkzeug erstellt werden, mit dessen Hilfe auf Datenbanken zugegriffen werden kann. Vom Benutzer sollen SQL-Statemets eingegeben werden können, deren Ergebnis dann in der Konsole angezeigt werden.

Es soll zunächst eine Klasse mit dem Namen `DatabaseTool` erstellt werden. Beim Aufruf der Klasse soll die URL für die Verbindung zur Datenbank als Parameter übergeben werden:

```
java DatabaseTool jdbc:derby:JDBCTest
```

In der Methode `main` der Klasse `DatabaseTool` soll eine Verbindung zur Datenbank hergestellt werden. In einer Schleife soll zunächst ein Prompt ausgegeben und dann auf die Eingabe eines SQL-Statements durch den Benutzer gewartet werden:

```
SQL> Eingabe des Benutzers
```

Das Lesen einer Eingabe kann zum Beispiel mit der Klasse `Scanner` des Paketes `java.util` durchgeführt werden.

Wenn der Benutzer „quit" anstatt eines SQL-Statements eingibt, soll die Schleife verlassen und damit das Programm beendet werden.

Aufgabe 7.2: Statement und ResultSet

In dieser Teilaufgabe soll das eingegebene SQL-Statement ausgewertet werden. Da nicht bekannt ist, ob der Benutzer durch sein SQL-Statement eine Abfrage von Daten oder eine Änderung durchführt, kann das Statement nur mit der Methode `execute` ausgeführt werden. Mittels des Rückgabewertes ist zu ermitteln, ob die Abfrage ein `ResultSet` als Ergebnis liefert. Falls ein `ResultSet` geliefert wird, soll das Ergebnis als Tabelle ausgegeben werden, andernfalls soll die Anzahl der geänderten Zeilen ausgegeben werden:

```
SQL>insert into studenten values('Hofmann', 01234)
1 rows updated

SQL>select * from studenten
Schmidt 12345678
Hofmann 01234

SQL>quit
```

Aufgabe 7.3: Metadaten

Um das zurückgelieferte `ResultSet` in einer übersichtlichen Tabelle auszugeben, soll mittels der Klasse `ResultSetMetaData` der Name und der Datentyp der jeweiligen Spalte ausgegeben werden. Desweiteren soll die Breite der Spalte automatisch angepasst werden:

```
SQL>select * from studenten
NAME                 MATRIKELNR
CHAR                 INTEGER
------------------------------
Schmidt              12345678
Hofmann              1234

SQL>quit
```

Kapitel 8

Enterprise JavaBeans

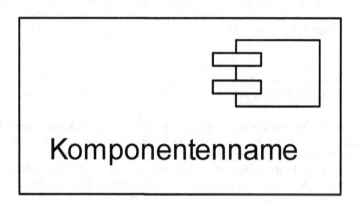

8 Enterprise JavaBeans

Enterprise JavaBeans werden unter Java EE serverseitig bei der Realisierung von Geschäftsanwendungen in Client/Server-Systemen eingesetzt. Im Folgenden wird die Technologie Enterprise JavaBeans[117] in ihrer aktuellen Version EJB 3.1 vorgestellt.

Neuere Historie

Da die Version EJB 3.0 in der Praxis noch häufig eingesetzt wird, wird in diesem Kapitel sowohl auf die Version 3.0, als auch auf die aktuelle Version 3.1 eingegangen. Die Implementierung von Enterprise JavaBeans wurde mit der Einführung der Version 3.0 erheblich vereinfacht. Viele Dinge, die früher in der Version 2.1 noch benötigt wurden – wie beispielsweise der Deployment-Deskriptor oder das Home-Interface einer Session-Bean – sind seit der Version 3.0 entweder ganz entfallen oder werden nur noch optional verwendet. Bean-Klassen[118] sind seither reine POJOs, da sie keine EJB-spezifischen Interfaces mehr implementieren müssen. Auch Entity-Klassen sind seit Wegfall der zu implementierenden Interfaces reine POJOs.

> Entity-Klassen werden nicht mehr durch den EJB-Container verwaltet und nicht mehr Entity-Beans, sondern nur noch Entities genannt.

Mit der Version 3.1 wurde die Entwicklung von Enterprise JavaBeans weiter vereinfacht. Die Spezifikation wurde außerdem um Punkte erweitert, auf die viele Entwickler schon lange gewartet hatten, wie zum Beispiel die Möglichkeit, Methoden von Session-Beans asynchron ausführen zu können. Hierbei wartet der aufrufende Prozess nicht, bis die Methode einer Session Bean abgearbeitet ist. Der Methodenaufruf läuft im Hintergrund weiter, der aufrufende Prozess wird nicht blockiert.

Eigenschaften von EJB 3

> EJB 3 setzt auf das Programmieren von **Plain Old Java Objects (POJOs)**, die mit Metadaten in der Form sogenannter **Annotationen** versehen werden.

> Annotationen erlauben ein **attributorientiertes Programmieren** und stellen Zusatzinformationen dar, die zur Laufzeit Auskunft über die in den Annotationen festgehaltenen Eigenschaften geben.

Annotationen

All das, was früher mit dem Home-Interface und den verschiedensten XML-Deskriptoren definiert werden musste, kann seit der Version 3.0 elegant mit Annotationen

---

[117] Enterprise JavaBeans werden abgekürzt als EJB.
[118] Bean-Klassen mussten vor der Version 3.0 EJB-spezifische Interfaces implementieren.

erledigt werden. Ein Programmierer fügt einfach seine Annotationen zu Klassen, Datenfeldern und Methoden hinzu, die dann vom Java-Compiler mitkompiliert werden. Für den Programmierer sieht es so aus, als würde er nur Modifikatoren wie z. B. `public` oder `private` in das Programm anfügen. Während diese Schlüsselwörter jedoch Teil der Programmiersprache Java sind und zum Programm gehören, handelt es sich bei Annotationen um Metadaten.

Annotationen stellen eine einfache Möglichkeit dar, Metadaten, die früher in diversen Deployment-Deskriptoren auf andere Weise umständlich notiert werden mussten, direkt im Quellcode für die entsprechende Komponente – Klasse, Interface, Methode, etc. – anzugeben.

Ein Beispiel für eine Annotation[119] ist:

```
@Stateless
```

Damit wird definiert, dass eine geschriebene Bean-Klasse „stateless", also zustandslos ist. Dennoch ist es weiterhin erlaubt, XML-Deployment-Deskriptoren zu verwenden. So können die Annotationen mit XML-Deployment-Deskriptoren überschrieben werden.

Arten von EJBs

EJBs lassen sich in zwei Arten einteilen:

- Session-Beans und
- Message-Driven-Beans.

Entities sind seit der EJB Version 3.0 – wie schon erwähnt – keine EJBs mehr.

Session Beans und Message-Driven-Beans werden in Kapitel 8.5 vorgestellt.

Kapitel 8.1 gibt eine kurze Einführung in verteilte Systeme. Kapitel 8.2 stellt die Idee der Enterprise JavaBeans vor. Dieses Wissen wird in Kapitel 8.3 genutzt, um Java-Klassen auf Bean-Typen abzubilden. Kapitel 8.4 gibt einen Überblick über die Enterprise JavaBeans-Architektur und die darin enthaltenen Dienste, die Java EE Application Server zur Verfügung stellen. Das Konzept, das hinter den Enterprise JavaBean-Typen steckt, wird in Kapitel 8.5 vorgestellt. Dabei wird auf Session Beans in Kapitel 8.6 detailliert eingegangen. Schließlich wird in Kapitel 8.7 der Java EE Application Server Wildfly exemplarisch vorgestellt und der Deployment-Prozess einer Java EE-Applikation beschrieben.

8.1 Verteilte Systeme

Größere Anwendungen in einem Unternehmen existieren heutzutage in der Regel nicht mehr zentral auf einem einzigen Rechner, sondern sind auf mehrere Computersysteme verteilt. In diesem Fall spricht man von einer **verteilten Anwendung** oder von einem **verteilten System**.

---

[119] Der Compiler erkennt eine Annotation an dem einleitenden Zeichen @

Bei verteilten Systemen werden mehrere Ziele verfolgt:

- Erhöhung der Ausfallsicherheit,
- günstigere Anschaffungskosten der Hardware,
- Verteilung der Last,
- schnellere Verarbeitung und
- eine skalierbare Architektur[120].

Um ein verteiltes System zu erzeugen, werden mehrere Rechner miteinander vernetzt, damit sie zusammenarbeiten können[121].

Ein **verteiltes System** besteht aus autonomen Rechnern, die mit Hilfe einer **Systemsoftware** untereinander **vernetzt** sind. Die Systemsoftware versetzt die vernetzten Rechner in die Lage, ihre **Aktivitäten** zu **koordinieren**.

Im folgenden Bild ist das Modell einer **Client/Server-Architektur** eines Informationssystems in Form einer **Three Tier[122]-Architektur** mit 3 verschiedenen Rechnern abgebildet.

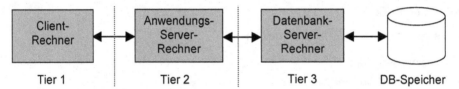

Bild 8-1 Three Tier-Architektur mit verschiedenen Rechnern

Enterprise JavaBeans (EJBs) befinden sich im Java EE Application Server eines Anwendungsserver-Rechners.

8.2 Die Idee der Enterprise JavaBeans

In einer Client/Server-Architektur eines verteilten Systems wird die Funktionalität der **Ein- und Ausgabe** auf einem **Client-Rechner** ausgeführt. Die **Übertragungsfunktionen** sind für den Transport der Informationen zwischen den verschiedenen Rechnern verantwortlich und müssen daher immer bei beiden Kommunikationspartnern vorhanden sein. Funktionen der Zugriffssicherheit und der Interprozesskommunikation gibt es auf dem Client-Rechner und den Server-Rechnern, während beispielsweise die **Verarbeitung** und die **Schnittstelle zur Datenhaltung** dem **Anwendungsserver-Rechner** vorbehalten sind. Die **Datenhaltung selbst** mit einem Daten-

---

[120] Eine Architektur wird als **skalierbar** bezeichnet, wenn sich eine gute Performance des Systems auch bei steigenden Nutzerzahlen oder zunehmender Datenmenge einhalten lässt.

[121] Hier ist die sogenannte **Shared Nothing-Architektur** eines verteilten Systems gemeint. Es gibt auch eine **Shared Disk-Architektur**, bei der sich mehrere Prozessor/Hauptspeicher-Einheiten einen gemeinsamen Externspeicherpool teilen.

[122] Engl.: Schicht, Lage

bankmanagementsystem und der Datenbank, welche eine geordnete Zusammenstellung der Daten darstellt, kann in einer Three Tier-Architektur auf dem **Datenbank-Server-Rechner** angeordnet werden.

Enterprise JavaBeans kommen auf einem Java EE Application Server-Rechner einer Client-Server-Architektur zum Einsatz.

Hinter dem Konzept der **Enterprise JavaBeans** steckt die Idee, dass sich ein Programmierer auf dem Server-Rechner **nur** noch um die **Implementierung der Verarbeitung der Geschäftsprozesse** kümmern soll.

Die **technischen Funktionen** der Schnittstelle zur Datenhaltung, der Systemüberwachung[123] und der Interprozesskommunikation auf dem Anwendungsserver-Rechner sollen von einem sogenannten **Java EE Application Server**, einem Stück **Standard-Software**, das als Produkt erhältlich ist, zur Verfügung gestellt werden. Beispiele für solch ein Produkt sind Red Hat Wildfly, Oracle WebLogic oder IBM WebSphere. Der Java EE Application Server enthält in seinem Innern auch einen sogenannten **EJB-Container**, welcher das **Laufzeitsystem der EJBs** darstellt. Ein EJB-Container verwaltet Session-Beans und Message-Driven-Beans. Entites sind seit der EJB Version 3.0 keine EJBs mehr und werden nicht mehr vom EJB-Container verwaltet.

Ein Programmierer muss sich somit beim Entwurf und bei der Programmierung einer Anwendung, die auf dem Anwendungsserver-Rechner läuft, überhaupt nicht um die technischen Funktionen[124] kümmern. Welche Klassen **persistent** gespeichert werden sollen, wird über **Annotationen** deklariert. Der sogenannte **Persistence Manager** führt dann zur Laufzeit den Zugriff auf die Datenbank aus.

Die EJB-Technologie entlastet einen Programmierer auf den Server-Rechnern von der Implementierung der technischen Funktionsklassen für die Interprozesskommunikation/Übertragung, Datenhaltung, Systemüberwachung und Zugriffssicherheit. Diese Aufgaben werden vom Java EE Application Server übernommen.

Ein Programmierer kann sich somit auf einem Server-Rechner ganz auf die **Implementierung der Verarbeitungsfunktionen der Geschäftsprozesse** konzentrieren.

Das folgende Bild zeigt die zu programmierende Anwendungs-Software bei Einsatz

- eines Client-Rechners und
- eines Java EE Application Servers auf dem Server-Rechner:

---

[123] Funktionen der Systemüberwachung dienen der Betriebssicherheit.
[124] Das sind die Funktionen ohne die Verarbeitung wie z. B. Datenhaltung oder Interprozesskommunikation.

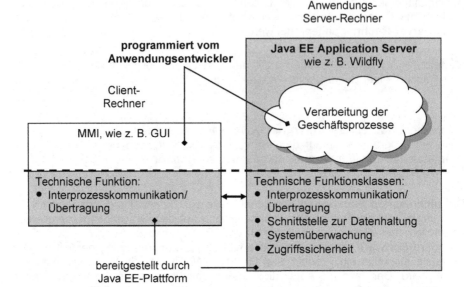

Bild 8-2 Arbeitsteilung zwischen der Standard-Software und den zu erstellenden Anwen-
dungsprogrammen für die Verarbeitungsfunktionalität der Geschäftsprozesse
und deren MMI[125]

8.3 Abbildung von Klassen auf Bean-Typen

In der Systemanalyse arbeitet man mit Klassen. Beim Entwurf einer Anwendung, die
auf dem Anwendungsserver läuft, werden diese Klassen den verschiedenen EJB-
Typen zugeordnet oder bleiben als POJOs im Falle der Entity-Objekte bestehen.

Die Abbildung von Objekten der Systemanalyse auf Enterprise Java-
Beans ist einfach:

- **Kontroll-Objekte** ohne einen Zustandsautomaten „im Bauch" entsprechen die **Stateless Session-Beans**,
- **Kontroll-Objekte** mit einem Zustandsautomaten „im Bauch" entsprechen die **Stateful Session-Beans** und
- den **Entity-Objekten** entsprechen die **Entity-Beans** in der EJB-
  Spezifikation der Version 2.x bzw. den **Entities** in der EJB-Spezifikation der Version 3.x.

---

[125] Abkürzung für Man Machine-Interface (dt. Mensch Maschine-Schnittstelle). Beispielsweise stellt
eine grafische Benutzerschnittstelle ein MMI dar. Anstelle von MMI ist auch Human Machine-
Interface (HMI) gebräuchlich.

Seit EJB 3.0 sind Entities reine POJO[126]-Objekte, wobei das Object-Relational Mapping (dt. objekt-relationale Abbildung) durch die Java Persistence-API abgedeckt wird. Dadurch müssen Entity-Objekte nicht mehr zwingend in einem EJB-Container laufen, sondern können auch in einer reinen Java-Virtuellen Maschine benutzt werden. Es wird deshalb nicht mehr von Entity-Beans, sondern nur noch von **Entities** und **Entity-Klassen** gesprochen.

Auf das objekt-relationale Mapping wird in Kapitel 9 eingegangen.

Tabelle 8-1 gibt eine Übersicht über die Zuordnung zwischen Klassenarten und EJB-Typen:

Klassenart	EJB-Typ
Kontroll-Klasse ohne Zustandsautomat	Stateless Session-Bean
Kontroll-Klasse mit Zustandsautomat	Stateful Session-Bean
Entity-Klasse	Entity (seit EJB 3 kein Bean-Typ mehr)
Interface-Klasse	Kein Bean-Typ, sondern Dienste des Java EE Application Servers

Tabelle 8-1 Zuordnung der Klassenarten zu den EJB-Typen

Interface-Klassen werden nicht durch spezielle Bean-Typen umgesetzt. Sie definieren Dienste des Java EE Application Servers.

Mit Hilfe der **Session-Beans** wird die **Verarbeitungslogik** der Geschäftsprozesse auf dem Server programmiert.

Entities sind **Objekte** aus der objektorientierten Welt und dienen dem objekt-relationalen Mapping. Eine Entity-Klasse repräsentiert typischerweise eine Tabelle einer Datenbank. Eine Instanz dieser Entity-Klasse korrespondiert dabei mit einer Zeile der entsprechenden Tabelle der Datenbank.

Die Technik der EJBs kehrt weitgehend zur Trennung von Prozeduren und Daten zurück. Der Grund dafür ist, dass die Entities dem objekt-relationalen Mapping dienen und in den Entities die Daten einer persistenten, relationalen Datenbank in transienter Weise geführt werden.

Auch wenn Daten heute zumeist objektorientiert modelliert werden, so basiert die vorherrschende Speichertechnik dennoch auf dem relationalen Datenmodell, da rein objektorientierte Datenbanken am Markt keine große Bedeutung erlangt haben. Zwischen dem objektorientierten und relationalen Datenmodell hat daher ein Map-

---

[126] Plain Old Java Object

ping – also eine Abbildung der klassenbasierten Datenstruktur auf ein relationales Datenmodell bestehend aus Tabellen und umgekehrt – zu erfolgen.

Entities speichern Daten. Ein Zugriff auf diese Daten darf im Wesentlichen nur durch set- und get-Methoden erfolgen. Methoden ohne Geschäftslogik (z. B. `toString()`) können in den Entities enthalten sein. Sie sind sozusagen auch Zugriffsmethoden, welche die Daten in einer bestimmten Formatierung bzw. einfache Berechnungen auf den Daten liefern. Geschäftsmethoden (Kontrollobjekte der Objektorientierung) müssen beim Entwurf der EJBs in Stateless bzw. Stateful Session-Beans untergebracht werden.

8.4 Überblick über die Enterprise JavaBeans-Architektur

Komponenten stellen generell Dienste (Funktionen) zur Verfügung.

Enterprise JavaBeans sind **serverseitige Komponenten**, welche die **Geschäftslogik** einer sogenannten **Enterprise-Applikation**[127] beinhalten. Der Unterschied dieser Komponenten zu normalen Klassen ist, dass sie dem EJB-Container durch entsprechende Annotationen oder durch Konfiguration in einer XML-Datei bekannt gemacht werden müssen.

Dabei wird festgelegt, wie der EJB-Container die jeweilige Enterprise JavaBean zu verwalten hat, ob er beispielsweise diese Bean für jeden Client neu instanziiert oder für alle Clients nur eine einzige, geteilte Instanz erzeugt.

Vor EJB 3.1 mussten Enterprise JavaBeans generell ein zusätzliches Interface – das sogenannte Business-Interface – implementieren, in welchem die zur Verfügung gestellten Funktionen definiert wurden. Innerhalb einer Java-Virtuellen Maschine kann inzwischen auch ohne Interface auf eine Bean zugegriffen werden. Will man eine Komponente (Bean) von außerhalb – also remote – durch einen Client benutzen, ist aber nach wie vor ein Interface notwendig.

Entitäten hingegen sind keine Enterprise JavaBeans und werden deshalb auch nicht vom EJB-Container verwaltet.

⬦ Vorsicht!

---

[127] Eine Enterprise-Applikation befasst sich mit der Lösung eines bestimmten Problems – z. B. einer Bankanwendung "Bankgeschäfte durchführen" – und befindet sich dabei auf einem Anwendungsserver-Rechner. Die Dienstleistungen einer Enterprise-Applikation können einer großen Anzahl von Client-Rechnern zur Verfügung gestellt werden.

Eine **Komponente** nach UML lässt sich durch die folgenden Eigenschaften beschreiben:

- Eine Komponente stellt Dienste (Funktionen) zur Verfügung.
- Auf diese Dienste kann über klar definierte Schnittstellen zugegriffen werden.

Bei EJB kommt noch die folgende Eigenschaft hinzu: Eine EJB-Komponente ist ortstransparent und dadurch räumlich verteilbar.

Innerhalb einer Java EE-Anwendung spielen mehrere Enterprise JavaBeans zusammen. Entity-Objekte und Session-Beans sowie auch Message-Driven-Beans, die miteinander eine Geschäftsanwendung realisieren, bezeichnet man als **EJB-Applikation**. Die von der EJB-Applikation bereitgestellte Dienstleistung kann von einem Client in Anspruch genommen werden, z. B. indem er Methoden aufruft, welche von den Enterprise JavaBeans bereitgestellt werden.

Enterprise JavaBeans, also Session-Beans und Message-Driven-Beans, befinden sich innerhalb eines sogenannten **EJB-Containers**, der eine **Laufzeitumgebung** für die EJBs bereitstellt. Der EJB-Container ist wiederum **Teil des** sogenannten **EJB-Servers**. Die Schnittstelle zwischen dem EJB-Container und dem EJB-Server ist herstellerspezifisch und daher nicht standardisiert. Die Schnittstelle zwischen dem EJB-Container und den darin befindlichen Enterprise JavaBeans ist durch die EJB-Spezifikation von Oracle standardisiert und ist daher bei jedem EJB-Server gleich.

Das folgende Bild verdeutlicht diesen Zusammenhang:

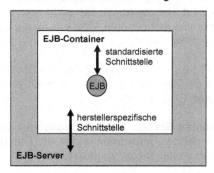

Bild 8-3 Schnittstellen innerhalb des EJB-Servers

Im Folgenden wird zwischen den Begrifflichkeiten EJB-Server und EJB-Container nicht mehr unterschieden. Dadurch, dass die Schnittstelle zwischen den EJBs und dem EJB-Container standardisiert ist, ergibt sich eine wichtige Eigenschaft von Enterprise JavaBeans, und zwar, dass sie voll kompatibel zwischen verschiedenen Java EE Application Servern sind. Dies gilt allerdings nur, solange die Beans keine herstellerspezifischen Features verwenden.

Enterprise JavaBeans sind kompatibel und **austauschbar zwischen unterschiedlichen Java EE Application Servern**. Eine EJB, die in einem EJB-Container eines bestimmten Herstellers läuft, ist ohne Änderung am Code der EJB in einem anderen EJB-Container eines anderen Herstellers lauffähig, wenn beide Hersteller die EJB-Spezifikation einhalten.

Ein EJB-Container/-Server stellt die folgenden **Dienste** zur Verfügung:

- Ein **Speichermanagement** in Form eines **Ressourcen Poolings** und in Form eines **Passivierungsdienstes**,
- einen **Synchronisationsdienst**,
- einen **Kommunikationsdienst**,
- einen **Namensdienst (Name Service)**,
- einen **Sicherheitsdienst**,
- einen **Transaktionsdienst**,
- einen **Persistenzdienst** und
- eine **Objektverteilung (Load Balancing**[128]).

Diese Dienste werden im Folgenden dargestellt:

- Ein **Speichermanagement** in Form eines **Ressourcen Poolings** und in Form eines **Passivierungsdienstes.**

  Beim **Ressourcen Pooling** werden aktuell nicht benötigte Stateless Session-Beans und Message-Driven-Beans (siehe Kapitel 8.5) in einem jeweils separaten Pool zwischengespeichert, um sie bei Bedarf nicht erst erzeugen zu müssen, da ein Erzeugungsprozess viel Zeit benötigt. Wird ein neues Objekt benötigt, kann es dem Pool einfach entnommen werden.

  Ein EJB-Server enthält für jeden Typ einer Stateless Session-Bean einen eigenen Pool. Dasselbe gilt in der Regel auch für Message-Driven-Beans, da auch diese keine Zustände für einen Client führen.

  Beim **Passivieren** werden Stateful Session-Beans im Falle von knappem Speicher aus dem Arbeitsspeicher genommen und in der Datenbank zwischengespeichert, um sie bei Bedarf später wieder zu **aktivieren**.

- **Synchronisationsdienst**

  Da der EJB-Server konkurrierende Zugriffe auflöst, müssen die Methoden einer EJB nicht vom Programmierer synchronisiert werden.

---

[128] Ein mögliches Load Balancing-Verfahren ist das sogenannte Round-Robin-Verfahren, bei dem die eingehenden Anfragen der Clients zyklisch auf die zur Verfügung stehenden Anwendungssserver verteilt werden.

- **Kommunikationsdienst**

  Dieser Dienst verbirgt die Kommunikationstechnik zwischen den Programmen auf den Client- und Server-Rechnern.

- **Namensdienst (Name Service)**

  Mit Hilfe eines Namensdienstes können EJBs innerhalb eines verteilten Systems gesucht werden. Ein EJB-Server stellt einen Namensdienst zur Verfügung und bietet zum Zugriff auf diesen Namensdienst eine geeignete Schnittstelle an. Diese Schnittstelle entspricht der sogenannten **Java Naming and Directory Interface**[129]-Spezifikation (JNDI).

Kommunikationsdienst und Namensdienst zusammen werden auch als **Object Brokering** bezeichnet.

  Kommunikationsdienst und Namensdienst machen aus einem Objekt bzw. aus einer Komponente ein verteiltes Objekt (distributed object) bzw. eine verteilte Komponente (distributed component).

- **Sicherheitsdienst**

  Ein Sicherheitsdienst kontrolliert bei einem Zugriff auf eine EJB die Berechtigung des Aufrufers.

- **Transaktionsdienst**

  Es wird ein Transaktionsdienst zur Verfügung gestellt, der gewährleistet, dass alle Verarbeitungsschritte einer Transaktion vollständig oder gar nicht abgearbeitet werden.

- **Persistenzdienst**

  Ein Persistenzdienst sorgt dafür, dass Änderungen an den Daten, die durch sogenannte Entities[130] repräsentiert werden, dauerhaft gespeichert werden. Transaktionen müssen prinzipiell immer dauerhaft sein, wenn ein sogenanntes **Commit**, also die endgültige Bestätigung der Änderungen an den Daten, stattgefunden hat.

- **Objektverteilung (Load Balancing)**

  Es besteht die Möglichkeit, eine Enterprise-Applikation, die eine Zusammenstellung mehrerer EJBs darstellt, auf mehreren Java EE Application Servern gleichzeitig zu installieren. Das Load Balancing-System verteilt die Anfragen der Clients homogen auf die einzelnen Java EE Application Server-Rechner. Dadurch wird eine Lastverteilung erzielt. Für einen Client macht diese Lastverteilung keinen Unterschied, weil für ihn der Ort der Enterprise JavaBean, deren Dienstleistung er entgegennimmt, verborgen ist (**Ortstransparenz**).

---

[129] Siehe Anhang B "JNDI".
[130] Siehe 9.1.1

Dadurch, dass ein EJB-Container die eben vorgestellten Funktionen zur Verfügung stellt, muss sich der Entwickler einer EJB um diese Aufgaben nicht mehr kümmern und kann sich somit voll auf die Entwicklung der Geschäftslogik konzentrieren.

Seit EJB 3.1 gibt es mit **EJB Lite** eine Zusammenstellung von EJB-APIs, die auf die wesentlichen Elemente reduziert sind. Diese Zusammenstellung beinhaltet alle Funktionalitäten, die normalerweise zur Erstellung von Business-Anwendungen benötigt werden, und reduziert für den Entwickler den Einarbeitungsaufwand auf die zentralen Funktionalitäten. Es wird auch kein vollständiger Java EE Application Server mehr benötigt, um EJBs auszuführen. Es genügt ein EJB-Container, der alleinstehend betrieben werden kann. Das folgende Bild zeigt beispielhafte Dienste eines Java EE Application Servers:

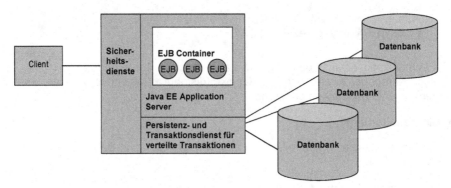

Bild 8-4 Sicherheitsdienste, Persistenz- und Transaktionsdienst als Beispiele für die Dienste eines EJB-Containers/Java EE Application Servers

Bild 8-5 veranschaulicht den Aufbau eines Anwendungsserver-Rechners, auf dem sich ein Java EE Application Server befindet. Es wird zudem verdeutlicht, wie der Client mit der Enterprise-Applikation kommunizieren kann.

Ein **Client-Rechner** greift auf den Anwendungsserver-Rechner – genauer gesagt auf den Java EE Application Server – über eine Client-Applikation oder einen Webbrowser zu:

- **Client-Applikation**

  Eine Client-Applikation kommuniziert mit dem EJB-Container und tritt dadurch direkt über das sogenannte **Business-Interface**[131] mit einer Session Bean in Kontakt. Ein lokaler Client innerhalb derselben JVM kann auch direkt mit einer Session Bean kommunizieren, ohne dass die Session Bean ein Business-Interface implementiert.

---

[131] Das Business-Interface kann seit der Version EJB 3.1 entfallen.

- **Webbrowser**

  Auch über einen Webbrowser kann auf einen Anwendungsserver zugegriffen werden. Der Webbrowser kommuniziert jedoch nicht direkt mit dem EJB-Container, sondern mit dem Web-Container und greift dabei auf ein Servlet[132] zu. Der Web-Container steht wiederum mit dem EJB-Container in Kontakt.

  Das folgende Bild zeigt den Aufbau eines Java EE Application Servers und die beiden verschiedenen Kommunikationswege mit dem Client:

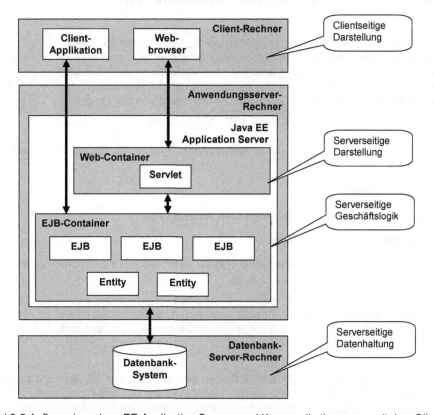

Bild 8-5 Aufbau eines Java EE Application Servers und Kommunikationswege mit dem Client

Der **Java EE Application Server** stellt die Laufzeitumgebung einer Enterprise-Applikation durch den **EJB-Container** zur Verfügung und beheimatet den **Web-Container**:

- **EJB-Container**

  Innerhalb des EJB-Containers leben die Enterprise JavaBeans. Ein EJB-Container stellt somit die Laufzeitumgebung der Enterprise JavaBeans bereit.

---

[132] Servlets können auch mit Hilfe von Java ServerPages generiert werden.

- **Web-Container**

  Ein Web-Container verwaltet die Ausführung von Java Servlets und bildet somit die Laufzeitumgebung für Servlets.

Ein **Java EE Application Server** steht direkt mit der **Datenbank** in Verbindung, die sich auf dem **Datenbank-Server-Rechner** befindet.

8.5 Konzept der Enterprise JavaBean-Typen

Beide Arten von **Enterprise JavaBeans** – Session Beans (Stateless Session-Beans, Stateful Session-Beans, Singleton Session-Beans) und Message-Driven-Beans – bestehen aus **einfachen Java-Klassen ggf. mit Java-Interfaces**, welche mit bestimmten **Annotationen** versehen werden. Aus diesem Grund spricht man auch von der Programmierung mit **P**lain **O**ld **J**ava **O**bjects (**POJOs**).

Im Folgenden werden die **zwei verschiedenen Typen** von Enterprise JavaBeans kurz beschrieben:

- **Session Beans**

  Session Beans gibt es in den folgenden Ausprägungen:

  – **Stateless Session-Beans**

    Ein Client kommuniziert mit einer Instanz einer Stateless Session-Bean und ruft deren Methoden auf.

    Eine **Stateless Session-Bean** implementiert die Methoden eines Use Case auf dem Java EE Application Server-Rechner und **hat keinen Zustand**.

    Sie kann ferner noch private Methoden besitzen, die von außen nicht zugänglich sind. Im Falle von sehr kleinen Use Cases wie „Adresse anzeigen", „Adresse ändern" oder „Adresse löschen", ist es sinnvoll, dass eine Session-Bean eine Reihe von Use Cases implementiert.

  – **Stateful Session-Beans**

    Ein Client kommuniziert mit einer Instanz einer Stateful Session-Bean und ruft deren Methoden auf.

    Eine **Stateful Session-Bean** implementiert die Methoden eines Use Case auf dem Java EE Application Server-Rechner und **hat einen Zustand**.

Sie kann ferner noch private Methoden besitzen, die von außen nicht zugänglich sind. Insbesondere kann eine Stateful Session-Bean je nach internem Zustand auf ein und dieselbe Anfrage des Clients ganz verschieden reagieren.

– **Singleton Session-Beans**

Eine **Singleton Session-Bean** wird einmalig pro Anwendung instanziiert.

Im Gegensatz zu den beiden anderen Typen von Session-Beans existiert nur eine einzige Instanz einer Singleton Session-Bean. Eine Singleton Session-Bean kann somit ihren Zustand zwischen Aufrufen aller Clients beibehalten, ihr Zustand wird aber nach einem Neustart oder Absturz des Java EE Application Servers nicht wiederhergestellt.

- **Message-Driven-Beans (MDB)**

Mit Hilfe einer **Message-Driven-Bean** wird die Möglichkeit geschaffen, dass eine weitere Anwendung mit einer Enterprise-Applikation Informationen via Nachrichten austauscht.

Dies kann synchron oder asynchron geschehen. Message-Driven-Beans werden für die nachrichtenbasierende Kommunikation (z. B. als Schnittstelle zu Fremdsystemen) verwendet.

Aufgrund der umfangreichen Thematik, die im Zusammenhang mit Message-Driven-Beans betrachtet werden muss, wird diese Art von Enterprise JavaBeans nicht in diesem Buch behandelt. Es wird hierfür auf die weiterführende Literatur [Rub10] verwiesen.

8.6 Session-Beans

Session-Beans **implementieren** die **Use Cases** auf dem Java EE Application Server. Session-Beans haben kein Gegenstück in der realen Welt und werden daher auch nicht persistent in einer Datenbank gespeichert. Session-Beans können einen **internen Zustand** besitzen. In diesem Fall werden sie als **Stateful Session-Bean** bezeichnet. Eine Session-Bean ohne internen Zustand wird als **Stateless Session-Bean** bezeichnet.

Eine grundlegende Neuerung, welche durch die EJB 3.0-Spezifikation Einzug hielt, ist, dass eine Session-Bean aus

- einem einfachen Java-Interface, dem sogenannten **Business-Interface** und
- einer einfachen Java-Klasse – der sogenannten **Bean-Klasse** –, welche dieses Interface implementiert,

besteht.

Seit der Version EJB 3.1 kann auch das Business-Interface bei Session-Beans entfallen. Ist kein Business-Interface vorhanden, so greift ein Client direkt auf die entsprechende Bean-Klasse zu.

Ein direktes Zugreifen auf eine Bean-Klasse ist nur durch einen Client möglich, der sich in derselben Java-Virtuellen Maschine befindet. Soll ein entfernter Client auf eine Session-Bean zugreifen können, so ist ein Business-Interface notwendig.

Die Implementierung des sogenannten **Home-Interface**, wie es noch bis zur Spezifikation EJB 2.1 vorgeschrieben war, ist **nicht mehr not-wendig**.

Hat eine Session Bean ein **Business-Interface**, so werden in diesem Interface die **Methoden**, die von der Session-Bean zu implementieren sind, deklariert.

Zum Zeitpunkt eines Methodenaufrufs kann eine bestimmte Instanz einer Session-Bean genau ein einziges Client-Programm bedienen, das sich an die Enterprise-Applikation bindet. Die Bindung eines entfernten Client-Programms erfolgt aber nur über ein **automatisch generiertes Stub-Objekt** – einen Stellvertreter für die Session-Bean –, welches das Business-Interface für eine Session-Bean bereitstellt.

Es erfolgt keine Bindung an eine Session-Bean-Instanz selbst. Das Stub-Objekt delegiert die Aufrufe im Falle einer Stateless Session-Bean zu irgendeiner vorhandenen Session-Bean-Instanz im Container. Im Falle einer Stateful Session-Bean delegiert das Stub-Objekt die Aufrufe immer zu derselben Session-Bean-Instanz. Im Falle einer Stateless Session-Bean kann jeder Methodenaufruf zu einer anderen Session-Bean-Instanz gehen.

Solange ein Client den Dienst einer Instanz einer Session-Bean durch einen Methodenaufruf benutzt, kann kein anderer Client den Dienst derselben Instanz in Anspruch nehmen. Es besteht somit zwischen einem Client und einer Session-Bean-Instanz zum Zeitpunkt des Methodenaufrufs eine 1-zu-1-Beziehung.

8.6.1 Stateful Session-Bean

Eine **Stateful Session-Bean ist zustandsbehaftet** und merkt sich ihren internen Zustand über einen Methodenaufruf hinweg.

Der Zustand einer Stateful Session-Bean wird durch die aktuelle Belegung der Attribute der betreffenden Session-Bean-Instanz repräsentiert.

Ein Client ist über mehrere Methodenaufrufe hinweg an ein und die-selbe Stateful Session-Bean gebunden.

Ein Client, welcher mit einer **Stateful Session-Bean** kommuniziert, ist solange an diese gebunden, bis er diese selbst zerstört.

Ein Client löst sich von einer Stateful Session-Bean-Instanz, indem er eine Methode aufruft, die mit der **Annotation** `@javax.ejb.Remove` versehen ist. Kehrt der Client aus diesem Methodenaufruf zurück, so wird der EJB-Container beauftragt, den Client von der Session-Bean-Instanz zu lösen und diese aus dem Speicher zu entfernen.

Weil ein Client fest mit einer bestimmten Instanz einer Stateful Session-Bean im Dialog steht, wird der **interne Zustand** der Session-Bean auch als **Dialog-Zustand** bezeichnet.

8.6.2 Stateless Session-Bean

Eine **Stateless Session-Bean ist zustandslos** und merkt sich keinen internen Dialog-Zustand.

Ruft ein Client eine Methode einer Stateless Session-Bean auf, so kann nur für die Dauer des Aufrufs ein Zustand in den Datenfeldern der Session-Bean-Instanz hinterlegt werden. Nachdem der Client aus dem Methodenaufruf zurückkehrt, ist dieser temporäre Zustand jedoch wieder verloren.

Ein Client ist **nur für die Dauer eines Methodenaufrufs** an eine be-stimmte Instanz einer **Stateless Session-Bean gebunden** und ist nach der Inanspruchnahme des Dienstes von ihr gelöst.

Da sich eine Stateless Session-Bean nur über den Zeitraum eines Methodenaufrufs hinweg einen Zustand merkt, sind alle unbenutzten Instanzen einer Stateless Session-Bean, die denselben Typ haben, identisch. Der EJB-Container kann somit eine beliebige Instanz einer Stateless Session-Bean aus einem Pool, der Stateless Session-Beans eines bestimmten Typs enthält, einem beliebigen Client zuweisen.

8.6.3 Singleton Session-Bean

Seit EJB 3.1 können Session-Beans via Annotation als Singleton markiert werden. Wenn eine Bean mit `@Singleton` markiert ist, gibt es von dieser Bean nur eine einzige Instanz, die von allen Clients genutzt wird.

Singleton Beans ermöglichen es, Daten für eine Anwendung in uni-
kater Weise, also zentral an einer einzigen Stelle und geteilt für viele,
zur Verfügung zu stellen.

Der gleichzeitige Zugriff auf eine Bean kann dabei sowohl vom Container (container
managed concurrency, CMC) als auch von der betreffenden Bean selbst (bean
managed concurrency, BMC) kontrolliert werden. Über die Annotation `@Concurren-`
`cyManagement` lässt sich der gewünschte Modus für den gleichzeitigen Zugriff einstellen. Wird die Annotation `@ConcurrencyManagement` nicht explizit angegeben,
so ist der voreingestellte Wert `container managed concurrency`.

Vor der Version EJB 3.1 konnten Singletons mit EJBs nur realisiert werden, indem
über eine Stateless Session-Bean auf eine normale Klasse, die das Singleton-
Pattern realisierte, zugegriffen wurde.

8.6.4 Entscheidungskriterien für den Einsatz

Es stellt sich die Frage, wann zustandslose und wann zustandsbehaftete Session-
Beans eingesetzt werden sollen. Die folgenden Punkte sind maßgeblich für diese
Entscheidung:

- **Zustand**

  Ist das Merken eines Zustands über einen Methodenaufruf hinweg wichtig, so
  muss mit Stateful Session-Beans gearbeitet werden. Dies ist beispielsweise bei
  Warenkorb-Systemen wichtig, wenn der Warenkorb über mehrere Auswahlvor-
  gänge geführt wird.

- **Performance der Applikation**

  Stateless Session-Beans lassen prinzipiell eine höhere Performance als Stateful
  Session-Beans zu, da eine Stateful Session-Bean unter Umständen bei Inaktivität
  persistent auf die Platte gespeichert wird, um Platz im Arbeitsspeicher zu schaffen, und vor dem nächsten Zugriff des betreffenden Clients von dort wieder geladen werden muss. Dieser Vorgang beansprucht Rechenleistung und damit auch
  Zeit.

  Ist hingegen für den Aufruf einer Methode ein Zustand nicht erforderlich – ein
  Beispiel hierfür wäre die Prüfung einer Kreditkartengültigkeit – so kann diese
  Funktionalität durch eine beliebige Stateless Session-Bean des Pools bereit-
  gestellt werden.

- **Skalierbarkeit**

  Mit Stateless Session-Beans lässt sich eine Anwendung besser skalieren als mit
  Stateful Session-Beans. Während eine Stateful Session-Bean für eine Client-
  Anwendung über mehrere Methodenaufrufe vorgehalten wird, bis diese die State-
  ful Session-Bean selbst zerstört, kann eine Stateless Session-Bean nach jedem
  Methodenaufruf eines Clients von jedem anderen Client wieder verwendet wer-
  den. Dies bedeutet, dass eine Anwendung mit einer bestimmten Anzahl an In-

stanzen von Stateless Session-Beans mehr Clients bedienen kann als mit derselben Anzahl an Instanzen von Stateful Session-Beans.

Darüber hinaus lassen sich Stateless Session-Beans auch ohne Weiteres auf
mehrere Server verteilen, da keinerlei Zustand gespeichert werden muss.

Kommuniziert jedoch ein Client mit einer Stateless Session-Bean und muss bei
jedem Methodenaufruf eine erhebliche Menge an Zustandsdaten übertragen, so
ist der Einsatz einer Stateful Session-Bean, welche diese Information in ihrem
Kontext hinterlegen kann, die bessere Alternative.

8.6.5 Business-Interface

Eine Session-Bean kann beispielsweise von einer Client-Applikation auf einem entfernten Client-Rechner oder von einem Servlet im Web-Container aufgerufen werden. Auch Aufrufe aus einer anderen Session-Bean sind möglich. Solche Aufrufe
geschehen in der Regel über die Schnittstelle des Business-Interface. Seit der
Version EJB 3.1 muss das Business-Interface nicht mehr in allen Fällen zwingend
existieren. Ein Aufruf, der innerhalb derselben Java-Virtuellen Maschine stattfindet,
kann auch direkt auf der Session-Bean erfolgen. Ein Aufruf aus einer entfernten
Client-Applikation heraus muss aber immer noch über die Schnittstelle des Business-
Interface erfolgen.

Wird eine Session-Bean von einem Client-Programm auf dem Client-
Rechner oder allgemein aus einer anderen Java-Virtuellen Maschine
heraus aufgerufen, so muss eine Session-Bean ein als **Remote** de-
klariertes Business-Interface bereitstellen.

Eine Session-Bean kann auch von einer anderen Session-Bean aufgerufen werden.
Dies ist der Fall, wenn ein Use Case einen anderen Use Case inkludiert, oder wenn
es optionale Erweiterungen eines Use Case gibt.

Wird eine Session-Bean von einer anderen Klasse in derselben Java-
Virtuellen Maschine heraus aufgerufen, so soll das Business-Interface
aus Performance-Gründen als **Local** deklariert werden.

Das Business-Interface bildet die Schnittstelle der EJB zur Außenwelt. Es sind dort
alle Methoden deklariert, welche vom Client aufgerufen werden können. Ein entfernter Client erhält immer eine Referenz auf ein Objekt vom Typ des Business-
Interface. Das Business-Interface kann als **Remote-Interface** markiert sein. Es wird
dafür die **Annotation** `@javax.ejb.Remote` verwendet. Ein Client, der mit einer Instanz einer Session-Bean kommuniziert, deren Klasse ein Remote-Interface implementiert, ist folgendermaßen charakterisiert:

- Er kann sich auf einem anderen Rechner befinden und in einer eigenen Java-
Virtuellen Maschine laufen. Dies ist jedoch nicht zwingend vorgeschrieben. Er
kann sich auch in derselben Java-Virtuellen Maschine befinden wie die Session-
Bean, deren Dienstleistung er in Anspruch nimmt.

- Der Client kann eine Web-Komponente wie z. B. ein Servlet, eine eigenständige Java-Applikation oder selbst eine EJB sein.

- Es ist für den entfernten Client egal, wo sich die Session-Bean befindet. Er erhält eine Remote-Referenz (siehe Kapitel 3) auf die gewünschte Session-Bean-Instanz und muss dabei nicht wissen, wo sich diese Instanz tatsächlich befindet. Der Client arbeitet mit einer Session-Bean-Instanz genau so, als wäre sie in derselben Java-Virtuellen Maschine vorhanden.

- Ruft ein Client eine Methode der Remote-Schnittstelle einer Session-Bean auf und übergibt dieser Methode Referenzen auf Objekte, so müssen diese Objekte serialisierbar sein, weil der Methodenaufruf stets als **call by value** erfolgt. Das rührt daher, da die Übergabe einer Referenz nur innerhalb derselben Java-Virtuellen Maschine möglich ist.

Sollen die Grenzen einer Java-Virtuellen Maschine überschritten werden, so funktioniert dies nur mit einem **Call-by-Value-Aufruf**, was eine Serialisierung und Deserialisierung zur Folge hat.

Die Geschäftsmethoden können nach Belieben selbst definierte Exceptions werfen. In diesem Fall muss die Deklaration einer Geschäftsmethode um die entsprechende `throws`-Klausel erweitert werden.

Im Folgenden wird die Implementierung des Remote-Business-Interface einer Stateless Session-Bean vorgestellt. Diese Session-Bean soll es dem Client ermöglichen, zwei Zahlen zu addieren, voneinander zu subtrahieren, miteinander zu multiplizieren oder diese durcheinander zu dividieren. Die Methode `dividiere()` wirft die selbstdefinierte Exception vom Typ `RechnerException`.

Eine selbstdefinierte Exception, die von einer Session-Bean an den Aufrufer geworfen werden soll, muss serialisierbar sein. Die Klasse `java.lang.Exception` implementiert das Interface `Serializable`. Somit sind alle von ihr abgeleiteten Klassen ebenfalls serialisierbar. Hier die Klasse `RechnerException`:

```
// Datei: RechnerException.java

package rechner.hilfsklassen;

//
public class RechnerException extends Exception
{
   public RechnerException (String message)
   {
      super (message);
   }
}
```

Und nun die Schnittstelle `RechnerRemote`:

```
// Datei: RechnerRemote.java

package rechner.beans;
import rechner.hilfsklassen.*;
```

```
// Es wird der Code der Annotation javax.ejb.Remote importiert.
import javax.ejb.Remote;

// Durch diese Annotation wird das Interface RechnerRemote
// zum Remote-Interface. Das bedeutet, dass die darin deklarierten
// Methoden über die Grenzen einer Java-Virtuellen Maschine
// hinweg aufgerufen werden können.
@Remote

public interface RechnerRemote
{
    // Die Methode addiere() addiert die Werte
    // von zahl1 und zahl2 und liefert das Ergebnis zurück.
    public int addiere (int zahl1, int zahl2);

    // Die Methode subtrahiere() zieht den Wert von zahl2 vom Wert
    // der zahl1 ab und liefert das Ergebnis zurück.
    public int subtrahiere (int zahl1, int zahl2);

    // zahl1 und zahl2 werden miteinander multipliziert und das
    // Ergebnis zurückgeliefert.
    public int multipliziere (int zahl1, int zahl2);

    // Diese Methode dividiert zahl1 durch zahl2 und liefert das
    // Ergebnis als double-Zahl zurück. Hat zahl2 den Wert 0, so
    // soll eine Exception vom Typ RechnerException geworfen werden.
    public double dividiere (int zahl1, int zahl2)
        throws RechnerException;
}
```

Ein Business-Interface kann aber auch als **lokales Interface** markiert sein. Für diesen Zweck wird die **Annotation** `@javax.ejb.Local` verwendet. Kommuniziert ein Client mit einer Session-Bean-Instanz, deren Klasse ein lokales Business-Interface implementiert, muss der Client die folgenden Eigenschaften erfüllen:

- Der Client muss in derselben Java-Virtuellen Maschine laufen wie die Instanz der Session-Bean selbst, mit der er kommuniziert.
- Der Client kann selbst eine EJB sein oder ein Servlet darstellen.
- Der Ort der Session-Bean ist für den Client **nicht transparent**.
- Der Aufruf einer Methode des lokalen Business-Interface erfolgt stets als **call by reference**. Das heißt, die Session-Bean-Instanz arbeitet mit dem Objekt, dessen Referenz bei einem Methodenaufruf übergeben wird.

Soll das **Business-Interface** als **lokales Interface** markiert werden, so lautet die Definition der Schnittstelle wie folgt:

```
package rechner.beans;

import rechner.hilfsklassen.*;
import javax.ejb.Local;

@Local

// Am Namen sollte zu erkennen sein, ob es
// sich um ein lokales Interface handelt.
```

```
public interface RechnerLocal
{
    // Der Rest ist identisch zum obigen Beispiel
}
```

Die Entscheidung, ob eine Session-Bean ein lokales oder ein Remote-Interface bereitstellt, hängt von mehreren Gesichtspunkten ab:

- Wenn eine Session-Bean ausschließlich von einer anderen Session-Bean, die sich in derselben Java-Virtuellen Maschine befindet, verwendet wird, sollte die verwendete Session-Bean nur ein Local-Interface bereitstellen. Ein Zugriff auf eine Session-Bean-Instanz über ein Remote-Interface erfordert stets einen höheren Aufwand und sollte daher immer vermieden werden, wenn der Zugriff über ein Local-Interface möglich ist. Der erhöhte Aufwand kommt daher, dass beim Aufruf von Methoden eines Remote Business-Interface dieser Aufruf als call by value ausgeführt wird und somit die Objekte, deren Referenzen übergeben wurden, zuerst serialisiert werden müssen, was Zeit und Rechenleistung beansprucht.

- Es hängt auch grundsätzlich von der Architektur der Enterprise-Applikation ab, ob die Session-Beans entfernte oder lokale Schnittstellen bereitstellen. Sind die EJBs über mehrere Server verteilt und stehen untereinander im Zusammenhang, so müssen die verwendeten Session-Beans natürlich Remote-Schnittstellen anbieten. Durch die Verteilung der Enterprise-Applikation erreicht man auch eine Verteilung der Last. Bedacht werden muss hierbei jedoch, dass die dadurch resultierenden entfernten Methodenaufrufe mehr Ressourcen und damit mehr Zeit beanspruchen.

- Eine Session-Bean kann aber durchaus ein Local- und ein Remote-Interface gleichzeitig implementieren. So ist der Zugriff auf diese Session-Bean innerhalb derselben Java-Virtuellen Maschine über die lokale Schnittstelle und von außerhalb – also aus einer anderen Java-Virtuellen Maschine heraus – über die entfernte Schnittstelle möglich.

8.6.6 Bean-Klasse

Eine Klasse einer Enterprise JavaBean – eine sogenannte Bean-Klasse – **implementiert** alle **Geschäftsmethoden**, deren Methoden im Business-Interface[133] deklariert sind.

Eine Bean-Klasse stellt also die konkrete Implementierung der Geschäftslogik dar. Sie **kann** weiterhin **Hilfsklassen verwenden**, welche für die Implementierung benötigt werden. Die Hilfsklassen müssen keine Enterprise JavaBeans sein, sondern können einfache Java-Klassen darstellen, beispielsweise eine geworfene Exception. Ob eine Session-Bean zustandsbehaftet oder zustandslos ist, wird durch eine entsprechende Annotation bei der Bean-Klasse festgelegt.

---

[133] Siehe Kaptiel 8.6.5

> Soll eine Stateful Session-Bean implementiert werden, so muss der Klasse der Session-Bean die **Annotation** @Stateful angefügt werden. Wird eine Bean-Klasse mit @Stateless annotiert, so ist sie zustandslos.

Beispiel für eine Bean-Klasse

Es folgt nun eine beispielhafte Implementierung der Bean-Klasse RechnerBean, die eine Stateless Session-Bean darstellt, mit dem bereits vorgestellten Remote Business-Interface RechnerRemote:

```java
// Datei: RechnerBean.java

package rechner.beans;
import rechner.hilfsklassen.*;
import javax.ejb.Stateless;


// Die Annotation @Stateless dekoriert die Bean-Klasse
// und gibt an, dass sie die Implementierung einer
// zustandslosen Session-Bean darstellt.
@Stateless

// Die Bean-Klasse muss lediglich das Business-
// Interface RechnerRemote implementieren.
public class RechnerBean implements RechnerRemote
{
   // Es folgen nun die Implementierungen der einzelnen Methoden.
   // Zur Vereinfachung der Implementierung soll nicht überprüft
   // werden, ob der gültige Zahlenbereich von int durch die
   // Operation überschritten wird.

   public int addiere (int zahl1, int zahl2)
   {
      return zahl1 + zahl2;
   }

   public int subtrahiere (int zahl1, int zahl2)
   {
      return zahl1 - zahl2;
   }

   public int multipliziere (int zahl1, int zahl2)
   {
      return zahl1 * zahl2;
   }

   public double dividiere (int zahl1, int zahl2)
      throws RechnerException
   {
      // Diese Überprüfung verstößt eigentlich gegen die Vor-
      // schriften des Design by Contract. Danach hat der
      // Aufrufer die Pflicht, zu überprüfen, ob die übergebenen
      // Zahlenwerte im gültigen Bereich liegen. Es soll hier jedoch
      // nur veranschaulicht werden, dass eine Session-Bean eine
      // Exception an den Aufrufer werfen kann.
```

```
            if (zahl2 == 0)
            {
                throw new RechnerException ("zahl2 hat den Wert 0!");
            }
            return (double) zahl1 / (double) zahl2;
        }
    }
```

Die EJB 3.0-Spezifikation schreibt keine Namenskonvention vor, wie ein Business-Interface und eine Bean-Klasse benannt werden soll. Trotzdem ist es sinnvoll, die folgende Vereinbarung zu befolgen:

- Eine Bean-Klasse soll der Namenskonvention `<Bezeichnung>Bean` entsprechen. Beispielsweise könnte eine Bean-Klasse `RechnerBean` heißen.

- Das Business-Interface einer Session-Bean soll der Vorschrift

  `<Bezeichnung>Remote`

  für das Remote Business-Interface bzw.

  `<Bezeichnung>Local`

  für das lokale Business-Interface entsprechen. Ein geeigneter Name eines Remote Business-Interface ist beispielsweise `RechnerRemote`.

8.6.7 Client-Anwendung zum Aufruf von Session-Beans

Nachdem nun alle Bestandteile einer Session-Bean – das optionale Business-Interface und die Bean-Klasse – vorgestellt sind, kann eine einfache Client-Anwendung für die oben definierte Session-Bean implementiert werden. Wie schon in Kapitel 8.6.5 vorweggenommen wurde, kann der Client eine eigenständige Java-Anwendung, eine Webanwendung – beispielsweise ein Servlet – oder selbst eine EJB sein. Im Folgenden wird eine kleine, eigenständige Java-Anwendung implementiert, die sich auf einem entfernten Rechner befindet und den Dienst einer Stateless Session-Bean in Anspruch nimmt.

Um mit einer EJB arbeiten zu können, muss sich ein Client eine Referenz auf die entsprechende Session-Bean beschaffen. Diese Referenz bekommt der Client mit Hilfe eines JNDI Lookup über eine Instanz der Klasse `InitialContext`. Für den im Beispiel verwendeten Java Application Server Wildfly muss dem Konstruktor der Klasse `InitialContext` zur Instanziierung ein Objekt der Klasse `Hashtable` übergeben werden. Dieses Objekt der Klasse `Hashtable` muss eine Property enthalten, die den Namen "java.naming.factory.url.pkgs" trägt und deren Wert auf "org.jboss.ejb.client.naming" gesetzt ist.

Das folgende Beispiel zeigt eine Client-Anwendung, die auf eine entfernte Enterprise JavaBean vom Typ `RechnerRemote` zugreift:

```
// Datei: RemoteRechnerClient.java

package rechner.client;

import java.util.Hashtable;
import javax.naming.Context;
```

```java
import javax.naming.InitialContext;
import rechner.beans.*;
import rechner.hilfsklassen.*;

public class RemoteRechnerClient
{
   public static void main (String[] args)
   {
      try
      {
         final Hashtable<String, String> jndiProperties =
            new Hashtable<String, String>();
         jndiProperties.put(Context.URL_PKG_PREFIXES,
            "org.jboss.ejb.client.naming");
         final Context ctx = new InitialContext(jndiProperties);

         // Die Stateless Session-Bean ist unter dem JNDI-
         // Namen
         // Rechner/beans/RechnerBean!rechner.beans.RechnerRemote
         // gebunden.
         RechnerRemote rechner = (RechnerRemote)
            ctx.lookup("ejb:Rechner/beans/RechnerBean!" +
            RechnerRemote.class.getName());

         int zahl1 = 5;
         int zahl2 = 3;
         int intErgebnis = 0;
         double doubleErgebnis = 0.0;

         intErgebnis = rechner.addiere (zahl1, zahl2);
         System.out.println(
            "addiere (" + zahl1 + ", " + zahl2 + ") = " +
            intErgebnis);

         intErgebnis = rechner.subtrahiere (zahl1, zahl2);
         System.out.println(
            "subtrahiere (" + zahl1 + ", " + zahl2 + ") = " +
            intErgebnis);

         intErgebnis = rechner.multipliziere (zahl1, zahl2);
         System.out.println(
            "multipliziere (" + zahl1 + ", " + zahl2 + ") = " +
            intErgebnis);

         doubleErgebnis = rechner.dividiere (zahl1, zahl2);
         System.out.println(
            "dividiere (" + zahl1 + ", " + zahl2 + ") = " +
            doubleErgebnis);

         zahl2 = 0;
         doubleErgebnis = rechner.dividiere (zahl1, zahl2);
      }
      catch (RechnerException e)
      {
         System.err.println ("RechnerException: " + e.getMessage());
      }
      catch (Exception e)
```

```
        {
            System.err.println("Exception unbekannt: "+e.getMessage());
        }
    }
}
```

8.7 Der Java EE Application Server Wildfly

Um die EJBs aus dem vorangegangenen Beispiel verwenden zu können, muss ein Java EE Application Server mit einem EJB-Container vorhanden sein, welcher mindestens der EJB 3.0-Spezifikation entspricht. Ein solcher EJB-Container ist im Java EE Application Server Wildfly implementiert. Der Java EE Application Server Wildfly ist die Weiterentwicklung des quelloffenen Produkts JavaBeans Open Source Software Application Server (JBoss AS) der Version 7. Mit Einführung der Version 8 wurde das Open Source-Produkt in Wildfly umbenannt. Somit ist die Abgrenzung zum kommerziellen Produkt JBoss Enterprise Application Platform (JBoss EAP) nun bereits im Namen sichtbar. Wildfly unterstützt in der aktuellen Version 8.2 die EJB Spezifikation 3.2 und ist Java EE 7 zertifiziert.

> Der Java EE Application Server Wildfly stellt eine Laufzeitumgebung für Enterprise JavaBeans in Form eines EJB-Containers zur Verfügung und stellt somit einen EJB-Server dar.

Wildfly ist ein freier Java EE Application Server und steht im Internet als Open-Source-Projekt zum Download unter

```
http://wildfly.org/downloads/
```

zur Verfügung. Für weitere Informationen zur Installation und Administration wird auf die entsprechende Dokumentation verwiesen.

8.7.1 Kompilieren der Quelldateien

Die Quelldateien der EJB-Applikation Rechner aus Kapitel 8.6 sind in einem Arbeitsverzeichnis – beispielsweise C:\work – unter der in Bild 8-6 gezeigten Verzeichnisstruktur abgelegt:

Bild 8-6 Verzeichnisstruktur für die Applikation Rechner im Arbeitsverzeichnis C:\work

Dabei besteht die folgende Zuordnung:

- Die Quelldateien der Beispielapplikation Rechner, d. h. RechnerRemote.java und RechnerBean.java, liegen im Verzeichnis rechner\beans,

- die Quelldatei des Clients `RemoteRechnerClient.java` befindet sich im Verzeichnis `rechner\client` und

- die Quelldatei der benötigten Hilfsklasse `RechnerException.java` ist im Verzeichnis `rechner\hilfsklassen` abgelegt.

Zum Kompilieren der Quelldateien und zum Ausführen der Client-Anwendung wird mindestens das JDK 7.0 benötigt. Es muss somit sichergestellt sein, dass der Aufruf von

```
javac -version
```

bzw.

```
java -version
```

jeweils als Versionsnummer mindestens `1.7.0_xx` ausgibt.

Die Klassen können nun in einem Kommandozeilenfenster – wie unten gezeigt – übersetzt werden[134]. Bitte beachten Sie, dass in den folgenden Compiler- bzw. Interpreteraufrufen der Platzhalter `<JAVA_HOME>` durch den Pfad zum Installationsverzeichnis des JDK 7.0 oder höher und der Platzhalter `<JBOSS_HOME>` durch das Installationsverzeichnis des Java EE Application Servers Wildfly, z. B. in der Version 8.2 `C:\Programme\wildfly-8.2.0.Final`, ersetzt werden muss. Hier nun die einzelnen Schritte:

- **Übersetzung der Hilfsklasse**

  Als erstes muss die Hilfsklasse `RechnerException` mit einem einfachen Compileraufruf übersetzt werden:

  ```
  <JAVA_HOME>\bin\javac rechner\hilfsklassen\*.java
  ```

- **Übersetzung der EJBs**

  Die EJB-Klassen verwenden Bytecode der EJB-API der Version 3, der nicht im JDK der Java Standard Edition enthalten ist.

  Die Klassen der EJB-API der Version 3 sind Bestandteil der Java Enterprise Edition und müssen somit beim Übersetzen dem Compiler bekannt gemacht werden.

  Unter dem Installationsverzeichnis des Wildfly sind die Klassen der EJB-API der Version 3 in der Datei `modules\system\layers\base\javax\ejb\api\main\jboss-ejb-api_3.2_spec-1.0.0.Final.jar` enthalten. Somit können die Quelldateien durch folgenden Compileraufruf übersetzt werden:

  ```
  <JAVA_HOME>\bin\javac
     -cp <JBOSS_HOME>\modules\system\layers\base\javax\ejb\api\
     main\jboss-ejb-api_3.2_spec-1.0.0.Final.jar;.
     rechner\beans\*.java
  ```

---

[134] Das aktuelle Arbeitsverzeichnis muss hierbei das Verzeichnis `C:\work` sein.

Der Schalter `cp` fügt beim Compileraufruf die danach folgenden `jar`-Dateien temporär – das heißt nur für die Dauer des Compileraufrufs – der Umgebungsvariablen `CLASSPATH` hinzu. Somit ist der Code, welcher in der `jar`-Datei

```
jboss-ejb-api_3.2_spec-1.0.1.Final.jar
```

enthalten ist, beim Kompilieren dem Compiler bekannt und kann bei der Übersetzung der Quelldateien der EJB-Klassen herangezogen werden. Werden mehrere `jar`-Dateien benötigt, so sind diese mit Semikolon `;` (Windows) bzw. Doppelpunkt `:` (UNIX) zu trennen. Der abschließende Punkt fügt das aktuelle Verzeichnis dem Klassenpfad hinzu, sodass auch die Klassen im Paket `rechner.hilfsklassen` gefunden werden.

- **Übersetzung des Clients**

  Auch der Client verwendet Bytecode, der Bestandteil der EJB-API der Version 3 ist. Somit erfolgt die Übersetzung der Client-Klasse `RemoteRechnerClient` durch den Aufruf:

```
<JAVA_HOME>\bin\javac
    -cp <JBOSS_HOME>\bin\client\jboss-client.jar;.
    rechner\client\RemoteRechnerClient.java
```

8.7.2 Deployment-Prozess

Durch das Deployment wird eine Enterprise-Applikation auf dem Java EE Application Server installiert.

Wenn dieser Prozess erfolgreich abgeschlossen wurde, kann ein Client den Dienst einer Enterprise-Applikation in Anspruch nehmen.

Das Deployment kann unter Verwendung einer sogenannten `ear`[135]-Datei durchgeführt werden. Eine `ear`-Datei ist nichts anderes als eine `jar`[136]-Datei, welche anstatt der Endung `jar` die Endung `ear` trägt – beispielsweise `Rechner.ear`. Sie beinhaltet dabei die folgenden Komponenten:

- Eine `jar`-Datei, welche die kompilierten Bytecode-Dateien der Enterprise Java-Bean enthält – für das oben genannte Beispiel also die Dateien `RechnerRemote.class` und `RechnerBean.class`. Im obigen Beispiel befinden sich diese Dateien im Verzeichnis `rechner\beans\`. Somit müssen die Bytecode-Dateien in der `jar`-Datei unter dem Namen `\rechner\beans\RechnerRemote.class` bzw. `rechner\beans\RechnerBean.class` abgelegt werden. Ein möglicher Name der `jar`-Datei könnte `beans.jar` lauten.

  Nach dem Aufruf des Kommandos

```
<JAVA_HOME>\bin\jar -cf beans.jar rechner\beans\*.class
```

---

[135] Abkürzung für **E**nterprise **A**rchive
[136] Abkürzung für **J**ava **Ar**chiv.

befindet sich im Arbeitsverzeichnis `C:\work` die Datei `beans.jar`, welche die benötigten Bytecode-Dateien der Beispielapplikation enthält. Die Schalter `c` und `f` – diese können direkt hintereinander geschrieben werden, also `cf` – sind Schalter des Programms `jar`, das Bestandteil des JDK ist. Mit dem Schalter `c` wird angegeben, dass ein neues Archiv erstellt werden soll. Über den Schalter `f` wird der Name des zu erstellenden Archivs angegeben, dessen Name direkt nach dem Schalter `f` erwartet wird – in diesem Fall also das Archiv `beans.jar`. Danach werden – durch Leerzeichen getrennt – alle Dateien angegeben, die dem Archiv hinzugefügt werden sollen – in diesem Falle also alle `class`-Dateien, die sich im Verzeichnis `rechner\beans` befinden.

- Die Session-Bean `RechnerBean` verwendet die Hilfsdatei `RechnerException`, deren Bytecode somit auch auf dem JEE Application Server vorhanden sein muss. Eine Möglichkeit wäre, die `class`-Datei der Klasse `RechnerException` ebenfalls im Archiv `beans.jar` abzulegen, wobei es bei diesem kleinen Demo-Programm keinen großen Unterschied macht, ob eine weitere `class`-Datei im `beans.jar`-Archiv liegt oder ob die `class`-Datei in ein separates `jar`-Archiv abgelegt wird. Sobald sich jedoch die Enterprise-Applikation aus mehreren EJBs und mehreren Hilfsklassen zusammensetzt, ist es sinnvoll, die Verteilung der `class`-Dateien logisch zu strukturieren. Dafür empfiehlt es sich, die verwendeten Hilfsdateien in ein separates `jar`-Archiv zu packen – beispielsweise mit dem Namen `hilfsklassen.jar` – und dem `ear`-Archiv mit hinzuzufügen. Die `class`-Datei der Klasse `RechnerException` befindet sich im Verzeichnis `rechner\hilfsklassen\` und kann mit folgendem Aufruf in einem neuen `jar`-Archiv verpackt werden:

```
<JAVA_HOME>\bin\jar -cf hilfsklassen.jar
    rechner\hilfsklassen\*.class
```

Nach dem Kommandoaufruf befindet sich ebenfalls im Arbeitsverzeichnis `C:\work` die Datei `hilfsklassen.jar`.

- Weiterhin muss sich im `ear`-Archiv ein Ordner mit Namen `META-INF` befinden. In diesem Ordner werden Dateien abgelegt, die beschreibende Informationen über die zu installierende Enterprise-Applikation bereithalten. Der Ordner muss mindestens den sogenannten **Deployment-Deskriptor für Enterprise-Applikationen** `application.xml` enthalten. Durch den Deployment-Deskriptor für Enterprise-Applikationen wird beschrieben, aus welchen Archiven die Enterprise-Applikation zusammengesetzt ist – im oben beschriebenen Beispiel aus den zwei Archiven `beans.jar` und `hilfsklassen.jar`. Eine gültige `application.xml` für das Rechner-Beispiel sieht folgendermaßen aus:

```
<?xml version="1.0" encoding="UTF-8"?>
<application xmlns="http://xmlns.jcp.org/xml/ns/javaee"
        xmlns:xsi="http://www.w3.org/2001/XMLSchema-instance"
        xsi:schemaLocation="http://xmlns.jcp.org/xml/ns/javaee
        http://xmlns.jcp.org/xml/ns/javaee/application_7.xsd"
        version="7">

    <!-- display-name gibt den Namen -->
    <!-- der Enterprise-Applikation an.-->
```

```
        <display-name>Rechner</display-name>
        <!-- Mit dem Element module werden die einzelnen Archive -->
        <!-- dem Java EE Application Server bekannt gemacht. -->
        <module>
        <!-- Das Element ejb beschreibt, dass das Archiv beans.jar -->
        <!-- den Bytecode der Enterprise JavaBeans enthaelt. -->
           <ejb>beans.jar</ejb>
        </module>

        <module>
        <!-- Mit dem Element java werden gewoehnliche Java-Archive -->
        <!-- dem Java EE Application Server bekannt gemacht. -->
        <!-- hilfsklassen.jar ist damit im CLASSPATH von beans.jar -->
        <!-- vorhanden. -->
           <java>hilfsklassen.jar</java>
        </module>
   </application>
```

Innerhalb des Arbeitsverzeichnisses wird nun das Verzeichnis META-INF angelegt, in dem die Datei application.xml abgelegt wird. Siehe hierzu Bild 8-7:

Bild 8-7 Arbeitsverzeichnis mit META-INF-*Verzeichnis*

Wenn zusätzlich eine Web-Applikation als Client für die Enterprise-Applikation im ear-Archiv mit ausgeliefert werden soll, so reicht es, diese Applikation in ihrem war-Archiv mit in das ear-Archiv aufzunehmen. Der Deployment-Deskriptor application.xml muss erweitert werden, damit die Web-Applikation vom Java EE Application Server gefunden wird. Die Erweiterung sieht für eine beispielhafte Web-Applikation im Archiv webtest.war folgendermaßen aus:

```
<module>
   <web>
      <!-- Dieses Element gibt den Namen des Archivs der -->
      <!-- Web-Applikation an -->
      <web-uri>webtest.war</web-uri>
      <!-- Mit diesem Element setzt man die relative URL, -->
      <!-- unter der die Web-Applikation erreichbar sein soll. -->
      <context-root>/webtest</context-root>
   </web>
</module>
```

Seit der Version EJB 3.1 ist es möglich, für einfache Projekte, die eine Web-Applikation als Client einsetzen, auch eine vereinfachte ear-Struktur zu verwenden. Die EJB class-Dateien können bei dieser Struktur direkt in das Unterverzeichnis WEB-INF\classes oder in ein jar-Archiv im Verzeichnis META-INF\lib des war-Archivs hinterlegt werden. In diesem Fall kann ein war-Archiv nur einen einzigen

EJB Deployment-Deskriptor `ejb-jar.xml` enthalten, der im Verzeichnis `WEB-INF` abgelegt wird. Eine andere Möglichkeit ist es, diesen Deskriptor innerhalb eines `jar`-Archivs im Verzeichnis `META-INF` zu speichern und das `jar`-Archiv dann im Verzeichnis `WEB-INF\lib` im `war`-Archiv zu hinterlegen.

Im Arbeitsverzeichnis sind nun alle benötigten Informationen – die beiden Archive `beans.jar` und `hilfsklassen.jar` und der Deployment-Deskriptor für Enterprise-Applikationen `application.xml` – hinterlegt, welche für die Erstellung des Enterprise-Archivs `Rechner.ear` benötigt werden. Die Datei `Rechner.ear` wird nun durch folgenden Aufruf erstellt:

```
<JAVA_HOME>\bin\jar -cf Rechner.ear
    beans.jar hilfsklassen.jar META-INF\*.xml
```

Nach diesem Aufruf ist im Arbeitsverzeichnis die Datei `Rechner.ear` hinterlegt.

Nun beginnt der eigentliche Deployment-Prozess. Dazu muss ins Installationsverzeichnis des Wildfly gewechselt werden, wo folgende Verzeichnisstruktur vorgefunden wird:

Bild 8-8 Verzeichnisstruktur im Arbeitsverzeichnis des Wildfly

Wird nun die Datei `Rechner.ear` in den Ordner `deployments` hineinkopiert, so wird damit die darin enthaltene Enterprise-Applikation im Java EE Application Server Wildfly installiert – sie wird also „deployed". In der Server-Konsole muss nach einem erfolgreichen Deployment folgende Ausgabe zu sehen sein:

Die Ausgabe des Servers ist:

```
[org.jboss.as.server.deployment] (MSC service thread 1-13)
JBAS015876: Starting deployment of "Rechner.ear" (runtime-name:
"Rechner.ear")
[org.jboss.as.server.deployment] (MSC service thread 1-4)
JBAS015973: Starting subdeployment (runtime-name: "beans.jar")
[org.jboss.as.server.deployment] (MSC service thread 1-3)
JBAS015973: Starting subdeployment (runtime-name:
"hilfsklassen.jar")
[org.jboss.weld.deployer] (MSC service thread 1-5) JBAS016002:
Processing weld deployment Rechner.ear
[org.hibernate.validator.internal.util.Version] (MSC service
thread 1-5) HV000001: Hibernate Validator 5.1.3.Final
[org.jboss.weld.deployer] (MSC service thread 1-8) JBAS016002:
Processing weld deployment hilfsklassen.jar
[org.jboss.weld.deployer] (MSC service thread 1-14) JBAS016002:
Processing weld deployment beans.jar
[org.jboss.as.ejb3.deployment.processors.EjbJndiBindingsDeploymen
tUnitProcessor] (MSC service thread 1-14) JNDI bindings for
session bean named RechnerBean in de
ployment unit subdeployment "beans.jar" of deployment
"Rechner.ear" are as follows:

java:global/Rechner/beans/RechnerBean!rechner.beans.RechnerRemote
java:app/beans/RechnerBean!rechner.beans.RechnerRemote
java:module/RechnerBean!rechner.beans.RechnerRemote
java:jboss/exported/Rechner/beans/RechnerBean!rechner.beans.Rech-
     nerRemote
java:global/Rechner/beans/RechnerBean
java:app/beans/RechnerBean
java:module/RechnerBean

[org.jboss.weld.deployer] (MSC service thread 1-11) JBAS016005:
Starting Services for CDI deployment: Rechner.ear
[org.jboss.weld.Version] (MSC service thread 1-11) WELD-000900:
2.2.6 (Final)
[org.jboss.weld.deployer] (MSC service thread 1-3) JBAS016008:
Starting weld service for deployment Rechner.ear
[org.jboss.as.server] (DeploymentScanner-threads - 2) JBAS018559:
Deployed "Rechner.ear" (runtime-name : "Rechner.ear")
```

Der Java EE Application Server entpackt hierbei das `ear`-Archiv, wertet die Datei `application.xml` aus und bindet die enthaltene Stateless Session-Bean `Rech-nerBean` im JNDI-Namensraum an einen eindeutigen oder mehrere eindeutige Namen. Binden bedeutet, dass über den Java EE Application Server unter Angabe eines eindeutigen Namens eine Referenz auf eine Instanz einer Session-Bean abgefragt werden kann. Es findet also eine sogenannte **Name-Objekt-Bindung**[137] statt.

Seit der Version EJB 3.1 werden dabei standardisierte, globale JNDI-Namen ver-wendet. Dies hat den Vorteil, dass die Namen unabhängig vom eingesetzten Java EE Application Server stets gleich sind. Diese standardisierten Namen werden nach folgendem Schema gebildet:

```
java:global[/<Anwendungsname>]/<Modulname>/<Bean \
     name>[/<Schnittstellenname>]
```

---

[137] Siehe Anhang B "JNDI".

Dabei stellt der Name der ear-Datei ohne Dateierweiterung den Anwendungsnamen, der Name der darin enthaltenen jar-Datei ohne Dateierweiterung den Modulnamen dar.

8.7.3 Starten des Clients

Die Client-Anwendung führt zum Auffinden eines Session-Bean-Objektes einen sogenannten **JNDI Lookup** durch.

JNDI Lookup bedeutet, dass unter Angabe des JNDI-Namens dem Client eine Referenz auf das gesuchte Objekt – bzw. seines Stellvertreters – vom JNDI-Server zurückgeliefert wird.

Wildfly stellt zusätzlich zum herkömmlichen JNDI Lookup, bei dem ein Stellvertreter in Form eines Proxy-Objekts vom JNDI-Server zurückgegeben wird, die sogenannte **EJB Client API** zur Verfügung. Bei der EJB Client API erzeugt eine clientseitige Bibliothek das Proxy-Objekt, das die Methodenaufrufe auf der remote EJB ermöglicht. Das hat den Vorteil, dass für das Erzeugen des Proxy-Objektes kein Aufruf über das Netzwerk notwendig ist, da alle notwendigen Informationen clientseitig vorhanden sind.

Dabei gilt für den JNDI Lookup mittels der EJB Client API folgende Syntax für stateless Session-Beans:

```
ejb:<Anwendungsname>/<Modulname>/<Distinct-Name>/<Bean-
name>!<Vollqualifizierter Schnittstellenname>
```

Für Statefull Session-Beans gilt folgende Syntax:

```
ejb:<Anwendungsname>/<Modulname>/<Distinct-Name>/<Bean-
name>!<Vollqualifizierter Schnittstellenname>?stateful
```

Dabei stellt wiederum der Name der ear-Datei ohne Dateierweiterung den Anwendungsnamen und der Name der darin enthaltenen jar-Datei ohne Dateierweiterung den Modulnamen dar. Optional kann einer EJB-Applikation der JBoss-spezifische Distinct-Name zugewiesen werden. Ist das nicht der Fall, so wird im JNDI Lookup der Distinct-Name weggelassen.

Der JNDI Lookup wird mit der Methode lookup() der Klasse InitialContext durchgeführt. So beschafft man sich eine Referenz auf beispielsweise ein Objekt der Klasse RechnerBean mittels der EJB Client API wie folgt:

```
final Hashtable jndiProperties = new Hashtable();
jndiProperties.put(Context.URL_PKG_PREFIXES,
    "org.jboss.ejb.client.naming");
final Context ctx = new InitialContext(jndiProperties);
RechnerRemote rechner =
    (RechnerRemote) ctx.lookup ("ejb:Rechner/beans/RechnerBean!" +
        RechnerRemote.class.getName());
```

Es wird vorausgesetzt, dass die Datei `jboss-ejb-client.properties` im Arbeitsverzeichnis oder an einem anderen Ort im Klassenpfad vorhanden ist. In dieser Datei sind Einstellungen enthalten, die die Kommunikation mit dem Java EE Application Server Wildfly betreffen:

```
// Datei jboss-ejb-client.properties

endpoint.name=client-endpoint
remote.connections=default
remote.connection.default.host=localhost
remote.connection.default.port = 8080
remote.connection.default.connect.options.org.xnio.Options.SASL_POLI
CY_NOANONYMOUS=false
remote.connectionprovider.create.options.org.xnio.Options.SSL_ENABLE
D=false

remote.connection.default.username=testuser
remote.connection.default.password=test1%userpw
```

Eine ausführliche Erklärung der Funktionsweise von JNDI kann im Anhang B nachgelesen werden.

Der Java-Virtuellen Maschine, in welcher die Client-Applikation ablaufen soll, muss nun eine `jar`-Datei über den `CLASSPATH`-Schalter `cp` übergeben werden. Der gesamte Aufruf sieht nun folgendermaßen aus:

```
<JAVA_HOME>\bin\java
    -cp <JBOSS_HOME>\bin\client\jboss-client.jar;.
    rechner.client.RemoteRechnerClient
```

Die Ausgabe des Programms ist:

```
addiere (5, 3) = 8
subtrahiere (5, 3) = 2
multipliziere (5, 3) = 15
dividiere (5, 3) = 1.6666666666666667
RechnerException: zahl2 hat den Wert 0!
```

Log-Ausgaben des Servers, die an den Client gereicht werden, können ignoriert werden.

8.8 Übungen

In dieser Übungsaufgabe werden Sie Schritt für Schritt eine einfache Bankanwendung erstellen. Im Folgenden wird der Programmcode dargestellt und eine Erklärung gegeben, wie vorzugehen ist. Ergänzend wird gezeigt, wie Sie mit dem Entity Manager arbeiten können. Eine Bank soll durch die Stateless Session-Bean `Bank-Bean` umgesetzt werden. Dabei soll die Bank mehrere Konten und mehrere Kunden verwalten. Ein Konto wird durch die Entity-Klasse `Konto` beschrieben, ein Kunde durch die Entity-Klasse `Kunde`. Es sollen die Implementierungen der Klassen `Kunde` und `Konto` aus Kapitel 9.1.2.1 und `Buchung` mit der Primärschlüsselklasse `BuchungPK` aus Kapitel 9.1.2.2 verwendet werden. Die Bank stellt folgende Funktionen bereit:

- Anlegen eines Kunden,
- alle Kunden auflisten,
- für einen Kunden ein Konto anlegen,
- alle Konten eines Kunden anzeigen,
- ein Konto löschen,
- den aktuellen Kontostand eines Kontos anzeigen,
- Geld auf einem Konto einzahlen,
- Geld von einem Konto abheben,
- Beträge zwischen Konten umbuchen,
- alle Buchungsvorgänge eines Kontos anzeigen,
- das Gesamtvermögen der Bank abfragen,
- die Anzahl aller verwalteten Konten abfragen.

Aufgabe 8.1: Business-Interfaces

Es soll neben einem Remote Business-Interface auch ein lokales Business-Interface bereitgestellt werden, damit ein Client, der sich in derselben Java-Virtuellen Maschine befindet – beispielsweise ein Servlet – über das lokale Business-Interface auf die Session-Bean zugreifen kann. Da die Session-Bean somit zwei Business-Interfaces implementiert, die jeweils dieselben Methoden spezifizieren sollen, wird das Interface `Bank` als herkömmliches Java-Interface definiert:

```java
// Datei: Bank.java
package bank.beans;
import java.util.*;
import bank.hilfsklassen.*;

public interface Bank
{
    public int kundeAnlegen (String vorname, String nachname)
        throws BankException;
    public Collection<KundeData> zeigeKunden();
    public int kontoAnlegen (int kundenNr) throws BankException;
    public Collection<KontoData> zeigeKonten (int kundenNr)
        throws BankException;
    public double kontoLoeschen (int knr) throws BankException;
    public double gibKontostand (int knr) throws BankException;
```

```
    public void einzahlen (int knr, double betrag)
        throws BankException;
    public double abheben (int knr, double betrag)
        throws BankException;
    public void buchen (int vonKnr, int nachKnr, double betrag)
        throws BankException;
    public Collection<BuchungData> gibKontoauszug (int knr);
    public double gibBankvermoegen ();
    public int gibAnzahlKonten ();
}
```

Einige Methoden werfen eine Exception vom Typ BankException:

```
// Datei: BankException.java

package bank.hilfsklassen;

public class BankException extends Exception
{
    public BankException (String msg)
    {
        super (msg);
    }
}
```

Durch die Schnittstelle Bank wird weder das lokale noch das Remote Business-Interface spezifiziert. Für diesen Zweck werden die Schnittstellen BankRemote als Remote Business-Interface und BankLocal als lokales Business-Interface eingeführt. Beide Schnittstellen leiten jeweils von der Schnittstelle Bank ab:

```
// Datei: BankRemote.java
package bank.beans;
import javax.ejb.Remote;
@Remote
public interface BankRemote extends Bank
{}
```

```
// Datei: BankLocal.java
package bank.beans;
import javax.ejb.Local;
@Local
public interface BankLocal extends Bank
{}
```

Dadurch wird sichergestellt, dass beide Business-Interfaces stets dieselben Methodenköpfe spezifizieren. Würde man hingegen die Methoden in beiden Schnittstellen parallel anschreiben, so birgt die so entstehende Code-Redundanz die Gefahr, dass der Quellcode versehentlich „auseinander läuft", wenn die Methoden geändert werden müssen.

Aufgabe 8.2: Stateless Session-Bean BankBean

Die Klasse BankBean ist eine Stateless Session-Bean und implementiert die beiden Business-Interfaces BankRemote und BankLocal:

```java
// Datei: BankBean.java

package bank.beans;

import java.sql.*;
import java.util.*;
import javax.ejb.*;
import javax.persistence.*;
import bank.hilfsklassen.*;

@Stateless
public class BankBean implements BankRemote, BankLocal
{
    @PersistenceContext (unitName = "Bank")
    public EntityManager em;

    public int kundeAnlegen (String vorname, String nachname)
        throws BankException
    {
        if ((vorname == null ) || (vorname.equals ("")) ||
            (nachname == null ) || (nachname.equals ("")))
        {
            throw new BankException ("Gueltigen Namen angeben.");
        }
        Kunde k = new Kunde (vorname, nachname);
        em.persist (k);
        return k.getKundenNr();
    }

    public Collection<KundeData> zeigeKunden()
    {
        Collection<KundeData> data = new ArrayList<KundeData>();
        Query q = em.createQuery ("FROM Kunde k");
        List<?> kunden = q.getResultList();
        for (Object o : kunden)
        {
            data.add (((Kunde)o).gibData());
        }
        return data;
    }

    public int kontoAnlegen (int kundenNr) throws BankException
    {
        Kunde kunde = em.find (Kunde.class, kundenNr);
        if (kunde == null)
        {
            throw new BankException ("Kunde unbekannt: " + kundenNr);
        }

        Konto k = new Konto (kunde);
        kunde.getKonten().add (k);
        em.persist (kunde);
        return k.getKnr();
    }

    public Collection<KontoData> zeigeKonten (int kundenNr)
        throws BankException
```

```
{
    Kunde kunde = em.find (Kunde.class, kundenNr);
    if (kunde == null)
    {
        throw new BankException ("Kunde unbekannt: " + kundenNr);
    }

    Collection<KontoData> data = new ArrayList<KontoData>();
    for (Object o : kunde.getKonten())
    {
        data.add (((Konto) o).gibData());
    }
    return data;
}

public double kontoLoeschen (int knr) throws BankException
{
    Konto k = em.find (Konto.class, knr);
    if (k == null)
    {
        throw new BankException ("Konto unbekannt: " + knr);
    }

    em.remove (k);
    return k.getSaldo();
}

public void einzahlen (int knr, double betrag)
    throws BankException
{
    Konto k = em.find (Konto.class, knr);

    if (k == null)
    {
        throw new BankException ("Konto unbekannt: " + knr);
    }

    double alt = k.getSaldo();
    k.setSaldo (alt + betrag);
    em.persist(k);
    sichereBuchung (-1, knr, betrag);
}

public double abheben (int knr, double betrag)
    throws BankException
{
    Konto k = em.find (Konto.class, knr);
    if (k == null)
    {
        throw new BankException ("Konto unbekannt: " + knr);
    }
    double alt = k.getSaldo();
    if ((alt - betrag) < 0)
    {
        throw new BankException ("Zu wenig Guthaben!");
    }
```

```
        k.setSaldo (alt - betrag);
        em.persist (k);
        sichereBuchung (knr, -1, betrag);
        return betrag;
    }

    public void buchen (int vonKnr, int nachKnr, double betrag)
        throws BankException
    {
        Konto von_k = em.find (Konto.class, vonKnr);
        if (von_k == null)
        {
            throw new BankException ("Konto nicht bekannt: " + vonKnr);
        }

        double von_alt = von_k.getSaldo();
        if ((von_alt - betrag) < 0)
        {
            throw new BankException ("Zu wenig Guthaben!");
        }

        Konto nach_k = em.find (Konto.class, nachKnr);
        if (nach_k == null)
        {
            throw new BankException ("Konto unbekannt: " + nachKnr);
        }

        double nach_alt = nach_k.getSaldo();
        von_k.setSaldo (von_alt - betrag);
        nach_k.setSaldo (nach_alt + betrag);
        em.persist (von_k);
        em.persist (nach_k);
        sichereBuchung (vonKnr, nachKnr, betrag);
    }

    public double gibKontostand (int knr) throws BankException
    {
        Konto k = em.find (Konto.class, knr);
        if (k == null)
        {
            throw new BankException ("Konto unbekannt: " + knr);
        }
        return k.getSaldo();
    }

    public Collection<BuchungData> gibKontoauszug (int knr)
    {
        Collection<BuchungData> ergebnis =
            new ArrayList<BuchungData>();
        Query q = em.createQuery ("FROM Buchung b  WHERE "+
            "vonKnr = :knr OR nachKnr = :knr");
        q.setParameter ("knr", knr);
        List<?> buchungen = q.getResultList();
        for (Object o : buchungen)
        {
            ergebnis.add (((Buchung) o).gibData());
        }
```

```
        return ergebnis;
    }

    public double gibBankvermoegen()
    {
        double vermoegen = 0.0;
        Query query = em.createQuery ("FROM Konto k");
        Collection<?> liste = query.getResultList();
        for (Object o : liste)
        {
            vermoegen += ((Konto) o).getSaldo();
        }
        return vermoegen;
    }

    public int gibAnzahlKonten()
    {
        Query query = em.createQuery ("FROM Konto k");
        Collection<?> liste = query.getResultList();
        return liste.size();
    }

    // Die Methode sichereBuchung() erzeugt ein Objekt
    // vom Typ Buchung und speichert dieses im Persistenz-
    // kontext ab. Dabei soll der Methode im Falle
    // einer Geldeinzahlung über die Methode einzahlen () eine
    // -1 für die von-Kontonummer und im Falle einer
    // Geldauszahlung über die Methode abheben() eine -1 für
    // die nach-Kontonummer übergeben werden.
    private void sichereBuchung (int von, int nach, double betrag)
    {
        Timestamp ts = new Timestamp (System.currentTimeMillis());
        long nano = System.nanoTime();
        Buchung b = new Buchung (von, nach, ts, nano, betrag);
        em.persist (b);
    }
}
```

Aufgabe 8.3: Datenklassen der Entity-Klassen

Die Design-Strategie bei Enterprise JavaBeans bis EJB 2.x schrieb vor, dass kein Client – weder ein lokaler Client noch ein Remote-Client – eine Referenz auf eine Entity-Bean erhalten soll. Einem Client wurde lediglich eine Referenz auf eine Session-Bean zugewiesen. Mit den Entity-Beans sollte ein Client nicht in Berührung kommen.

Nun soll aber ein Client beispielsweise Informationen über einen Kunden, ein Konto oder über Buchungen abfragen können. Für diesen Zweck werden für die drei Entity-Klassen die Datenklassen KundeData, KontoData und BuchungData definiert. Diese Datenklassen sind reine Wrapper-Klassen, die lediglich die Daten der entsprechenden Entity-Klassen kapseln. Die Objekte dieser Wrapper-Klassen können dann zum Client übertragen werden.

Seit EJB 3.0 sind Entities reine POJOs, die durchaus an den Client gegeben werden könnten. Dennoch ist aus Designsicht eine klare Trennung zwischen Enitity-Klassen und Wrapper-Klassen sinnvoll und das vorgestellte Vorgehen nach wie vor zu empfehlen.

Die Datenklassen KundeData, KontoData und BuchungData werden folgendermaßen implementiert:

```java
// Datei: KundeData.java

package bank.hilfsklassen;

import bank.beans.*;

public final class KundeData implements java.io.Serializable
{
   public int kundenNr;
   public String vorname;
   public String nachname;

   public KundeData (Kunde k)
   {
      this (k.getKundenNr(), k.getVorname(), k.getNachname());
   }

   public KundeData (int nr, String v, String n)
   {
      this.kundenNr = nr;
      this.vorname = v;
      this.nachname = n;
   }

   public String toString()
   {
      return vorname+" "+nachname+" (Kundennr: "+kundenNr+")";
   }
}

// Datei: KontoData.java

package bank.hilfsklassen;

import bank.beans.*;

public class KontoData implements java.io.Serializable
{
   public int knr;
   public double stand;
   public KundeData besitzer;

   public KontoData (int knr, double stand, KundeData besitzer)
   {
      this.knr = knr;
      this.stand = stand;
      this.besitzer = besitzer;
   }
```

```java
    public String toString()
    {
        return "[Besitzer: "+besitzer+"] Knr: "+knr+", Stand: "+stand;
    }
}

// Datei: BuchungData.java

package bank.hilfsklassen;

import java.sql.*;

public class BuchungData implements java.io.Serializable
{
    private int vonKnr;
    private int nachKnr;
    private double betrag;
    private Timestamp ts;

    public BuchungData (int vonKnr, int nachKnr, double betrag,
        Timestamp ts)
    {
        this.vonKnr = vonKnr;
        this.nachKnr = nachKnr;
        this.betrag = betrag;
        this.ts = ts;
    }

    public int getVonKnr()
    {
        return vonKnr;
    }

    public void setVonKnr(int vonKnr)
    {
        this.vonKnr = vonKnr;
    }

    public int getNachKnr()
    {
        return nachKnr;
    }

    public void setNachKnr (int nachKnr)
    {
        this.nachKnr = nachKnr;
    }

    public double getBetrag()
    {
        return betrag;
    }

    public void setBetrag (double betrag)
    {
        this.betrag = betrag;
    }
```

```
public Timestamp getTs()
{
   return ts;
}

public void setTs (Timestamp ts)
{
   this.ts = ts;
}

public String toString()
{
   String msg = "";
   if (vonKnr == -1)
   {
      msg = "Einzahlung auf Knr "+nachKnr+": "+betrag+" Euro.";
   }
   else if (nachKnr == -1)
   {
      msg = "Auszahlung von Knr "+vonKnr+": "+betrag+" Euro.";
   }
   else
   {
      msg = "Buchung von Knr "+vonKnr+", nach Knr "+nachKnr+": "+
            betrag + " Euro.";
   }
   return msg;
}
}
```

Aus diesem Grunde stellen die drei Entity-Klassen Kunde, Konto und Buchung jeweils eine Methode gibData() zur Verfügung, welche beim Aufruf eine Referenz auf ein entsprechendes Daten-Objekt zurückgeben. Beispielsweise stellt die Entity-Klasse Kunde folgende Implementierung bereit:

```
public KundeData gibData()
{
   KundeData data =
      new KundeData (kundenNr, vorname, nachname);
   return data;
}
```

Durch den Aufruf wird die Klasse KundeData instanziiert und das erzeugte Objekt mit den aktuellen Werten der Instanzvariablen der Klasse Kunde initialisiert.

Aufgabe 8.4: Remote Client

Die Klasse RemoteBankClient stellt eine Client-Anwendung dar, welche mit der Session-Bean BankBean über ein Netzwerk – also remote – interagieren kann. Der Client beschafft sich dabei eine Remote-Referenz auf die Session-Bean über einen JNDI Lookup mit dem Namen Bank/beans/BankBean!bank.beans.BankRemote:

```java
// Datei: RemoteBankClient.java
package bank.client;
import java.util.*;
import javax.naming.*;
import bank.beans.*;
import bank.hilfsklassen.*;

public class RemoteBankClient
{
   public static void main (String[] args)
   {
      try
      {
         Hashtable<String, String> jndiProperties =
            new Hashtable<String, String>();
         jndiProperties.put(Context.URL_PKG_PREFIXES,
            "org.jboss.ejb.client.naming");
         final Context ctx = new InitialContext(jndiProperties);
         BankRemote bank = (BankRemote) ctx.lookup (
            "ejb:Bank/beans/BankBean!bank.beans.BankRemote");

         // Zwei Kunden anlegen
         int kunde1 = bank.kundeAnlegen ("Fritz", "Mueller");
         int kunde2 = bank.kundeAnlegen ("Klaus", "Meier");

         // Jedem Kunden zwei Konten zuweisen
         int kto1 = bank.kontoAnlegen (kunde1);
         int kto2 = bank.kontoAnlegen (kunde1);
         int kto3 = bank.kontoAnlegen (kunde2);
         int kto4 = bank.kontoAnlegen (kunde2);

         // Alle Konten des Kunden Mueller auflisten
         System.out.println ("Die Konten des Kunden Mueller sind:");
         Collection<KontoData> konten1 = bank.zeigeKonten (kunde1);
         for (KontoData k : konten1)
         {
            System.out.println (k);
         }

         // Auf die angelegten Konten wird Geld eingezahlt
         bank.einzahlen (kto1, 5000);
         bank.einzahlen (kto3, 5000);

         // Zwischen den Konten werden Betraege gebucht
         bank.buchen (kto1, kto4, 288);
         bank.buchen (kto3, kto2, 500);

         // Vom Konto mit der Kontonummer kto1 wird Geld abgehoben
         bank.abheben (kto1, 500);

         // Alle Buchungen des Kontos mit
         // der Kontonummer knr1 anzeigen
         System.out.println (
            "\nDie Buchungen des Kontos knr1 sind:");
         Collection<BuchungData> buchungen1 =
            bank.gibKontoauszug (kto1);
```

```
        for (BuchungData o : buchungen1)
        {
            System.out.println (o);
        }

        // Alle Konten des Kunden Mueller auflisten
        Collection<KontoData> konten2 = bank.zeigeKonten (kunde1);
        System.out.println (
            "\nDie Konten des Kunden Mueller sind:");
        for (KontoData k : konten2)
        {
            System.out.println (k);
        }
        // Alle Konten des Kunden Meier auflisten
        System.out.println ("\nDie Konten des Kunden Meier sind:");
        Collection<KontoData> konten3 = bank.zeigeKonten (kunde2);
        for (KontoData k : konten3)
        {
            System.out.println (k);
        }

        // Bank-Statistik ausgeben:
        System.out.print ("\nGesamtes Bankvermoegen: ");
        System.out.println (bank.gibBankvermoegen());
        System.out.print ("Anzahl verwalteter Konten: ");
        System.out.println (bank.gibAnzahlKonten());
    }
    catch (Exception e)
    {
        System.out.println (e.getMessage());
    }
  }
}
```

Ein lokaler Client – beispielsweise ein Servlet – könnte auf die Session-Bean `Bank-Bean` über das lokale Business-Interface `BankLocal` folgendermaßen zugreifen:

```
BankLocal bank = (BankLocal)ctx.lookup
    ("java:global/Bank/beans/BankBean!bank.beans.BankLocal");
```

Aufgabe 8.5: Kompilieren der Quelldateien

Die Quelldateien der EJB-Applikation `Bank` sind wiederum in einem Arbeitsverzeichnis wie beispielsweise `C:\work` abgelegt:

Bild 8-9 Verzeichnisstruktur für die EJB Bank im Arbeitsverzeichnis C:\work

Vergleichbar zum Beispiel der Applikation `Rechner` aus Kapitel 8.7.1 befinden sich in den darin enthaltenen Ordner `bank\beans`, `bank\client` und `bank\hilfs-klassen` folgende Quelldateien:

- Ordner `bank\beans`: `Bank.java`, `BankRemote.java`, `BankLocal.java`, `BankBean.java`, `Buchung.java`, `Konto.java`, `Kunde.java`
- Ordner `bank\client`: `RemoteBankClient.java`
- Ordner `bank\hilfsklassen`: `BankException.java`, `BuchungPK.java`, `BuchungData.java`, `KundeData.java`, `KontoData.java`

Die Bank-EJB verwendet Code der Java Persistence-API. Diese API wird ebenfalls mit dem Wildfly ausgeliefert und befindet sich in der `jar`-Datei `hibernate-jpa-2.1-api-1.0.0.Final.jar` im Verzeichnis `modules\system\layers\base\javax\persistence\api\main\` unter dem Wildfly-Installationspfad. Diese API muss dem Compiler zusätzlich über den Klassenpfad zur Verfügung stehen. Im Folgenden wird die Kompilierung der verschiedenen Klassen vorgestellt:

- **Übersetzung der Hilfsklassen**

  Da die Datenklassen der Entities `KundeData`, `KontoData` und `BuchungData` mit dem Code der Entity-Klassen arbeiten, muss für deren Übersetzung der Code der EJB 3.0-API und der Java-Persistence-API dem Compiler zur Verfügung stehen:

```
<JAVA_HOME>\bin\javac
    -cp <JBOSS_HOME>\modules\system\layers\base\javax\
        persistence\api\main\hibernate-jpa-2.1-api-
            1.0.0.Final.jar;.
    bank\hilfsklassen\*.java
```

- **Übersetzung der EJBs**

  Zur Übersetzung der EJBs wird der Code der EJB 3-API und der Java Persistence-API benötigt:

```
<JAVA_HOME>\bin\javac
    -cp <JBOSS_HOME>\ modules\system\layers\base\javax\
        ejb\api\main\jboss-ejb-api_3.2_spec-1.0.0.Final.jar;
        <JBOSS_HOME>\modules\system\layers\base\javax\
        persistence\api\main\hibernate-jpa-2.1-api-
            1.0.0.Final.jar;.
    bank\beans\*.java
```

- **Übersetzung des Clients**

  Der Client hingegen verwendet nur den Bytecode der EJB 3-API und benötigt nicht den Code der Java Persistence-API. Somit kann der Client lediglich unter Einbindung der `jar`-Datei `jboss- client.jar` übersetzt werden:

```
<JAVA_HOME>\bin\javac
    -cp <JBOSS_HOME>\bin\client\jboss-client.jar;
    bank\client\RemoteBankClient.java
```

Aufgabe 8.6: Deployment-Prozess

Das Deployment verläuft nun in ähnlicher Weise wie bei der Beispielapplikation Rechner. Es muss jedoch der jar-Datei beans.jar, die den EJB-Bytecode enthalten wird, die Datei META-INF\persistence.xml hinzugefügt werden. Es muss das Arbeitsverzeichnis also wiederum um den Ordner META-INF erweitert werden:

Bild 8-10 Arbeitsverzeichnis mit Ordner META-INF

Im Ordner META-INF befinden sich dann wiederum der Deployment-Deskriptor für Enterprise-Applikationen (siehe Kapitel 8.7.2) application.xml, welcher direkt der ear-Datei hinzugefügt wird, und die Datei persistence.xml (siehe Kapitel 9.2.2). In der Datei application.xml muss lediglich der Wert des XML-Elementes <display-name> angepasst und dort Bank eingetragen werden: <display-name>Bank</display-name>.

Die jar-Datei beans.jar wird nun folgendermaßen erzeugt:

```
<JAVA_HOME>\bin\jar -cf beans.jar
   bank\beans\*.class
   META-INF\persistence.xml
```

Des Weiteren müssen die Hilfsklassen wiederum zu der jar-Datei hilfsklassen.jar zusammengefasst werden:

```
<JAVA_HOME>\bin\jar -cf hilfsklassen.jar
   bank\hilfsklassen\*.class
```

Schließlich wird das ear-Archiv mit dem Namen Bank.ear durch folgenden Kommandoaufruf erzeugt:

```
<JAVA_HOME>\bin\jar -cf Bank.ear
   beans.jar hilfsklassen.jar META-INF\application.xml
```

Es kann nun das Deployment durch Kopieren der Datei Bank.ear in das deployments-Verzeichnis (siehe Bild 8-8) von Wildfly durchgeführt werden. In der Server-Konsole dürfen wiederum keine Exceptions erscheinen. Eine eventuelle Fehlermeldung Unsuccessful: alter table TAB_KONTO drop constraint FK505E761B52A368A8 kann jedoch ignoriert werden. Zudem muss ersichtlich sein, dass die Persistence Unit Bank für die „deployte" EJB-Applikation angelegt wird.

Die Ausgabe des Programmes ist:

```
[org.jboss.weld.deployer] (MSC service thread 1-12)
   JBAS016002: Processing weld deployment web.war
[org.hibernate.Version] (ServerService Thread Pool -- 56)
   HHH000412: Hibernate Core {4.3.7.Final}
[org.hibernate.cfg.Environment] (ServerService Thread Pool -
   56) HHH000206: hibernate.properties not found
[org.hibernate.cfg.Environment] (ServerService Thread Pool -
   56) HHH000021: Bytecode provider name : javassist
[org.jboss.weld.deployer] (MSC service thread 1-9)
   JBAS016002: Processing weld deployment beans.jar
[org.jboss.as.ejb3.deployment.processors.EjbJndiBindings
   DeploymentUnitProcessor] (MSC service thread 1-9) JNDI
   bindings for session bean named BankBean in deployment
   unit subdeployment "beans.jar" of deployment "Bank.ear"
   are as follows:

        java:global/Bank/beans/BankBean!bank.beans.BankLocal
        java:app/beans/BankBean!bank.beans.BankLocal
        java:module/BankBean!bank.beans.BankLocal
        java:global/Bank/beans/BankBean!bank.beans.BankRemote
        java:app/beans/BankBean!bank.beans.BankRemote
        java:module/BankBean!bank.beans.BankRemote
        java:jboss/exported/Bank/beans/BankBean!bank.beans.
           BankRemote

[org.jboss.weld.deployer] (MSC service thread 1-14)
   JBAS016005: Starting Services for CDI deployment: Bank.ear
[org.jboss.weld.deployer] (MSC service thread 1-5)
   JBAS016008: Starting weld service for deployment Bank.ear
[org.jboss.as.jpa] (ServerService Thread Pool -- 56)
   JBAS011409: Starting Persistence Unit (phase 2 of 2)
   Service 'Bank.ear/beans.jar#Bank'
...
[org.hibernate.tool.hbm2ddl.SchemaExport] (ServerService
   Thread Pool -- 56) HHH000230: Schema export complete
[org.jboss.as.server] (DeploymentScanner-threads - 1)
   JBAS018559: Deployed "Bank.ear" (runtime-name : "Bank.ear")
```

Der Java EE Application Server bindet nun die Session-Bean an die beiden JNDI-Namen `Bank/beans/BankBean!bank.beans.BankRemote` und `Bank/beans/BankBean!bank.beans.BankLocal`.

Aufgabe 8.7: Starten des Clients

Die Client-Anwendung führt zum Auffinden der Session-Bean `BankBean` einen JNDI Lookup durch. Für den JNDI Lookup wird der JNDI-Name `Bank/beans/Bank-Bean/!bank.beansBankRemote` verwendet. Der Client wird durch folgenden `java`-Aufruf gestartet:

```
<JAVA_HOME>\bin\java
   -cp <JBOSS_HOME>\bin\client\jboss-client.jar;.
   bank.client.RemoteBankClient
```

Es muss wiederum die Datei `jboss-ejb-client.properties` im Arbeitsverzeichnis vorliegen, damit auf die remote Beans zugegriffen werden kann.

Die Ausgabe des Programms ist:

```
Die Konten des Kunden Mueller sind:
[Besitzer: Fritz Mueller (Kundennr: 1)] Knr: 3, Stand: 0.0
[Besitzer: Fritz Mueller (Kundennr: 1)] Knr: 4, Stand: 0.0

Die Buchungen des 1. Kontos sind:
Einzahlung auf Knr 3: 5000.0 Euro.
Buchung von Knr 3, nach Knr 6: 288.0 Euro.
Auszahlung von Knr 3: 500.0 Euro.

Die Konten des Kunden Mueller sind:
[Besitzer:Fritz Mueller (Kundennr:1)] Knr: 3, Stand: 4212.0
[Besitzer:Fritz Mueller (Kundennr:1)] Knr: 4, Stand: 500.0

Die Konten des Kunden Meier sind:
[Besitzer: Klaus Meier (Kundennr: 2)] Knr: 5, Stand: 4500.0
[Besitzer: Klaus Meier (Kundennr: 2)] Knr: 6, Stand: 288.0

Gesamtes Bankvermoegen: 9500.0
Anzahl verwalteter Konten: 4
```

Kapitel 9

Java Persistence API

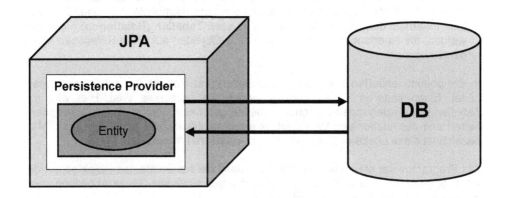

9 Die Java Persistence API

Ein Entwickler einer Java-Anwendung, deren Daten in einer Datenbank gespeichert werden sollen, steht vor der Herausforderung, dass die Daten in zweierlei Strukturen verwaltet werden müssen:

- Innerhalb einer Java-Anwendung werden Daten durch **die Attribute reiner Java-Objekte** repräsentiert. Die Daten befinden sich hierbei also in einer objektorientierten Welt. Die Objekte werden im Arbeitsspeicher des Rechners transient angelegt. Sie verschwinden beim Beenden der Anwendung. Das Beenden kann gewollt durch ordnungsgemäßes Beenden der Anwendung oder durch Neustarten des Servers bzw. ungewollt durch einen Absturz der Anwendung erfolgen.

- Sollen die in den Objekten erfassten Daten persistent gespeichert werden, also die Daten trotz der Beendigung der Anwendung erhalten bleiben, wird meist eine relationale Datenbank[138] verwendet. Dazu muss ein **relationales Datenmodell** einer Datenbank erstellt werden, in das die Java-Objekte abgebildet werden können. Die Daten der Objekte sollen also in eine relationale Welt überführt werden. Innerhalb des relationalen Modells müssen **Tabellen** (**Relationen**) modelliert werden, die es erlauben, die Daten von Java-Objekten auf diese Relationen abbilden zu können.

In der objektorientierten Welt wird mit Objekten und Referenzen auf Objekte gearbeitet. Einen anderen Ansatz verfolgt jedoch die relationale Welt. Hier wird mit Tabellen und Beziehungen zwischen Tabellen gearbeitet. Zwischen der objektorientierten und der relationalen Welt besteht also eine Lücke, die es zu füllen gilt. Man bezeichnet diese Lücke auch als das **object-relational mismatch**.

Der Programmierer steht vor dem Problem, dass die Attribute eines Objektes auf die Attribute einer Zeile einer Tabelle abgebildet werden müssen. Diese Abbildung kann in folgendem Beispiel wie folgt aussehen:

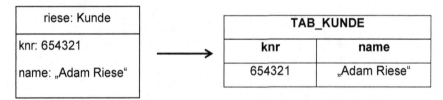

Bild 9-1 Abbilden eines Objektes auf eine Zeile einer Datenbanktabelle

Stellt man sich vor, dass ein zu speicherndes Objekt aus sehr vielen Attributen besteht und dass diese Attribute wiederum Referenzen auf andere Objekte enthalten, so wird die Persistenz der Daten schnell zu einem nicht zu vernachlässigenden Problem.

---

[138] Es müssen nicht zwingend relationale Datenbanken verwendet werden. Auch andere persistente Speicher sind möglich.

Weiteres Beispiel für ein Mapping-Problem

Es soll nun der Fall betrachtet werden, dass ein Kunde einer Bank Zugriff auf mehrere Konten hat. Das folgende Bild zeigt die Klassen Kunde und Konto in einem Klassendiagramm:

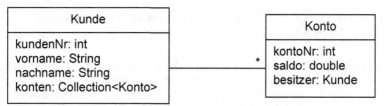

Bild 9-2 Beziehung zwischen Kunde und Konto

In der objektorientierten Welt gibt es eine Klasse Kunde und eine Klasse Konto, wobei die Klasse Kunde eine Beziehung zu der Klasse Konto hat. Werden für einen neu erfassten Kunden mehrere Konten angelegt, so sollen die erfassten Daten der Objekte vom Typ Kunde und vom Typ Konto persistent in einer Datenbank gespeichert werden. Für den Kunden wird ein Objekt vom Typ Kunde benötigt. Zusätzlich müssen mehrere Objekte vom Typ Konto instanziiert und mit dem Objekt Kunde verknüpft werden. Zum Speichern in einer Datenbank werden die Tabellen TAB_KUNDE und TAB_KONTO benötigt. Der Primärschlüssel von TAB_KUNDE muss in der Tabelle TAB_KONTO als Fremdschlüssel auftauchen, um die Verbindung zwischen dem Kunden und den zu ihm gehörenden Konten herzustellen.

Bei der Abspeicherung der Daten treten nun mehrere Fragen auf, z. B.:

- Sollen beim persistenten Abspeichern des Objektes Kunde auch alle referenzierten Objekte vom Typ Konto abgespeichert werden?

- Sollen die Objekte vom Typ Konto beim Laden eines Objektes der Klasse Kunde oder später geladen werden?

- Was passiert mit den referenzierten Objekten der Klasse Konto, wenn das zugehörige Objekt der Klasse Kunde gelöscht wird?

Technisch lassen sich unterschiedliche Lösungen umsetzen, indem die Beziehungen zwischen den Objekten – in JPA realisiert durch Annotationen – mit zusätzlichen Attributen versehen werden (siehe Kapitel 9.3).

Weitere Probleme

Es können noch weitere Probleme hinzukommen, wie ein schlechtes Programmieren der Persistenz-Algorithmen und eine dadurch hervorgerufene Verlangsamung der Anwendung oder etwa zirkuläre Referenzen innerhalb des Datenmodells. Diese und weitere Fragen und Problemstellungen müssen vom Entwickler beantwortet werden.

Objekt-relationale Mapper

Da die objekt-relationale Abbildung bei größeren Anwendungen schnell zu sehr großen Aufwänden führen kann, bedient man sich eines sogenannten **objekt-relationalen Mappers**, der sich um die Aufgaben der Datenpersistenz kümmert.

Die **Java Persistence-API** (**JPA**) stellt die Spezifikation eines objekt-relationalen Mappers dar.

Dadurch wird die Möglichkeit geschaffen, datenhaltende Java-Klassen eines Programms auf Datenbanktabellen abzubilden und damit die Lücke zwischen der objekt-orientierten und der relationalen Welt zu schließen. Die datenhaltenden Klassen werden auch als **Entity-Klassen** bezeichnet. Die Abbildung von Klassen auf Tabellen erfolgt durch eine entsprechende Konfiguration. Eine Konfiguration kann via XML-Dateien oder durch Annotationen, mit denen die Java-Klassen ausgezeichnet werden, durchgeführt werden.

Einführung in JPA

Das Mapping, d. h. die Abbildung von Entity-Klassen auf die relationale Welt hat sich im Vergleich zu der EJB-Version 2.1 erheblich vereinfacht. Dort musste die Abbildung der Entity-Beans auf eine Tabelle der Datenbank noch über den Deployment-Deskriptor vorgenommen werden. Mit der EJB-Version 3.0 wurde JPA eingeführt. Seither kann das objekt-relationale Mapping in einfacher Form mit Hilfe von Annotationen erfolgen.

JPA verwendet im Hintergrund JDBC (siehe Kapitel 7). JDBC ist ein Standard für den Low-Level-Datenbankzugriff unter Verwendung von SQL. JPA ermöglicht in beiden Richtungen eine direkte Abbildung zwischen Objekten im Java-Code und den Datenbanktabellen.

Wenn JDBC direkt zum Einsatz kommt, muss die Abbildung zwischen Java-Objekten und einer relationalen Datenbank von Hand umgesetzt werden.

Manche Aufgaben können mit JDBC effizienter gelöst werden als mit JPA. Der Datenbankadapter sowie passende SQL-Statements müssen aber im Falle von JDBC selbst geschrieben werden. Jegliches Mapping zwischen den Objekten und den Daten der Datenbank muss dann über SQL-Befehle durchgeführt werden. Der Programmierer muss die Korrektheit sicherstellen, sowie die SQL-Befehle und den Datenbankadapter an die benutzte Datenbank und deren SQL-Dialekt anpassen. Durch die Nutzung von JPA wird all dies vermieden. JPA nimmt dem Programmierer jegliche Low-Level Programmierung mit JDBC sowie das manuell durchgeführte Mapping ab. Dadurch wird der Testaufwand deutlich verringert. Ein weiterer Vorteil der Verwendung von JPA ist die Unabhängigkeit des Programms von der darunterliegenden Datenbank, welche die Wartung des Codes, den Austausch der Datenbank oder die Wiederverwendung des Codes in einer anderen Umgebung stark vereinfacht und dadurch Stabilität und eine enorme Zeitersparnis mit sich bringt.

Die Technologie von JPA verbirgt die Verwendung von SQL vor dem Entwickler. Das Mapping zwischen objektorientierter und relationaler Welt erfolgt via XML oder Annotationen.

Spezifikation und Implementierung von JPA

JPA selbst ist eine Spezifikation und kein anwendbares Produkt. Es ist eine Zusammenstellung von Interfaces, die eine Implementierung benötigt, um ein Mapping zwischen Datenbank und Java-Programm durchzuführen. Ein sogenannter **Persistence Provider** implementiert die JPA Spezifikation und übernimmt somit das objektrelationale Mapping. Als ein solcher Persistence Provider sei z. B. das frei verfügbare Framework **Hibernate** der Firma Red Hat genannt. Hibernate kann alleinstehend oder integriert in einen sogenannten EJB-Container arbeiten und ist kompatibel mit vielen verschiedenen Datenbanken. Andere weit verbreitete Persistence Provider sind beispielsweise EclipseLink oder OpenJPA. EclipseLink ist die Referenzimplementierung für JPA 2.1 und 2.0. In diesem Kapitel wird die Java Persistence API in der Version 2.1 betrachtet.

Die zentralen Elemente von JPA sind die Entity-Klassen. Ihre Eigenschaften sowie die grundlegenden Annotationen für das objekt-relationale Mapping werden in Kapitel 9.1 beschrieben. Der Objektlebenszyklus ist Inhalt von Kapitel 9.2. Die Beziehungen zwischen Objekten werden in Kapitel 9.3 beschrieben. Kapitel 9.4 enthält die Java Persistence Query Language, mit der komplexe Anfragen an die Datenbank gestellt werden können. Für den Mehrbenutzerbetrieb von JPA sowie zum Gruppieren von mehreren Datenbankoperationen werden Transaktionen benötigt. Sie werden mit verschiedenen Sperrmechanismen in Kapitel 9.5 beschrieben. Konfigurationen in JPA können nicht nur über Annotationen in den Entity-Klassen, sondern auch über XML-Dateien festgelegt werden. Kapitel 9.6 widmet sich dieser Konfigurationsmöglichkeit.

9.1 Grundlegendes Mapping

Bei einem **Entity-Objekt** handelt es sich um ein ganz normales Java-Objekt, auch **POJO (Plain Old Java Object)** genannt. Die Namen der Attribute einer Entity-Klasse repräsentieren in der Regel die Namen der Spalten einer Datenbanktabelle. Jedes konkrete Objekt steht dabei für eine konkrete Zeile der Tabelle. Entity-Klassen können mit Hilfe von Annotationen ausgezeichnet werden, wodurch die Abbildung der Objekte auf Relationen festgelegt wird. Alternativ kann eine solche Konfiguration auch mittels XML-Dateien erfolgen. In diesem und in den folgenden Kapiteln wird ausschließlich auf die **Konfiguration mittels Annotationen** eingegangen.

9.1.1 Eigenschaften einer Entity

Folgende Anforderungen werden an eine Entity-Klasse gestellt:

- Um eine reine Java-Klasse als Entity-Klasse auszuweisen, muss sie mit der **Annotation** `@javax.persistence.Entity` annotiert werden. Die Klasse muss ferner serialisierbar sein und somit das Interface `java.io.Serializable` implementieren.

- Die Entity-Klasse kann mit der Annotation `@javax.persistence.Table` markiert werden. Dadurch wird der Name der Tabelle festgelegt, auf welche die Entity-Klasse abgebildet wird. Beispielsweise könnte die Klasse `Kunde` folgendermaßen deklariert werden:

```
import javax.persistence.*;

@Entity
@Table (name = "TAB_KUNDE")
public class Kunde implements java.io.Serializable
{
    // Definition der Klasse Kunde
}
```

Nach dieser Deklaration erhält die Tabelle, auf welche die Klasse `Kunde` abgebildet wird, den Namen `TAB_KUNDE`. Ist die Annotation `@Table` nicht vorhanden, so wird als Tabellenname der Name der Klasse verwendet.

- Eine Entity-Klasse muss einen `public` oder `protected` Konstruktor ohne Parameter besitzen. Sie darf zudem noch weitere Konstruktoren besitzen.

- Weder eine Klasse selbst, noch deren Methoden oder abzuspeichernde Attribute – die sogenannten Persistenz-Attribute – dürfen als `final` deklariert sein.

- Entity-Klassen dürfen wiederum von anderen Entity-Klassen ableiten.

- Persistenz-Attribute von Klassen bzw. Objekten sollen als `private` deklariert werden und nur über get- und set-Methoden zugänglich sein. Diese get- und set-Methoden müssen dabei der JavaBeans-Spezifikation entsprechen, d. h. sie müssen mit get bzw. set gefolgt vom Namen des jeweiligen Attributs in der lower Camel Case-Notation[139] benannt werden. Besitzt die Entity-Klasse `Kunde` beispielsweise ein Attribut `private String vorname`, so müssen die Methoden `public String getVorname()` und `public void setVorname (String vorname)` existieren.

- Der Datentyp von Persistenz-Attributen muss entweder ein einfacher Datentyp sein wie `int`, `float`, `double` bzw. `boolean` oder er muss serialisierbar sein.

---

[139] Die lower Camel Case-Notation legt fest, dass bei zusammengesetzten Wörtern der erste Buchstabe groß geschrieben wird (mit Ausnahme des ersten Wortes), z. B. `getName()`.

9.1.2 Primärschlüssel einer Entity

Für jede Entity-Klasse kann innerhalb des Datenmodells durch den sogenannten Persistence Provider[140] eine eigene Tabelle angelegt[141] werden.

Jedes erzeugte Objekt einer Entity-Klasse wird durch genau einen Eintrag – das heißt durch genau eine Zeile – in der korrespondierenden Tabelle repräsentiert.

Um die Einträge in einer Tabelle eindeutig zu identifizieren, muss für jede Entity-Klasse ein Primärschlüssel definiert werden.

Es wird zwischen einfachen und zusammengesetzten Primärschlüsseln unterschieden. In den Kapiteln 9.1.2.1 und 9.1.2.2 wird auf beide Möglichkeiten eingegangen.

9.1.2.1 Entity-Klasse mit einfachem Primärschlüssel

Das Primärschlüssel-Attribut einer Entity-Klasse wird mit der Annotation @Id ausgewiesen.

Um eine Entity-Klasse mit einem einfachen Primärschlüssel auszustatten, wird ein sogenanntes **Persistenz-Attribut** oder die dazugehörige get-Methode mit der **Annotation** @javax.persistence.Id dekoriert.

Wird ein bereits mit der Annotation @Id versehenes Persistenz-Attribut oder dessen get-Methode zusätzlich mit der Annotation @GeneratedValue versehen, die sich ebenfalls im Paket javax.persistence befindet, so wird der Wert des Attributs vom Persistence Provider automatisch generiert. Das bedeutet, dass bei der Instanziierung eines Objekts einer Entity-Klasse der Wert des Primärschlüssel-Attributs nicht durch den Programmierer gesetzt werden darf. Der Persistence Provider weist dem Primärschlüssel-Attribut eines jeden erzeugten Objektes einen eindeutigen Wert zu. Der Entwickler muss sich somit um eine fortlaufende Erzeugung von Primärschlüsseln nicht kümmern.

Betrachtet man beispielsweise die Entity-Klasse Kunde, so sind alle Objekte dieser Klasse innerhalb einer Bank eindeutig durch ihre Kundennummer identifizierbar. Die Entity-Klasse Kunde besitzt somit ein Persistenz-Attribut kundenNr. Die zu diesem Attribut gehörende get-Methode wird dann mit den **Annotationen** @Id und @GeneratedValue versehen:

---

[140] Ein Persistence Provider implementiert die JPA Spezifikation und übernimmt somit das objekt-relationale Mapping.

[141] Wird eine Entity-Klasse von einer anderen Entity-Klasse abgeleitet, so besitzt die Kindklasse einen Eltern- und einen Kindanteil. Der Entwickler muss entscheiden, ob er den Eltern- und den Kindanteil jeweils für sich getrennt in einer Tabelle abbildet oder aber eine einzige Tabelle anlegt, die sowohl den Eltern- als auch den Kindanteil enthält (siehe Kapitel 9.3.2).

```
@Id
@GeneratedValue
public int getKundenNr()
{
    return kundenNr;
}
```

Das Attribut `kundenNr` ist somit das Primärschlüssel-Attribut der Entity-Klasse
Kunde, dessen Werte automatisch generiert werden.

Besteht der Primärschlüssel aus einem einzigen Attribut, nennt man
ihn auch **einfacher Primärschlüssel**.

Beispiel

Die Entity-Klasse Kunde könnte für die Implementierung eines Bankkunden somit
folgendermaßen aussehen:

```
// Datei: Kunde.java

package bank.beans;

import java.util.*;
import javax.persistence.*;
import bank.hilfsklassen.*;

@Entity
@Table (name = "TAB_KUNDE")
public class Kunde implements java.io.Serializable
{
    private int kundenNr;
    private String vorname;
    private String nachname;
    private Collection<Konto> konten = new ArrayList<Konto>();

    public Kunde()
    {
    }

    public Kunde (String v, String n)
    {
        vorname = v;
        nachname = n;
    }

    @Id
    @GeneratedValue
    public int getKundenNr()
    {
        return kundenNr;
    }
```

```java
    public void setKundenNr (int i)
    {
        kundenNr = i;
    }

    public String getVorname()
    {
        return vorname;
    }

    public void setVorname (String s)
    {
        vorname = s;
    }

    public String getNachname()
    {
        return nachname;
    }

    public void setNachname (String s)
    {
        nachname = s;
    }

    @OneToMany (mappedBy = "besitzer", cascade = {CascadeType.ALL})
    public Collection<Konto> getKonten()
    {
        return konten;
    }

    public void setKonten (Collection<Konto> col)
    {
        konten = col;
    }

    public KundeData gibData()
    {
        KundeData data = new KundeData (kundenNr, vorname, nachname);
        return data;
    }
}
```

Die Klasse `Konto` ist ebenfalls eine Entity-Klasse und repräsentiert ein Bankkonto. Ihre Implementierung wird im Folgenden gezeigt:

```java
// Datei: Konto.java

package bank.beans;

import javax.persistence.*;
import bank.hilfsklassen.*;

@Entity
@Table (name = "TAB_KONTO")
public class Konto implements java.io.Serializable
{
```

```java
    private int kontoNr;
    private double saldo = 0;
    private Kunde besitzer;

    public Konto()
    {
    }

    public Konto (Kunde b)
    {
        this.besitzer = b;
    }

    @Id
    @GeneratedValue
    public int getKontoNr()
    {
        return kontoNr;
    }

    public void setKontoNr (int kontoNr)
    {
        this.kontoNr = kontoNr;
    }

    public double getSaldo()
    {
        return saldo;
    }

    public void setSaldo (double saldo)
    {
        this.saldo = saldo;
    }

    @ManyToOne
    public Kunde getBesitzer()
    {
        return besitzer;
    }

    public void setBesitzer (Kunde kunde)
    {
        this.besitzer = kunde;
    }

    public KontoData gibData()
    {
        KontoData data = new KontoData (kontoNr, saldo,
                            besitzer.gibData());
        return data;
    }
}
```

Ein Kunde kann mehrere Konten besitzen. Das bedeutet, dass ein Objekt vom Typ Kunde mehrere Objekte vom Typ Konto referenzieren kann. Um diese Beziehung zwischen dem Kunden und seinen Konten zu beschreiben, d. h. um diesen Umstand von der objektorientierten Welt in die relationale Welt abzubilden, werden die beiden Annotationen `@javax.persistence.OneToMany` für die Entity-Klasse `Kunde` und `@javax.persistence.ManyToOne` für die Entity-Klasse `Konto` benötigt. Es wird dadurch eine **bidirektionale 1-zu-N-Beziehung** beschrieben. Auf diese und weitere Beziehungsarten zwischen Entity-Klassen wird in Kapitel 9.3 genauer eingegangen.

Wird der Persistence Provider entsprechend konfiguriert, legt er beim Laden der Klassen `Kunde` und `Konto` für die Entity-Klasse `Kunde` die Tabelle `TAB_KUNDE` und für die Entity-Klasse `Konto` die Tabelle `TAB_KONTO` an, wobei in der Tabelle `TAB_KUNDE` die Kundennummer und in der Tabelle `TAB_KONTO` die Kontonummer als Primärschlüssel dient. Für den Persistence Provider Hibernate muss hierfür in der Datei `persistence.xml` das Attribut `hibernate.hbm2ddl.auto` auf `create`, `create-drop` oder `update` gesetzt werden (siehe Kapitel 9.2.2).

9.1.2.2 Entity-Klassen mit zusammengesetztem Primärschlüssel

Einträge in Tabellen lassen sich nicht immer eindeutig durch nur einen einzigen Wert einer Spalte bestimmen. Dies ist zum Beispiel bei der Tabelle `TAB_BUCHUNG` der Fall. Findet auf einem Konto eine Geldbewegung statt – wird also ein Betrag auf ein bestimmtes Konto gebucht oder von ihm abgebucht – so wird diese Buchung in der Tabelle `TAB_BUCHUNG` hinterlegt. Um einen Eintrag in dieser Tabelle eindeutig zu identifizieren, reicht es nicht aus, beispielsweise die Kontonummer des Kontos, auf das die Buchung erfolgte bzw. von dem ein bestimmter Betrag abgebucht wurde, als Primärschlüssel zu bestimmen. Der Primärschlüssel muss sich hier aus mehreren Spalten zusammensetzen. Da auf einem Konto mehrere Buchungen eingehen können, lassen sich die Einträge in der Tabelle `TAB_BUCHUNG` nur anhand folgender Werte unterscheiden:

- der **Kontonummer des Auftraggebers** – hinterlegt in der Variablen `vonKnr` –, welche das Konto bezeichnet, von dem der Betrag abgebucht werden soll,

- der **Kontonummer des Empfängers** – hinterlegt in der Variablen `nachKnr` –, welche das Konto identifiziert, auf das der Betrag gebucht werden soll,

- dem nanosekundengenauen **Zeitpunkt der Buchung**, der sich aus einem Objekt vom Typ `java.sql.Timestamp` – hinterlegt in der Variablen `buchungTs` – und

- der Systemzeit – hinterlegt in der Variablen `systemNanoZeit` – zusammensetzt.

In diesem Fall setzt sich der Primärschlüssel aus vier Spalten zusammen, daher spricht man von einem **zusammengesetzten Primärschlüssel**. Dieser wird in einer Primärschlüsselklasse definiert. Sie muss folgende Eigenschaften erfüllen:

- Die Klasse muss den Zugriffsmodifikator `public` besitzen und das Interface `java.io.Serializable` implementieren. Weiterhin kann sie als `final` deklariert werden.

- Die Klasse muss einen parameterlosen `public` Konstruktor besitzen.

- Die Primärschlüsselattribute der Primärschlüsselklasse müssen auf Attribute der Entity-Klasse abbildbar sein, das heißt sie müssen vom Datentyp und Namen her identisch sein.

- Es müssen die Methoden `hashCode()` und `equals()` der Klasse `Object` überschrieben werden.

> Ein zusammengesetzter Primärschlüssel muss immer in einer **Primärschlüsselklasse** definiert werden.

Programmierbeispiel für einen zusammengesetzten Primärschlüssel

Die Primärschlüsselklasse `BuchungPK` für die Entity-Klasse `Buchung` könnte somit folgendes Aussehen haben:

```java
// Datei: BuchungPK.java
package bank.hilfsklassen;
import java.sql.*;

public final class BuchungPK implements java.io.Serializable
{
    public int vonKnr;
    public int nachKnr;
    public Timestamp buchungTs;
    public long systemNanoZeit;

    public BuchungPK()
    {
    }

    public BuchungPK (int vonKnr, int nachKnr, long l, Timestamp ts)
    {
        this.vonKnr = vonKnr;
        this.nachKnr = nachKnr;
        this.systemNanoZeit = l;
        this.buchungTs = ts;
    }

    public int getVonKnr()
    {
        return vonKnr;
    }

    public void setVonKnr (int knr)
    {
        vonKnr = knr;
    }

    public int getNachKnr()
    {
        return nachKnr;
    }
```

```java
public void setNachKnr (int knr)
{
   nachKnr = knr;
}

public Timestamp getBuchungTs()
{
   return buchungTs;
}

public void setBuchungTs (Timestamp ts)
{
   buchungTs = ts;
}

public long getSystemNanoZeit()
{
   return systemNanoZeit;
}

public void setSystemNanoZeit (long snz)
{
   systemNanoZeit = snz;
}

public boolean equals (Object refObj)
{
   if (this == refObj)
      return true;
   else if (!(refObj instanceof BuchungPK))
      return false;
   BuchungPK refBuchungPK = (BuchungPK) refObj;

   return
      buchungTs.getTime() == refBuchungPK.buchungTs.getTime() &&
      systemNanoZeit == refBuchungPK.systemNanoZeit &&
      vonKnr == refBuchungPK.vonKnr &&
      nachKnr == refBuchungPK.nachKnr;
}

public int hashCode()
{
   return (int)(vonKnr ^ nachKnr ^ systemNanoZeit ^
      buchungTs.hashCode());
}
}
```

Das Zeichen ^ stellt den EXKLUSIV-ODER-Operator dar. Er verknüpft zwei Operanden – beispielsweise vonKnr und nachKnr – auf Bit-Ebene und berechnet daraus einen eindeutigen int-Wert. Der Rückgabewert der Methode hashCode() ist der sogenannte Hash-Wert. Die Entity-Klasse Buchung muss nun zusätzlich mit der Annotation @javax.persistence.IdClass versehen werden, mit der angegeben wird, dass als Primärschlüsselklasse die Klasse BuchungPK verwendet wird. Zudem müssen in der Entity-Klasse Buchung alle Attribute oder deren get-Methoden, aus

denen sich der Primärschlüssel zusammensetzen soll, mit der Annotation `@Id`
versehen werden. Das zeigt das folgende Beispiel für die Klasse `Buchung`:

```java
// Datei: Buchung.java

package bank.beans;

import java.sql.*;
import javax.persistence.*;
import bank.hilfsklassen.*;

@Entity
@Table (name = "TAB_BUCHUNG")
@IdClass (BuchungPK.class)
public class Buchung implements java.io.Serializable
{
    private int vonKnr;
    private int nachKnr;
    private Timestamp buchungTs;
    private long systemNanoZeit;
    private double betrag;

    public Buchung()
    {
    }

    public Buchung (int vonKnr, int nachKnr, Timestamp ts,
        long sysNano, double betrag)
    {
        this.vonKnr = vonKnr;
        this.nachKnr = nachKnr;
        this.buchungTs = ts;
        this.systemNanoZeit = sysNano;
        this.betrag = betrag;
    }

    @Id
    public int getVonKnr()
    {
        return vonKnr;
    }

    public void setVonKnr (int i)
    {
        vonKnr = i;
    }

    @Id
    public int getNachKnr()
    {
        return nachKnr;
    }

    public void setNachKnr (int i)
    {
        nachKnr = i;
    }
```

```java
@Id
public Timestamp getBuchungTs()
{
    return buchungTs;
}

public void setBuchungTs (Timestamp t)
{
    buchungTs = t;
}

@Id
public long getSystemNanoZeit()
{
    return systemNanoZeit;
}

public void setSystemNanoZeit (long l)
{
    systemNanoZeit = l;
}

public double getBetrag()
{
    return betrag;
}

public void setBetrag (double d)
{
    betrag = d;
}

public BuchungData gibData()
{
    return new BuchungData (vonKnr, nachKnr, betrag, buchungTs);
}
}
```

Die vorgestellten Entity-Klassen `Kunde`, `Konto` und `Buchung` besitzen alle eine Methode `gibData()`. Der Aufruf dieser Methode für eines dieser Objekte liefert jeweils eine Referenz auf das entsprechende Objekt zurück, das lediglich die Daten dieser Instanz kapselt. Beispielsweise liefert der Aufruf der Methode `gibData()` auf einem Objekt vom Typ `Kunde` eine Referenz auf ein Objekt vom Typ `KundeData` zurück, das dieselben Daten kapselt wie die Entity-Klasse `Kunde` selbst.

Der Sinn von Datenobjekten, die Daten der eigentlichen Entity-Objekte kapseln, liegt darin, dass ein Client keine Referenz auf ein Entity-Objekt erhalten soll.

Ein Client soll keine Referenz auf ein Entity-Objekt erhalten.

Damit ein Client aber beispielsweise Informationen über einen Kunden abfragen kann, wird ihm dafür ein Datenobjekt übermittelt. Dies ist in diesem Falle ein Objekt vom Typ `KundeData`. Die Datenklassen `KundeData`, `KontoData` und `Buchung-Data` werden in Aufgabe 8.3 in Kapitel 8.8 genauer vorgestellt.

9.2 Objektlebenszyklus

Mit der Einführung von JPA ist die Erzeugung von Entities sehr einfach geworden. Da Entities nun wie ganz normale Java-Klassen implementiert werden, die man lediglich mit entsprechenden Annotationen versieht, können die Entity-Klassen einfach mit Hilfe des `new`-Operators instanziiert werden. Verwendet man beispielsweise die Entity-Klasse `Konto` zur Repräsentation von Bankkonten, so wird ein Objekt der Klasse `Konto` folgendermaßen erzeugt:

```
Konto konto = new Konto();
```

Erstellt man Entity-Klassen nach der JPA-Spezifikation, so werden die Aufgaben des Auffindens, Abspeicherns und Löschens vom sogenannten **Entity Manager** übernommen. Ein Persistence Provider stellt einen oder mehrere Entity Manager bereit. Diese Entity Manager sind Java-Klassen, welche das Interface `javax.persistence.EntityManager` implementieren. Ein Entity Manager ist immer mit einem sogenannten **Persistenz-Kontext** verbunden.

> Ein **Persistenz-Kontext** beschreibt die Gesamtheit aller Entities einer Anwendung. Ein Persistenz-Kontext verwaltet das **Datenbank-Schema**[142] **einer Applikation**, das **aus Tabellen und deren Beziehungen** zueinander besteht.

> Der **Entity Manager** ist für folgende Aufgaben verantwortlich:
>
> - Abspeichern von erzeugten Instanzen einer Entity-Klasse in den dazugehörigen Persistenz-Kontext.
> - Aktualisierung der Attribute von bereits im Persistenz-Kontext hinterlegten Instanzen.
> - Löschen von Instanzen aus dem Persistenz-Kontext.
> - Auffinden von Instanzen innerhalb des Persistenz-Kontextes anhand ihres Primärschlüssels.

Innerhalb des Persistenz-Kontextes ist jede Instanz einer Entity-Klasse eindeutig auffindbar. Für jede Entity-Klasse kann eine eigene Tabelle angelegt werden, beispielsweise die Tabelle `TAB_KONTO`. Dabei sind die abgespeicherten Instanzen innerhalb einer Tabelle durch ihren Primärschlüssel eindeutig. Die Instanzen selbst und deren Lebenszyklus werden innerhalb des Persistenz-Kontextes der Applikation verwaltet.

Der Entity Manager implementiert die Methoden des Interface `EntityManager`. Diese Methoden werden von einem Client benötigt, um mit dem Persistenz-Kontext

---

[142] Ein Datenbankschema legt bei einer relationalen Datenbank die Tabellen und deren Attribute sowie die Integritätsbedingungen zur Sicherstellung der Konsistenz fest.

zu interagieren. In den folgenden Kapiteln wird das Interface `EntityManager` vorgestellt und dessen grundlegende Methoden erläutert.

9.2.1 Umgang mit dem Entity Manager

Wie schon aus dem vorherigen Kapitel über Session-Beans bekannt ist, implementieren Session-Beans die Geschäftslogik einer Applikation.

Ein Client kommuniziert mit einer Instanz einer Session-Bean, um deren Geschäftsmethoden aufzurufen.

Innerhalb der Session-Bean findet dann die Interaktion mit den Entity-Objekten statt. Das bedeutet, dass ein Entity-Objekt innerhalb der Session-Bean mit dem `new`-Operator erzeugt oder aus der Datenbank gelesen wird. Da Entities reine POJOs sind, ist es auch möglich, dass ein Client selbst ein Entity-Objekt erzeugt und an die Session-Bean zur Speicherung übergibt oder von der Session-Bean direkt eine Referenz auf ein Entity-Objekt erhält.

Um den Client jedoch möglichst entkoppelt von der im Server verwendeten Persistenztechnologie zu halten, empfiehlt es sich, dass der Client nie selbst eine direkte Referenz auf eine Entity-Instanz hält.

Der Client sollte Daten mittels einfacher serialisierbarer Objekte mit einer Session-Bean austauschen. Solche zum Datenaustausch verwendeten Objekte werden auch Datenklassen oder **Data Transfer Objects** (**DTO**) genannt und wurden bereits in Kapitel 8.8 verwendet.

Eine Session-Bean bildet die Schnittstelle zwischen Client und Persistenz-Kontext.

Um mit der Persistenzschicht der Anwendung arbeiten und auf den Persistenzkontext zugreifen zu können, benötigt die Session-Bean eine Referenz auf den Entity Manager.

Die Funktionalität eines Entity Managers wird vom Persistence Provider implementiert und einer Session-Bean zur Verfügung gestellt.

Die Session-Bean beschafft sich eine Referenz auf ein Objekt vom Typ `EntityManager` mit:

```
@PersistenceContext (unitName = "Bank")
public EntityManager em;
```

Durch die Annotation `@javax.persistence.PersistenceContext` wird der Referenzvariablen `em` mithilfe von **Dependency Injection** eine Referenz auf ein Objekt vom Typ `EntityManager` zugewiesen. Die Session-Bean muss sich die Referenz auf den Entity Manager nicht mittels JNDI-Lookup besorgen, sondern diese wird vom Persistence Provider automatisch zugewiesen, d. h. die Referenz auf den Entity Manager wird der Session-Bean injiziert.

Dieser Vorgang geschieht für den Client vollkommen transparent. Verwaltet der Entity Manager mehrere Persistenz-Kontexte, die auf unterschiedliche Datenbank-Konfigurationen zurückzuführen sind, so kann ein bestimmter Kontext über das Attribut `unitName` der Annotation `@PersistenceContext` ausgewählt werden. Der Name des Persistenz-Kontextes wird in einem Deployment-Deskriptor mit Namen `persistence.xml` gesetzt (siehe Kapitel 9.2.2).

9.2.1.1 Beispiel für das Erzeugen und Abspeichern eines Entity-Objektes

Als Beispiel soll die Bank nun die Funktion bereitstellen, Konten anzulegen. Dabei muss ein Objekt vom Typ `Konto` erzeugt werden. Mit der Methode

```
void persist (Object entity)
```

des Entity Managers wird das neu angelegte Konto im Persistenz-Kontext des Entity Managers hinterlegt. Folgendes Codebeispiel zeigt die Erzeugung und das Abspeichern eines Objektes vom Typ `Konto`:

```
Konto konto = new Konto();
em.persist (konto);
```

Beim Erzeugen eines Objektes der Klasse `Konto` generiert der Persistence Provider automatisch einen eindeutigen Wert für das Persistenz-Attribut `knr`, weil die get-Methode dieses Persistenz-Attributs mit der Annotation `@GeneratedValue` versehen ist. Der Aufruf `em.persist()` legt dann für das Objekt `konto` einen Eintrag in der entsprechenden Tabelle an, wobei die aktuellen Werte des Objektes dort eingetragen werden. Diese Methode kann (unchecked) **Exception**s der folgenden Typen werfen:

- `EntityExistsException`:
  Wird geworfen, wenn schon eine Instanz mit dem gleichen Primärschlüssel existiert.

- `IllegalStateException`:
  Wird geworfen, wenn die Verbindung zum Entity Manager geschlossen ist.

- `IllegalArgumentException`:
  Wird geworfen, wenn das übergebene Objekt kein Objekt einer Entity-Klasse ist.

- `TransactionRequiredException`:
  Wird geworfen, wenn der Entity Manager im Transaktionsmodus arbeitet, aber keine Transaktion aktiv ist.

Die Funktionalität des Erzeugens und Abspeicherns eines Objekts der Klasse `Konto` könnte beispielsweise in der Methode `kontoAnlegen()` erfolgen. Die Implementierung sähe folgendermaßen aus:

```
public int kontoAnlegen()
{
```

```
    Konto konto = new Konto();
    em.persist (konto);
    return konto.getKontonummer();
}
```

Diese Methode gibt die Kontonummer des erzeugten Objektes der Klasse `Konto` zurück.

Die Lebensdauer des Objekts der Klasse `Konto` endet mit dem Verlassen der Methode `kontoAnlegen()`. Das Objekt, auf das die referenz `konto` zeigt, ist nach der Rückkehr aus der Methode nicht mehr vorhanden. Die Repräsentation des Objektes existiert nur noch im Persistenz-Kontext – also im dazugehörigen Datenmodell in der Datenbank der Bank-Applikation. Von dort kann sich der Client die abgespeicherten Attributwerte wieder beschaffen und mit einem Objekt der Klasse `Konto` weiterarbeiten.

9.2.1.2 Beispiel für das Laden eines Entity-Objekts

Für das Auffinden eines Entity-Objekts stellt das Interface `EntityManager` die generische Methode

```
<T> T find (Class<T> entityClass, Object primaryKey)
```

zur Verfügung. Als erstes Argument erwartet die Methode ein Klassenliteral[143], um dem Entity Manager mitzuteilen, in welcher Tabelle er nach dem gewünschten Objekt suchen soll. Das zweite Argument beschreibt den Primärschlüssel des zu findenden Objektes. Besteht dieser aus einem primitiven Datentyp wie z. B. int, so kann der Schlüssel von einem Wrapper-Objekt umhüllt werden. Diese Aufgabe übernimmt seit dem JDK 5.0 jedoch der Compiler durch Autoboxing. Der Aufruf

```
em.find (Konto.class, 1);
```

wird somit vom Compiler akzeptiert. Die Methode `find()` liefert dann das gesuchte Objekt vom Typ T zurück, im genannten Beispiel also das Objekt der Klasse `Konto` mit der Kontonummer 1.

Wird der Primärschlüssel von einer Primärschlüsselklasse gebildet, da er ein zusammengesetzter Primärschlüssel ist, so muss eine Instanz der Primärschlüsselklasse erzeugt und die Referenz darauf der Methode `find()` übergeben werden. Als Beispiel soll die Klasse `Buchung` betrachtet werden, die als Primärschlüsselklasse die Klasse `BuchungPK` besitzt. Soll nun eine Buchung gefunden werden, so muss wie folgt vorgegangen werden:

```
BuchungPK primKey = new BuchungPK (
    vonKonto, nachKonto, systemNanoTime, buchungTS);
Buchung buchung = em.find (Buchung.class, primKey);
```

Kann die Methode das gesuchte Objekt nicht finden, so gibt sie `null` zurück. Die Methode `find()` kann (unchecked) **Exceptions** der folgenden Typen werfen:

---

[143] Das Klassenliteral ist ein Ausdruck, der sich aus dem Klassennamen eines Referenztyps, gefolgt von einem Punkt und dem Schlüsselwort class zusammensetzt, z. B. Konto.class

- `IllegalStateException`:
  Wird geworfen, wenn die Verbindung zum Entity Manager geschlossen ist.

- `IllegalArgumentException`:
  Wird geworfen, falls das Klassenliteral nicht den Typ einer Entity-Klasse re-
  präsentiert oder falls das zweite Argument keinen gültigen Primärschlüssel für die
  Klasse `T` darstellt.

Bei der Implementierung der Buchungsfunktionalität der Bank kann die Methode
`find()` zum Einsatz kommen, weil damit das gewünschte Objekt der Klasse `Konto`
ausfindig gemacht werden kann. Nachdem auf das Konto ein bestimmter Betrag
gebucht wurde, sollen die Daten auch mit der Datenbank abgeglichen werden, da
durch die Buchung das Attribut `saldo` verändert wurde. Dadurch wird sichergestellt,
dass beim nächsten Zugriff auf das `Konto`-Objekt der aktuelle Kontostand zur
Verfügung steht. Diese Funktionalität stellt ebenfalls die Methode `persist()` bereit.
Beim Aufruf von `persist()` wird der Eintrag in der entsprechenden Tabelle aktualisiert, der das Objekt `konto` repräsentiert.

Die Funktionalität „Beträge auf ein Konto buchen" soll nun mit der Methode `bu-
chen()` der Klasse `Bank` umgesetzt werden. Dafür werden der Methode die Kon-
tonummer und die Höhe des zu buchenden Betrages übergeben. Eine einfache Implementierung der Methode `buchen()` kann folgendermaßen aussehen:

```
public void buchen (int kontonummer, double betrag)
{
    Konto konto = (Konto) em.find (Konto.class, kontonummer);
    double kontostandAlt = konto.getSaldo();
    double kontostandNeu = kontostandAlt + betrag;
    konto.setSaldo (kontostandNeu);
    em.persist (konto);
}
```

9.2.1.3 Beispiel für das Löschen eines Entity-Objekts

Zum Löschen von Einträgen aus dem Persistenz-Kontext stellt das Interface
`EntityManager` die Methode

```
void remove (Object entity)
```

bereit. Dabei erwartet diese Methode eine Referenz auf ein Objekt einer Entity-
Klasse. Die Methode kann (unchecked) **Exception**s der folgenden Typen werfen:

- `IllegalStateException`:
  Wird geworfen, wenn die Verbindung zum Entity Manager geschlossen ist.

- `IllegalArgumentException`:
  Wird geworfen, wenn das übergebene Objekt kein Objekt einer Entity-Klasse ist
  oder wenn das Objekt im Persistenz-Kontext nicht gefunden werden kann.

- `TransactionRequiredException`:
  Wird geworfen, wenn der Entity Manager im Transaktionsmodus arbeitet, aber
  keine Transaktion aktiv ist.

Die Funktionalität „Konto löschen" kann somit in der Methode `kontoLoeschen()` folgendermaßen umgesetzt werden:

```
public void kontoLoeschen (int kontonummer)
{
    Konto konto = (Konto) em.find (Konto.class, kontonummer);
    em.remove (konto);
}
```

9.2.2 Der Deployment-Deskriptor persistence.xml

Das Deployment einer EJB-Applikation, die mit Entity-Klassen arbeitet und für die aus diesem Grund ein Persistenz-Kontext eingerichtet werden muss, verläuft nach dem gleichen Schema, das zuvor in Kapitel 8.7.2 schon vorgestellt wurde. Dem `jar`-Archiv, das den Bytecode der Enterprise JavaBeans enthält, muss jedoch ein weiterer Deployment-Deskriptor hinzugefügt werden, der in einer Datei mit dem Namen `persistence.xml` beschrieben wird. In diesem Deployment-Deskriptor wird unter anderem der Name des Persistenz-Kontextes angegeben, der für diese EJB-Applikation eingerichtet werden soll. Beispielsweise wird für die Bank-EJB-Applikation der Persistenz-Kontext mit dem Namen `Bank` folgendermaßen festgelegt:

```
<?xml version="1.0" encoding="UTF-8"?>
<persistence
 xmlns="http://java.sun.com/xml/ns/persistence"
 xmlns:xsi="http://www.w3.org/2001/XMLSchema-instance"
 xsi:schemaLocation="http://java.sun.com/xml/ns/persistence
    http://java.sun.com/xml/ns/persistence/persistence_2_1.xsd"
 version="2.1">
  <persistence-unit name="Bank">
    <jta-data-source>java:jboss/datasources/ExampleDS</jta-data-
      source>
    <properties>
      <property name="hibernate.hbm2ddl.auto" value="create-drop"/>
    </properties>
  </persistence-unit>
</persistence>
```

Beim Zugriff auf den Persistenz-Kontext über das Interface `EntityManager` wird der Name „Bank" in der Annotation `@PersistenceContext` angegeben:

```
@PersistenceContext (unitName = "Bank")
public EntityManager em;
```

Der Referenzvariablen `em` wird somit vom Persistence Provider per Dependency Injection eine Referenz auf ein Objekt vom Typ `EntityManager` zugewiesen, über das nun auf dem Persistenz-Kontext `Bank` gearbeitet werden kann.

Mit dem Attribut `hibernate.hbm2ddl.auto` lässt sich einstellen, ob das Datenbankschema beim Start der Applikation automatisch angelegt werden soll. Dadurch können aufgrund der in den Meta-Daten angegebenen Mapping-Informationen Tabellen in der Datenbank automatisch angelegt werden. Mögliche Werte für das Attribut `hibernate.hbm2ddl.auto` sind:

- `create`:
  Löscht alle Tabellen des bestehenden Datenbankschemas aus der Datenbank und erstellt die Tabellen neu.

- `create-drop`:
  Erstellt beim Start der Applikation die Tabellen und löscht diese, wenn die Applikation beendet wird.

- `update`:
  Aktualisiert ein vorhandenes Datenbankschema.

- `validate`:
  Überprüft, ob das vorhandene Datenbankschema mit den Mapping-Informationen übereinstimmt. Eine Veränderung des Datenbankschemas findet nicht statt.

9.3 Beziehungen zwischen Objekten und ihre Realisierung in JPA

Entity-Objekte existieren meist nicht losgelöst von anderen Objekten. Meistens haben sie zu anderen Objekten viele verschiedene Verbindungen bzw. Beziehungen. Dies können beispielsweise einfache Assoziationsbeziehungen sein. Um diese abzubilden, sind eine Reihe von Standardbeziehungen in JPA realisierbar.

9.3.1 Standardbeziehungen zwischen Objekten im Datenmodell

Befindet man sich in der objektorientierten Welt, so können Entity-Objekte Referenzen auf andere Entity-Objekte haben. Beispielsweise können einem Kunden mehrere Konten zugeordnet werden. Ein Objekt vom Typ `Kunde` kann also beispielsweise mehrere Objekte vom Typ `Konto` referenzieren.

Beziehungen der objektorientierten Welt müssen auch in die relationale Welt übertragen und im Datenmodell abgebildet werden. Dabei werden die Referenzen zwischen den Objekten auf Beziehungen zwischen den Tabellen abgebildet, die über Primärschlüssel und Fremdschlüssel hergestellt werden.

Damit sich ein Programmierer nicht selbst um diese zum Teil komplizierten Beziehungen kümmern muss, bietet die Java Persistence-API diverse Annotationen an, mit deren Hilfe der Programmierer diese Beziehungen im Quellcode der Entity-Klassen durch „steuernde Kommentare" beschreiben kann.

Beim oben vorgestellten Beziehungstyp handelt es sich um eine 1-zu-N-Beziehung, weil einem Kunden N Konten zugeordnet werden. Dieser Beziehungstyp und weitere Beziehungstypen werden in Kapitel 9.3.1.1 bis 9.3.1.7 vorgestellt. Es wird dabei zwischen sieben verschiedenen Beziehungstypen unterschieden:

- Unidirektionale 1-zu-1-Beziehung

- Bidirektionale 1-zu-1-Beziehung

- Unidirektionale 1-zu-N-Beziehung

- Unidirektionale N-zu-1-Beziehung

- Bidirektionale 1-zu-N-Beziehung

- Bidirektionale N-zu-M-Beziehung

- Unidirektionale N-zu-M-Beziehung

9.3.1.1 Die unidirektionale 1-zu-1-Beziehung

Eine 1-zu-1-Beziehung beschreibt, dass einem einzelnen Objekt genau ein einziges anderes Objekt zugeordnet ist. Beispielsweise besitzt ein Objekt der Klasse Kunde genau ein zugeordnetes Objekt der Klasse Adresse.

Die **unidirektionale 1-zu-1-Beziehung** zeichnet sich dadurch aus, dass von einem Objekt der Zugriff auf das zugeordnete andere Objekt möglich ist, jedoch nicht umgekehrt.

Zwischen einem Objekt vom Typ Kunde und einem Objekt vom Typ Adresse, das weitere Informationen über einen Kunden enthält, besteht eine 1-zu-1-Beziehung, die unidirektional ist. Unidirektional bedeutet in diesem Beispiel, dass von einem Objekt der Klasse Kunde das Objekt der Klasse Adresse referenziert wird, aber nicht umgekehrt.

Das folgende Bild zeigt als **Beispiel** diese unidirektionale 1-zu-1-Beziehung:

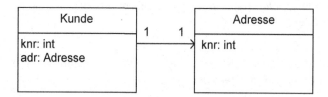

Bild 9-3 Unidirektionale 1-zu-1-Beziehung

Annotationen

In diesem Bild wird das Klassendiagramm[144] für die Klasse Kunde und die Klasse Adresse gezeigt. Es ist zu sehen, dass die Klasse Kunde eine Referenz auf ein Objekt vom Typ Adresse besitzt, die Klasse Adresse allerdings keine Referenz auf ein Objekt vom Typ Kunde besitzt. Dies wird durch den Navigationsteil, der die Zugriffsrichtung ausdrückt, beschrieben. Damit diese Beziehung im Datenmodell abgebildet wird, muss in der Klasse Kunde die Referenzvariable adr oder die dazugehörige get-Methode mit folgenden Annotationen versehen werden:

---

[144] In diesem und in den folgenden Klassendiagrammen werden jeweils nur diejenigen Referenzvariablen eingetragen, die für das Verständnis der Beziehungstypen notwendig sind.

- @javax.persistence.OneToOne

> Die Annotation @javax.persistence.OneToOne gibt an, dass in
> der objektorientierten Welt ein bestimmtes Objekt genau ein ein-
> ziges anderes Objekt referenziert.

Es kann zudem das Attribut cascade gesetzt werden. Das Attribut cascade gibt
im obigen Beispiel an, was der Entity Manager mit dem referenzierten Datensatz
des Objektes der Klasse Adresse unternehmen soll, wenn der Datensatz des
Objektes der Klasse Kunde z. B. mit persist() gespeichert bzw. aktualisiert
oder mit remove() gelöscht wird.

Mit CascadeType.ALL wird vereinbart, dass alle Operationen auch auf den
Datensatz des Objektes der Klasse Adresse angewendet werden. Darunter fallen
beispielsweise das Abspeichern oder das Löschen des Datensatzes des Objektes
der Klasse Kunde. Mit CascadeType.ALL wird der Datensatz des Objektes der
Klasse Adresse ebenfalls abgespeichert bzw. aktualisiert, wenn das zugehörige
Objekt der Klasse Kunde mit persist() abgespeichert bzw. aktualisiert wird.

- @javax.persistence.PrimaryKeyJoinColumn

> Mit @javax.persistence.PrimaryKeyJoinColumn wird ange-
> geben, dass die dazugehörige Beziehung – in diesem Fall eine 1-
> zu-1-Beziehung – über die Primärschlüssel-Attribute der beiden be-
> teiligten Entity-Klassen hergestellt werden soll.

Das bedeutet, dass beide Klassen über ein Primärschlüssel-Attribut verfügen, das
jeweils denselben Wert hat – im obigen Beispiel aus Bild 9-3 die Kundennummer
knr des Kunden.

- @javax.persistence.JoinColumn
  Anstatt der Annotation @PrimaryKeyJoinColumn kann auch die Annotation
  @JoinColumn angegeben werden.

Die Annotation @JoinColumn besitzt das Attribut name, dem der Name der
Spalte übergeben wird. Dieser Name wird in die Tabelle Kunde eingefügt, um das
Mapping zwischen dem Objekt der Klasse Kunde und dem Objekt der Klasse
Adresse herzustellen.

Es wird in der Klasse Kunde die get-Methode getAdr() mit den folgenden Annotationen versehen:

```
@OneToOne (cascade={CascadeType.ALL})
@JoinColumn (name="ADR_ID")
public Adresse getAdr()
{
    return adr;
}
```

Damit wird im relationalen Datenmodell in der Tabelle TAB_KUNDE die Spalte ADR_ID eingefügt, in welcher der Primärschlüssel der dazugehörigen Adresse-Zeile eingetragen wird.

Wird keine der beiden Annotationen – weder @PrimaryKeyJoin-Column noch @JoinColumn – angeführt, so wird vom Entity Manager ein Standardname, bestehend aus dem Klassennamen, einem Unterstrich und dem Primärschlüssel für das Mapping, eingeführt.

Der vergebene Standardname heißt in diesem Beispiel Adresse_knr.

Relevanter Programmtext für das Beispiel

Im Folgenden werden Ausschnitte aus den Klassen Adresse und Kunde gezeigt:

```
@Entity
@Table (name = "TAB_ADRDATA")
public class Adresse implements java.io.Serializable
{
    private int knr;
    . . . . .
    // Diesmal wird der Primärschlüssel nicht automatisch
    // generiert, sondern muss vom Programmierer gesetzt
    // werden.
    @Id
    public int getKnr()
    {
        return knr;
    }
    . . . . .
}


@Entity
@Table (name = "TAB_KUNDE")
public class Kunde implements java.io.Serializable
{
    private int knr;
    private Adresse adr;
    . . . . .
    @Id
    @GeneratedValue
    public int getKnr()
    {
        return knr;
    }
    . . . . .
    @OneToOne (cascade = {CascadeType.ALL})
    @PrimaryKeyJoinColumn
    // oder wahlweise: @JoinCloumn (name="ADR_ID")
    public Adresse getAdr()
    {
        return adr;
    }
    . . . . .
}
```

Um nun einen Kunden anzulegen und diesem seine Adresse zuzuordnen, wird folgendermaßen vorgegangen:

```
Kunde kunde = new Kunde();
int knr = kunde.getKnr();
Adresse adr = new Adresse (knr);
kunde.setAdr (adr);
em.persist (kunde);
```

9.3.1.2 Die bidirektionale 1-zu-1-Beziehung

> Die **bidirektionale 1-zu-1-Beziehung** zeichnet sich dadurch aus, dass sich in der objektorientierten Welt beide Objekte kennen, welche zueinander in Beziehung stehen.

Ein Beispiel für eine bidirektionale 1-zu-1-Beziehung ist die Beziehung zwischen einem Kunden und seiner Kreditkarte. Ein Kunde besitzt eine Kreditkarte und eine Kreditkarte gehört einem Kunden. Taucht nun in der Bank eine Kreditkartenzahlung auf, so soll man über diese Zahlung natürlich auch den Besitzer ausmachen können. Das bedeutet, dass eine Kreditkarte ihren Besitzer kennt.

Beispiel

Das folgende Bild zeigt eine bidirektionale 1-zu-1-Beziehung:

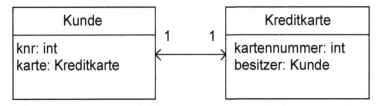

Bild 9-4 Bidirektionale 1-zu-1-Beziehung

Annotationen

Um diese Beziehung herzustellen, muss der Quellcode der Klassen `Kunde` und `Kreditkarte` mit folgenden Annotationen versehen werden:

- Klasse `Kreditkarte`

  Die get-Methode der Referenzvariable `besitzer` vom Typ `Kunde` wird mit der folgenden Annotation versehen:

  ```
  @OneToOne (mappedBy = "karte")
  public Kunde getBesitzer() {return besitzer;}
  ```

  Durch das Attribut `mappedBy` der Annotation `@OneToOne` wird angegeben, dass die Referenz auf ein Objekt vom Typ `Kreditkarte` in der Klasse `Kunde` in der Referenzvariablen `karte` gespeichert ist.

- Klasse `Kunde`

  Die get-Methode der Referenzvariable `karte` vom Typ `Kreditkarte` wird mit den folgenden Annotationen versehen:

```
@OneToOne (cascade = {CascadeType.ALL})
@JoinColumn (name = "ID_KREDITKARTE")
public Kreditkarte getKarte()
{
    return karte;
}
```

  Die Referenzvariable `karte` referenziert somit das dem Objekt der Klasse `Kunde` zugeordnete Objekt der Klasse `Kreditkarte`. Die Referenzvariable `karte` wurde dabei in der get-Methode `getBesitzer()` der Klasse `Kreditkarte` als „Mapping-Referenz" angegeben.

Relevanter Programmtext für das Beispiel

Im Folgenden werden die wichtigen Teile der Klassen `Kreditkarte` und `Kunde` aufgelistet:

```
@Entity
@Table (name = "TAB_KREDITKARTE")
public class Kreditkarte implements java.io.Serializable
{
    private int kartennr;
    private Kunde besitzer;
    . . . . .
    @Id
    public int getKartennr()
    {
        return kartennr;
    }
    . . . . .
    @OneToOne (mappedBy = "karte")
    public Kunde getBesitzer()
    {
        return besitzer;
    }
    . . . . .
}

@Entity
@Table (name = "TAB_KUNDE")
public class Kunde implements java.io.Serializable
{
    private int knr;
    private Kreditkarte karte;
    . . . . . .
    @Id
    @GeneratedValue
    public int getKnr()
    {
        return knr;
```

```
    }
    . . . . .
    @OneToOne (cascade = {CascadeType.ALL})
    @JoinColumn (name = "ID_KREDITKARTE")
    public Kreditkarte getKarte()
    {
        return karte;
    }
    . . . . .
}
```

9.3.1.3 Die unidirektionale 1-zu-N-Beziehung

Bei einer 1-zu-N-Beziehung werden einem Objekt einer Klasse mehrere Objekte einer anderen Klasse zugeordnet.

> Bei einer **unidirektionalen 1-zu-1-Beziehung** existiert nur eine Refe-
> renz auf Seiten des einzelnen Objekts und nicht auf der Gegenseite.

Beispiel

Ein Bankangestellter ist für die Verwaltung mehrerer Konten verantwortlich. Damit müssen in der objektorientierten Welt einem Objekt vom Typ Bankangestellter mehrere Objekte vom Typ Konto zugewiesen werden. Beim Konto ist die Informa-tion, von welchem Bankangestellten es verwaltet wird, nicht interessant. Daher wird diese Beziehung als unidirektionale Beziehung realisiert, wobei über ein Objekt der Klasse Bankangestellter mehrere Objekte der Klasse Konto referenziert werden – aber nicht umgekehrt.

Das folgende Bild zeigt eine unidirektionale 1-zu-N-Beziehung:

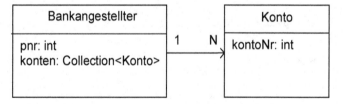

Bild 9-5 Unidirektionale 1-zu-N-Beziehung

Alle Referenzen auf Objekte vom Typ Konto werden beim Objekt der Klasse Bankangestellter in einem Objekt vom Typ Collection<Konto> hinterlegt. Die Referenz auf die Collection ist dabei in der Referenzvariablen konten ge-speichert. Die Objekte der Klasse Konto bleiben davon unberührt. Sie merken es nicht, ob und von welchem Bankangestellten sie verwaltet werden.

Annotationen

Folgende Annotationen müssen im Quellcode der Klasse `Bankangestellter` verwendet werden, um diesen Sachverhalt in die relationale Welt zu übertragen:

- `@javax.persistence.OneToMany`

  Die get-Methode `getKonten()` der Klasse `Bankangestellter`, welche die Referenz auf das Objekt vom Typ `Collection<Konto>` zurückliefert, muss mit der `@OneToMany`-Annotation markiert werden. Dadurch wird im Datenmodell der relationalen Welt verankert, dass mehrere Einträge in der Tabelle für Objekte der Klasse `Konto` den Fremdschlüssel eines Eintrags in der Tabelle für Objekte der Klasse `Bankangestellte` erhalten.

- `@javax.persistence.JoinColumn`

  Weiterhin kann die `getKonten()`-Methode mit der Annotation `@JoinColumn` versehen werden, wodurch wiederum ein Spaltenname in der Tabelle für Objekte der Klasse `Bankangestellter` für das Mapping der Objekte der Klasse `Konto` angegeben wird. Wird nichts angegeben, so vergibt der Entity Manager für die Spalte einen Standardnamen. In diesem Beispiel heißt der Standardname `Konto_kontoNr`.

Relevanter Programmtext für das Beispiel

Im Folgenden werden Fragmente der Klasse `Bankangestellter` gezeigt:

```
@Entity
@Table (name = "TAB_EMPL")
public class Bankangestellter implements java.io.Serializable
{
    private int pnr;
    . . . . .
    private Collection<Konto> konten = new ArrayList<Konto>();
    . . . . .
    @Id
    @GeneratedValue
    public int getPnr()
    {
        return pnr;
    }
    . . . . .
    @OneToMany
    public Collection<Konto> getKonten()
    {
        return konten;
    }
    . . . . .
}
```

Anhand der Methode `kontoAnlegen()` der Bank-Bean wird nun gezeigt, wie einem Objekt vom Typ `Bankangestellter` Objekte vom Typ `Konto` zur Verwaltung zugewiesen werden:

```
public int kontoAnlegen (int angestellter)
{
   Konto k = new Konto();
   Bankangestellter emp =
      em.find (Bankangestellter.class, angestellter);
   emp.getKonten().add (k);
   em.persist (emp);
   return k.getKnr();
}
```

9.3.1.4 Die unidirektionale N-zu-1-Beziehung

Eine N-zu-1-Beziehung ist quasi das Spiegelbild zur 1-zu-N-Beziehung.

Eine **unidirektionale N-zu-1-Beziehung** liegt dann vor, wenn viele Objekte dasselbe Objekt referenzieren, das referenzierte Objekt davon aber nichts merkt.

Beispiel

Ein Beispiel für eine unidirektionale N-zu-1-Beziehung ist die Beziehung von Kunden zu einem Geldautomaten. Mehrere Kunden können von ein und demselben Geldautomaten Geld abheben. Die Kunden wissen also, wo der Geldautomat steht und kennen somit dessen Lokation. Dem Geldautomaten hingegen ist es egal, wer über ihn Bargeld abhebt, er muss die Kunden also nicht kennen[145].

Das folgende Bild zeigt eine unidirektionale N-zu-1-Beziehung:

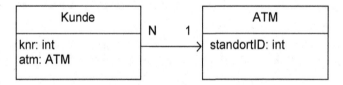

Bild 9-6 Unidirektionale N-zu-1-Beziehung

Annotationen

Der Geldautomat, der durch die Klasse ATM[146] repräsentiert wird, bleibt von der N-zu-1-Beziehung unangetastet. Somit muss die Beschreibung der Beziehung für die Abbildung in die relationale Welt durch geeignete Annotationen in der Klasse Kunde vorgenommen werden. Es wird dafür die Annotation @javax.persistence.ManyToOne benötigt.

---

[145] Natürlich wird anhand der Kredit- oder EC-Karte, die beim Geldautomaten eingeführt wird, die Identität des Geldabhebenden überprüft. Aber diese Identifizierung findet vielmehr in der Bank statt, mit welcher der Geldautomat verbunden ist. Mit anderen Worten, ein Geldautomat ist nicht für einen exklusiven Kundenkreis vorbestimmt, sondern bedient jeden Kunden.

[146] Abkürzung für **A**utomated **T**eller **M**achine. Engl. für: Geldautomat.

Wird die get-Methode `getATM()` zum Abrufen der Referenzvariablen `atm` vom Typ `ATM` in der Klasse `Kunde` mit der Annotation `@ManyToOne` gekennzeichnet, so wird dadurch im Datenmodell spezifiziert, dass viele Objekte vom Typ `Kunde` ein und dasselbe Objekt vom Typ `ATM` referenzieren können.

Es kann wiederum zusätzlich die Annotation `@JoinColumn` angeführt werden, um den Namen der Join-Spalte in der Tabelle für Objekte vom Typ `Kunde` anzugeben.

Relevanter Programmtext für das Beispiel

Im Folgenden werden die relevanten Passagen der Klassen `ATM` und `Kunde` gezeigt:

```java
@Entity
@Table (name = "TAB_ATM")
public class ATM implements java.io.Serializable
{
    private int standortID;
    . . . . . .
    @Id
    @GeneratedValue
    public int getStandortID()
    {
        return standortID;
    }
    . . . . . .
}


@Entity
@Table (name = "TAB_KUNDE")
public class Kunde implements java.io.Serializable
{
    private int kundenNr;
    private ATM atm;
    . . . . . .
    @Id
    @GeneratedValue
    public int getKundenNr()
    {
        return kundenNr;
    }

    public void setKundenNr (int k)
    {
        kundenNr = k;
    }

    @ManyToOne
    public ATM getATM()
    {
        return atm;
    }

    public void setATM (ATM a)
    {
        atm = a;
```

```
      }
}
```

9.3.1.5 Die bidirektionale 1-zu-N-Beziehung

Eine bidirektionale 1-zu-N-Beziehung besteht nun aus einer Kombination der beiden zuvor vorgestellten unidirektionalen Beziehungstypen 1-zu-N und N-zu-1.

> Eine **bidirektionale 1-zu-N-Beziehung** bedeutet, dass ein Objekt Referenzen auf beliebig viele andere Objekte besitzen kann, wobei diese referenzierten Objekte wiederum das Objekt kennen, von dem sie referenziert werden.

Beispiel

Ein Beispiel hierfür ist die Beziehung zwischen einem Bankangestellten und seinen Kunden. Ein Bankangestellter betreut viele Kunden. Die Kunden kennen dabei den für sie zuständigen Bankangestellten. Diese Beziehung ist also bidirektional.

Das folgende Bild zeigt eine bidirektionale 1-zu-N-Beziehung:

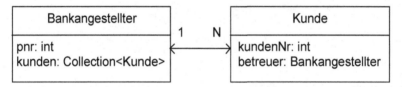

Bild 9-7 Bidirektionale 1-zu-N-Beziehung

Annotationen

In der objektorientierten Welt sind beide Objekt-Typen – sowohl Objekte vom Typ `Bankangestellter` als auch Objekte vom Typ `Kunde` – von dieser Beziehung betroffen. Es werden somit folgende Annotationen benötigt, um diese Beziehung in das relationale Datenmodell zu übertragen:

- Klasse `Bankangestellter`

  Die Referenzen auf Objekte vom Typ `Kunde` werden in einer Collection hinterlegt. Die dazugehörige get-Methode muss mit der Annotation `@OneToMany` annotiert werden, wobei das Attribut `mappedBy` der Annotation `@OneToMany` den Wert `betreuer` erhält.

  Der Wert muss deswegen auf `betreuer` gesetzt werden, weil Objekte vom Typ `Kunde` die Referenz auf das `Bankangestellter`-Objekt in der Referenzvariablen `betreuer` abspeichern.

- Klasse   Kunde

Die get-Methode `getBetreuer()`, welche die Referenzvariable `betreuer` vom Typ `Bankangestellter` zurückliefert, muss mit der Annotation `@ManyToOne` annotiert werden.

Relevanter Programmtext für das Beispiel

Im Folgenden werden nochmals die wichtigen Passagen aus den Klassen `Bankangestellter` und `Kunde` vorgestellt:

```
@Entity
@Table (name = "TAB_EMPL")
public class Bankangestellter implements java.io.Serializable
{
    private int pnr;
    private Collection<Kunde> kunden =
        new ArrayList<Kunde>();
    . . . . .
    @Id
    @GeneratedValue
    public int getPnr()
    {
        return pnr;
    }
    . . . . .
    @OneToMany (mappedBy = "betreuer")
    public Collection<Kunde> getKunden()
    {
        return kunden;
    }
    . . . . .
}

@Entity
@Table (name = "TAB_KUNDE")
public class Kunde implements java.io.Serializable
{
    private int kundenNr;
    private Bankangestellter betreuer;
    . . . . .
    @Id
    @GeneratedValue
    public int getKundenNr()
    {
        return kundenNr;
    }
    . . . . .
    @ManyToOne
    public Bankangestellter getBetreuer()
    {
        return betreuer;
    }
    . . . . .
}
```

9.3.1.6 Die bidirektionale N-zu-M-Beziehung

Eine **bidirektionale N-zu-M-Beziehung** – mit anderen Worten eine Viele-zu-Viele-Beziehung – liegt dann vor, wenn ein Objekt vom Typ A Referenzen auf beliebig viele andere Objekte vom Typ B besitzt. Diese referenzierten Objekte vom Typ B verwalten dabei ebenso beliebig viele Referenzen auf Objekte vom Typ A.

Beispiel

Beim Bankbeispiel käme hier die Beziehung zwischen Kunden und Konten in Betracht. Ein Kunde kann der Inhaber von beliebig vielen Konten sein, z. B. einem Girokonto, einem Festgeldkonto und einem Tagesgeldkonto. Gleichzeitig können auf ein Konto mehrere Kunden zugreifen. Beispielsweise können Eheleute den Zugriff auf gemeinsame Konten beantragen. Bei den Konten sind dann mehrere Kunden als Zugriffsberechtigte eingetragen.

Das folgende Bild zeigt eine bidirektionale N-zu-M-Beziehung:

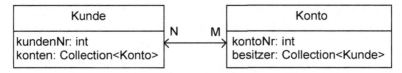

Bild 9-8 Bidirektionale N-zu-M-Beziehung

Aus dem Klassendiagramm in Bild 9-8 kann entnommen werden, dass die bidirektionale N-zu-M-Beziehung in der objektorientierten Welt durch den Einsatz von Collections umgesetzt werden kann. Die Collections können beispielsweise Objekte vom Typ `Set<E>` oder `List<E>` sein. Eine N-zu-M-Beziehung kann jedoch nicht direkt in die relationale Welt des Datenmodells übertragen werden. Die N-zu-M-Beziehung muss aufgelöst und in zwei 1-zu-N-Beziehungen übersetzt werden. Dazu wird zwischen der Tabelle `TAB_KUNDE` zum Abspeichern von Datensätzen aus Objekten der Klasse `Kunde` und der Tabelle `TAB_KONTO` aus Objekten der Klasse `Konto` eine sogenannte **Join-Tabelle** beispielsweise mit dem Namen `TAB_KUNDE_KONTO` eingefügt, in der jeweils die Fremdschlüssel der beiden Tabellen `TAB_KUNDE` und `TAB_KONTO` eingetragen werden. Beide Tabellen unterhalten dann zu der `TAB_KUNDE_KONTO`-Tabelle jeweils eine abbildbare 1-zu-N-Beziehung.

Das folgende Bild zeigt das relationale Datenmodell für eine bidirektionale N-zu-M-Beziehung:

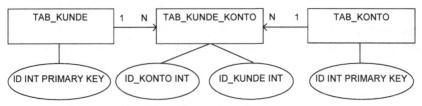

Bild 9-9 Relationales Datenmodell für die bidirektionale N-zu-M-Beziehung

Annotationen

Um in der objektorientierten Welt diesen Ansatz zu beschreiben, werden in den Klassen `Kunde` und `Konto` folgende Annotationen benötigt:

- `@javax.persistence.ManyToMany`
- `@javax.persistence.JoinTable`

Diese Annotationen werden im Folgenden erklärt:

- **Klasse `Kunde`**

  In der Klasse `Kunde` muss die Referenzvariable `konten` bzw. die dazugehörige get-Methode `getKonten()` mit der Annotation **`@javax.persistence.Many-ToMany`** annotiert werden.

  Des Weiteren benötigt man die Annotation `@javax.persistence.JoinTable`, mit der die Join-Tabelle definiert wird.

  Von der Annotation `@JoinTable` müssen dann folgende Attribute gesetzt werden:

  − Attribut `name`

    Hier wird der Name der Join-Tabelle angegeben, beispielsweise:

    ```
    name = "TAB_KUNDE_KONTO"
    ```

  − Attribut `joinColumns`

    Dieses Attribut muss mit der Annotation `@JoinColumn` initialisiert werden. Mit `@JoinColumn` wird dann der Name der Spalte in der Join-Tabelle angegeben, in der die Fremdschlüssel der Datensätze für Objekte der Klasse `Kunde` abgespeichert sind, z. B.:

    ```
    joinColumns = {@JoinColumn (name = "ID_KUNDE")}
    ```

  − Attribut `inverseJoinColumns`

    Es wird hier für die Join-Tabelle der Name der Spalte angegeben, der die Fremdschlüssel der korrespondierenden Tabelle enthält, also der Tabelle `TAB_KONTO`. Die Angabe des Spaltennamens erfolgt wiederum über die Annotation `@JoinColumn`:

    ```
    inverseJoinColumns = {@JoinColumn (name = "ID_KONTO")}
    ```

Insgesamt wird die Methode `getKonten()` folgendermaßen annotiert:

```
@ManyToMany
@JoinTable (name = "TAB_KUNDE_KONTO",
      joinColumns = {@JoinColumn (name = "ID_KUNDE")},
      inverseJoinColumns = {@JoinColumn (name = "ID_KONTO")})
public Collection<Konto> getKonten() {return konten;}
```

- **Klasse** `Konto`

  In der Klasse `Konto` muss die Referenzvariable `besitzer` – oder die dazugehörige get-Methode `getBesitzer()` – mit der Annotation `@ManyToMany` annotiert werden.

  Hierbei wird das Attribut `mappedBy` auf den Wert `konten` gesetzt:

```
@ManyToMany (mappedBy = "konten")
public Collection<Kunde> getBesitzer()
{
    return besitzer;
}
```

Relevanter Programmtext für das Beispiel

Es folgen die wichtigsten Passagen der Klassen `Kunde` und `Konto`:

```
@Entity
@Table (name = "TAB_KUNDE")
public class Kunde implements java.io.Serializable
{
    private int kundenNr;
    private Collection<Konto> konten = new ArrayList<Konto>();
    . . . . .
    @Id
    @GeneratedValue
    public int getKundenNr()
    {
        return kundenNr;
    }
    . . . . .
    @ManyToMany
    @JoinTable (name = "TAB_KUNDE_KONTO",
        joinColumns = {@JoinColumn (name = "ID_KUNDE")},
        inverseJoinColumns = {@JoinColumn (name= " ID_KONTO")})
    public Collection<Konto> getKonten()
    {
        return konten;
    }
    . . . . .
}

@Entity
@Table (name = "TAB_KONTO")
public class Konto implements java.io.Serializable
{
    private int knr;
    private Collection<Kunde> besitzer =
        new ArrayList<Kunde>();
    . . . . .
    @Id
    @GeneratedValue
    public int getKnr()
    {
        return knr;
```

```
   }
   . . . . .
   @ManyToMany (mappedBy = "konten")
   public Collection<Kunde> getBesitzer ()
   {
      return besitzer;
   }
   . . . . .
}
```

9.3.1.7 Die unidirektionale N-zu-M-Beziehung

Eine **unidirektionale N-zu-M-Beziehung** liegt dann vor, wenn vielen Objekten vom Typ A viele Objekte vom Typ B zugeordnet werden. Diese Referenzierung geht dabei aber nur in eine einzige Richtung.

Beispiel

Bleibt man bei dem Beispiel aus dem vorigen Kapitel, dann würden die Objekte der Klasse Konto nicht die Objekte der Klasse Kunde referenzieren. Um diesen Fall zu konstruieren, müsste in der Klasse Konto die Referenzvariable besitzer entfernt werden. Die Klasse Kunde bliebe hingegen unangetastet.

9.3.2 Vererbung

Eines der zentralen Probleme von objekt-relationalen Mappern ist die Abbildung der Vererbung auf Datenbanktabellen.

JPA bietet für die Vererbung drei verschiedene Lösungsstrategien an:

- eine einzige Tabelle für eine Vererbungshierarchie,
- eine Tabelle für jede Klasse der Vererbungshierarchie und
- eine Tabelle je konkreter Kindklasse.

Im Folgenden werden die eben genannten Vererbungsstrategien vorgestellt. Dabei wird als **Beispiel** die folgende Vererbungshierarchie betrachtet:

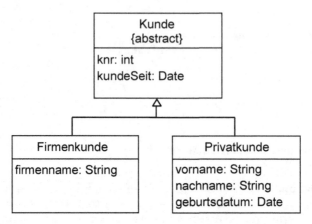

Bild 9-10 Beispiel Vererbung

Es ist möglich, dass es verschiedene Arten von Kunden in einer Bank gibt. Beispielsweise ist eine Untergliederung in Firmen- und Privatkunden möglich. Beides sind
Kunden, besitzen aber noch weitere Eigenschaften, die der jeweils andere Kunden-
typ nicht hat. Über die Vererbungsbeziehung lassen sich diese Zusammenhänge
einfach darstellen. Das obige Bild zeigt die Vererbungshierarchie der abstrakten
Klasse Kunde. Anhand dieses Beispiels werden die Lösungsarten von JPA im
Folgenden demonstriert.

9.3.2.1 Eine einzige Tabelle für eine Vererbungshierarchie

Die einfachste Möglichkeit, eine Vererbungshierarchie auf eine relationale Datenbank abzubilden, ist, die gesamte Vererbungshierarchie auf
eine einzige Datenbanktabelle abzubilden. Diese Möglichkeit ist aber
selten praktikabel.

Eine Tabelle, welche die gesamte Vererbungshierarchie beinhalten soll, besitzt
Spalten für alle Attribute der Eltern- und Kindklassen. Zusätzlich wird eine sogenannte **Diskriminatorspalte** benötigt. Der Wert dieser Spalte gibt den Entity-Typ der
Daten der jeweiligen Tabellenzeile an. Dies kann z. B. durch einen String, ein einzelnes Zeichen oder einen Integer-Wert geschehen.

Mit der Annotation @Inheritance kann die sogenannte Vererbungs-
strategie von JPA festgelegt werden. Wird das Attribut strategy
dieser Annotation auf SINGLE_TABLE gesetzt, dann wird JPA eine
einzige Tabelle für die gesamte Vererbungshierarchie anlegen.

Mit der Annotation @DiscriminatorColumn kann unter anderem der Name der
Diskriminatorspalte sowie deren Typ (DiscriminatorType) festgelegt werden. Die
Annotation @DiscriminatorValue wiederum legt bei der jeweiligen abgeleiteten
Klasse den Eintrag in die Diskriminatorspalte fest.

Programmierbeispiel

Die Elternklasse `Konto` lässt sich auszugsweise somit folgendermaßen definieren:

```
@Entity
@Inheritance(strategy = InheritanceType.SINGLE_TABLE)
@DiscriminatorColumn(name = "Disc",
     discriminatorType = DiscriminatorType.STRING)
public abstract class Kunde
{
  private int knr;
  private Date kundeSeit;

  @Id
  @GeneratedValue
  public int getKnr()
  {
  return knr;
  }
  . . . . .
  @Column(name = "seit")
  public Date getKundeSeit()
  {
     return kundeSeit;
  }
  . . . . .
}
```

Die Klasse `Privatkunde` besitzt kein eigenes Attribut, das auf einen Primär-schlüssel gemappt ist. Sie übernimmt dieses automatisch von der Elternklasse `Kunde`. Es sind somit neben der Annotation `@DiscriminatorValue` keine weiteren Annotationen nötig. Die Klasse Kunde ist auszugsweise im Folgenden zu sehen:

```
@Entity
@DiscriminatorValue("Privat")
public class Privatkunde extends Kunde
{
  private String vorname;
  private String nachname;
  private Date geburtsdatum;
  . . . . .
}
```

Ein Auszug der Klasse `Firmenkunde` sieht schließlich wie folgt aus:

```
@Entity
@DiscriminatorValue("Firma")
public class Firmenkunde extends Kunde
{
  private String firmenname;
  . . . . .
}
```

Die aus den angegebenen Annotationen resultierende Tabelle mit Beispieldaten sieht somit wie folgt aus:

Disc	Knr	seit	Firmenname	Vorname	Nachname	Geburtsdatum
Firma	123456	01.01.2000	Die Firma	NULL	NULL	NULL
Privat	123457	01.01.2000	NULL	Adam	Riese	01.01.2000
...	...	...	...	...	...	...
Privat	125678	01.01.2000	NULL	Max	Mustermann	01.01.1950

Tabelle 9-1 Eine einzige Tabelle für die ganze Vererbungshierarchie

Die erste Spalte ist die Diskriminatorspalte. Sie kann die Werte „Firma" und „Privat"
annehmen. Bei Privatkunden bleibt die Spalte Firmenname leer (NULL). Ebenso
bleiben die Spalten Vorname, Nachname und Geburtsdatum für einen
Firmenkunden leer (NULL). Diese Werte können in der Tabelle somit nicht als NOT
NULL definiert werden. Die Spalten Knr und seit sind bei allen Zeilen befüllt, da sie die
geerbten Attribute der Elternklasse repräsentieren.

9.3.2.2 Eine Tabelle für jede Klasse der Vererbungshierarchie

Die objektorientierte Vererbung lässt sich auch als Beziehung zwischen Tabellen abbilden. Bei diesem Ansatz wird für jede Klasse der
Vererbungshierarchie eine eigene Datenbanktabelle angelegt.

Die Tabellen der Kindklassen beinhalten nur Spalten für die „zusätzlichen" Attribute
der jeweiligen abgeleiteten Klasse und nicht für die geerbten Attribute sowie einen
Fremdschlüssel, der auf den Primärschlüssel der Elternklasse verweist. Dieser
Fremdschlüsel ist gleichzeitig der Primärschlüssel der Kindklasse selbst. Es existiert
also für jede Klasse der Vererbungshierarchie eine eigene Tabelle.

Programmierbeispiel

Die Klassen Kunde, Privatkunde und Firmenkunde werden wie im letzten Kapitel definiert, mit dem einzigen Unterschied, dass dem Attribut strategy der Annotation @Inheritance der Wert InheritanceType.JOINED zugewiesen wird. Die
Definition der Elternklasse Kunde ergibt sich somit wie folgt:

```
@Entity
@Inheritance(strategy = InheritanceType.JOINED)
@DiscriminatorColumn(name = "Disc",
    discriminatorType = DiscriminatorType.STRING)

public abstract class Kunde
{
  private int knr;
  private Date kundeSeit;
  @Id
  @GeneratedValue
  public int getKnr()
  {
  return knr;
  }
  . . . . .
  @Column(name = "seit")
```

```
public Date getKundeSeit() {
   return kundeSeit;
}
   . . . . .
}
```

Die Diskriminator-Spalte findet in der Tabelle `Kunde` ihren Platz. Die Tabelle `Kunde` sieht somit wie folgt aus:

Knr	seit	Disc
123456	01.01.2000	Firma
123457	01.01.2000	Privat
...	...	...
124567	01.01.2000	Privat

Tabelle 9-2 Tabelle Kunde

Die Tabellen `Privatkunde` und `Firmenkunde` müssen neben den Attributen aus den zugehörigen Java-Objekten noch einen Fremdschlüssel besitzen, der auf den Primärschlüssel der Tabelle `Kunde` zeigt. Die Tabelle `Firmenkunde` ergibt sich hiermit zu:

Firmenname	Knr
Die Firma	123456
...	...

Tabelle 9-3 Tabelle Firmenkunde

Die Tabelle `Privatkunde` hat folgende Gestalt:

Vorname	Nachname	Geburtsdatum	Knr
Max	Mustermann	01.01.1950	123457
...	...	...	...
Adam	Riese	01.01.2000	124567

Tabelle 9-4 Tabelle Privatkunde

Dieser Ansatz zum Abbilden einer Vererbung auf normale Tabellenbeziehungen verwendet im Hintergrund Joins, um die Daten zusammenzustellen. Dies kann bei tiefen Vererbungshierarchien zu Performanceproblemen führen.

9.3.2.3 Eine Tabelle je konkreter Kindklasse

Bei der Alternative „Eine Tabelle je konkreter Kindklasse" werden die Kindklassen, nicht aber die abstrakte Elternklasse als separate Datenbanktabelle abgebildet.

Programmbeispiel

Die Klassen `Kunde`, `Privatkunde` und `Firmenkunde` werden wie im letzten Kapitel definiert, mit dem einzigen Unterschied, dass dem Attribut `strategy` der An-

notation @Inheritance der Wert InheritanceType.TABLE_PER_CLASS zugewiesen wird. Die Definition der Elternklasse Kunde ergibt sich somit wie folgt:

```
@Entity
@Inheritance(strategy = InheritanceType.TABLE_PER_CLASS)
public abstract class Kunde
{
  private int knr;
  private Date kundeSeit;
  @Id
  @GeneratedValue
  public int getKnr()
  {
  return knr;
  }
  . . . . .
  @Column(name = "seit")
  public Date getKundeSeit()
  {
     return kundeSeit;
  }
  . . . . .
}
```

Die Diskriminator-Spalte wird in diesem Fall nicht benötigt. Für die Klasse Kunde gibt
es keine eigene Datenbanktabelle. Die Attribute der Elternklasse tauchen dafür in
den Tabellen Privatkunde und Firmenkunde auf:

Knr	seit	Firmenname
123456	01.01.2000	Die Firma
…	…	…

Tabelle 9-5 Tabelle Firmenkunde

Knr	seit	Vorname	Nachname	Geburtsdatum
123457	01.01.2000	Max	Mustermann	01.01.1950
…	…	…	…	…
124567	01.01.2000	Adam	Riese	01.01.2000

Tabelle 9-6 Tabelle Privatkunde

Die Kundennummer ist in diesem Fall kein Fremdschlüssel, sondern direkt der Primärschlüssel der Tabelle, der jedoch auf ein Attribut der abstrakten Elternklasse
gemappt ist.

Diese Alternative ist laut dem JPA-Standard optional. Ihre Verwendung kann ggf. zu
Portabilitätsproblemen führen.

9.4 Die Java Persistence Query Language

Ein Bankangestellter möchte sich beispielsweise einen Überblick darüber verschaf-
fen, wie viele Konten momentan existieren und wie hoch der gesamte Geldbetrag ist,
der von der Bank verwaltet wird. Dafür wäre eine Abfrage sinnvoll, die bei einmaliger

Ausführung alle Objekte der Klasse `Konto` zurückliefert. Für solche Zwecke definiert JPA die **Java Persistence Query Language (JPQL)**.

> Die Java Persistence Query Language (JPQL) ist eine Abfragesprache, deren Syntax an SQL angelehnt ist. Es ist damit möglich, komplexe Datenbankabfragen auszuführen.

> JPA bietet die Möglichkeit, Abfragen an eine Datenbank zu richten, um gezielt nach einer Instanz oder einer Menge von Instanzen zu suchen.

Das Interface `EntityManager` stellt dafür unter anderem die Methode

```
Query createQuery (String qlString)
```

zur Verfügung, wobei das übergebene Objekt der Klasse `String` ein gültiges JPQL-Statement sein muss. Ansonsten wirft die Methode eine Exception vom Typ `IllegalArgumentException`.

Ist das Statement JPQL-konform, so liefert `createQuery()` eine Referenz auf ein Objekt zurück, welches die Schnittstelle `javax.persistence.Query` implementiert. Dieses Objekt vom Typ `Query` kapselt die benötigte Logik, um eine JPQL-konforme Anfrage an die Datenbank zu richten. Die eigentliche Abfrage ist jedoch mit der Erzeugung des `Query`-Objektes noch nicht abgesetzt worden. Für diesen Zweck stellt das Interface `Query` die Methode

```
List<E> getResultList()
```

zur Verfügung. Wird die Methode `getResultList()` ausgeführt, so wird die Abfrage an die Datenbank gerichtet und das Ergebnis in einem Objekt zurückgeliefert, dessen Klasse das Interface `List<E>` implementiert. Die Methode wirft eine Exception vom Typ `IllegalStateException`, falls das Objekt vom Typ `Query`, auf dem die Methode `getResultList()` aufgerufen wird, ein UPDATE- oder DELETE-Statement kapselt.

Im Folgenden wird das SELECT-Statement vorgestellt, das den Einsatz von JPQL demonstrieren soll.

9.4.1 Das SELECT-Statement

> Ein gültiges SELECT-Statement setzt sich aus sechs Teilen zusammen. Es wird in Backus-Naur-Form folgendermaßen beschrieben:
>
> ```
> SELECT-Statement ::= SELECT-Klausel FROM-Klausel
>     [WHERE-Klausel] [GROUPBY-Klausel]
>     [HAVING-Klausel] [ORDERBY-Klausel]
> ```

Neben den benötigten SELECT- und FROM-Klauseln gibt es die vier weiteren optionalen WHERE-, GROUPBY-, HAVING- und ORDERBY-Klauseln. Im Folgenden werden
einige Anwendungsfälle des SELECT-Statements vorgestellt.

9.4.1.1 Alle Datensätze einer Tabelle abfragen

Die Abfrage

```
SELECT C from Schemaname C
```

liefert alle Einträge aus der Tabelle, die dem Schema namens Schemaname
zugeordnet ist. Schemaname bezeichnet dabei den sogenannten **Abstract Schema
Name** einer Entity-Klasse. Wird beispielsweise die Entity-Klasse Konto wie folgt
definiert:

```
@Entity
class Konto
{
        . . . . .
}
```

so ist der Abstract Schema Name der Entity-Klasse Konto gleich dem unqualifizierten Klassennamen, also Konto. Wird die Entity-Klasse Konto hingegen zu

```
@Entity (name="KTO")
class Konto
{
        . . . . .
}
```

definiert, so erhält die Entity-Klasse Konto den Abstract Schema Name KTO.

C ist ein Stellvertreter für den Abstract Schema Name und kann an Stelle von Schemaname verwendet werden. Mit der SELECT-Klausel werden nun alle Objekte gesucht, deren Klasse den angegebenen Abstract Schema Name besitzen.

Beispiel

```
SELECT k FROM Konto k   // Erfasst alle Konto-Objekte
SELECT k FROM Konto k ORDER BY k.id DESC
                        // Absteigend sortiert nach dem
                        // Attribut id der Klasse Konto
```

9.4.1.2 Ergebnis einschränken

Mit JPQL besteht die Möglichkeit, den Abfrage-String dynamisch über Parameter
zusammenzusetzen. Dieses Verfahren ist vergleichbar mit der Parametrisierung von
Prepared Statements in JDBC. Ein Parameter wird mit Hilfe der beiden Methoden

```
Query setParameter (int position, Object value)
```

oder

```
Query setParameter (String name, Object value)
```

an ein Objekt der Klasse `Query` gebunden[147]. Im ersten Fall wird die Position, im zweiten Fall der Bezeichner des Parameters, sowie in beiden Fällen der Wert des Parameters übergeben. Der Unterschied zwischen den beiden Methoden `set-Parameter()` besteht darin, dass im ersten Fall innerhalb des Statements auf den Parameter über seine Position zugegriffen wird. Innerhalb des Statements erfolgt der Zugriff über ein Fragezeichen `?`, gefolgt von der Position wie in folgendem Beispiel:

```
?1    // Zugriff auf den ersten mit setParameter()
      // gesetzten Parameter.
```

Im zweiten Fall wird der Parameter an einen festen Namen gebunden. Der Zugriff über den Namen erfolgt durch die Angabe eines Doppelpunktes `:`, gefolgt vom Namen des Parameters. Dies wird in folgendem Beispiel gezeigt:

```
:low    // mit setParameter() wurde an das Query-Objekt
        // der Parameter mit Namen low gebunden.
```

Beispiel

```
// Es soll das Konto-Objekt mit der
// Kontonummer 2 gesucht werden:
Query query = em.createQuery (
  "SELECT k FROM Konto k WHERE k.id = :knr");
query.setParameter ("knr", new Integer (2));
List<?> listeKontonumer2 = query.getResultList();

// Alle Konto-Objekte mit den Kontonummern
// zwischen 1 und 100 suchen:
query = em.createQuery (
  "SELECT k FROM Konto k WHERE k.id > :low AND k.id < :high");
query.setParameter ("low", new Integer (1));
query.setParameter ("high", new Integer (100));
List<?> listeKonten = query.getResultList();
```

9.4.2 Named Queries

Um zu vermeiden, dass JPGL-Statements über den gesamten Code verteilt sind, können sogenannte **Named Queries** verwendet werden. Einmal über Named Queries definierte Abfragen können zudem mehrfach verwendet werden.

Named Queries werden üblicherweise über der Klassendefinition der zugehörigen Entity-Klasse definiert. Dies geschieht mit der Annotation `@NamedQuery`.

---

[147] Die Methode `setParameter()` wird auf einer Referenz auf ein Objekt vom Typ `Query` aufgerufen und gibt diese Referenz wieder als Rückgabewert zurück.

Beispiel

Das folgende Beispiel definiert das bereits bekannte Beispiel als Named Query:

```
@Entity
@NamedQuery (
  name = "Konto.loadKonto"
  query = "SELECT k FROM Konto k WHERE
          k.id > :low AND k.id < :high")
class Konto
{
  . . . . .
}
```

Über den Namen `Konto.loadKonto` kann auf diese Named Query zugegriffen werden. Dies geschieht wie bisher über den Entity Manager:

```
Query query = em.createQuery ("Konto.loadKonto");
```

Die Parameter können dann wie bisher über `query.setParameter()` gesetzt werden. Damit die Bezeichner der Named Queries eindeutig bleiben, ist es üblich, den Klassennamen an den Anfang zu stellen. Der Name `Konto.loadKonto` gibt damit an, dass es sich um eine Named Query der Klasse `Konto` handelt.

Mehrere Named Queries werden über die Annotation `@NamedQueries` wie folgt definiert:

```
@NamedQueries ({
  @NamedQuery (name = "…", query = "…"),
  @NamedQuery (name = "…", query = "…"),
  . . . . .
  @NamedQuery (name = "…", query = "…")
})
```

9.5 Transaktionen

Bei der Entwicklung von Systemen mit Datenbankanbindung stößt man früher oder später auf das Problem des Mehrbenutzerbetriebs. Greifen mehrere Anwender gleichzeitig auf eine Datenbank zu, dann können die Daten der Datenbank inkonsistent werden. Verschiedene Locking-Mechanismen können den gleichzeitigen Zugriff auf die Daten einschränken und damit solche Inkonsistenzen vermeiden.

Mehrere zusammengehörige Datenbankoperationen werden in einer **Transaktion**[148] zu einer logischen Einheit gekapselt. Es werden immer alle Operationen einer Transaktion oder gar keine ausgeführt.

Transaktionen können entweder direkt durch den Entwickler selbst[149] oder durch den Persistence Provider verwaltet werden. Bei Transaktionen können unterschiedliche

---

[148] In Kapitel 7.3.5 wurde der Begriff der Transaktion bereits eingeführt.
[149] Möchte der Entwickler die Transaktion selbst verwalten, dann muss er die Transaktion selbst starten, beenden und die Datenbank-Aktionen `commit()` und `rollback()` selbst durchführen.

Locking-Mechanismen (dt. Sperrmechanismen) gewählt werden. Über die Annotation `@TransactionAttribute` kann die Art der Transaktion für JPA wie in folgendem Beispiel festgelegt werden:

```
@TransactionAttribute(TransactionAttributeType.REQUIRED)
public void speichereKonto (Konto k)
{
  em.persist(k);
}
```

In diesem Beispiel beschränkt sich die Transaktion auf die Dauer der Methode. Zu Beginn der Methode wird die Transaktion begonnen und zum Ende der Methode mit einem Commit automatisch beendet.

JPA bietet zwei verschiedene Locking-Mechanismen an:

- Optimistisches Locking und
- Pessimistisches Locking.

Diese beiden Locking-Arten von JPA sowie deren Initialisierung werden in den folgenden Kapiteln erläutert.

9.5.1 Optimistisches Locking

Beim **optimistischen Locking** wird zu Beginn der Transaktion kein Objekt gesperrt. Es wird davon ausgegangen, dass ein Objekt, das innerhalb einer Transaktion gelesen und wieder in die Datenbank geschrieben wird, in der Zwischenzeit nicht durch eine andere Transaktion verändert wurde, also keine Konflikte auftreten. Zum Ende der Transaktion wird dies überprüft. Tritt ein Konflikt auf, dann werden die Änderungen durch einen Rollback der Transaktion wieder rückgängig gemacht.

Um auf Konflikte zu prüfen, wird eine Entity-Klasse mit einer Versionsnummer versehen. Die Versionsnummer einer Instanz einer Entity-Klasse wird immer dann erhöht, wenn der Eintrag in der zugehörigen Tabelle verändert wird. Eine solche Versionsnummer kann eine Zahl oder ein Zeitstempel sein und wird vom Persistence Provider verwaltet. Durch einen Abgleich der Versionsnummer in der Datenbanktabelle mit der Versionsnummer der zugehörigen Entity kann ein Konflikt festgestellt werden.

Innerhalb der Entity-Klasse, die mit optimistischem Locking überwacht werden soll, muss für die Versionsnummer ein Attribut mit der Annotation `@Version` hinzugefügt werden.

JPA stellt zwei Modi für optimistisches Locking zur Verfügung:

- `OPTIMISTIC (READ)` und
- `OPTIMISTIC_FORCE_INCREMENT` (früher `WRITE`).

Der Unterschied der verschiedenen optimistischen Lock-Modi besteht darin, dass die Versionsnummer bei `OPTIMISTIC_FORCE_INCREMENT` bei jedem Zugriff vom Entity Manager erhöht wird, auch wenn die Entity während der Transaktion nicht verändert wurde. Dies kann z. B. dafür genutzt werden, um die Anzahl der Zugriffe auf die Entity zu protokollieren.

Der Einsatz von optimistischem Locking ist dann sinnvoll, wenn konkurrierende Zugriffe auf einen Datensatz nur selten auftreten. Bei betriebswirtschaftlichen Anwendungen ist dies meist der Fall.

9.5.2 Pessimistisches Locking

Beim **pessimistischen Locking** wird direkt zu Beginn einer Transaktion versucht, den entsprechenden Datensatz in der Datenbank zu sperren.

Beim pessimistischen Locking werden konkurrierende Zugriffe bereits früh erkannt. Die Daten werden anschließend so lange geblockt, bis die Transaktion beendet ist. Dies wird auch als Langzeit-Lock bezeichnet. Damit wird sichergestellt, dass keine andere Transaktion die geblockten Daten verändern oder löschen kann.

Der Einsatz eines `@Version`-Attributs ist auch beim pessimistischen Locking möglich, jedoch nicht notwendig.

JPA stellt drei verschiedene Modi für pessimistisches Locking zur Verfügung:

- `PESSIMISTIC_READ`
  Die gesperrten Daten können von einer anderen Transaktion gelesen, aber nicht verändert oder gelöscht werden. Weitere Locks vom Typ `PESSIMISTIC_READ` sind jedoch gleichzeitig auf denselben Daten möglich.

- `PESSIMISTIC_WRITE`
  Die gesperrten Daten können von anderen Transaktionen nicht gelesen, verändert oder gelöscht werden.

- `PESSIMISTIC_FORCE_INCREMENT`
  Die gesperrten Daten können von keiner anderen Transaktion gelesen, verändert oder gelöscht werden. Die Versionsnummer wird automatisch inkrementiert, sobald die Transaktion durch einen Commit beendet wurde. Dies gilt auch, wenn der Zustand der gelesenen Entity innerhalb der Transaktion nicht verändert wurde.

Pessimistisches Locking ist vor allem dann die bessere Alternative, wenn sehr viele Transaktionen gleichzeitig auf denselben Datensatz zugreifen wollen. Dabei kann allerdings die Performance der Anwendung leiden. Darüber hinaus kann es zu Deadlocks kommen.

9.5.3 Lock-Modus festlegen

Es gibt verschiedene Möglichkeiten, den Lock-Modus im Programmcode zu setzen. Der Lock-Modus wird über den Enum-Typ `LockModeType` gesetzt und kann zum Beispiel als weiterer Parameter zu einigen Methoden hinzugefügt werden. Dies ist bei den Methoden `find()` und `refresh()` des Entity Managers und bei der Definition einer Named Query der Fall.

Zusätzlich gibt es zwei Methoden, deren einziger Sinn und Zweck es ist, den Lock-Modus zu setzen:

- die `lock()`-Methode des Entity Managers und
- die Methode `setLockMode()` einer Query.

Die folgenden **Beispiele** sollen den Umgang mit diesen beiden Methoden demonstrieren:

```
EntityManager em;
Konto konto = new Konto();
em.lock(konto, LockModeType.OPTIMISTIC)
Query q = em.createQuery(…);
q.setLockMode(LockModeType.PESSIMISTIC_FORCE_INCREMENT);
```

9.6 JPA-Konfiguration mit XML-Dateien

Mit JPA wurde die meist recht aufwendige Konfiguration der objektrelationalen Mapper über XML-Dateien durch den Einsatz von Annotationen abgelöst. Man hat jedoch nach wie vor die Möglichkeit, diese Konfigurationen über XML-Dateien zu tätigen.

In Kapitel 9.2.2 wurde bereits der Deployment-Deskriptor `persistence.xml` vorgestellt. Diese Datei braucht es für den Einsatz von JPA immer, auch wenn die weitere Konfiguration mit Hilfe von Annotationen umgesetzt wird. Innerhalb der Datei `persistence.xml` können zusätzliche Konfigurationen vorgenommen und weitere Mapping-Dateien referenziert werden. Diese Dateien werden in den folgenden Kapiteln beschrieben.

9.6.1 Persistence.xml

Der Deployment-Deskriptor `persistence.xml` definiert die Persistenzeinheiten der Anwendung. Darüber hinaus können weitere Eigenschaften festgelegt werden. Im Folgenden ist das Grundgerüst der Datei `persistence.xml` zu sehen:

```xml
<?xml version="1.0" encoding="UTF-8"?>
<persistence
 xmlns="http://java.sun.com/xml/ns/persistence"
 xmlns:xsi="http://www.w3.org/2001/XMLSchema-instance"
 xsi:schemaLocation="http://java.sun.com/xml/ns/persistence
    http://java.sun.com/xml/ns/persistence/persistence_2_1.xsd"
 version="2.1">
```

```
<persistence-unit name="…" transaction-type="JTA">
  <description> … </description>
  <provider> … </provider>
  <jta-data-source> … </jta-data-source>
  <mapping-file> … </mapping-file>
  <jar-file> … </jar-file>
  <class> … </class>
  <exclude-unlisted-classes>true</exclude-unlisted-classes>
  <shared-cache-mode>ALL</shared-cache-mode>
  <validation-mode>AUTO</validation-mode>
  <properties>
    <property name="…" value="…"/>
  </properties>
</persistence-unit>
</persistence>
```

Das Wurzelelement der Datei `persistence.xml` ist das Element `<persistence>`. Es kann aus einem oder mehreren Elementen `<persistence-unit>` bestehen. Jede Persistenzeinheit wird mit dem Element `<persistence-unit>` konfiguriert. Dafür sind folgende Unterelemente möglich:

- In `<description>` kann optional eine textuelle Beschreibung der Persistenzeinheit eingetragen werden.

- Die Implementierung der Persistenzeinheit kann mit `<provider>` angegeben werden. Dies ist nur dann notwendig, wenn der Anwendung mehrere JPA-Implementierungen zur Verfügung stehen. Wenn die Anwendung Erweiterungen einer ganz bestimmten Implementierung voraussetzt, muss ein Eintrag im Element `<provider>` existieren.

- Die Elemente `<jta-data-source>` und `<non-jta-data-source>` beinhalten die JNDI-Namen der Datasource, die der Provider verwenden soll.

- Unter `<mapping-file>` ist die Angabe von XML-Mapping-Dateien möglich. Dieses Element kann mehrfach in der Datei `persistence.xml` vorkommen. XML-Mapping-Dateien werden in Kapitel 9.6.2 beschrieben.

- Mit dem Element `<jar-file>` lassen sich zusätzliche `jar`-Dateien einbinden.

- Alle Klassen, die persistent sein sollen, können mit dem Element `<class>` angegeben werden.

- Das Element `<exclude-unlisted-classes>` kann die Werte `true` oder `false` annehmen. Bei `true` werden Klassen, die nicht explizit mit dem Element `<class>` angegeben wurden, nicht vom Persistence Provider berücksichtigt.

- Implementierungsspezifische Details können mit dem Element `<properties>` festgelegt werden. Mehrere Elemente `<property>` können darin beispielsweise die Persistence Provider konfigurieren.

- Über das Element `<shared-cache-mode>` kann der Second-Level-Cache[150] konfiguriert werden.

- Mit JPA 2.0 wurde die Bean-Validierung[151] eingeführt. Sie kann mit dem Element `<validation-mode>` konfiguriert werden.

9.6.2 Aufbau von XML-Mapping-Dateien

Anstatt mit Hilfe von Annotationen wie beispielsweise `@Entity` oder `@Id` lassen sich gleichwertige Konfigurationen mit Hilfe einer oder mehrerer sogenannten XML-Mapping-Dateien anlegen. Diese Mapping-Dateien können einen beliebigen Namen tragen und müssen in der Datei `persistence.xml` referenziert sein. Die Datei `persistence.xml` muss sich im Verzeichnis `META-INF` befinden.

Eine XML-Mapping-Datei enthält alle Konfigurationsdetails, die benötigt werden, um eine Klasse auf eine relationale Datenbank abzubilden. Sie stellt dazu u. a. Informationen bereit, welche Java-Klasse zu welcher Datenbanktabelle gehört oder welches Attribut auf welche Spalte einer Datenbanktabelle abgebildet wird.

Den kompletten Aufbau einer XML-Mapping-Datei mit allen XML-Elementen aufzuführen, würde den Umfang dieses Kapitels sprengen. Ein Beispiel soll stattdessen den Aufbau einer solchen Datei veranschaulichen. Passend zu den Beispielen aus Kapitel 9.1.2.1 werden im folgenden Beispiel die Mapping-Informationen der beiden Entities `Kunde` und `Konto` definiert:

```
<?xml version="1.0" encoding="UTF-8"?>
<entity-mappings
 xmlns="http://java.sun.com/xml/ns/persistence/orm"
 xmlns:xsi="http://www.w3.org/2001/XMLSchema-instance"
 xsi:schemaLocation="http://java.sun.com/xml/ns/persistence/orm
    http://java.sun.com/xml/ns/persistence/orm_2_1.xsd"
 version="2.1">
  <entity class="bank.beans.Kunde" access="PROPERTY"
    metadata-complete="true">
    <table name="TAB_KUNDE"/>
    <attributes>
      <id name="kundenNr">
        <generated-value strategy="AUTO"/>
      </id>
      <basic name="vorname">
      </basic>
      <basic name="nachname">
      </basic>
      <one-to-many name="konten" target-entity="bank.beans.Konto"
        mappedBy="besitzer">
```

---

[150] Der Second-Level-Cache ist eine optionale Erweiterung von JPA 2.0. Das Zwischenspeichern von Objekten ist damit über den Persistenzkontext hinaus möglich. Dies reduziert die Datenbankzugriffe und kann daher zu einer höheren Performance führen. Allerdings führt die Benutzung des Second-Level-Cache zu einem höheren Bedarf an Arbeitsspeicher.

[151] Mit Hilfe der Bean-Validierung lassen sich die erlaubten Werte von Properties einschränken. So kann beispielsweise eine Längenbegrenzung für ein Property vom Typ `String` festgelegt werden.

```
          <cascade>
            <cascade-all/>
          </cascade>
        </one-to-many>
      </attributes>
    </entity>
    <entity class="bank.beans.Konto" access="PROPERTY"
      metadata-complete="true">
      <table name="TAB_KONTO"/>
      <named-query name="Konto.findAll">
        <query>
          SELECT k FROM Konto k ORDER BY k.kontoNr
        </query>
      </name-query>
      <attributes>
        <id name="kontoNr">
          <generated-value strategy="AUTO"/>
        </id>
        <basic name="saldo">
        </basic>
        <many-to-one name="besitzer">
        </many-to-one>
      </attributes>
    </entity>
</entity-mappings>
```

Das Wurzelelement jeder Mapping-Datei ist `<entity-mappings>`. Die Konfiguration für eine Entity-Klasse wird im Element `<entity>` getätigt. Sämtliche Annotationen der Java-Klasse werden ignoriert, wenn das Element `<entity>` das Attribut
`metadata-complete="true"` besitzt. Entspricht der Klassenname der Entity nicht
der zugehörigen Tabelle, dann kann der Tabellenname mit dem Element `<table>`
gesetzt werden. Die einzelnen Attribute der Entity-Klasse werden innerhalb des
Elements `<attributes>` aufgelistet. Der Primärschlüssel wird mit dem Element
`<id>` definiert. Das Element `<generated-value>` entspricht dabei der Annotation
`@GeneratedValue` und sorgt für das automatische Generieren der Primärschlüssel-
werte. Weitere Attribute können im Element `<basic>` definiert werden. In den Elementen `<one-to-many>` und `<many-to-one>` können die gleichnamigen Beziehungen definiert werden. Die One-To-Many-Beziehung muss dabei die Zielklasse
festlegen, mit der die Beziehung eingegangen werden soll. Named Queries können
ebenfalls in der Mapping-Datei definiert werden. Dafür stehen die Elemente
`<named-query>` und `<query>` bereit. Über das Element `<cascade>` kann festgelegt werden, welche Operationen an assoziierte Entities weitergegeben werden
sollen. Mit `<cascade-all/>` werden alle Operationen weitergegeben.

9.7 Übungen

Für die Übungen zu JPA sei auf die Programmierbeispiele in Kapitel 9.1.2 und auf die Übungen in Kapitel 8 verwiesen, die als durchgängiges Beispiel bereits Entity-Klassen, deren Beziehungen untereinander sowie die persistente Speicherung der Entities enthalten.

Begriffsverzeichnis

Annotation
: Mit **Annotationen** lassen sich Meta-Daten in den Programmcode einbinden. Sie haben keinen direkten Einfluss auf den annotierten Programmcode.

Anwendungsserver
: Ein **Anwendungsserver** stellt einem Client Funktionalität zur Verfügung.

Archiv
: **Archive** dienen zur Zusammenstellung mehrerer Dateien – in gepackter oder ungepackter Form – in einer einzigen Datei. Archivdateien haben die Dateierweiterung jar. Sie dienen dazu, Java-Applikationen und Java-Bibliotheken Anwendern bzw. Entwicklern zur Verfügung zu stellen. jar-Dateien können außer Bytecode-Daten beispielsweise auch Bilder und xml-Dateien enthalten. Es können aber auch weitere jar-Dateien in einer jar-Datei verpackt sein. Typischerweise enthält eine jar-Datei Bytecode-Daten (.class-Dateien) und sogenannte Metadaten. Bei den Metadaten eines Archivs handelt es sich hauptsächlich um die Datei MANIFEST.MF, in der beispielsweise Informationen wie die Version der Manifest-Spezifikation oder Signatur-Informationen für Klassen, wenn eine jar-Datei signiert wird, hinterlegt werden. Zusätzlich können z. B. im OSGI- bzw. Eclipse-Umfeld Abhängigkeiten zu anderen jar-Dateien angegeben werden. jar-Dateien haben das Format einer zip-Datei und können dadurch mit jedem herkömmlichen Archiv-Programm geöffnet werden.

Bindung
: Wird eine Methode aufgerufen, so ist der entsprechende Programmcode der Methode, d. h. der Methodenrumpf, auszuführen. Die Zuordnung des Methodenrumpfes zum Aufruf der Methode, d. h. dem Methodenkopf, nennt man **Bindung**.

Business-Schicht
: In der **Business-Schicht** erfolgt die Verarbeitung der Geschäftslogik und die transiente Datenhaltung eines Programms.

CLASSPATH
: Ein Klassenpfad (oder Klassensuchpfad), in Java classpath genannt, verweist auf eines oder mehrere Verzeichnisse, in denen die Laufzeitumgebung nach benötigten Komponenten sucht. In Java legt man den Klassensuchpfad über die Umgebungsvariable **CLASSPATH** fest oder übergibt den Klassensuchpfad beim Aufruf des Programms auf der Kommandozeile als Kommandozeilenparameter.

Client-Schicht
: In der **Client-Schicht** eines Programms erfolgt die Interaktion mit dem Benutzer.

Database Management System (DBMS)
: Ein **Database Management System** (dt. Datenbankverwaltungssystem) ist unter anderem für die Verwaltung von einer oder von mehreren Datenbanken und den darin gespeicherten Daten zuständig.

Dependency Injection	Bei **Dependency Injection** wird die Verantwortung für das Erzeugen und die Verknüpfung von Objekten an eine eigenständige Komponente übertragen.
Domain Name Server	Ein **Domain Name Server** führt die Namensübersetzung von logischen Namen für Rechner in physische Adressen durch.
EJB-Container	Ein **EJB-Container** ist eine Laufzeitumgebung für die Komponenten der Business-Schicht. Er ist üblicherweise Teil des Java EE Application Servers.
Enterprise JavaBeans (EJB)	**Enterprise JavaBeans** sind standardisierte Komponenten einer JEE-Architektur. Sie dienen zur Programmierung der Geschäftslogik.
Entity Manager	Erstellt man Entity-Klassen nach der Spezifikation der Java Persistence API (JPA), so werden die Aufgaben des Auffindens, Abspeicherns und Löschens vom sogenannten **Entity Manager** übernommen, der von der JPA zur Verfügung gestellt wird.
Facelets	**Facelets** ist eine mächtige Seitendeklarationssprache, die von JSF verwendet wird, um dynamisch Bildschirmseiten im HTML-Format zu erstellen.
Faces Outcome	**Faces Outcome** ist der Rückgabewert einer Action-Methode bei Nutzung des JSF-Frameworks. Dieser Wert wird üblicherweise als Navigationsregel interpretiert und erlaubt so die dynamische Festlegung der als nächstes anzuzeigenden View.
Form	**Formular**, welches Eingabefelder für Benutzerabfragen enthalten kann.
Hyperlink	Ein **Hyperlink** erlaubt in einem Hypertext wie HTML (Hypertext Markup Language) die Referenzierung anderer elektronischer Dokumente.
Hypertext	Ein **Hypertext** wird wie beispielsweise HTML in einer Auszeichnungssprache geschrieben. Ein Hypertext enthält neben Formatanweisungen auch Befehle für Hyperlinks, die Sprünge zu anderen elektronischen Dokumenten erlauben.
JavaBeans	**JavaBeans** sind Software-Komponenten. Sie wurden zunächst am MMI bei der Programmierung der Benutzerschnittstelle in Verbindung mit AWT- und Swing-Klassen verwendet. JavaBeans zeichnen sich durch die folgenden Eigenschaften aus:

- das Vorhandensein eines öffentlichen, parameterlosen Konstruktors,
- die Eigenschaft der Serialisierbarkeit und
- öffentliche Setter- und Getter-Methoden.

Infolge dieser Eigenschaften eignen sich JavaBeans zur Verwendung in Frameworks, bei welchen JavaBeans via Konfiguration, das heißt ohne Programmierung, instanziiert und verknüpft werden können. Beispiele für solche Frameworks sind JPA oder das Spring Framework.

Java EE Application Server	Ein **Java EE Applikation Server** ist eine Laufzeitumgebung für Java EE-Anwendungen
Java Naming and Directory Interface	Das **Java Naming and Directory Interface** (JNDI) ist eine API von Java für Namens- und Verzeichnisdienste, die es Herstellern erlaubt, eigene Lösungen anzubieten, welche diese Schnittstelle realisieren. In der Praxis dient JNDI zur Registrierung von Objekten und zum Auffinden dieser Objekte über einen Namen. Beispielsweise kann eine Datenquelle für den Zugriff auf eine Datenbank registriert werden.
Java Persistence-API (JPA)	Die Java **Persistence-API** stellt die Spezifikation eines objektrelationalen Mappers dar.
JavaServer Faces	**JavaServer Faces** (JSF) ist ein serverseitiges Framework zur Programmierung von Webanwendungen und ihren Benutzeroberflächen, die auf der Java-Technologie basieren.
JavaServer Pages	**JavaServer Pages** (JSP) bieten eine Möglichkeit zur Erzeugung dynamischer Webseiten. Dabei wird Java-Quellcode direkt in einer HTML-Seite eingebunden, ähnlich wie bei der Skriptsprache PHP. Somit können Programmierer leicht dynamische Webseiten erstellen.
Java Servlets	Mit **Java Servlets** bezeichnet man serverseitige Klassen, die in einer Webanwendung Anfragen von Clients entgegennehmen und daraus resultierende Antworten zurücksenden.
Java Persistence Query Language (JPQL)	Die **Java Persistence Query Language** ist eine Abfragesprache, deren Syntax an SQL angelehnt ist. Bei der Verwendung der Java Persistence API ist es somit möglich, komplexe Datenbankabfragen auszuführen.
Message-Driven Bean	**Message-Driven Beans** erlauben eine asynchrone Verarbeitung von Nachrichten unter Verwendung des sogenannten Java Message Service (JMS).
MIME-Type	Ein **MIME-Type** (Multipurpose Internet Mail Extensions) klassifiziert die Daten im Rumpf einer Nachricht zum Beispiel als Klartext, HTML-Dokument oder als Bild.
Model 2	Die Übertragung des MVC-Musters auf Webanwendungen wird **Model 2** genannt (siehe dazu beispielsweise [oramvc]). Das Muster Model 2 findet Anwendung, wenn die Darstellung – die Präsentation – vor jeder Auslieferung auf dem Server dynamisch erstellt wird. Bei Webanwendungen ist die gegenseitige Unabhängigkeit zwischen der Struktur, dem Aussehen und dem Inhalt notwendig. Dies ermöglicht beispielsweise eine Veränderung des Aussehens (Design), ohne die Struktur mit verändern zu müssen.

MVC	Das **MVC**-Architekturmuster beschreibt, wie die Daten und ihre Verarbeitung im Model, deren Darstellung in der View und die Eingaben des Benutzers im Controller voneinander getrennt werden und dennoch einfach miteinander kommunizieren können. Views und Controller bilden zusammengenommen das User Interface (UI).
Object Relation Mapping (ORM)	**Object Relational Mapping** (dt. objektrelationale Abbildung) ist eine Technik, bei der Objekte auf eine relationale Datenbank und umgekehrt abgebildet werden.
Persistence Provider	Ein **Persistence Provider** implementiert die JPA-Spezifikation und übernimmt somit das objektrelationale Mapping. Beispiele für einen Persistence Provider sind Hibernate, OpenJPA oder EclipseLink.
Persistenz-Schicht	In der **Persistenz-Schicht** erfolgt die persistente Datenhaltung eines Programms.
RMI	Mit **RMI** (Remote Method Invocation) können Methoden in Objekten aufgerufen werden, die in einer anderen virtuellen Maschine laufen.
Servlet	Mit **Servlets** können auf Anforderung eines Clients von einem Webserver Bildschirmseiten – in der Regel als HTML-Seiten – dynamisch generiert werden, um sie an den Client zu senden.
Servlet-Container	Ein **Servlet-Container** ist eine Laufzeitumgebung für die Komponenten der Web-Schicht.
Servlet Engine	Ein Servlet-Container wird auch als **Servlet Engine** bezeichnet.
Session-Bean	Mit Hilfe der **Session-Beans** wird die Verarbeitungslogik der Geschäftsprozesse auf einem Java EE Application Server programmiert.
Socket	Via **Sockets** kann sich eine Anwendung mit einem Netzwerk verbinden und mit Anwendungen auf anderen Rechnern Daten austauschen.
SQL	Die **Structured Query Language** (SQL) ist eine standardisierte Datenbanksprache für relationale Datenbanken zur Definition von Datenstrukturen, dem Bearbeiten (Einfügen, Verändern und Löschen) und Abfragen von Daten und zur Steuerung von Transaktionen.
System-Property	**System-Properties** werden zur Konfiguration von Java-Anwendungen verwendet. Konkret wird dabei ein Wert einem eindeutigen Schlüssel zugewiesen, der beim Start der Anwendung gesetzt und zur Laufzeit in der Anwendung abgefragt werden kann.
Tag	Ein **Tag** dient zur Auszeichnung von Daten mit zusätzlichen Informationen. Bei Mark-up-Languages wie z. B. HTML werden die in spitzen Klammern eingeschlossenen Kürzel als Tags be-

zeichnet, die Textelemente auszeichnen.

Timeout	Als **Timeout** wird die Zeitspanne bezeichnet, die ein bestimmter Vorgang einer Anwendung brauchen darf, bevor ein bestimmtes Ereignis, beispielsweise ein Fehler, ausgelöst wird.
Transaktion	Eine **Transaktion** ist eine definierte Folge von Verarbeitungs-schritten, die meist beim Schreiben von Daten in eine Datenbank zum Einsatz kommt. Eine Transaktion findet entweder vollständig statt oder gar nicht. So werden inkonsistente Datenzustände vermieden.
Transaktion (verteilte)	**Verteilte Transaktionen** sind Transaktionen, die in mehreren Teiltransaktionen in einem verteilten System ausgeführt werden.
Web-Container	Ein **Web-Container** verwaltet die Ausführung eines Web-Frontends in einem Java EE Application Server.
Web-Frontend	Als Web-Frontend wird die Benutzerschnittstelle einer Internet-Anwendung bezeichnet, die in einem Webbrowser dargestellt wird.
Web-Schicht	Eine **Web-Schicht** bezeichnet die Schicht, mit der ein Server seine Dienste zum Zugriff durch einen Client via HTTP zur Verfügung stellt.
Web Service	Als **Web Service** wird ein Dienst einer Webanwendung bezeichnet, der für die Maschine-zu-Maschine-Kommunikation verwendet wird.
XHTML	**XHTML** (Extensible HyperText Markup Language) ist ein Standard des World Wide Web Consortium (W3C). Es ist eine Auszeichnungssprache wie das ursprüngliche HTML, verwendet aber XML als Sprachgrundlage. Damit müssen XHMTL-Dokumente den Syntaxregeln von XML genügen. XHMTL-Dokumente sind der Standard für die Definition von Views bei JavaServer Faces.

Abkürzungsverzeichnis

API	Application Programming Interface
AWT	Abstract Window Toolkit
BMC	Bean-managed concurrency
CDI	Contexts and Dependency Injection
CGI	Common Gateway Interface
CMC	Container-managed concurrency
CORBA	Common Object Request Broker Architecture
DBMS	Data Base Management System
DHCP	Dynamic Host Configuration Protocol
DNS	Domain Name Service
EAR	Enterprise Archive
EJB	Enterprise JavaBeans
EL	Expression Language
FIFO	First In First Out
FTP	File Transfer Protocol
GIF	Graphics Interchange Format
HMI	Human Machine Interface
HTML	Hypertext Markup Language
HTTP	Hypertext Transfer Protokol
HTTPS	Hypertext Transfer Protocol Secure
ID	Identifier
IP	Internet Protocol
IPC	Inter Process Communication
ISAPI	Internet Server API
ISO	International Organization for Standardization
JAR	Java Archive
JCP	Java Community Process
JDBC	Java Database Connectivity
JDK	Java Development Kit
JEE	Java Enterprise Edition
JMS	Java Message Service
JNDI	Java Naming and Directory Interface
JNI	Java Native Interface
JPA	Java Persistence API
JPQL	Java Persistence Query Language
JRE	Java Runtime Environment
JSE	Java Standard Edition
JSF	JavaServer Faces
JSP	JavaServer Pages
JSR	Java Specification Request
JSTL	JavaServer Pages Standard Tag Library
JVM	Java Virtual Machine
MDB	Message Driven Bean
MIME	Multipurpose Internet Mail Extensions
MMI	Man-Machine Interface
MVC	Model View Controller
NSAPI	Netscape Server API
ODBC	Open Database Connectivity

ORM   Object-relational mapping
OSI   Open Systems Interconnection
PDF   Portable Document Format
PHP   Hypertext Preprocessor
POJO   Plain Old Java Objects
RMI   Remote Method Invocation
SPM   Service Provider Mechanismus
SQL   Structured Query Language
SSL   Secure Socket Layer
TCP   Transmission Control Protocol
TLD   Top Level Domain
TLD   Tag Library Descriptor
UCS   Universal Character Set
UDP   User Datagram Protocol
UI   User Interface
UML   Unified Modeling Language
URI   Uniform Resource Identifier
URL   Uniform Resource Locator
UTF   UCS Transformation Format
W3C   World Wide Web Consortium
WAR   Web Application Archive
XHTML   Extensible Hypertext Markup Language
XML   Extensible Markup Language

Anhang A Verwendung einer Codebase bei RMI

A 1 Laden von Klassen von der Codebase

In Kapitel 3 wurde erklärt, wie verteilte Systeme unter Verwendung von RMI erstellt werden können. Dabei wurde in allen Beispielen die Stub-Klasse automatisch zur Laufzeit erzeugt, die selbst erstellten Klassen, wie die Remote-Schnittstelle, mussten vom Client, der RMI-Registry und dem Server im lokalen Klassenpfad gefunden werden. Es gibt nun aber besondere Anforderungen, die es notwendig machen, dass bestimmte Klassen von einer vorgegebenen Quelle, der sogenannten **Codebase**, geladen werden. Mögliche Fälle wären:

- Es wurde eine eigene Stub-Klasse erstellt, die vom Client zum Aufruf von Methoden im Server verwendet werden soll. Dies kann zum Beispiel notwendig sein, wenn in der selbst erstellten Stub-Klasse spezielle Sicherheitsfunktionen zum verschlüsselten Austausch von Daten zwischen Client und Server implementiert wurden.

- Der Client übergibt Instanzen von Klassen an einen Server, die zur Entwurfszeit des Servers noch nicht bekannt waren. Dies bedeutet, dass der Server eine ihm unbekannte Klasse zur Laufzeit von einer vorgegebenen Quelle laden muss.

- Der Server übergibt Instanzen von Klassen an den Client, die zur Entwurfszeit des Clients noch nicht bekannt waren.

Damit man eine Codebase richtig einsetzen und auch die damit verbundenen möglichen Fehler richtig interpretieren kann, ist es notwendig zu verstehen, wie das Laden von Klassen in Java funktioniert. Dies ist im folgenden Kapitel beschrieben.

A 1.1 Laden von Klassen durch den Klassenlader

Ein Klassenlader ist dafür verantwortlich, dass der Code einer Klasse oder einer Schnittstelle dynamisch – das heißt zur Laufzeit – in eine Java-Virtuelle Maschine geladen werden kann. Wenn während der Ausführung eines Programms der Interpreter angewiesen wird, ein Objekt einer bestimmten Klasse anzulegen, beispielsweise durch die Anweisung:

```
MeineKlasse ref = new MeineKlasse();
```

so muss dafür gesorgt werden, dass der Code der Klasse `MeineKlasse` innerhalb der Java-Virtuellen Maschine verfügbar ist. Der Interpreter muss ja wissen, welche Datenfelder das Objekt besitzt und über welche aufrufbaren Methoden es in der Method-Area verfügt. Der Code der Klasse muss also geladen werden und bekannt sein.

Im Gegensatz zu Programmiersprachen wie C oder C++ mit statischer Bindung, bei denen nach der Übersetzung des Quellcodes die einzelnen Teile zu einem ausführbaren Programm statisch[152] zusammengeführt – man sagt gelinkt – werden, ist Java

---

[152] In C und C++ besteht natürlich auch die Möglichkeit, durch dynamisch ladbare Bibliotheken – sogenannte shared libraries (in Windows dlls = dynamic load libraries) – Code erst zur Laufzeit zu

eine Programmiersprache mit dynamischer Bindung. Das bedeutet, dass die einzelnen `class`-Dateien erst in der Java-Virtuellen Maschine zu einem ausführbaren Programm zusammen gelinkt werden. Wird ein Java-Programm durch den Aufruf

```
java StartKlasse
```

gestartet, so wird die Java-Virtuelle Maschine – diese wird durch den Aufruf des Programms `java` ins Leben gerufen – damit beauftragt, die Methode

```
public static void main (String[] args)
```

aufzurufen und den darin enthaltenen Code auszuführen. Die Methode `main()` muss natürlich in der Klasse `StartKlasse` implementiert sein, sonst wird eine Exception vom Typ `NoSuchMethodError` geworfen. Bekanntermaßen ist jede Klasse in Java direkt oder indirekt von der Klasse `Object` abgeleitet, das heißt, die eigene Klasse steht höchstens an zweiter Stelle in der Klassenvererbungshierarchie – sie ist also mindestens von `Object` abgeleitet. Dadurch entstehen Abhängigkeiten zwischen der eigenen Klasse, deren Code ausgeführt werden soll und anderen Klassen, beispielsweise von Klassen der Java-Klassenbibliothek. Somit ist es notwendig, dass alle Klassen, von denen die Klasse `StartKlasse` abhängt, zusätzlich in die Java-Virtuelle Maschine geladen werden.

Damit sich der Programmierer darum nicht kümmern muss, gibt es für diese Aufgabe mehrere Klassen, die sich um das Laden von Klassen in die Java-Virtuelle Maschine kümmern. Solche Klassen werden **Klassenlader** genannt. Ein sogenannter **Ur-Klassenlader** – oder **bootstrap class loader** – ist dabei verantwortlich, dass beim Starten der Java-Virtuellen Maschine als erstes die Klassen geladen werden, die für die Ausführung der Java-Laufzeitumgebung benötigt werden. Der Ur-Klassenlader wird also beim Starten der Java-Virtuellen Maschine instanziiert und ist dafür verantwortlich, die Klassen der Java-Klassenbibliothek zu laden, die im Root-Klassenpfad[153] zu finden sind.

Daneben gibt es einen weiteren Klassenlader, den sogenannten Anwendungs-Klassenlader – oder **application class loader**. Er ist unter anderem für das Laden von Klassen verantwortlich, die unter dem aktuellen Arbeitsverzeichnis des ausgeführten Programms oder in den Klassenpfaden zu finden sind, die unter der Umgebungsvariable `CLASSPATH` angegeben wurden.

Die einzelnen Klassenlader bilden untereinander eine baumförmige Hierarchie, wobei der Ur-Klassenlader an der Wurzel dieser Hierarchie steht. Dabei kennt jeder Klassenlader immer seinen Elternklassenlader. Wird nun ein Klassenlader mit dem Laden einer Klasse beauftragt, so gibt der angesprochene Klassenlader als erstes diesen Auftrag an seinen Elternklassenlader weiter.

---

einem Programm dazuzulinken. Um jedoch überhaupt ein ausführbares Programm zu erhalten, müssen zumindest einige Kernbibliotheken des verwendeten Betriebssystems mit dem eigenen Code statisch verlinkt werden, damit ein minimal ausführbares Programm entsteht.

[153] Der Root-Klassenpfad ist der Klassenpfad, in dem die Klassen der Java-Laufzeitumgebung zu finden sind, also im Verzeichnis `lib` des Installationsverzeichnisses des JDK oder der JRE.

Die Klassenlader arbeiten nach dem **Delegationsprinzip**, um Klassen zur Laufzeit eines Programms zu laden.

Das Weiterdelegieren des Ladeauftrags wird so lange fortgesetzt, bis:

- ein Klassenlader gefunden wird, der in dem Klassenpfad, für den er zuständig ist, den angeforderten Klassencode gefunden hat. Der Code wird dann von diesem Klassenlader geladen und der Vorgang ist beendet.
- die Delegation an der Wurzel der Klassenlader-Hierarchie – also beim Ur-Klassenlader – angelangt ist und dieser ebenfalls nicht den Code der zu ladenden Klasse finden kann. In diesem Fall geht der Ladeauftrag an den ursprünglich damit beauftragten Klassenlader zurück. Dieser versucht dann die Klasse zu laden.

Kann kein Klassenlader den angeforderten Code der Klasse laden, – wird also keine entsprechende Klassendefinition gefunden – so wird von der Java-Virtuellen Maschine eine Exception vom Typ `NoClass-DefFoundError` geworfen.

Die Klassenlader-Funktionalität ist in der Klasse `java.lang.ClassLoader` implementiert. Die Klasse ist abstrakt, was bedeutet, dass von ihr Klassen abgeleitet werden müssen, die dann einen konkreten Klassenlader zur Verfügung stellen. Da die Implementierung eines Klassenladers sehr kompliziert ist und dabei viel falsch gemacht werden kann, sind in der Java-Klassenbibliothek konkrete Implementierungen von Klassenladern für die verschiedensten Aufgabengebiete vorhanden. Beispielsweise gibt es die Klasse `AppClassLoader`, die den Applikations-Klassenlader implementiert. Instanzen davon sind für das Laden von Klassen zuständig sind, die sich im aktuellen Arbeitsverzeichnis und unter dem `CLASSPATH` befinden. Zum Laden einer Klasse stellt die Klasse `ClassLoader` die Methode `loadClass()` zur Verfügung. Ihr wird der Name der zu ladenden Klasse als `String` übergeben.

Eine der Stärken von Java ist es, dass nicht nur Klassen in eine Java-Virtuelle Maschine geladen werden können, die sich auf dem Rechner des ausgeführten Programms befinden. Es besteht auch die Möglichkeit, Klassendefinitionen von einem entfernten Rechner – etwa von einem FTP-Server oder einem HTTP-Server – auf den lokalen Rechner herunterzuladen und dort in einer Java-Virtuellen Maschine zu einem ausgeführten Programm dynamisch dazuzulinken. Diese Technik kommt beispielsweise bei Applets zum Einsatz. Nachdem durch den Ur-Klassenlader alle benötigten Kern-Klassen der Java-Laufzeitumgebung in die Java-Virtuelle Maschine geladen wurden, muss auch der Code des auszuführenden Java-Applets in die auf dem lokalen Rechner ausgeführte Java-Virtuelle Maschine geladen werden. Für diesen Zweck stellt die Java-Laufzeitumgebung einen weiteren Klassenlader zur Verfügung, die Klasse `URLClassLoader` aus dem Paket `java.net`. Er bietet die Möglichkeit, unter Angabe einer URL die dadurch spezifizierte Ressource – also beispielsweise eine Klasse, oder aber ein Textdokument oder eine Bilddatei – von dem entfernten Rechner auf den lokalen Computer herunterzuladen und dort zur Verfügung zu stellen. Die URL muss dabei in folgender Form angegeben werden:

```
Protokoll://Hostname/Verzeichnis
```

Als Protokoll kann `file` oder `http` verwendet werden. Wird das `file`-Protokoll eingesetzt, so müssen beide Rechner – also der Rechner, von dem die Ressource he-
runtergeladen wird und der Rechner, zu dem die Ressource übertragen werden soll,
mit anderen Worten: Server und Client – über ein gemeinsames Dateisystem verfügen. Das heißt, die Ressource, die unter der URL angegeben wird, muss in einem
Verzeichnis liegen, auf das Client und Server Zugriff haben. Werden zudem auf beiden Rechnern unterschiedliche Betriebssysteme eingesetzt (z. B. Microsoft Windows
und Linux), kann es somit vorkommen, dass die Pfadangaben nicht richtig interpretiert werden – Windows verwendet zum Beispiel Laufwerksbuchstaben, was unter
Linux unbekannt ist – und damit das Laden der Ressource nicht möglich ist.

Wird stattdessen das HTTP-Protokoll eingesetzt, so können auch Ressourcen geladen werden, die sich auf einem entfernten Webserver befinden. Es muss dafür
jedoch ein HTTP-Server zur Verfügung stehen, der den Download der Ressourcen
mit Hilfe des HTTP-Protokolls unterstützt.

Das folgende Beispiel zeigt die Verwendung der Klasse `URLClassLoader`. Zum
Spezifizieren einer URL wird die Klasse `URL` verwendet, die sich ebenfalls im Paket
`java.net` befindet. Es wird nun die Klasse `TestKlasse` geladen, die sich im Verzeichnis `d:\rmi\classes` befindet:

```java
// Datei: TestKlasse.java
public class TestKlasse
{
    public TestKlasse()
    {
        System.out.println ("Instanz erzeugt");
    }
}
```

```java
// Datei: URLClassLoaderTest.java
import java.net.*;

public class URLClassLoaderTest
{
    public static void main (String[] args) throws Exception
    {
        // Der Konstruktor der Klasse URLClassLoader
        // erwartet ein Array von URLs. Es wird nun eine
        // URL auf das Verzeichnis d:\rmi\classes gesetzt.
        URL[] classpath = {new URL ("file:/d:\\rmi\\classes/")};

        // Erzeugen einer Instanz von URLClassLoader
        URLClassLoader loader = new URLClassLoader (classpath);

        // Aufruf der Methode loadClass() mit dem Parameter
        // TestKlasse. Die Klasse TestKlasse muss also im
        // Verzeichnis d:\rmi\classes vorhanden sein!
        Class<?> c = loader.loadClass ("TestKlasse");

        // Nun kann eine Instanz der Klasse TestKlasse erzeugt werden.
        Object ref = c.newInstance();
    }
}
```

Die Ausgabe des Programms ist:

```
Instanz erzeugt
```

A 1.2 Einsatz einer Codebase

In den in Kapitel 3 diskutierten Beispielen war es so, dass der Code der Server-Klasse sowohl vom Client als auch von der RMI-Registry – stets aus dem aktuellen Arbeitsverzeichnis heraus geladen wurde. Hierzu soll das Bild A-1 betrachtet werden:

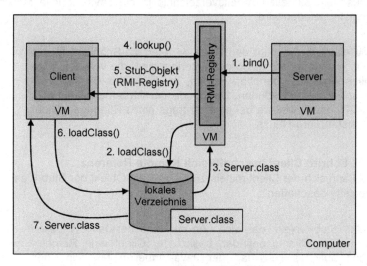

Bild A-1 Laden des Server-Codes aus lokalem Verzeichnis

Es ist in Bild A-1 das Schaubild eines Computers dargestellt, auf dem drei Java-Virtuelle Maschinen aktiv sind: die der RMI-Registry, die des RMI-Servers und die des RMI-Clients. Alle drei Java-Virtuellen Maschinen werden aus demselben Verzeichnis heraus gestartet, sie haben also alle drei dasselbe Arbeitsverzeichnis. Auch die für die Ausführung der RMI-Anwendung benötigten class-Dateien des RMI-Servers und des RMI-Clients liegen alle im selben Verzeichnis. Folgender Ablauf lässt sich nun beim Laden des Server-Codes festhalten:

- **1. Schritt: Binden des Server-Objektes**
  Wird der RMI-Server gestartet, so bewirkt der Aufruf der Methode bind(), dass das Server-Objekt an die RMI-Registry gebunden wird. Dabei muss die Remote-Referenz auf das Server-Objekt **serialisiert** werden, weil sie von der Java-Virtuellen Maschine des RMI-Servers in die Java-Virtuelle Maschine der RMI-Registry übertragen werden muss. Für diesen Vorgang der Serialisierung wird die zu übertragende Remote-Referenz in ein separates Objekt der Klasse Mar-shalledObject<T> aus dem Paket java.rmi verpackt. In diesem Objekt wird zusätzlich die Information hinterlegt, wo die RMI-Registry den Server-Code finden kann. In diesem Fall findet die RMI-Registry diesen in ihrem aktuellen Arbeitsver-zeichnis. Der Vorgang des Verpackens eines Objektes in ein anderes Objekt wird

als **Marshalling**[154], die Wiederherstellung des Objektes auf der Empfänger-Seite wird als **Unmarshalling** bezeichnet.

- **2. und 3. Schritt: Laden der Remote-Schnittstelle in die VM der RMI-Registry**
  Damit das Server-Objekt nun vom Empfänger – hier also die RMI-Registry – verwendet werden kann, wird der Code der Remote-Schnittstelle benötigt. Dadurch, dass in dem `MarshalledObject` die Information hinterlegt ist, wo die `class`-Datei der Remote-Schnittstelle gefunden werden kann, kann ein Klassenlader der Java-Virtuellen Maschine der RMI-Registry diese laden. Dafür wird die Methode `loadClass()` des zuständigen Klassenladers aufgerufen, in diesem Fall des Applikations-Klassenladers. Der Aufruf bewirkt, dass der Code der Remote-Schnittstelle aus dem aktuellen Arbeitsverzeichnis in die Java-Virtuelle Maschine der RMI-Registry geladen wird.

> Die RMI-Registry benötigt den Code der Remote-Schnittstelle des Servers, weil darin Informationen hinterlegt sind, die von der Java-Virtuellen Maschine benötigt werden, um die Stub-Klasse dynamisch generieren zu können. Den Code der Stub-Klasse benötigt die RMI-Registry, weil sie bei einer Anfrage eines Clients ein Stub-Objekt instanziieren muss.

- **4. und 5. Schritt: Client beschafft sich Remote-Referenz**
  Danach kann sich der Client mittels `lookup()` ein Objekt der Stub-Klasse von der RMI-Registry beschaffen.

> Über das Stub-Objekt, das sich nun im Heap der Java-Virtuellen Maschine des Clients befindet, besitzt der Client eine Remote-Referenz auf das im Heap der Java-Virtuellen Maschine des Servers lebende Server-Objekt.

Die Übertragung des Stub-Objektes aus der Java-Virtuellen Maschine der RMI-Registry in die Java-Virtuelle Maschine des RMI-Clients geschieht über Objektserialisierung.

- **6. und 7. Schritt: Generierung der Stub-Klasse in die Client-VM**
  Nun benötigt der Client aber auch den Code der Stub-Klasse, damit dessen Java-Virtuelle Maschine ebenfalls das mittels `lookup()` erhaltene Stub-Objekt verwenden kann. Für die Generierung der Stub-Klasse benötigt der Client den Code der Remote-Schnittstelle. Die Information, wo sich dieser befindet, ist im Stub-Objekt hinterlegt. Die Java-Virtuelle Maschine des Clients beauftragt also einen Klassenlader mit der Aufgabe, nach dem Code der Remote-Schnittstelle zu suchen und diesen zu laden. Letztendlich wird der Applikations-Klassenlader fündig, weil die `class`-Datei der Remote-Schnittstelle im Arbeitsverzeichnis des Clients verfügbar ist.

Dieser Umstand, dass die Remote-Schnittstelle des Servers bisher immer im Arbeitsverzeichnis des Clients zur Verfügung stehen musste – oder zumindest unter einem Klassenpfad auf dem Client-Rechner zu finden sein musste – ist für den sinnvollen Einsatz von RMI natürlich nicht praktisch. Der Sinn von RMI ist es ja, eine verteilte

---

[154] Marshalling (engl.) anordnen, arrangieren: Daten werden in einem Paket zur Übertragung verpackt.

Anwendung zu entwickeln, bei der Methodenaufrufe zwischen den zusammenarbeitenden Objekten über Rechnergrenzen hinweg funktionieren sollen – eben **Remote Method** Invocations.

Damit der Client vom Server nun wirklich unabhängig ist, muss der Server eine sogenannte **Codebase** definieren. Die Codebase ist ein Bereich, in dem die Klassen des Servers abgelegt sind und von dort von allen Java-Virtuellen Maschinen, die den Code benötigen, bezogen werden können. Die Codebase kann dabei ein Verzeichnis auf dem lokalen Rechner – wenn Client und Server auf derselben Maschine ausgeführt werden – oder aber ein Verzeichnis auf einem entfernten Server im Internet sein.

> Die RMI-Registry muss jedoch immer auf demselben Rechner verfügbar sein, auf dem der RMI-Server gestartet wird!

Das Bild A-2 zeigt nun den Ablauf des Downloads der Remote-Schnittstelle auf den Rechner des Clients, wenn der RMI-Server eine Codebase spezifiziert hat:

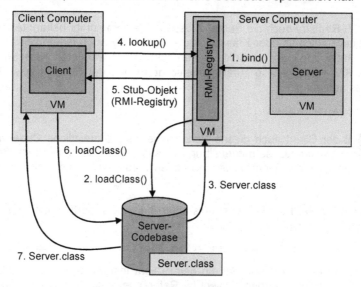

Bild A-2 Download der Stub-Klasse

Der in Bild A-2 gezeigte Ablauf des Auffindens und Ladens der Remote-Schnittstelle unterscheidet sich nicht von dem, der in Bild A-1 erläutert wurde. Jedoch ist die Strukturierung der nun wirklich verteilten Anwendung eine grundlegend andere. Die Java-Virtuellen Maschinen des RMI-Servers und der RMI-Registry befinden sich auf einem Server-Computer, der RMI-Client wird hingegen in einer Java-Virtuellen Maschine ausgeführt, die auf einem Client-Computer aktiv ist. Die beiden Rechner sind also wirklich physisch getrennt. Des Weiteren existiert nun eine Server-Codebase, die ebenfalls physisch vom Client-Computer und Server-Computer getrennt ist – sie ist beispielsweise auf einem entfernten HTTP-Server untergebracht. Alle drei Server müssen dabei über ein Netzwerk – beispielsweise das Internet oder ein LAN (**L**ocal **A**rea **N**etwork) – miteinander verbunden sein.

Um eine externe Codebase verwenden zu können, muss beim Starten des RMI-Servers dessen Java-Virtueller Maschine die Information mitgegeben werden, wo sich seine Codebase befindet. Dadurch wird es möglich, die RMI-Registry in einem beliebigen Verzeichnis zu starten, da an sie beim Binden des Server-Objektes die Information weitergereicht wird, wo die Remote-Schnittstelle und alle weiteren benötigten Klassen zu finden sind.

> Die RMI-Registry darf die Server-Klasse in ihrem Arbeitsverzeichnis oder unter einem ihr bekannten Klassenpfad – beispielsweise die Pfade, welche unter CLASSPATH eingetragen sind – nicht finden! Ist dies irrtümlicherweise der Fall, so wird der Klassenlader der RMI-Registry auch diese Server-Klasse laden und die ihr mitgeteilte Codebase ignorieren. Dies liegt an dem Delegationsprinzip der Klassenladerhierarchie. Der Klassenlader, der mit dem Laden der Server-Klasse beauftragt wird, gibt diese Aufgabe zuerst an den Applikations-Klassenlader ab, der ja das Arbeitsverzeichnis und alle bekannten Klassenpfade durchsucht!

Vorsicht!

Lädt die RMI-Registry doch die Server-Klasse aus einem nur ihr bekannten Verzeichnis – Arbeitsverzeichnis oder Klassenpfad – so teilt sie auch einem Client, der eine Anfrage mittels lookup() macht, diesen von ihr verwendeten Klassenpfad mit. Findet die RMI-Registry also zufälligerweise den Code der Server-Klasse in einem Verzeichnis namens

```
c:\irgendwas\klassen
```

so bekommt der Client auch dieses Verzeichnis als „vermeintliche Codebase" zum Auffinden der Server-Klasse mitgeteilt und versucht, lokal auf seinem Rechner unter diesem Verzeichnis die Server-Klasse zu finden, was in der Regel nicht funktionieren wird.

Beim Starten teilt der RMI-Server mittels einer System-Property[155] die Codebase der RMI-Registry mit, beispielsweise durch:

```
java -Djava.rmi.server.codebase=file:/d:\rmi\server\codebase/
```

Soll vom Client eine Referenz auf ein beim Client instanziiertes Remote-Objekt an den Server übergeben werden (Object by Reference), dann muss auch beim Client die Codebase gesetzt werden. D. h., es muss angegeben werden, wo der Server die Remote-Schnittstelle des Clients finden kann, da er diese zum Ausführen von Remote-Methoden benötigt (Callback).

Damit nun die Remote-Schnittstelle dynamisch von einem entfernten Rechner geladen werden kann, muss beim Client eine sogenannte **Sicherheits-Richtlinie** gesetzt werden. Hierzu muss in der Java-Virtuellen Maschine des Clients eine Instanz der Klasse SecurityManager vorhanden sein. Der SecurityManager sorgt dafür, dass die Client-Anwendung die Klassen von einer Codebase herunterladen darf und diesen in seiner Java-Virtuellen Maschine verwenden kann.

---

[155] Eine System-Property wird dem Interpreter über den Schalter D mitgegeben, beispielsweise zu java -D<System-Property> MeineKlasse.

A 1.2.1 Der Security Manager

Der `SecurityManager` wird über die Klassenmethode `setSecurityManager()` der Klasse `System` gesetzt:

```
System.setSecurityManager (new RMISecurityManager());
```

Ein `SecurityManager` muss auch im Server gesetzt werden, wenn der Server vom Client-Rechner Code zu sich herunterladen muss.

Die Klasse `RMISecurityManager` befindet sich im Paket `java.rmi`. Die Sicherheitsrichtlinien können in einer Datei eingerichtet werden, die über die System-Property `java.security.policy` gesetzt wird, z. B.:

```
java -Djava.security.policy=policy.all
```

Um dem Client alle Zugriffsrechte[156] zu garantieren, kann die Datei folgenden Inhalt haben:

```
// Datei: policy.all

grant
{
    permission java.security.AllPermission "", "";
};
```

A 1.2.2 Regeln für das Laden von Klasen von einer Codebase

Damit eine RMI-Anwendung auf mehrere Rechner verteilt werden kann, müssen folgende Punkte unbedingt beachtet werden:

1. Die **Codebase** muss beim **Server** gesetzt werden.
2. Die **Codebase** muss das **Protokoll** zum Laden der Klassen enthalten.
3. Ein **SecurityManager** muss beim Client gesetzt werden.
4. Muss der **Server vom Client Code** über das Netzwerk **laden**, so muss auch der **Server** einen **SecurityManager** setzen und beim Client die Codebase gesetzt werden.
5. Die **Rechte** des **SecurityManagers** müssen mittels der **Policy** entsprechend gesetzt werden.

A 1.2.3 Beispiel

Das folgende Beispiel zeigt eine Anwendung eines RMI-Servers, der von einem entfernten Client Bestellungen entgegen nehmen kann. Die Server-Komponente besteht aus der Remote-Schnittstelle `BestellServer` und der implementierenden Klasse `BestellServerImpl`. Der Client wird durch die Klasse `BestellClient` repräsen-

---

[156] Weitere Informationen zu den Berechtigungen sind unter https://docs.oracle.com/javase/8/docs/technotes/guides/security/permissions.html zu finden.

tiert. Die RMI-Anwendung ist so implementiert, dass sie auf mehrere Rechner verteilt werden kann. Aus diesem Grund befinden sich der Server, die RMI-Registry und die Codebase zusammen auf einem eigenen Rechner. Um die Codebase zu realisieren, ist auf dem Server-Rechner ein Tomcat HTTP-Server installiert. In dessen Root-Verzeichnis `webapps` befindet sich das Unterverzeichnis `codebase`. Des Weiteren werden auf dem Server-Rechner folgende Verzeichnisse verwendet[157]:

- Verzeichnis server: Enthält die Dateien `BestellServer.class` und `BestellServerImpl.class`.
- Verzeichnis `codebase` (liegt im Root-Verzeichnis `webapps` des Webservers): Enthält die Datei `BestellServer.class`.
- Verzeichnis `registry`: In diesem Verzeichnis sind keine programmspezifischen Dateien hinterlegt. Von dort aus wird nur die RMI-Registry gestartet.

Natürlich ist keines der Verzeichnisse in der Umgebungsvariable `CLASSPATH` hinterlegt. Im Folgenden wird der Code des Servers vorgestellt:

```java
// Datei: BestellServer.java

import java.rmi.*;

public interface BestellServer extends Remote
{
    // Der Client kann die Methode bestellen des
    // Servers aufrufen, um ihm durch den übergebenen
    // String mitzuteilen, was er bestellen möchte.
    public void bestellen (String s)
        throws RemoteException;
}

// Datei: BestellServerImpl.java

import java.rmi.*;
import java.rmi.server.*;
import java.net.*;

public class BestellServerImpl extends UnicastRemoteObject
    implements BestellServer
{
    private static final String HOST = "localhost";
    private static final String SERVICE_NAME = "BestellServer";

    public BestellServerImpl() throws RemoteException
    {
        String bindURL = null;

        try
        {
            bindURL = "rmi://" + HOST + "/" + SERVICE_NAME;
            Naming.rebind (bindURL, this);
```

---

[157] Übersetzt werden müssen die dazugehörigen Quelldateien jedoch in einem Verzeichnis!

```
            System.out.println (
                "RMI-Server gebunden unter Namen: "+ SERVICE_NAME);
            System.out.println ("RMI-Server ist bereit ...");
        }
        catch (MalformedURLException e)
        {
            System.out.println (e.getMessage());
        }
        catch (Throwable e)
        {
            System.out.println (e.getMessage());
        }

    }

    // Implementierung der Methode bestellen()
    public void bestellen (String s)
        throws RemoteException
    {
        System.out.println ("Bestellt wurde:" + s);
    }


    public static void main (String[] args)
    {
        try
        {
            new BestellServerImpl();
        }
        catch (RemoteException e)
        {
            System.out.println (e.getMessage());
        }
    }
}
```

Die Client-Anwendung wird auf einem separaten Rechner gestartet. Beide Rechner – also der Server-Rechner und der Client-Rechner – müssen natürlich über ein Netzwerk miteinander verbunden sein. Um nun überprüfen zu können, mit welchem Klassenlader die Stub-Klasse beim Client geladen wurde, wird dem Client folgender Code hinzugefügt:

```
ClassLoader classLoader = server.getClass().getClassLoader();
System.out.println (classLoader);
```

Der Aufruf getClassLoader() liefert eine Referenz auf den Klassenlader der Remote-Schnittstelle. Übergibt man diese Referenz der Methode println(), so wird ausgegeben, von welchem Typ der Klassenlader ist. Dies zeigt das folgende Programm:

```
// Datei: BestellClient.java
import java.rmi.*;

public class BestellClient
{
```

```
        // Dies ist nun die IP-Adresse des entfernten Server-Rechners,
        // auf dem die RMI-Registry und der Server laufen
        private static final String HOST = "192.168.0.161";
        private static final String BIND_NAME = "BestellServer";
        public static void main (String[] args)
        {
            try
            {
                // Im Client muss der SecurityManager gesetzt werden
                System.setSecurityManager (new RMISecurityManager());
                String bindURL = "rmi://" + HOST + "/" + BIND_NAME;
                BestellServer server =
                    (BestellServer) Naming.lookup (bindURL);

                // ClassLoader der Server-Klasse
                ClassLoader classLoader =
                    server.getClass().getClassLoader();
                System.out.println ("ClassLoader des Stub-Objektes");
                System.out.println (classLoader);
                server.bestellen ("Javabuch");
            }
            catch (Exception e)
            {
                System.out.println (e.getMessage());
                e.printStackTrace ();
            }
        }
    }
```

Gestartet wird der Client nun durch den Aufruf:

```
java -Djava.security.policy=policy.all BestellClient
```

Durch den Schalter `-Djava.security.policy=policy.all` wird der Java-Virtuellen Maschine mitgeteilt, dass der gesetzte `SecurityManager` seine Sicherheitsrichtlinie der Datei `policy.all` entnehmen soll.

Die Ausgabe des Clients ist:

```
ClassLoader des Stub-Objekts
sun.rmi.server.LoaderHandler$Loader@1457cb
["http://192.168.0.161:8080/rmi/codebase/"]
```

Als Klassenlader wurde eine Instanz der Klasse `LoaderHandler.Loader` aus dem Paket `sun.rmi.server` verwendet. Dies lässt den Rückschluss zu, dass der Server-Code wirklich über das Netzwerk geladen wurde. Der Server hingegen wird nun durch folgenden Aufruf gestartet:

```
java -Djava.rmi.server.codebase=
    http://192.168.0.161:8080/rmi/codebase/ BestellServerImpl
```

Mit dem Schalter

```
-Djava.rmi.server.codebase=
    http://192.168.0.161:8080/rmi/codebase/
```

wird bekannt gemacht, dass sowohl die RMI-Registry als auch alle Clients, die eine Remote-Referenz von dieser erfragen, die Remote-Schnittstelle aus dem Verzeichnis `/rmi/codebase/` laden sollen, das im Root-Verzeichnis des HTTP-Servers abgelegt ist. Der HTTP-Server ist unter der Adresse `192.168.0.161:8080` erreichbar.

Die Ausgabe des Servers ist:

```
RMI-Server gebunden unter Namen: Bestellserver
RMI-Server ist bereit ...
Bestellt wurde: Javabuch
```

Die Remote-Schnittstelle des Servers muss – wie zuvor schon erwähnt – sowohl in den Arbeitsverzeichnissen von Client und Server als auch im Codebase-Verzeichnis vorhanden sein. Denn sowohl der Server als auch der Client benötigen diese Schnittstelle beim Start der Anwendung.

A 1.3 Sonderfälle beim Laden des Server-Codes

Es gibt einige Sonderfälle, die man im Zusammenhang mit dem Download der Remote-Schnittstelle in die Java-Virtuelle Maschine des Clients und der dynamischen Generierung der Stub-Klasse beachten muss.

Sobald der Client weiteren Code des Servers von dessen Codebase herunterladen muss – beispielsweise weitere Klassen, die als Übergabeparameter genutzt werden – muss die Codebase stets richtig gesetzt werden und der gesamte Code dort auch verfügbar sein.

Obwohl in den nachfolgend beschriebenen Fällen die Regeln für die Verwendung der Codebase verletzt werden, funktioniert die RMI-Anwendung trotzdem einwandfrei. Da es nicht möglich ist, die benötigte Stub-Klasse von der Codebase zu laden, wird nämlich diese Klasse automatisch erzeugt.

A 1.3.1 SecurityManager im Client nicht gesetzt

Wie zuvor erwähnt wurde, benötigt der Client einen `SecurityManager`, sobald er Code über ein Netzwerk in seine Java-Virtuelle Maschine laden möchte. Wird jedoch die Zeile

```
System.setSecurityManager (new RMISecurityManager());
```

im Quellcode des Client auskommentiert, neu übersetzt und die Anwendung durch den Aufruf

```
java BestellClient
```

gestartet, so wird Folgendes ausgegeben:

Die Ausgabe des Clients ist:

```
ClassLoader des Stub-Objekts
sun.misc.Launcher$AppClassLoader@9cab16
```

Der Code ist offensichtlich ohne Probleme ausführbar. Nun ist aber zu sehen, dass als Klassenlader eine Instanz der Klasse AppClassLoader verwendet wird, was den Rückschluss zulässt, dass die Remote-Schnittstelle aus dem lokalen Verzeichnis des Clients heraus geladen wurde. Passiert ist folgendes: Die Java-Virtuelle Maschine hat beim Auspacken des Stub-Objektes feststellen müssen, dass ihr der Code der Stub-Klasse nicht bekannt ist und dass sie auch nicht die Erlaubnis hat, Code von der Codebase – deren Adresse bekam sie natürlich mitgeteilt – herunterzuladen. Also hat sie den Code der Stub-Klasse selbst generiert. Die dafür benötigten Informationen bekam sie aus der lokal vorhandenen Remote-Schnittstelle des Servers und aus dem von der RMI-Registry erhaltenen Stub-Objekt. Die Java-Virtuelle Maschine des Clients ist somit nicht auf den Download von Code von der Codebase angewiesen.

A 1.3.2 Remote-Schnittstelle nicht in der Codebase vorhanden

Wird im Client der SecurityManager gesetzt, wobei die class-Datei der Remote-Schnittstelle aber nicht in der Codebase verfügbar ist, dann wird vom Client beim Aufruf

```
java -Djava.security.policy=policy.all BestellClient
```

Folgendes ausgegeben:

Die Ausgabe des Clients ist:

```
ClassLoader des Stub-Objekts
sun.rmi.server.LoaderHandler$Loader@1457cb
["http://192.168.0.161:8080/rmi/codebase/"]
```

Als Klassenlader wurde der LoaderHandler.Loader verwendet, der auf die entsprechende Codebase des Servers Zugriff hat. Weil dort aber die Remote-Schnittstelle nicht vorhanden ist, passiert dasselbe, wie im vorherigen Beispiel: die Java-Virtuelle Maschine generiert den Code der Stub-Klasse aus dem Stub-Objekt und der lokal verfügbaren Remote-Schnittstelle.

A 1.3.3 Keine Codebase vom Server gesetzt

Wird beim Server keine Codebase gesetzt, dann muss die RMI-Registry die Remote-Schnittstelle des Servers im lokalen Arbeitsverzeichnis finden. Dem Client wird dann beim Aufruf der Methode lookup() keine Codebase mitgeteilt. Der Client mit gesetztem SecurityManager gibt beim Aufruf

```
java -Djava.security.policy=policy.all BestellClient
```
somit Folgendes aus:

Die Ausgabe des Clients ist:

```
ClassLoader des Stub-Objekts
sun.rmi.server.LoaderHandler$Loader@16897b2["null"]
```

Es wird zwar eine Instanz der Klasse `LoaderHandler.Loader` als Klassenlader verwendet, da aber keine Codebase gesetzt ist – es ist `null` eingetragen – muss die Java-Virtuelle Maschine den Code der Stub-Klasse wieder aus der lokal verfügbaren Remote-Schnittstelle generieren.

A 1.3.4 Keine Codebase beim Server, kein SecurityManager beim Client

Ist keine Codebase beim Server gesetzt und wird im Client auch kein `SecurityManager` gesetzt, so wird beim Aufruf des Clients mit

```
java BestellClient
```

Folgendes ausgegeben:

Die Ausgabe des Clients ist:

```
ClassLoader des Stub-Objekts
sun.misc.Launcher$AppClassLoader@9cab16
```

Als Klassenlader wird der Anwendungs-Klassenlader `AppClassLoader` verwendet. Dies muss ja auch so sein, weil kein `SecurityManager` gesetzt ist und die Java-Virtuelle Maschine des Clients keinen Klassenlader einsetzen darf, der über ein Netzwerk lädt. Die Remote-Schnittstelle wird also wiederum aus dem aktuellen Arbeitsverzeichnis des Clients geladen.

Anhang B JNDI

Verzeichnisdienste spielen für verteilte Systeme eine große Rolle, da sie das Auffinden von verteilten Systemkomponenten ermöglichen. Verzeichnisdienste unterstützen das Speichern und Abfragen diverser Informationen über Benutzer, Rechner, Anwendungen und Netzwerke. Verzeichnisdienste verwenden oft sogenannte **Namensdienste**, um Informationen über logische Namen für den Benutzer leichter zugänglich zu machen.

Der vorliegende Anhang behandelt das **Java Naming and Directory Interface**, kurz **JNDI**. JNDI wurde mit der Version JDK 1.3 eingeführt. Es stellt eine einheitliche Schnittstelle für den Zugriff auf Namens- und Verzeichnisdienste zur Verfügung. Somit verbirgt die JNDI-API einen verwendeten Dienst und stellt eine allgemeine Zugriffsmöglichkeit dar. Des Weiteren bietet JNDI die Möglichkeit, auf Basis des sogenannten **Service Provider Interface** eigene Namensdienste zu realisieren. Die Dienste der Service Provider können mittels eines Plug-In-Mechanismus von JNDI zugänglich gemacht werden. Es wird hierbei zwischen Namens- und Verzeichnisdienst unterschieden.

Ein **Namensdienst** stellt eine Zuordnung zwischen Namen und Objekten her. Die Zuordnung eines Namens zu einem Objekt wird **Bindung** (engl. binding) genannt. Das Auffinden eines Objektes über dessen Namen mit Hilfe des Namensdienstes wird als **Namensauflösung** (engl. lookup) bezeichnet. Der Namensdienst gibt entweder eine lokale Referenz oder eine Remote-Referenz (siehe Kapitel 3) auf das gesuchte Objekt zurück.

Wird eine lokale Referenz zurückgegeben, so bedeutet dies, dass sich das referenzierte Objekt in derselben Java-Virtuellen Maschine wie der Client befindet. Die Referenz auf das vom Namens- bzw. Verzeichnisdienst erfragten Objekts wird dann direkt an den Client übergeben. Im Gegensatz dazu werden von Client-Server-Anwendungen sogenannte Proxy[158]- oder Stellvertreter-Objekte verwendet, um den Zugriff auf entfernte Objekte zu ermöglichen. Der Client bekommt dabei ein Stellvertreter-Objekt des eigentlich gesuchten Objektes zurückgeliefert, wobei dieses Stellvertreter-Objekt dann eine Remote-Referenz auf das gesuchte Objekt darstellt, das sich auf einem anderen Rechner – oder zumindest in einer anderen Java-Virtuellen Maschine – befindet. Als Beispiele für den Zugriff auf entfernte Objekte über einen Stellvertreter sind die EJB-Architektur (siehe Kapitel 8.4) oder die RMI-Middleware (siehe Kapitel 3) zu sehen.

JNDI ist dabei selbst in der Lage, Objekte, welche sich außerhalb des Namensdienstes befinden, zu verwalten. Es macht für den Client beim Lookup keinen Unterschied, wo sich das Objekt tatsächlich befindet, da JNDI die Art und Weise, wie Objekte verwaltet werden, vor dem Client versteckt. Das folgende Bild symbolisiert das Auffinden eines Objekts über seinen Namen:

---

[158] Proxy-Objekte entsprechen lokalen Stellvertretern von entfernten Objekten.

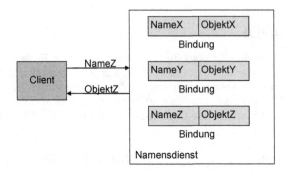

Bild B-1 Namensdienst

Verzeichnisdienste bieten gegenüber einem Namensdienst eine erweiterte Funktionalität an. Mit Hilfe eines Verzeichnisdienstes können Objekte in einer hierarchischen Verzeichnisstruktur abgelegt und verwaltet werden. Zusätzlich stehen Mechanismen zur Verfügung, um Attribute für Objekte zu definieren, welche in eine Suche mit einbezogen werden können. Ein gutes Beispiel für einen Verzeichnisdienst ist das Dateisystem eines Computers. Dort sind die Verzeichnisse und Dateien hierarchisch abgelegt und besitzen zusätzliche Informationen wie z. B. Größe, Typ oder Erstelldatum.

B 1 Die JNDI-Architektur

Die JNDI-Architektur selber setzt sich aus drei Teilen zusammen:

- **JNDI-API**

  Die JNDI-API bietet den Zugriff auf vorhandene Namens- und Verzeichnisdienste an, die durch verschiedene Service Provider zur Verfügung gestellt werden. JNDI definiert dafür eine Schnittstelle, mit der einheitlich auf verschiedene Namens- und Verzeichnisdienste zugegriffen werden kann. Diese Abstraktion ermöglicht ein Austauschen des Dienstes, ohne dass ein Client von diesem Austausch etwas erfährt. Ein Client ist somit unabhängig vom verwendeten Dienst und kann jeden Dienst auf dieselbe Weise ansprechen, solange dieser Dienst die JNDI-Spezifikation einhält.

- **Naming Manager**

  Der Naming Manager verwaltet die verschiedenen Namensanfragen und liefert die passenden Ergebnisse an die jeweilige Anwendung zurück. JNDI stellt den Naming Manager als Vermittler zwischen der JNDI API und dem JNDI SPI (siehe Bild B-2) zur Verfügung. Der Naming Manager ermöglicht das Erstellen von sogenannten **Kontexten**, welche von den Service Providern SPI (siehe Bild B-2) den Clients zugänglich gemacht werden.

- **JNDI SPI**

  Das JNDI Service Provider Interface dient dazu, einen Dienst, der einen Zugriff auf einen Namens- bzw. Verzeichnisdienst bietet, dem Naming Manager bereitzustellen.

Das folgende Bild zeigt die Zusammenhänge:

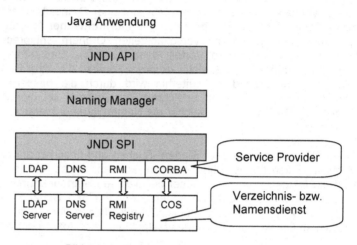

Bild B-2 JNDI- Architektur

Java-Anwendungen können über die JNDI-API auf den entsprechenden Namens- bzw. Verzeichnisdienst zugreifen. Der Naming Manager übernimmt dabei die korrekte Zuordnung zwischen dem Namen und dem Dienst.

B 2 Kontexte und Namensräume

Mit Namens- und Verzeichnisdiensten eng verbunden ist der Begriff **Kontext**. Alle Operationen auf diese Dienste wie z. B. Binden, Suchen und Löschen von Objekten erfolgen relativ zu einem Kontext.

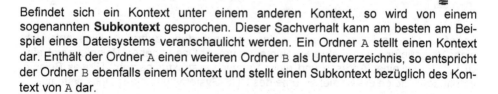

Ein Kontext entspricht einer Menge von Name-Objekt-Bindungen.

Befindet sich ein Kontext unter einem anderen Kontext, so wird von einem sogenannten **Subkontext** gesprochen. Dieser Sachverhalt kann am besten am Beispiel eines Dateisystems veranschaulicht werden. Ein Ordner A stellt einen Kontext dar. Enthält der Ordner A einen weiteren Ordner B als Unterverzeichnis, so entspricht der Ordner B ebenfalls einem Kontext und stellt einen Subkontext bezüglich des Kontext von A dar.

Für die Verwendung von JNDI ist weiterhin der Begriff **Namensraum** wichtig.

Als **Namensraum** wird die Menge aller möglichen gültigen Namen innerhalb eines Namendienstes bezeichnet. Namensräume dienen vor allem zur Ordnung von Namen innerhalb eines Dienstes.

Dabei kann die Anordnung der Namen flach oder hierarchisch sein. **Flach** bedeutet, dass sich alle Namen auf einer einzigen Ebene befinden. Um sich diesen Ansatz besser vorstellen zu können, kann ein einzelner Ordner betrachtet werden, in dem sich ausschließlich Dateien befinden. Ein **hierarchischer** Aufbau würde dann einem typischen Dateisystem mit verschachtelten Ordnern entsprechen. Hierarchische Namensräume haben den Vorteil, dass durch die Baumstruktur Namen doppelt vorkommen dürfen, da sie relativ zu ihrem Kontext, d.h. ihrer Ebene der Verschachtelung, gesehen werden. Weiterhin wird durch die bessere Strukturierung die Lokalisierung von Objekten erleichtert. Als Beispiel sei hier der **Domain Name Service**[159] **(DNS)** genannt, welcher die Namen in einer hierarchischen Baumstruktur verwaltet.

Bevor Operationen wie z. B. Binden, Suchen und Löschen auf einen Namens- oder Verzeichnisdienst ausgeführt werden können, muss ein sogenannter **initialer Kontext** festgelegt werden. Dieser definiert den Startpunkt und stellt somit die Wurzel dar, von der aus alle Namensoperationen erfolgen. Die Zugriffe erfolgen anschließend relativ zu diesem Startpunkt. Zugriffe dienen vor allem der Suche nach gewünschten Objekten innerhalb des festgelegten Kontextes oder eines Subkontextes.

B 3 Aufbau von Namen

Der Aufbau von Namen innerhalb eines Namensdienstes muss syntaktischen Regeln entsprechen. Die Namenskonventionen sind vom jeweiligen Service Provider abhängig. Das DNS-System baut beispielsweise seine Namen (Adressen) mittels Punkten (.) auf. Im Gegensatz dazu werden Verzeichnisstrukturen im UNIX-Dateisystem durch Schrägstriche (/) getrennt. Weiterhin ist zu beachten, dass selbst die Leserichtung differiert. Hierarchische Adressen werden von rechts nach links gelesen, während Verzeichnispfade genau umgekehrt interpretiert werden.

Jeder Namensdienst hat eine eigene Namenskonvention. Namen verschiedener Service Provider können sich demnach unterscheiden. Somit kann ein Unterschied in der Syntax wie z. B. der Leserichtung, in den zulässigen Zeichen und den verwendeten Trennzeichen, vorhanden sein.

Ebenfalls können Mischformen bei der Namensbildung auftreten. Dies entspricht einer Verknüpfung von mehreren Namensräumen. Das folgende Beispiel zeigt eine URL, die aus einer Adresse und einer Verzeichnisstruktur besteht. Dieses Beispiel betrifft demzufolge die Namensräume des DNS-Systems und eines Dateisystems:

```
foo.bar.com/ordner/datei.html
```

---

[159] DNS wird zur Umsetzung von Domainnamen in IP-Adressen und umgekehrt verwendet.

Dabei entspricht `foo.bar.com` einer Adresse und `/ordner/datei.html` einer Dateisystemstruktur.

Namen können sich aus unterschiedlichen Bestandteilen zusammensetzen:

- **Atomarer Name**

  Ein atomarer Name (engl. atomic name) ist ein nicht zerlegbarer Teil eines zusammengesetzten Namens in einem bestimmten Kontext. In obiger URL entspricht z. B. `bar` einem atomaren Namen.

- **Zusammengesetzter Name**

  Ein zusammengesetzter Name (engl. compound name) ist ein Name innerhalb eines Namensraums. Dieser wird aus atomaren Namen hierarchisch aufgebaut. Somit stellen `foo.bar.com` und `/ordner/datei.html` zusammengesetzte Namen dar.

- **Zusammengefasster Name**

  Das Zusammenfassen mehrerer compound names wird als zusammengefasster Name (engl. composite name) bezeichnet. Ein solcher Name besteht somit aus zusammengesetzten Namen verschiedener Namensräume. Die komplette oben beschriebene URL entspricht daher einem zusammengefassten Namen.

Manche Komponenten-Frameworks spezifizieren standardisierte, globale JNDI-Namen, um einen Zugriff auf Namensdienste zu ermöglichen. Ein Beispiel dafür ist EJB 3.1. Dies hat den Vorteil, dass die Namen unabhängig vom eingesetzten Applikations-Server stets gleich sind. Diese standardisierten Namen werden bei EJB 3.1 nach folgendem Schema gebildet:

```
java:global[/<Anwendungs-Name>]/<Module-Name>/<Name Bean-
Klasse>#<Interface-Name>
```

B 4 Anordnung von Objekten im Namensdienst

Dieses Kapitel befasst sich mit der Speicherung von Objekten in einem Namensdienst, ohne detailliert auf die Implementierung einzugehen. Wie oben bereits erwähnt, werden Objekte in einer Struktur innerhalb eines Dienstes abgelegt. Die Anordnung erfolgt meist in einer hierarchischen Baumstruktur, dessen Einstiegspunkt dem initialen Kontext entspricht.

Jeder Ast im Baum entspricht einem **Subkontext**. Die Blätter stellen die Bindungen zwischen einem Namen und einem Objekt innerhalb eines Kontextes dar.

Für die Bindung der Objekte an einen Namen verwenden die Service Provider eine Map-Implementierung. Der Einsatz einer Map ermöglicht die Zuordnung von Schlüsseln zu Werten. Das JDK stellt durch die Collection-API einige Klassen wie z. B. die

Klasse `java.util.Hashtable<K,V>` bereit, die das Interface `Map<K,V>` implementieren. Die Subkontexte werden ebenfalls in dieser Map abgelegt. Bei einer Anfrage muss der Service Provider rekursiv entlang eines Pfades im Baum die Maps der jeweiligen Kontexte durchlaufen, bis das gesuchte Objekt gefunden ist. Zur besseren Illustration dient das folgende Bild:

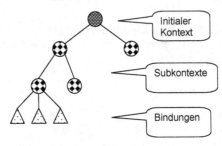

Bild B-3 Hierarchischer Dienst

B 5 Namens- und Verzeichnisdienste in Java

Das JDK bietet vier Service Provider-Module an, um auf folgende Dienste zuzugreifen:

- Lightweight Directory Access Protocol (LDAP)[160],
- CORBAs Common Object Services (COS),
- DNS-Systeme,
- Java RMI Registry.

Java EE Application Server wie z. B. Wildfly (siehe Kapitel 8.7) müssen ebenfalls einen Namensdienst bereitstellen. Für den Zugriff auf den Namensdienst bietet der Applikations-Server-Hersteller wiederum eine geeignete Schnittstelle an, die der JNDI-Spezifikation entspricht. Im Folgenden werden die notwendigen Schritte erklärt, um auf einen dieser Namens- bzw. Verzeichnisdienste zugreifen zu können.

Die zentralen Klassen für den Zugriff auf einen Namens- bzw. Verzeichnisdienst stellen die Klassen `javax.naming.InitialContext` bzw. `javax.naming.InitialDirContext` dar. Dabei implementiert die Klasse `InitialContext` die Schnittstelle `javax.naming.Context` und die Klasse `InitialDirContext` die Schnittstelle `javax.naming.DirContext`. Beide Schnittstellen deklarieren Methoden, die beispielsweise für das Binden und das Auffinden von Objekten benötigt werden. So deklariert das Interface `Context` unter anderem die Methode

```
void bind (String name, Object obj)
```

mit der das Objekt `obj` innerhalb eines Kontexts an den Namen `name` gebunden wird.

---

[160] LDAP ist ein offenes Netzwerkprotokoll zum Zugriff auf Verzeichnisdienste. LDAP wird vor allem verwendet für Ressourcen-, Benutzer- und Zertifikatsverwaltung.

- Die Klasse `InitialContext` stellt den Startpunkt für sämtliche Operationen in einem Namensdienst dar.
- Die Klasse `InitialDirContext` stellt den Startpunkt für sämtliche Operationen in einem Verzeichnisdienst dar.
- Ein `Context`-Objekt entspricht einem Knoten innerhalb der Struktur eines Dienstes.

B 5.1 Zugriff auf einen Namensdienst

Im Folgenden wird davon ausgegangen, dass auf einen Namensdienst zugegriffen wird. Der Zugriff auf einen Verzeichnisdienst erfolgt analog dazu. Anstatt eines Objektes der Klasse `InitialContext` wird dann ein Objekt vom Typ `InitialDirContext` verwendet.

Beim Zugriff auf einen Namensdienst sind folgende Schritte durchzuführen:

- Setzen von Parametern für das Erzeugen eines `InitialContext`-Objektes.
- Instanziieren eines `InitialContext`-Objektes.
- Aufrufen der Methode `lookup()`, um eine Referenz auf das gewünschte Objekt zu erhalten.

Die konkrete Implementierung des initialen Kontexts wird zur Laufzeit bestimmt. Welche tatsächliche Ausprägung der Schnittstelle `Context` für das Instanziieren eines Objektes der Klasse `InitialContext` von der Laufzeitumgebung gewählt wird, kann über die Konfigurationseinstellungen festgelegt werden. In den Einstellungen sind der Service Provider anzugeben, der eine Implementierung zur Verfügung stellt und der Ort, um diesen Dienst zu lokalisieren.

Die Konfigurationseinstellungen werden im Konstruktor der Klasse `Initial-Context` als Objekt der Klasse `Hashtable<K,V>` übergeben. Neben der Angabe des zu verwendenden Service Providers können weitere Einstellungen – beispielsweise bezüglich Security oder der zu verwendeten Sprache – gemacht werden. Einige Einstellungen sind wiederum vom verwendeten Service Provider abhängig. Der folgende Codeausschnitt benutzt einen Service Provider für den Zugriff auf einen LDAP-Server:

```
Hashtable<String, String> env =
   new Hashtable<String, String>();

env.put (Context.INITIAL_CONTEXT_FACTORY,
   "com.sun.jndi.ldap.LdapCtxFactory");
env.put (Context.PROVIDER_URL,
   "ldap:389//ldap.foo.com");

Context context = new InitialContext (env);
```

Die Provider-URL legt fest, unter welcher Adresse der JNDI-Dienst zu finden ist.

Die Konfiguration, um ein Objekt der Klasse `InitialContext` zu erstellen, kann über verschiedene Arten erfolgen. Im obigen Codefragment wird ein Objekt der Klasse `Hashtable<String, String>` verwendet, um Konfigurationsinformationen zu übergeben. Alternativ dazu können auch sogenannte **Systemeigenschaften** gesetzt werden. Das Setzen von Systemeigenschaften kann auf unterschiedliche Weise erfolgen:

- **Setzen im Programmcode**

  Bevor eine Instanz der Schnittstelle `InitialContext` erzeugt wird, sind über die Methode `setProperty()` der Klasse `System` die gewünschten Eigenschaften zu setzen:

  ```
  System.setProperty ("java.naming.factory.initial",
     "com.sun.jndi.ldap.LdapCtxFactory");
  System.setProperty ("java.naming.provider.url",
     "ldap:389//ldap.foo.com");
  ```

  Die beiden Einträge führen zum selben Ergebnis wie bei der Verwendung des obigen Objektes der Klasse `Hashtable<String, String>`.

- **Anlegen einer** `jndi.properties`**-Datei**

  Die Systemeigenschaften können auch in einer Datei mit dem Namen `jndi.properties` abgelegt werden. JNDI liest automatisch diese Datei ein, wenn sie sich innerhalb des Klassenpfades oder im `lib`-Verzeichnis des Java Runtime Environment-Verzeichnisses befindet. Das folgende Beispiel zeigt die Einträge in der Datei `jndi.properties`, um einen CORBA-Namensdienst anzusprechen:

  ```
  java.naming.factory.initial=com.sun.jndi.cosnaming.CNCtxFactory
  java.naming.provider.url=iiop://localhost:1050
  ```

- **Setzen beim Programmstart in der Kommandozeile**

  Als letzte Variante können die Systemeigenschaften beim Starten des Programms über den Schalter `D` gesetzt werden wie im folgenden Codestück:

  ```
  java -Djava.naming.factory.initial=
     com.sun.jndi.cosnaming.CNCtxFactory
     -Djava.naming.provider.url=iiop://localhost:1050
  ```

Als die beste Variante kann das Setzen der Konfiguration über die `jndi.properties` gesehen werden. Sie ermöglicht eine schnelle und flexible Anpassung aller Clients und wirkt sich nicht auf deren Quellcode aus. Falls eine individuelle Anpassung pro Client notwendig ist, ist das Setzen über die Kommandozeile zu bevorzugen.

Ein Objekt wird in einem bestimmten Kontext über die Methode `lookup()` gesucht. Existiert zum angegebenen Namen eine passende Objekt-Bindung, so wird eine Referenz auf das Objekt zurückgegeben:

```
Object object = context.lookup ("name")
```

Zur Ermittlung der durch den Kontext gebundenen Objekte stehen unter anderem die beiden Methoden zur Verfügung:

- `NamingEnumeration<NameClassPair> list (String name)`:
  Mit der Methode `list()` werden alle an den Kontext gebundenen Objekte zurückgegeben. Der Rückgabewert ist ein Objekt vom Typ `NamingEnumeration<T>`, welches Referenzen auf Objekte der Klasse `NameClassPair` enthält. Ein Objekt der `NameClassPair` beinhaltet den Namen eines Objektes und den Namen der dazugehörigen Klasse.

- `NamingEnumeration<Binding> listBindings (String name)`:

  Die Methode `listBindings()` gibt ein Objekt einer Klasse, welche die Schnittstelle `NamingEnumeration<T>` implementiert, zurück. Allerdings ist dieses Objekt auf Objekte der Klasse `Binding` parametrisiert. Die Klasse `Binding` kapselt den Namen des Objektes, sowie die Referenz auf das Objekt und repräsentiert somit eine Name-Objekt-Bindung.

Zum Ablegen von Objekten in einem bestimmten Kontext können die Methoden

`void bind (String name, Object obj)`

bzw.

`void rebind (String name, Object obj)`

verwendet werden. Mit der Methode `bind()` wird ein Objekt an einen Namen gebunden und eine neue Bindung erzeugt. Falls der Name im Kontext schon vorhanden ist, wird eine Exception vom Typ `javax.naming.NameAlreadyBound-Exception` geworfen. Die Methode `rebind()` hingegen überschreibt evtl. vorhandene Bindungen. Beide Methoden bewirken das Speichern des Objektes unter dem angegebenen Namen im Namensdienst. Weitere nützliche Methoden der Schnittstelle `Context` sind:

- `void unbind (String name)`

  Um bestehende Bindungen zu lösen, wird die Methode `unbind()` aufgerufen. Dadurch wird der Eintrag in der Map des entsprechenden Kontexts gelöscht.

- `void rename (String alterName, String neuerName)`

  Mit Hilfe der Methode `rename()` können bestehende Bindungen umbenannt werden. Es wird eine `NameAlreadyBoundException` geworfen, falls ein Objekt bereits unter dem neuen Namen `neuerName` gebunden ist.

- `Context createSubcontext (String name)`

  Die Methode `createSubcontext()` bietet die Möglichkeit, einen Subkontext zu erstellen und diesen an den initialen Kontext oder einen Kontext zu binden, der direkt oder indirekt über ein Objekt vom Typ `InitialContext` referenziert wird.

B 5.2 Benutzung von Verzeichnisdiensten

Ein wichtiger Aspekt bei der Organisation von Objekten in Verzeichnisdiensten ist, komplexe Suchanfragen formulieren zu können. Das Interface `DirContext` erweitert das Interface `Context` um Methoden, die das Suchen von Objekten über Attribute erlauben. Die Attribute werden aus diesem Grund mit Objekten in Bezug gesetzt. Ein Verzeichnisdienst kann somit auch als eine Art Branchenverzeichnis gesehen werden.

Die Schnittstelle `javax.naming.directory.Attribute` repräsentiert ein Attribut, welches einem Objekt zugeordnet ist. Falls eine ganze Sammlung von Attributen benötigt wird, kann auf die Schnittstelle `javax.naming.directory.Attributes` zurückgegriffen werden.

Um eine Suche im Verzeichnisdienst durchzuführen, muss die Methode `search()` eines Objektes vom Typ `DirContext` ausgeführt werden. Diese Methode `search()` ist in mehreren Ausprägungen vorhanden. Generell muss immer der Kontext, in dem gesucht werden soll, übergeben werden. Als Suchkriterien können dann entweder die oben genannten Attribute oder aber reguläre Ausdrücke verwendet werden. Es wird stets ein Objekt vom Typ `javax.naming.NamingEnumeration<T>` zurückgegeben.

Anhang C Connection Pooling

Der herkömmliche Verbindungsaufbau mit `DriverManager.getConnection()` oder über Data-Source-Objekte ist ein sehr ressourcenintensiver Prozess. Gerade bei Anwendungsservern, die viele DBMS-Verbindungen gleichzeitig aufbauen und benutzen, wie es zum Beispiel bei dynamischen Webseiten mit Servlets[161] der Fall ist, kann die DBMS-Verbindung leicht zum Flaschenhals des gesamten Systems werden. Um diesem Problem zu begegnen, bietet sich die Verwendung von Connection Pooling an.

Beim Connection Pooling wird nicht jede Verbindung zur Datenbank eines DBMS neu erzeugt, sondern aus einem Pool angefordert.

Wenn die Verbindung dann nicht mehr gebraucht wird, wird sie wieder in den Pool zurückgestellt und kann später ein weiteres Mal angefordert werden. Das Java-Paket `javax.sql` deklariert hierfür die Schnittstellen `PooledConnection` und `ConnectionPoolDataSource`.

Ein Verbindungspool ist ein **Speicher** für **physische Datenbankverbindungen**. Er **verwaltet** bestehende Verbindungen im Arbeitsspeicher und gibt Verbindungen auf Anfrage ab.

Die Verbindungspools arbeiten auf Basis der Data-Source-Objekte. Um für ein DBMS Connection Pooling zu unterstützen, muss ein JDBC-Treiber-Hersteller Implementierungen der Schnittstellen `javax.sql.ConnectionPoolDataSource` und `javax.sql.PooledConnection` zur Verfügung stellen.

Connection Pooling ist vor allem für den Einsatz auf Anwendungsservern vorgesehen. Für die Anwendung auf Client-Seite bleibt ein solcher Verbindungspool unsichtbar. Das folgende Bild zeigt die Verwendung der Schnittstellen `DataSource` und `ConnectionPoolDataSource`:

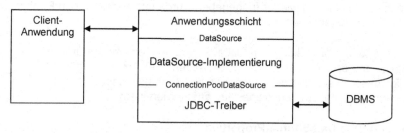

Bild C-1 Verwendung der Schnittstellen bei Connection Pooling auf dem Server

Bild Bild C-1 zeigt die Schichten einer serverbasierten Anwendung mit Connection Pooling. Der eigentliche Pool wird dabei in der Mittelschicht gehalten. Der Zugriff vom Pool auf die JDBC-Treiber geschieht mit Hilfe der Schnittstelle Connection-

---

[161] Siehe Kapitel 4.

PoolDataSource, der Zugriff der Anwendung auf den Pool erfolgt mit der Schnittstelle DataSource, wobei der Pool von der Anwendung wie ein gewöhnliches
DataSource-Objekt verwendet wird.

Objekte, deren Klasse die Schnittstelle ConnectionPoolDataSource implementieren, sollten nicht direkt verwendet werden.

Es ist sinnvoll, für das Connection Pooling eine speziell entwickelte
Implementierung der Schnittstelle javax.sql.DataSource zu verwenden, mit der die Verwaltung mehrerer physischer Verbindungen
zur Datenbank gekapselt wird. Der Name der Klasse ist der Dokumentation des verwendeten JDBC-Treibers zu entnehmen.

Auf diese Weise verwendet die Anwendung wie gewöhnlich ein DataSource-Objekt.
Bei der Verwendung eines Verbindungspools ändert sich daher für die Anwendung
nichts. Sie bezieht zum Verbindungsaufbau zur Datenbank wie bisher eine Referenz
auf ein Objekt vom Typ DataSource, nur dass dieses spezielle Objekt vom Typ
DataSource nun intern einen Verbindungspool unterhält. Die Verwaltung der
Verbindungen geschieht dabei verborgen auf dem Anwendungsserver.

Werden die Datenquellen eines Connection Pools mit JNDI verwaltet,
so werden diese Datenquellen ebenso wie die herkömmlichen Datenquellen im JNDI-Kontext unter einem logischen Namen eingetragen
und können von der Anwendung wie eine gewöhnliche Datenquelle
verwendet werden.

Das Objekt vom Typ DataSource, das speziell für Connection Pooling implementiert ist, verhält sich nach außen hin gegenüber der Anwendung wie ein herkömmliches Objekt vom Typ DataSource. Wird eine Verbindung mit getConnection()
angefordert, so nimmt das Verbindungspool-Objekt eine bestehende Verbindung aus
dem internen Pool und delegiert diese an die Anwendung. Sobald eine Verbindung
über ein Objekt vom Typ Connection mit close() geschlossen wird, signalisiert
dieser Vorgang der darunter liegenden Verbindungspool-Schicht, dass die
verwendete Verbindung wieder freigegeben wurde und zurück in den Pool von freien
Verbindungen gegeben werden kann.

Die physische Verbindung zum DBMS wird mit einem Aufruf von
close() auf dem Connection-Objekt seitens der Anwendung nicht
wirklich geschlossen, sondern wieder an den Verbindungspool zurückgegeben und kann von dort wieder neu angefordert werden.

ConnectionPoolDataSource-Properties

Wie bei der Schnittstelle DataSource definiert die JDBC-API auch für Implementierungen der Schnittstelle ConnectionPoolDataSource mehrere **Eigenschaften**,
die verwendet werden, um das **Verhalten** von **Verbindungspools festzulegen**.

Nachstehende Tabelle zeigt die Standard-Eigenschaften eines Verbindungspools:

Property Name	Datentyp	Beschreibung
maxStatements	int	Anzahl an Statements, die der Pool offen halten kann. Mit 0 wird das Halten von Statements deaktiviert.
initialPoolSize	int	Die Anzahl an Verbindungen, die der Pool aufbauen soll, sobald er erzeugt wird.
minPoolSize	int	Die Anzahl an freien Verbindungen, die der Pool mindestens bereithalten soll. Mit 0 werden Verbindungen nur nach Bedarf aufgebaut.
maxPoolSize	int	Die Anzahl an Verbindungen, die der Pool maximal enthalten darf. Mit 0 wird keine Grenze festgelegt.
maxIdleTime	int	Die Anzahl an Sekunden, die eine Verbindung ungenutzt ruhen darf, ehe sie vom Pool geschlossen wird. Mit 0 wird diese Funktion deaktiviert.
propertyCycle	int	Die Wartezeit des Pools in Sekunden, ehe die gesetzten Properties wirksam werden.

Tabelle C-1 Standardeigenschaften der Klasse `ConnectionPoolDataSource`

Ablauf bei einer Verbindungsanforderung

In Bild C-2 wird das Zusammenspiel der am Poolen von Verbindungen beteiligten Objekte anhand eines Sequenzdiagramms dargestellt. Bitte beachten Sie, dass die Klasse, welche die Schnittstelle `ConnectionPoolDataSource` implementiert, den Namen `DSPoolImpl`, die Klasse, welche die Schnittstelle `PooledConnection` implementiert, den Namen `PooledConImpl` und die Klasse, welche die Schnittstelle `Connection` implementiert, den Namen `ConImpl` trägt. Weiterhin sind die Methoden `getPooledConnection()` mit `getPoolCon()` und `getConnection()` mit `getCon()` abgekürzt. Das Objekt der Klasse `DSPoolImpl` ist zuvor erzeugt und mit allen benötigten Parametern wie Servername, Datenbankname, Benutzername und Passwort versorgt worden.

Das folgende Bild zeigt den Ablauf einer Verbindungsanforderung über Pooled Connections:

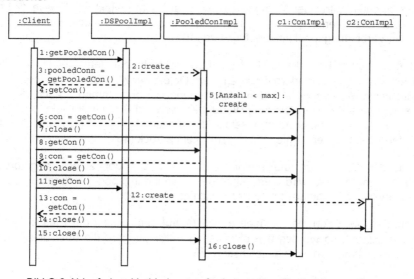

Bild C-2 Ablauf einer Verbindungsanforderung über Pooled Connections

Es lassen sich folgende Schritte festhalten:

- Der Client fordert durch Aufruf der Methode `getPooledCon()` (1) auf dem Objekt der Klasse `DSPoolImpl` ein neues Objekt der Klasse `PooledConImpl` an (2).

- Darauf wird die Klasse `PooledConImpl` instanziiert und die Referenz auf das Objekt dem Client zurückgeliefert (3).

- Auf dem Objekt der Klasse `PooledConImpl` ruft der Client nun die Methode `getCon()` auf und fordert damit eine physische Verbindung zur Datenbank an (4).

- Da noch keine physische Verbindung zur Datenbank besteht und die maximal zulässige Anzahl an bestehenden physischen Verbindungen noch nicht überschritten ist, erzeugt das Objekt der Klasse `PooledConImpl` eine solche physische Verbindung (5) und liefert die Referenz auf das erzeugte Objekt der Klasse `ConImpl` dem Client zurück (6). Falls jedoch die maximale Anzahl an physischen Verbindungen erreicht wurde, so wird eine Exception vom Typ `SQLException` geworfen.

- Wenn der Client die Verbindung zur Datenbank nicht mehr benötigt, ruft er die Methode `close()` auf dem Objekt der Klasse `ConImpl` auf (7). Dieser Aufruf schließt jedoch nicht die physische Verbindung, sondern markiert das „geschlossene" Objekt der Klasse `ConImpl` als frei verfügbar.

- Der Client ruft nun erneut auf dem Objekt der Klasse `PooledConImpl` die Methode `getCon()` auf, um eine physische Verbindung zur Datenbank anzufordern (8).

- Daraufhin instanziiert das Objekt der Klasse `PooledConImpl` jedoch nicht mehr die Klasse `ConImpl`, sondern greift auf das frei verfügbare Objekt der Klasse `ConImpl` im Verbindungspool zu, markiert diese Verbindung als belegt und liefert dem Client die Referenz auf das `ConImpl`-Objekt zurück (9).

- Ein erneuter Aufruf der Methode `close()` auf dem Objekt der Klasse `ConImpl` seitens des Clients gibt die Verbindung wieder frei, woraufhin sie erneut dem freien Verbindungspool hinzugefügt wird (10).

- Ruft nun der Client die Methode `getCon()` nicht auf dem Objekt der Klasse `PooledConImpl`, sondern direkt auf dem Objekt der Klasse `DSPoolImpl` auf, so wird keine Verbindung aus dem Verbindungspool entnommen – auch wenn dort gerade eine freie Verbindung verfügbar wäre (11). Das Objekt der Klasse `DSPoolImpl` instanziiert nun selbst die Klasse `ConImpl` (12) und liefert die Referenz auf das erzeugte Objekt dem Client zurück (13).

- Ruft der Client nun die Methode `close()` auf der zuletzt angeforderten Verbindung auf, so wird diese nicht dem Verbindungspool hinzugefügt, sondern die physische Verbindung wird tatsächlich geschlossen (14).

- Ruft der Client nun die Methode `close()` auf dem Objekt der Klasse `Pooled-ConImpl` auf, so werden alle physischen Verbindungen, die über dieses Objekt geöffnet wurden, wirklich geschlossen (15).

- Das Objekt der Klasse `PooledConImpl` delegiert dafür den `close()`-Aufruf an das von ihr geöffnete Objekt der Klasse `ConImpl` und schließt damit die physische Datenbankverbindung (16).

Das folgende Beispiel veranschaulicht den zuvor beschriebenen Sachverhalt. Bitte beachten Sie, dass nach jedem Datenbankverbindungsaufbau und -abbau das Programm im Ablauf um jeweils 5 Sekunden mit dem Aufruf von

```
Thread.sleep (5000);
```

angehalten wird. Sie haben damit die Möglichkeit, in einem weiteren Konsolenfenster durch Eingabe des Befehls

```
netstat -an
```

die physisch vorhandenen Datenbankverbindungen nachzuzählen. Bitte beachten Sie dabei, dass eine Verbindung zur MySQL-Datenbank standardmäßig über den Port 3306 aufgebaut wird. Das folgende Programm zeigt die Verwendung eines Verbindungspools und wie dieser arbeitet:

```java
// Datei: ConnectionPoolTest.java

import java.sql.*;
import javax.sql.*;
import com.mysql.jdbc.jdbc2.optional.*;

public class ConnectionPoolTest
{
    public static void main (String[] args) throws Exception
    {
        // Objekt erzeugen, das den Verbindungspool darstellt
        MysqlConnectionPoolDataSource cpds =
            new MysqlConnectionPoolDataSource();

        // Die Verbindungseigenschaften setzen
        cpds.setServerName ("localhost");
        cpds.setPort (3306);
        cpds.setDatabaseName ("JDBCTest");
        cpds.setUser ("tester");
        cpds.setPassword ("geheim");

        // Hiermit können Verbindungen aus dem Pool angefordert werden
        PooledConnection pooledCon = cpds.getPooledConnection();
        Connection con1 = pooledCon.getConnection();
        System.out.println ("Eine phys. Verbindung aufgebaut");
        Thread.sleep (5000);
        // Die Verbindung für dieses Connection-Objekt wird nun
        // geschlossen. Aber physisch besteht sie weiterhin
        con1.close();
        System.out.println ("Verbindung \"lokal\" geschlossen");
        Thread.sleep (5000);

        // Wird eine Verbindung direkt vom Verbindungspool -
        // das heißt nicht über das PooledConnection-Objekt -
        // angefordert, so wird diese nicht dem Verbindungspool
```

```
    // entnommen, sondern gesondert erzeugt
    Connection con2 = cpds.getConnection();
    System.out.println ("Verbindung direkt angefordert");
    Thread.sleep (5000);

    // Der Aufruf von close() schließt dabei auch
    // die tatsächliche physische Verbindung
    con2.close();
    System.out.println (
        "Direkte Verbindung phys. wieder geschlossen");
    Thread.sleep (5000);

    // Hier wird nun dieselbe physische Verbindung
    // zurückgeliefert, die bei con1 schon verwendet wurde.
    Connection con3 = pooledCon.getConnection();
    System.out.println ("Dieselbe phys. Verb neu angefordert");
    Thread.sleep (5000);

    // Hier wird eine neue physische Verbindung erzeugt
    Connection con4 = pooledCon.getConnection();
    System.out.println ("Neue physische Verbindung erzeugt");
    Thread.sleep (5000);

    // Dieser Aufruf schließt alle physischen
    // Verbindungen, die über die PooledConnection
    // angefordert wurden.
    pooledCon.close();

    System.out.println (
        "Alle physischen Verbindungen geschlossen");
    Thread.sleep (5000);
    }
}
```

Die Ausgabe des Programms ist:

```
Eine phys. Verbindung aufgebaut
Verbindung "lokal" geschlossen
Verbindung direkt angefordert
Direkte Verbindung phys. wieder geschlossen
Dieselbe phys. Verb neu angefordert
Neue physikalische Verbindung erzeugt
Alle physikalischen Verbindungen geschlossen
```

Anhang D JDBC-Treibertypen

Die Dokumentation von Oracle unterteilt die JDBC-Treiber in vier Typen. Häufig gibt es für eine Anwendung mehrere Treiber, die man verwenden kann. Da sich die Treibertypen aber in ihrer Arbeitsweise und Leistungsfähigkeit unterscheiden, ist es wichtig, ihre Arbeitsweise zu kennen.

Von der Anwendung wird über die JDBC-API auf alle vier verschiedenen Treibertypen in gleicher Weise zugegriffen.

In folgendem Bild ist der Zugriff einer Java-Anwendung auf ein DBMS über JDBC beschrieben:

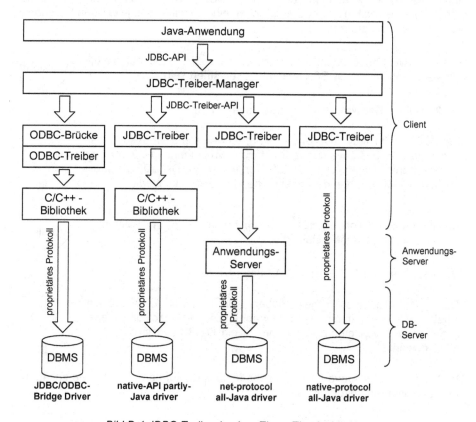

Bild D-1 JDBC-Treiber in einer Three-Tier-Architektur

Zusätzlich wird in obigem Bild gezeigt, welche Teile einer Anwendung auf dem Client-Rechner, auf einem Applikationsserver-Rechner und auf dem Datenbankserver-Rechner laufen. Natürlich kann der gesamte Code auch auf einem einzigen Rechner ausgeführt werden.

Typ 1-Treiber: Die JDBC/ODBC-Bridge

Dieser Treibertyp stellt eine Brücke zu einer weiteren Datenbankschnittstelle, dem ODBC-Treiber[162], dar.

Mit der von Oracle gelieferten und im JRE bzw. JDK enthaltenen JDBC/ODBC-Treiber-Klasse `sun.jdbc.odbc.JdbcOdbcDriver` ist ein Zugriff auf alle Datenbankverwaltungssysteme möglich, für die es einen ODBC-Treiber gibt.

Da die meisten Datenbankverwaltungssysteme einen ODBC-Treiber besitzen, kann damit auch auf Datenbankverwaltungssysteme zugegriffen werden, die JDBC nicht direkt unterstützen. Allerdings ist die JDBC/ODBC-Bridge ab der Version Java 8 nicht mehr im JDK enthalten. Es wird empfohlen, einen Treiber des jeweiligen Datenbankherstellers zu verwenden.

Die zu verwendende Datenbank muss auf demselben Rechner wie die Java-Anwendung als ODBC-Datenquelle registriert sein.

Typ 2-Treiber: Der Native-API Partly Java-Driver

Der Native-API Partly Java-Driver ist nur teilweise in Java geschrieben und greift über das Java Native Interface (JNI) auf eine in C oder C++ geschriebene Bibliothek des DBMS-Herstellers zu. Die JDBC-Aufrufe werden in Anweisungen des entsprechenden DBMS konvertiert.

Auf dem Client-Rechner müssen auch bei diesem Typ Treiberprogramme der Datenbank installiert sein.

Typ 3-Treiber: Der Net-Protocol All-Java-Driver

Der vollständig in Java geschriebene Net-Protocol All-Java-Driver setzt JDBC-Aufrufe in ein netzwerkunabhängiges Protokoll um. Dieses Protokoll wird von einem Programm in ein DBMS-spezifisches Protokoll gewandelt.

Der Net-Protocol All-Java-Driver ist sehr flexibel, da auf dem Client keine zusätzliche Software installiert werden muss.

---

[162] ODBC (Open Database Connectivity) bezeichnet eine standardisierte Datenbankschnittstelle, mit deren Hilfe auf unterschiedliche Datenbanksysteme auf die gleiche Art und Weise zugegriffen werden kann

Typ 4-Treiber: Der Native Protocol All-Java-Driver

Der Native Protocol All-Java-Driver setzt die JDBC-Aufrufe in ein Netzwerkprotokoll um, das direkt vom DBMS verstanden wird, und greift über eine Socket-Verbindung auf das DBMS zu.

Auch dieser Treiber ist wie der Typ 3-Treiber vollständig in Java implementiert, wodurch auf dem Client keine zusätzliche Software installiert werden muss.

Literaturverzeichnis

Gol13   Goll, J., Heinisch, C.: „Java als erste Programmiersprache – Ein professioneller Einstieg in die Objektorientierung mit Java". 7. Auflage, Springer Vieweg, 2013

javauel   Java.net: „Unified Expression Language for JSP and JSF". https://today.java.net/pub/a/today/2006/03/07/unified-jsp-jsf-expression-language.html (abgerufen am 07.06.2015)

Kem09   Kemper, A., Eickler A.: „Datenbanksysteme – Eine Einführung". 7. Auflage, Oldenbourg Wissenschaftsverlage GmbH, München, 2009

oramvc   Oracle: „About the Model 2 Versus Model 1 Architecture". http://download.oracle.com/otn_hosted_doc/jdeveloper/1012/developing _mvc_applications/adf_aboutmvc2.html (abgerufen am 07.06.2015)

oravdl   Oracle: „JSF 2.2 View Declaration Language: Facelets Variant". https://docs.oracle.com/javaee/7/javaserver-faces-2-2/vdldocs-facelets (abgerufen am 07.06.2015

Rub10   Rubinger, A., Burke, B.: „Enterprise JavaBeans 3.1". 6. Auflage, O'Reilly, ISBN: 0596158025, 2010

Index

Printed in the United States
By Bookmasters